# 内蒙古水利年鉴

# 2021

《内蒙古水利年鉴》编纂委员会 编

方志出版社
Publishing House of Local Records

**图书在版编目（CIP）数据**

内蒙古水利年鉴. 2021 /《内蒙古水利年鉴》编纂委员会编.—北京：方志出版社，2022.8

ISBN 978-7-5144-5283-9

Ⅰ. ①内… Ⅱ. ①内… Ⅲ. ①水利建设–内蒙古–2021–年鉴 Ⅳ. ①F426.9-54

中国版本图书馆CIP数据核字（2022）第162207号

责任编辑：丛珺
责任校对：刘玉霞
责任印制：梅中英
出 版 者：方志出版社
地　　址：北京市朝阳区潘家园东里9号（国家方志馆4层）
邮　　编：100021
网　　址：http://www.zgfzcb.cn
发　　行：方志出版社图书营销中心（010-67110500）
印　　刷：三河市宏顺兴印刷有限公司
开　　本：889毫米×1194毫米　1/16
印　　张：23.5
字　　数：489千字
版　　次：2022年8月第1版
印　　次：2022年8月第1次印刷
定　　价：260.00元

# 内蒙古自治区地图

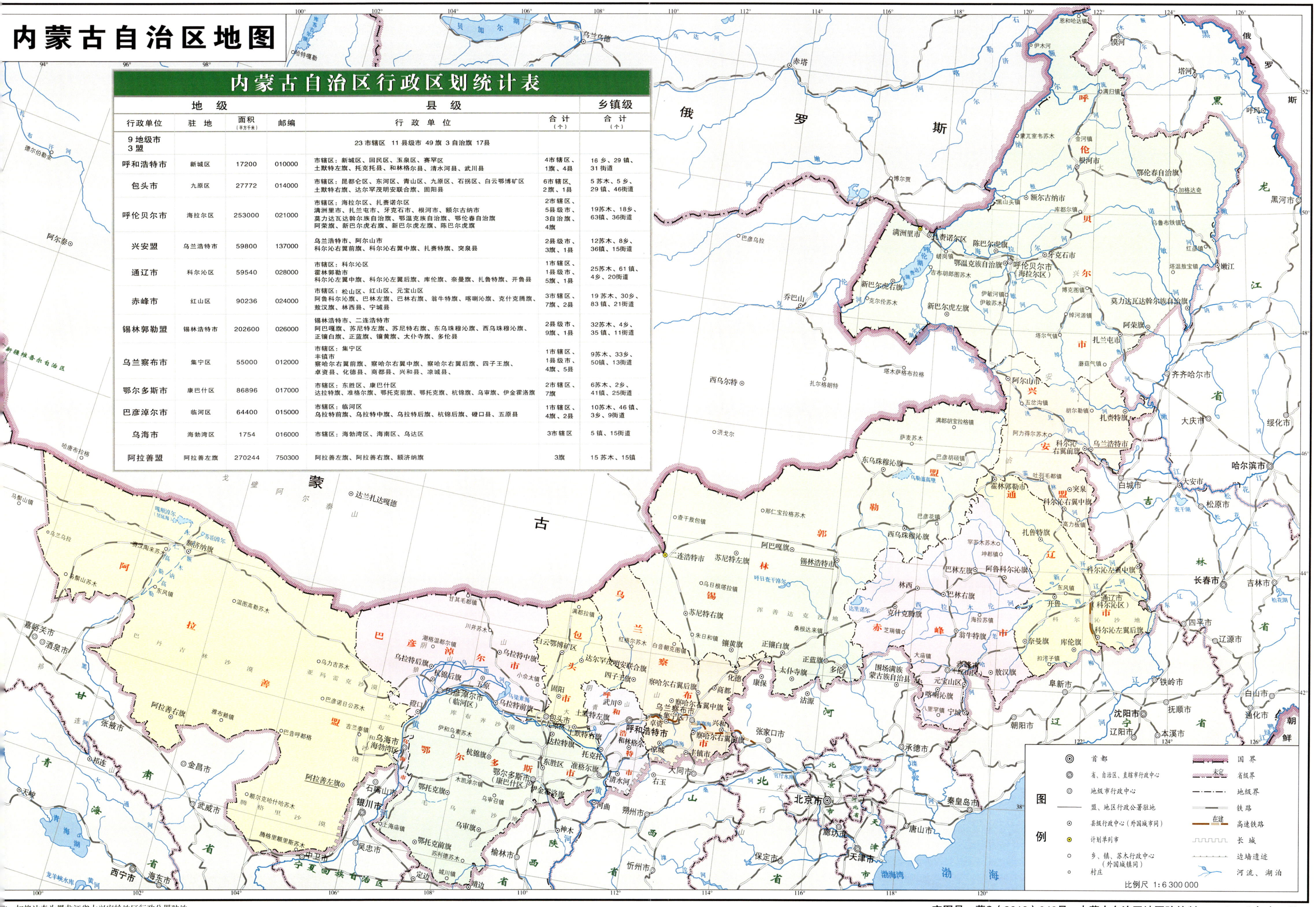


## 内蒙古自治区行政区划统计表

| 地级 | | | | 县级 | | 乡镇级 |
|---|---|---|---|---|---|---|
| 行政单位 | 驻地 | 面积（平方千米） | 邮编 | 行政单位 | 合计（个） | 合计（个） |
| 9 地级市<br>3 盟 | | | | 23 市辖区 11 县级市 49 旗 3 自治旗 17县 | | |
| 呼和浩特市 | 新城区 | 17200 | 010000 | 市辖区：新城区、回民区、玉泉区、赛罕区<br>土默特左旗、托克托县、和林格尔县、清水河县、武川县 | 4市辖区、1旗、4县 | 16 乡、29 镇、31 街道 |
| 包头市 | 九原区 | 27772 | 014000 | 市辖区：昆都仑区、东河区、青山区、九原区、石拐区、白云鄂博矿区<br>土默特右旗、达尔罕茂明安联合旗、固阳县 | 6市辖区、2旗、1县 | 5 苏木、5 乡、29 镇、46街道 |
| 呼伦贝尔市 | 海拉尔区 | 253000 | 021000 | 市辖区：海拉尔区、扎赉诺尔区<br>满洲里市、扎兰屯市、牙克石市、根河市、额尔古纳市<br>莫力达瓦达斡尔族自治旗、鄂温克族自治旗、鄂伦春自治旗<br>阿荣旗、新巴尔虎右旗、新巴尔虎左旗、陈巴尔虎旗 | 2市辖区、5县级市、3自治旗、4旗 | 19苏木、18乡、63镇、36街道 |
| 兴安盟 | 乌兰浩特市 | 59800 | 137000 | 乌兰浩特市、阿尔山市<br>科尔沁右翼前旗、科尔沁右翼中旗、扎赉特旗、突泉县 | 2县级市、3旗、1县 | 12苏木、8乡、36镇、15街道 |
| 通辽市 | 科尔沁区 | 59540 | 028000 | 市辖区：科尔沁区<br>霍林郭勒市<br>科尔沁左翼中旗、科尔沁左翼后旗、库伦旗、奈曼旗、扎鲁特旗、开鲁县 | 1市辖区、1县级市、5旗、1县 | 25苏木、61 镇、4乡、20街道 |
| 赤峰市 | 红山区 | 90236 | 024000 | 市辖区：松山区、红山区、元宝山区<br>阿鲁科尔沁旗、巴林左旗、巴林右旗、翁牛特旗、喀喇沁旗、克什克腾旗、敖汉旗、林西县、宁城县 | 3市辖区、7旗、2县 | 19 苏木、30乡、83 镇、21街道 |
| 锡林郭勒盟 | 锡林浩特市 | 202600 | 026000 | 锡林浩特市、二连浩特市<br>阿巴嘎旗、苏尼特左旗、苏尼特右旗、东乌珠穆沁旗、西乌珠穆沁旗、正镶白旗、正蓝旗、镶黄旗、太仆寺旗、多伦县 | 2县级市、9旗、1县 | 32苏木、4乡、35 镇、11街道 |
| 乌兰察布市 | 集宁区 | 55000 | 012000 | 市辖区：集宁区<br>丰镇市<br>察哈尔右翼前旗、察哈尔右翼中旗、察哈尔右翼后旗、四子王旗、卓资县、化德县、商都县、兴和县、凉城县、 | 1市辖区、1县级市、4旗、5县 | 9苏木、33乡、50镇、13街道 |
| 鄂尔多斯市 | 康巴什区 | 86896 | 017000 | 市辖区：东胜区、康巴什区<br>达拉特旗、准格尔旗、鄂托克前旗、鄂托克旗、杭锦旗、乌审旗、伊金霍洛旗 | 2市辖区、7旗 | 6苏木、2乡、41镇、25街道 |
| 巴彦淖尔市 | 临河区 | 64400 | 015000 | 市辖区：临河区<br>乌拉特前旗、乌拉特中旗、乌拉特后旗、杭锦后旗、磴口县、五原县 | 1市辖区、4旗、2县 | 10苏木、46 镇、3乡、9街道 |
| 乌海市 | 海勃湾区 | 1754 | 016000 | 市辖区：海勃湾区、海南区、乌达区 | 3市辖区 | 5 镇、15街道 |
| 阿拉善盟 | 阿拉善左旗 | 270244 | 750300 | 阿拉善左旗、阿拉善右旗、额济纳旗 | 3旗 | 15 苏木、15镇 |

注：加格达奇为黑龙江省大兴安岭地区行政公署驻地

审图号：蒙S（2018）048号 内蒙古自治区地图院编制 二〇一八年十一月

◀呼和浩特市城市水系（李建国 摄）

◀西辽河通辽市段（李建国 摄）

◀洮儿河乌兰浩特市段

（兴安盟水利局 供）

▶呼伦湖（李建国　摄）

▶乌梁素海（李建国　摄）

▶岱海（李建国　摄）

◀达里湖（李建国　摄）

◀居延海（李建国　摄）

◀莫尔格勒河陈巴尔虎旗段（李建国　摄）

▶黄河内蒙古段二期防洪工程包头段（李建国 摄）

▶黄河内蒙古段二期防洪工程鄂尔多斯段（鄂尔多斯市水利局 供）

▲红山水库是以防洪为主，兼顾灌溉、发电、养鱼、旅游等综合利用的大型水利枢纽，控制流域

◀黄河三盛公水利枢纽是以灌溉为主，兼有航运、公路运输、发电及工业供水、渔业养殖等综合利用的闸坝工程。拦河闸全长309米

（内蒙古自治区黄河工程管理局　供）

◀乌兰哈达总干渠（兴安盟水利局　供）

2.45万平方千米，灌溉15万公顷

（内蒙古自治区红山水库管理局　供）

▶库布齐沙漠完成治理面积60万公顷（李建国 摄）

▶2020年，呼和浩特市和林格尔县完成水土保持生态治理2000公顷（李建国 摄）

▶额尔古纳湿地总面积为12.6万公顷（内蒙古自治区水利厅建设处 供）

▼2012年起，自治区水利科学研究院、农牧科学研究院在乌兰察布市商都县七台镇罗平店村开展马铃薯膜下水肥一体化试验，每年20余公顷（李建国 摄）

▼赤峰市牧业用水（赤峰市水利局 供）

▲2022年5月31日，《内蒙古水利年鉴（2021）》评审会召开（《内蒙古水利年鉴》编辑部　供）

# 《内蒙古水利年鉴（2021）》编纂委员会

# 《内蒙古水利年鉴（2021）》编务人员

主　　　编：赵忠武

常务副主编：李建国

执行副主编：赵国春　　姚思泰

副　主　编：郭宝丽

编　　　辑：刘旭阳　　王　智　　赵剑平　　张　洁

校　　　对：白乙拉

封面设计：白采云

版式设计：赵国春　　白采云

索引制作：王彦祥　　张若舒

# 《内蒙古水利年鉴（2021）》
# 内容及图片供稿人员名单

| | | | | | |
|---|---|---|---|---|---|
| 马晓慧 | 马锦锦 | 王　杰 | 王　俊 | 王　菲 | 王　答 |
| 王文光 | 王虎刚 | 王建哲 | 王海玲 | 王海燕 | 王麒源 |
| 云　蛟 | 少　布 | 乌尼日通嘎拉嘎 | | 巴　森 | 白　音 |
| 乔永新 | 邬经波 | 刘　畅 | 刘广楼 | 刘芳菲 | 刘丽娟 |
| 刘朔馨 | 刘雪颖 | 关玉林 | 许玉娇 | 纪宏波 | 苏阳花 |
| 杜姝敏 | 李　伟 | 李　波 | 李　柯 | 李凤春 | 李钧剑 |
| 李俊丁 | 李俊金 | 李海滨 | 杨　磊 | 杨保军 | 杨燕琴 |
| 连向明 | 邹　弘 | 张　昕 | 张书婷 | 张在刚 | 张建民 |
| 张景裕 | 张智超 | 张慧艳 | 张翼飞 | 张耀夫 | 陆　玲 |
| 陈兴华 | 范国军 | 金文广 | 周　圆 | 周文文 | 周海光 |
| 郑凌宇 | 赵泽峰 | 赵彦杰 | 赵晶晶 | 郝海东 | 胡　波 |
| 胡　珉 | 信心博 | 姚立强 | 秦瑞娟 | 聂中青 | 贾玉红 |
| 夏咏红 | 徐　慧 | 高兴利 | 高明堂 | 高晨露 | 郭　文 |
| 郭　普 | 黄骁东 | 曹　慧 | 崔德新 | 彭雅丽 | 程光远 |
| 谢　疆 | | | | | |

# 编辑说明

一、《内蒙古水利年鉴(2021)》是以马克思列宁主义、毛泽东思想、邓小平理论、“三个代表”重要思想、科学发展观、习近平新时代中国特色社会主义思想为指导,坚持辩证唯物主义和历史唯物主义的立场、观点和方法,全面、系统地记述内蒙古自治区水利系统工作的年度资料性文献。

二、《内蒙古水利年鉴(2021)》重点记录2020年度全区水资源管理与保护、水旱灾害防御、农村牧区饮水安全、水利工程建设与管理、水生态小环境、法制法规建设、水利改革等方面工作。

三、年鉴按类目、分目、条目三层次框架设计。类目按内容的总体分类,包括水利概况、特载、专记、大事记、水利基础工作、主要水利机构、盟市水利、人物 荣誉、水利统计、附录;分目依据年度特点结合实际工作而置;条目是文字记述的基本单元。大事记中标有△者,表示与上一条日期相同。为便于读者检索,书末设索引。

四、本年鉴数字用法执行国家标准《出版物上数字用法》(GB/T 15835—2011),标点符号用法执行国家标准《标点符号用法》(GB/T 15834—2011),技术术语、专业名词力求符合规范要求。计量单位采用国家技术监督局1993年12月发布的《量和单位》系列国家标准。考虑到社会使用习惯,全书中亩不统一换算。

五、本年鉴中机构名称首次出现时用全称,并括注简称,再次出现时用简称。

六、年鉴所用资料,由内蒙古自治区水利厅机关各处室、厅属事业单位及各盟市水利(水务)局提供,并经撰稿单位领导审核。

七、年鉴中部分数据因四舍五入原因存在总计与分项合计不等的情况,本年鉴均未做机械调整。

# 目 录

## 主要水利机构



## 盟市水利

## 人物 荣誉



## 水利统计



## 附 录

# 水利概况

**SHUILI GAIKUANG**

# 综　述

2020年，自治区水利工作认真贯彻落实习近平总书记在参加第十三届全国人大第三次会议内蒙古代表团审议时的重要讲话和对内蒙古重要讲话重要指示批示精神，践行“节水优先、空间均衡、系统治理、两手发力”的治水思路，贯彻落实党中央和自治区党委、政府关于统筹推进疫情防控和经济社会发展工作决策部署，加快推进“水利工程补短板、水利行业强监管”，各项工作取得新成效新进展。

**狠抓水利建设投资，加快推进重大水利工程。**围绕做好“六稳”工作、落实“六保”任务，落实中央统筹疫情防控和经济社会发展决策部署，加强水利基础设施建设。积极争取水利建设资金，全年全社会落实水利投资110.8亿元。自治区水利厅印发《水利工程使用地方政府专项债券的指导意见（试行）》，争取使用地方政府债券资金23.4亿元用于水利建设，比2019年增加20.5亿元。针对旗县财政困难、挤占挪用水利投资，严重影响水利投资计划执行和水利项目建设情况，采取向各盟市派出投资计划执行推进组以及向盟行政公署、市人民政府通报、约谈盟市水利局局长、与旗县人民政府签订归还水利投资任务单、向盟市长致信等方式加强协调监管。自治区水利厅成立拟建重点水利项目前期工作推进组，下设6位厅领导牵头的重点项目推进工作专班，逐项制定推进方案，编制工作流程图，明确项目各项前期工作责任主体和完成时限要求。年度水利投资计划完成90.75%，其中重大水利工程完成97.1%，超额完成国家90%的目标要求。引绰济辽工程、东台子水库以及小白河防凌应急分洪区续建工程等完成年度建设任务。LXB（辽西北）供水内蒙古支线、引绰济辽二期、黄河科泊尔应急分洪区、引嫩济锡（霍）工程等重大项目前期工作取得积极进展。

**坚持人民至上、生命至上，全力抓好防汛抗旱工作。**按照自治区防汛抗旱指挥部工作部署，围绕超标洪水不打乱仗、标准内洪水不出意外、水库淤地坝等水工程不失事、山洪灾害不出现群死群伤目标，与应急管理、气象等部门密切配合，全面加强应急值守、监测预警预报、联合会商、抢险救灾等重点环节工作。春季黄河分凌5.85亿立方米，有效缓解防汛压力，未发生凌汛灾害。汛期成立6名厅级领导带队的督导组，开展3轮防汛督导检查。下发“一盟市一单”防汛重点工作提醒函。建立防汛重点风险点派驻盯防制度，落实盯守组619组、盯守人员1359人。有效防御黄河干流3个编号洪水和其他重要河流洪水及山洪灾害。水库、淤地坝无一溃坝，河道堤防无一决口，山洪灾害无直接死亡人员。

**加强"三水"问题治理，助力筑牢我国北方重要生态安全屏障。**坚持节水优先方针，深入落实最严格水资源管理制度，建立覆盖自治区、盟市、旗县三级行政区域取用水总量控制指标体系，并纳入实行最严格水资源管理制度考核。编制西辽河、霍林河、绰尔河、雅鲁河、大凌河等跨盟市重要河流水量分配方案，配合流域机构开展柳河、嫩江、诺敏河、无定河等16条重要河流水量分配工作。大力推进节水型社会建设，全区46个旗县达到县域节水型社会达标建设标准，建成率达45%；自治区本级机关节水型机关建成率85%以上，规模以上钢铁、造纸、纺织染整、石油炼制等高耗水行业全部建成节水型企业。编制完成《内蒙古自治区"十四五"节水型社会建设规划》。开展全区取用水专项整治行动，完成64.26万个取水口核查登记工作。预计全区全年用水总量控制在211亿立方米以内，万元GDP、万元工业增加值用水量均较2015年下降20%，农田灌溉水有效利用系数达到0.55。加大地下水管理保护力度，12个盟市完成地下水"五控"指标分解；全区33个地下水超采区全部达到治理目标，累计压采地下水水量5.9亿立方米。推进西辽河流域量水而行试点，起草量水而行以水定需实施意见以及西辽河流域水资源管控目标、水量调度管理办法等，初步确定试点保障制度和落实机制，用水总量控制指标分解、重点断面监测设施建设、农业用水监测计量等工作有序推进。加强水土保持重点工程建设，完成水土流失治理面积987万亩。加强"一湖两海"及察汗淖尔等重点湖泊治理，开工建设岱海生态应急补水工程；较好地完成呼伦湖补水任务，为乌梁素海补水6.25亿立方米，为岱海补水203万立方米，呼伦湖水位、水面面积保持在合理区间；制定贯彻习近平总书记关于察汗淖尔重要指示精神工作方案，明确举一反三全面抓好其他河湖保护治理、加强重点河湖治理调度监管等18项具体措施。编制达里湖、哈素海、东居延海生态环境整治实施方案及生态保护修复治理规划，哈素海实施引黄生态补水1550万立方米；东居延海蓄水量达9750万立方米，实现连续16年不干涸。

**深入推进河湖长制见成效，加快改善河湖面貌。**制定印发《内蒙古自治区河长湖长巡河巡湖暂行办法》。开展新一轮"一河一策""一湖一策"编制和修订工作。完成2361条流域面积1000平方千米以下和50平方千米以上河流管理范围划界工作。与黑龙江省、辽宁省、甘肃省、宁夏回族自治区建立河湖管护联防联控机制。切实推动河湖"四乱"清理常态化规范化，开展河湖管理保护"春季"行动、"秋季"行动等，排查"四乱"问题3438个，完成整改3374个。

**提高农村牧区饮水安全保障水平，巩固拓展水利脱贫攻坚成果。**落实农村牧区各类饮水安全资金8.7亿元，用于巩固提升农村牧区供水工程，完成受益人口58万人，全区75万农牧民饮水型地方病氟砷碘超标问题、10.3万农牧民苦咸水问题得到解决。开展脱贫攻坚饮水安全隐患大排查，排查出781处的问题隐患全部完成整改。健全农村牧区供水工程运行管护机制，落实村级管水员制度，制定印发建立村级管水员和加强应急供水指导意见，推动管护责任向基层延伸。加强供水工程水费收缴工作，制定印发《水费收缴推进工作问责实施细则》，印制发放水费收缴宣传画1.2万余张；全区各旗县均制定水价相关政策制度，1.56万处集中供水工程全面定价，收费处数占比98%，水费收缴率达到95%，其中千人以上集中供水工程收费处数占比98.4%，水费收缴率达到94.4%。

**健全机制强化措施，加大水利监管力度。**健全水利监督检查机制，制定《内蒙古自治区水利督察工作办法》，规定水利监督检查事项、内容、机构职责、监督形式、责任追究等要求，建立了“四位一体”的自治区水利监管体系。加强水利督察队伍建设，组建自治区本级近200人督察队伍。全年开展督察暗访138组449人次，检查项目2403个，发现问题1516个，问责单位14个，其中厅领导带队暗访63次。水库大坝安全鉴定完成比例151.4%，全国各省区市排名第一；水利部全国各省区市安全生产考评自治区4个季度均排名前10，中央水利发展资金绩效评价结果由2019年的合格晋升到良好，水利工程建设质量考核排名比2019年上升了4位。

截至2020年底，全区地表水资源量354.19亿立方米，全区地下水资源量243.94亿立方米，全区水资源总量503.93亿立方米。全区105座大中型水库蓄水总量27.03亿立方米。全区各水源工程总供水量194.41亿立方米。全年新增水土流失综合治理面积6581.1平方千米。

# 水利厅概况

## 厅领导名录

| | |
|---|---|
| 党组书记<br>厅长 | 刘万华 |
| 党组成员<br>副厅长 | 于长剑（5月去职） |
| 党组成员<br>副厅长 | 赵长青 |
| 党组成员<br>驻厅纪检监察组组长 | 范　忠 |
| 党组成员<br>副厅长 | 赵忠武 |
| 副厅长 | 李　彬（6月到任） |
| 副巡视员 | 王亚东（5月去职） |
| 副巡视员 | 云雪峰（2月去职） |
| 副巡视员 | 苏锁龙 |

## 单位职责

根据中共中央、国务院批准的《内蒙古自治区机构改革方案》和自治区印发的《内蒙古自治区机构改革实施意见》,内蒙古自治区水利厅是自治区人民政府组成部门,为正厅级。主要职责是:

负责保障水资源的合理开发利用。拟定全区水利规划和政策,起草有关地方性法规、规章草案,组织编制全区水资源规划、重要江河湖泊流域综合规划、防洪规划等重大水利规划。

负责生活、生产经营和生态环境用水的统筹和保障。组织实施最严格水资源管理制度,实施水资源的统一监督管理,拟定全区水中长期供求规划、水量分配方案并监督实施。负责全区重要流域、区域以及重大调水工程的水资源调度。组织实施取水许可、水资源论证和防洪论证制度,指导开展水资源有偿使用工作。指导水利行业供水和苏木乡镇供水工作。

按规定制定水利工程建设有关制度并组织实施,负责提出水利基本建设投资安排建议,提出国家和自治区财政性资金安排意见,负责项目实施的监督管理。按规定权限审批、核准规划内和年度计划规模内项目。

指导水资源保护工作。组织编制并指导实施水资源保护规划。指导地下水开发利用和地下水资源管理保护。组织指导地下水超采区综合治理。

负责节约用水工作。拟定节约用水政策,组织编制节约用水规划并监督实施,组织制定有关标准。组织实施用水总量控制等管理制度,指导和推动节水型社会建设工作。

指导水文工作。负责水文水资源监测、自治区水文站网建设和管理,审批其他一般水文测站的设立和调整、专用水文测站的设立和撤销。对江河湖库和地下水实施监测、发布水文水资源信息、情报预报和自治区水资源公报。按规定组织开展水资源、水能资源调查评价和水资源承载能力监测预警工作。

指导水利设施、水域及其岸线的管理、保护与综合利用。组织指导全区水利基础设施网络建设。指导全区重要江河、湖泊的治理、开发和保护。指导全区河湖水生态保护与修复、河湖生态流量水量管理以及河湖水系连通工作。

指导监督水利工程建设与运行管理。组织实施全区具有控制性的和跨区域跨流域的重要水利工程建设与运行管理。指导水利建设市场的监督管理,指导监督水利工程建设。按规定权限组织有关工程的验收。协调指导水旱灾害防御工作。

负责水土保持工作。拟定水土保持规划并监督实施,组织实施水土流失的综合防治、监测预报并定期公告。负责自治区立项的生产建设项目水土保持监督管理工作。组织实施重点水土保持建设项目。

指导农村牧区水利工作。组织开展大中型灌排工程建设与改造。组织指导农村牧区饮水安全工程建设管理工作,指导节水灌溉有关工作。组织指导农村牧区水能资源开发、小水电改造和水电农村电气化工作。

负责重大涉水违法事件的查处,协调、仲裁跨盟市水事纠纷,组织指导水政监察和水行政执法。依法负责水利行业安全生产工作,组织指导水库、水电站大坝、农村水电站的安全监管。

开展水利科技和外事工作。组织开展全区水利行业质量监督工作,拟定全区水利行业的规程规范并监督实施。承担水利科技相关工作。承担水利统计工作。办理国际河流有关涉外事务。

完成自治区党委、政府交办的其他任务。

## 机构设置

截至2020年底,内设办公室、人事处、计划财务处、水利工程建设处、水土保持处、农牧水利处、水资源管理处、运行管理监督处、水政处、河湖管理处、水旱灾害防御处、机关党委、离退休人员工作处13个处室。厅属内蒙古自治区水利事业发展中心、内蒙古自治区水文水资源中心、内蒙古自治区水利厅综合保障中心、内蒙古自治区水利工程建设质量与安全监督服务中心(挂内蒙古自治区水利工程造价服务中心牌子)、内蒙古自治区水利科学研究院、内蒙古自治区水旱灾害防御技术中心、内蒙古自治区红山水库管理中心(挂内蒙古自治区东部水事服务中心牌子)、内蒙古自治区黄河镫口灌区管理中心、内蒙古自治区黄河三盛公水利枢纽管理中心(挂内蒙古自治区西部水事服务中心牌子)9个事业单位。

# 特载

**TEZAI**

# 厅长刘万华
# 在全区水利工作暨党风廉政建设工作会议上的讲话

自治区水利厅党组书记、厅长　刘万华

（2021年2月2日）

## 一、去年工作取得了较好成绩

（一）政治建设有新进步。一是坚决贯彻落实习近平总书记重要讲话重要指示批示精神。对总书记5次关于内蒙古重要讲话精神，分别制定了贯彻落实工作方案，并梳理形成任务清单、责任清单“一本账”，切实抓好贯彻落实。对贯彻落实总书记关于“一湖两海”治理等一系列重要批示，也分别制定了工作方案，提出察汗淖尔流域综合治理18项措施、黄河上流河道乱占乱建问题整治21项措施，工作抓得比较紧、比较实。二是全面推进党的建设。在抓理论武装、基层党组织建设等方面做了大量工作，加强中心组学习，开展“学习运用新发展理念大家谈”主题征文活动，机关党建工作取得较好成绩。三是统编教材事件经受住了考验。在整个事件过程中，水利系统干部职工包括我们的家属都没有出问题，在自治区直属部门单位里是比较好的。四是反腐倡廉工作不断深化。深化党风廉政建设突出问题专项整治，加强廉政风险点防控，以案促改的一些做法得到了自治区纪委的肯定。五是努力构建良好政治生态。总地看，在政治建设方面水利系统没有出现大的偏差，能够不折不扣贯彻落实中央决策部署和自治区党委的有关要求，各项任务完成得比较好。

（二）业务工作有新发展。一是防洪安全生产安全成绩比较好。水库、淤地坝没有溃坝，河道堤防没有决口，山洪灾害没有直接死亡人员。在全国范围内水利安全生产工作做得比较好，没有出现这样那样的问题。二是较好完成脱贫攻坚特别是饮水安全保障任务。农村牧区饮水安全保障水平进一步提升。三是在水资源管理、水土保持、河湖管理方面较好完成任务。特别是在河湖监管方面做了大量的工作，包括河湖长制落实、清理“四乱”问题等，做得都比较好。

去年全区水利工作会议上，我们提出了“找差距、定目标、落措施、督成效”工作要求，争取通过两三年努力，我区争取水利工作在全国水利系统排名进一步提升,现在看取得了不少进步,我们有很多指标完成得不错,像全国安全生产考评,我区2020年位列各省区的第三,水库大坝安全鉴定完成率排全国第一,水利部全国各省区水利建设质量考核排名逐年上升,进步也不小;水利发展资金绩效评估取得良好等次,以前一直是及格等次;水土保持规划实施考核也是良好等次。总地看,我们业务工作还是有好多进步的。

(三)监督管理有新探索。一是在投资和项目建设方面,派出18个投资计划执行推进组到重点盟市、旗县推进落实,以解决问题为主,包括历年挤占挪用水利资金、项目进度等问题,成效是比较明显的。我们以厅长名义给各盟市长致信、以水利厅名义给重点旗县发函、与旗县签订归还投资任务单等,都起到很好的作用。二是在扩大投资方面,我们想了很多办法,去年一个比较好的做法就是使用政府专项债券资金,年初印发了指导意见,开展了相关培训,有关盟市也想了很多办法。前年我们使用债券资金2.5亿元,去年使用23亿元,增长幅度比较大。三是在防凌防汛方面,对一些重点部位实行驻点盯防,这在全国水利系统是一项创造性的举措。在凌汛水利用方面,我们与黄委积极沟通,实施分凌生态补水,效果很好。四是在项目管理方面,对过去老项目没有竣工验收的问题,成立工作专班,推进清理整治。在新项目实施上,也进行了一些探索,比如针对旗县占用资金问题,一些项目推行盟市、旗县两级法人模式,有效解决了过去一直解决不了的问题。五是以现场会方式以点带面推动工作。去年在乌拉特中旗召开了现场会,以点带面推进工作,除了介绍中旗的经验外,我们也安排了一些盟市、旗县做交流,把一些好的做法给大家讲一讲,确实很受启发,对推动工作起到了积极作用。六是在党建方面,刚才讲了,包括开展主题征文活动,大家结合工作实际写点东西、提点建议,这种方式还是不错的。在支部建设方面,开展支部建设规范化标准化评比,把支部建设一些要求细化,让大家知道做什么怎么做,这也是一个创新的东西。

(四)发展环境有新变化。一是干事创业的劲头比较足。我们开了一次先进典型的事迹报告会,请在全国受表彰的先进工作者给大家作报告。另外我们系统除了全国表彰的之外,我们也有好多自治区表彰的同志也干得不错,特别包括一些年轻的同志参加水利部"深研总基调,建功新时代"竞赛取得了全国第二名,大家认真积极向上的这种劲头比较足。二是班子建设、干部队伍建设更强。首先我们班子补充进了一些新的同志,另外我们之间工作相互配合,应该说比较有战斗力。干部队伍建设方面,我们去年新调整了一大批处级干部，有一些"80后"的干部也都得到了提拔重用，在年轻化建设方面还是不错的。三是工作作风更实。我们大家抓落实劲头很足，有些工作不是说完了、部署完了就完事，特别是调整之后，大家认真地履职尽责，都在积极的谋划着工作，思考着工作，研究怎样推进工作。四是工作关系更加顺畅。去年我们多次去水利部、国家发展改革委、各流域机构对接工作，效果都不错。与盟市、自治区各部门沟通得也比较好，绝大多数盟市委书记、盟市长都曾来水利厅对接工作。在防汛方面，和应急、气象等部门沟通得都不错。事业单位改革经过与自治区党委组织部、编办沟通，我们在机构、编制、干部职数等方面都很受益。

## 二、当前我区水利工作存在的主要问题

我们既要看到成绩，更要清醒认识存在问题。当前我区水利工作，对照中央精神，对照水利部和自治区党委、政府的要求，还有许多差距不足和薄弱环节，我梳理了8个方面。

一是防凌防汛存在风险。黄河好多支流没有堤防，嫩江、辽河问题更加让人担心。我曾经讲过防汛黄河是重点，嫩江是难点，黄河防汛可知可控可防，东部特别是嫩江防汛压力还是很大。水库水闸淤地坝都存在一些问题，还有山洪灾害的预防，这几个方面问题事关群众生命安全，一定要有清醒认识，绝不能掉以轻心，一定要看到存在的风险隐患。

二是河湖生态问题较多。从总书记的重要批示就可以看出，"一湖两海"、察汗淖尔、黄河河道乱占乱建，包括其他好多河流、湖泊生态问题，社会关注度非常高、非常敏感。河湖管理方面，除了"一湖两海"，去年又增加了达里湖、哈素海、居延海，今年我们还想让盟市报一批人为因素影响大、社会舆论关注度高、功能性强的敏感湖泊，它们是有风险的，还是要加强监管，不能一而再，再而三地让中央领导关注、批示。

三是农村牧区安全饮水保障水平不高。虽然我们安全饮水都覆盖到了，但是保障水平是不高的，管网易损易坏，水质易超易变，包括在一些边境地区、偏远牧区，这些问题需要我们进一步加强管理。中央对脱贫攻坚非常重视，我们不能掉以轻心，否则出了问题是非常严重的。

四是水资源管理刚性不足。地下水保护、取用水管理、节约用水等方面都存在不少问题。特别是地下水超采，水利部都有监测，一些旗县超采以后，新的取用水是要现审现批的。黄河流域取水口好多是没有手续的，有的盟市比较突出，一多半没有合法手续。我们一方面缺水，一方面水资源高效利用水平不高，这个问题还是比较突出的。节水工作我们有机构有牌子，但是工作开展有很大差距，总书记提出黄河流域要深度节水，我们要认真研究。

五是水利投资项目建设增长乏力。这几年我们水利投资是连续下降的。以前年度特别是2016年、2017年的时候,我们重大水利工程开工建设多,这两年项目少。"十四五"规划中河南水利投资是上万亿元,我们3000亿元,虽然河南是水利大省,但是我们这方面还是明显欠缺的。使用债券上,山东是200多亿元,贵州100多亿元,我们只有二十几亿元。下一步我们要研究如何借助水投集团这个平台载体,通过使用银行资金、银行资本、专项债券、社会资本进一步加强水利投资和项目建设。

六是水利工程运行管理缺失。刚才讲的,建设完成不验收的工程不少。有的生产建设项目水保方案未批先建、未建先投。在建的一些项目质量问题也不少,运行不良问题也很突出,堤防、水闸在全国都是排倒数的。

七是支撑保障经济社会发展能力受限。很多盟市领导来水利厅对接工作,包括我们下去工作,盟市强烈反映水资源需求很大,但水指标不够、供水能力不足。现在不单是项目缺水,有些地区生活缺水、生态缺水问题也很突出。我们正在编制水网规划,通过实施一些引调水项目来解决增量问题。节水是必需的,提高水资源供给保障能力也非常重要,否则水利为高质量发展提供支撑就难以做到。

八是党的建设和党风廉政建设以及队伍建设仍有短板。我们系统党风廉政建设整体上不错,但是仍然有一些干部被查处,自治区领导见了我,就说你们水利系统有不少违法违纪案例。在干部队伍建设方面,尽管我们做了很多调整,但是年轻干部、后备队伍建设仍然欠缺,这些问题需要在今后工作中加以解决。

## 三、关于做好2021年工作的几点要求

一是要党建引领,着重抓好政治建设,坚决做到"两个维护"。党建工作非常重要,行政机关首先要做好政治工作,党组织要发挥政治作用,在这些方面大家一定要头脑清醒。中央、自治区对我们的要求,特别是总书记多次讲过,党组织书记首先要履行党内职责,这个是非常重要的。要旗帜鲜明讲政治,把讲政治贯穿始终,特别是在做到"两个维护"方面是不允许出问题的。当然我们讲政治,不是讲空头政治,在一些重要问题、原则问题上,一定要守规矩,还要做到政治工作和业务工作相互促进,而不是单纯讲政治口号,如果我们服务、发展、民生、水利这些工作都没做好,就是空头政治,所以一定要一体推进党建和业务工作,以党建工作引领业务工作。

二是要守住底线,强化风险意识,确保不出现政治问题、安全问题、廉政问题、舆论问题。刚才说了,政治问题不仅仅是政治表态,我们的安全饮水工作,搞不好那就是政治问题。如果我们工作没做好,没有落实好中央的要求和总书记的重要指示批示,那也

是政治问题。安全问题，包括防洪安全、生产安全，没有出大事，但是弦不能松。廉政问题也是这样，我去年专门讲过，就是越来越严，大家看到的也是这样。我们作为局长、作为厅长，一定要抓好本系统的廉政建设，要给大家多多提醒，多敲警钟，要健全完善相关制度，一体推进不能腐、不想腐、不敢腐。还有舆论问题，一定要关注，去年黄河磴口段出现险情，我们没有及时向上级报告，经过媒体报道，事情变得很严峻，我们一定要汲取教训。

三是重在落实，要抓重点、抓难点、抓风险点，全面推动各项工作取得新进展。刚才几位分管副厅长布置的业务工作，讲得都非常具体，但具体到各个盟市、旗县怎么去贯彻落实、怎么去推动，大家还要认真研究，要心中有数。各盟市近些年的工作我们都看到了，确实发展变化很大，但也有一些问题，老问题新问题依然没能解决好，当然这需要时间，只有扎扎实实地去抓去做，一个一个地逐步解决，我们工作才能不断提升、不断进步。

# 副厅长赵长青在全区水利工作暨党风廉政建设工作会议上关于水利投资、水利工程等工作的专题讲话

自治区水利厅党组成员、副厅长　赵长青

（2021年2月2日）

按照会议安排，结合分管工作，下面我讲3方面工作。

## 一、2020年工作成绩

2020年全区各级水利部门坚决贯彻中央、自治区决策部署，深入落实“十六字”治水思路，积极践行水利工程补短板、水利行业强监管总基调，敢于担当，尽责奉献，水利工作取得显著成效。

一是克服经济下行压力和新冠肺炎疫情影响，积极拓展水利建设投资渠道，2020年全社会水利投资达110.8亿元，其中水利行业投资63.96亿元，争取地方政府专项债券23.4亿元，专项债券较2019年增长近9倍，有效推动了地方水利建设发展。相关盟市高度重视水利资金滞留问题，克服地方财政困难，积极筹措落实建设资金，滞留2017—2019年中央和自治区资金总额从67亿元下降为31亿元，十分不易。

二是2020年我区中央水利投资计划完成率90.8%，其中重大水利工程投资完成率97.1%、面上水利工程投资完成率84.7%，圆满完成年度目标。2019年度中央水利发展资金绩效考核从上年度的合格上升为良好，水利厅部门决算获自治区一等奖。水利工程质量管理不断加强，在水利部开展的全国水利建设质量工作考核中，我区排名第24位，较去年上升4位。

三是重大水利工程建设进展顺利。引绰济辽工程完成率达96.71%，东台子水库工程完成率90.81%，均完成年度建设任务；岱海生态应急补水工程全面开工；尼尔基、绰勒灌区田间工程2020年分别落实建设资金1亿元和1.99亿元，工程推进顺利。

四是“十三五”期间，完成饮水安全资金53.7亿元，新建和改扩建集中供水工程1.5万处，受益农牧民430万人，解决了18.3万贫困人口的安全饮水问题，脱贫攻坚饮水安全保障取得决定性成果，顺利通过国家脱贫攻坚普查。

五是“十三五”期间，大中型灌区续建配套与节水改造累计完成投资36亿元，灌溉水利用系数由0.522提高到0.55以上；农业水价综合改革取得新进展，全年新增改革面积597万亩；水电增效扩容按时完成，绿色水电创建取得突破，三盛公二期水电站被评为全国绿色水

电站。

## 二、存在的不足和短板

总地看，2020年工作成绩值得肯定，但距水利部、自治区的要求还存在一些不足和短板，主要表现在以下几方面。

（一）部分盟市和地区投资计划完成滞后，地方配套资金到位率低，滞留中央、自治区资金问题普遍。2020年我区投资计划完成率一度滞后，到10月底完成率仅为65.28%，低于全国平均水平，排名倒数，厅里几次在水利部全国会议上作表态发言，影响十分不好。为加快投资计划执行进度，厅里高度重视，刘厅长部署、调度，11月组建15个推进组进驻有关盟市、旗县帮助解决问题，经过努力，总体进度完成了年度目标，但部分盟市和一些工程仍然没有完成年度任务，比如个别盟市完成率不到70%，主要支流、中小河流治理、大中型病险水库以及地下水超采区治理工程完成率没有达到80%，还有个别工程没有开工。当然，造成投资计划进度慢的原因有很多，地方配套资金不到位、拨付率低、滞留中央、自治区资金等都是重要原因。个别盟市资金拨付率仅为75%，远低于全区平均水平；到目前，各盟市2017—2019年滞留中央和自治区资金仍然高达31亿元，各地一定要引起高度重视，抓好今年的计划执行工作。

（二）水利项目前期工作不到位，没有做到“谋划一批、储备一批、开工建设一批”。一是项目储量不足。目前我区正在编制“十四五”水安全保障规划，规划了700多个项目，总投资3000多亿元。但是和其他省区比，差距还很大，特别是能够开工建设的重大项目不多。河南省“十四五”总投资上万亿元，并提出了“前期为王”的口号，足见前期工作的重要性。二是设计质量不高。这几年，在工程检查稽查和建设过程中发现，项目前期工作深度不足、方案不优等问题普遍存在，导致设计变更频繁，工程质量存在隐患，严重影响工程进度，必须引起高度重视。西拉木伦河治理工程投资8060万元，设计时未考虑征占地因素导致设计变更，未能按时开工；兴安水库除险加固工程因方案多次修改未能按时开工，被水利部多次督办。三是前期工作滞后。现在国家和自治区安排资金，都要求项目取得批复，具备开工条件，而很多盟市往往都是项目定了、资金下了才开始前期工作，造成进度滞后，也影响资金的争取；一些项目已经开工建设，但是后续设计跟不上，影响建设进度。尼尔基、绰勒灌区田间工程前期工作缓慢，施工图设计至今未完成。因此，各盟市一定要转变思路，提高认识，狠抓前期工作。

（三）工程验收率低，积压了很多遗留问题。据统计，到目前全区完工未验收的项目多达855项，其中自治区本级审批的297项，各盟市、旗县558项，部分项目已经完工十多年未验收，工程已经破损。大量的项目没有及时验收，影响了我区绩效考核成绩，更严重影响了工程安全和效益发挥。

（四）重大水利工程推进力度不够。引绰济辽工程征地推进难、地方配套资金不到位；东台子水库工程新增用地增加投资，手续办理滞后；尼尔基、绰勒两个灌区田间工程进展缓慢，各级审计、稽查多次指出这个问题，现在看进度仍不理想。各项目法人要切实担负起主体责任，积极筹措资金、解决问题，想方设法加快工程建设进度。

（五）水利行业监管水平还需进一步提高。一是水利建设市场有待于进一步规范。通过部里的稽查、巡查和水利厅的考核、督察发现，我区水利工程建设市场法人管理水平不高、水利工程基本建设程序不规范、施工队伍良莠不齐。厅里已经对违规的参建单位进行了警示约谈，对违规企业进行不良信用记录，各地要引以为戒。二是在推动农村牧区供水运行管护工作落地见效上还有差距，从暗访检查的结果看，管护责任不落实、水费定价低、水费收缴工作由村集体简单的包交电费代替等问题还很突出，部分盟市水费收缴工作滞后，不规范、收缴率低。三是部分项目工程建设管理薄弱，工程质量存在问题。近两年水利部对我区大型灌区稽查发现了大量问题，设计、监理、施工、建设单位都有，有些问题还很突出。2020年，水利部稽查河套灌区，发现了34个问题，较重以上问题就多达30个，很多问题都是责任不落实、工作不认真造成的。

（六）农业水价综合改革还存在不少难题。尽管农业水价综合改革任务按面积已完成60%以上，但剩余任务多集中在水资源管理这块难啃的硬骨头上，同时巩固现有改革成果也存在困难，如部分井灌区用水户对安装取水计量设施抵触，计量设施遭到人为破坏现象时有发生，运行维护管理难度较大；持续推进水价改革，按期完成改革任务仍存在较大困难，需要付出更多的努力。这些问题要引起我们高度重视，采取有力措施，认真加以解决。

## 三、2021年重点工作安排

2021年是“十四五”开局之年，也是深入贯彻落实中共十九届五中全会精神的关键之年，全区各级水利部门要切实把水利工作放在经济社会发展的大格局中，既立足当前，抓紧抓实在建水利项目，又着眼长远，谋划水利建设总体战略布局，重点抓好以下几方面工作。

（一）强化规划引领，进一步完善全区水利规划体系。一是抓好自治区“十四五”水安全保障规划批复实施。目前，我区“十四五”水安全保障规划已经完成初稿，按照“确有需要、生态安全、可以持续”的原则，共谋划水利项目707个，总投资3029亿元，其中“十四五”期间投资1156亿元，要尽快报自治区政府批复。下一步，要做好项目分解落实，各级水利部门要主动谋划，制订科学合理的实施计划，保证“十四五”规划落地见效。二是尽快启动自治区水网规划编制工作。各级水利部门要认真贯彻落实全国水利工作会议精神和鄂竟平部长讲话要求，要以建设水灾害防控、水资源调配、水生态保护功能一体化的自治区水网为核心，加快完善水利基础设施体系，解决水资源时空分布不均问题，提升水安全保障能力。

（二）深化前期工作，抓好项目储备。要积极深入开展水利项目前期工作，前期工作要做全、做实、做细、做深，保证规模合理、方案最优，避免或减少设计变更。要结合自治区“十四五”水安全保障规划提前开展项目前期工作，特别是规划为A类的项目必须要加快推进前期工作。全力推进引绰济辽二期、辽西北工程、引嫩济锡、黄河三期防洪工程等自治区重大水利工程前期工作，项目法人要承担起主体责任，加快前期工作进度，争取早日立项实施。

（三）加快水利投资计划执行。各盟市、旗县要主动与水利厅相关处室对接，根据资金下达计划提前安排项目前期工作。2020年的建设项目，要在今年6月底之前全部完成；已提前下达的2021年中央水利发展资金项目争取在2021年2月底之前完成设计批复，尽快开展招投标等施工准备工作。中小河流治理、水库加固工程要于2月底前完成审批，3月底完成项目招标，4月中旬主体工程全面开工，年底完成全部建设内容。水利厅将加强投资执行调度会商，定期通报投资计划执行进度，对开工率低、建设进度滞后的地区进行督导、约谈或专项督办，确保完成重大水利工程年度任务90%、面上水利工程80%以上的目标任务。

（四）积极筹措，多渠道落实建设资金。一是鼓励吸引社会资本参与水利工程建设，采取PPP等模式实施水利工程建设；二是吃透专项债券政策要求，合理组合项目，努力争取政府专项债券。三是合理测算水利投资需求，及时向当地党委政府汇报，加强与发改、财政等部门沟通协调，严格落实配套资金。对于拨付率低、滞留资金较多的盟市、旗县，厅里将采取限批项目、减少投资的措施；为保证资金拨付，鼓励盟市组建项目法人开展中小河流治理等项目。对于大家关心的自治区配套资金，我们已经积极和财政厅沟通，有了明确的说法后会及时通知各地。

（五）加大力度推进重点水利工程建设。一是全力推进引绰济辽、东台子水库工程等在建项目顺利实施，完成年度建设目标。二是如期完成大中型灌区年度建设任务。6月底前完成麻地壕、大黑河等灌区“十三五”期间建设任务收尾工作。加快推进河套、镫口、李井滩等大中型灌区续建配套和现代化改造工程前期工作，确保3月底前完成工程招投标工作，4月份开工，年底前完成90%建设任务。三是推进绰勒、尼尔基灌区田间工程建设，资金筹措、征占地协调以及未完工程设计审批等前期工作要在6月底之前全部完成，已招标的田间工程今年要全部完工，同时要利用秋季停水期继续开展新的田间工程建设。

（六）不折不扣抓好工程验收。水利厅高度重视此项工作，召开竣工验收推进会，并成立了竣工验收工作领导小组，各盟市、旗县也要提高认识，攻坚克难，狠抓项目验收。一是要摸清底账，对梳理出的项目分解到人，集中对遗留问题进行研判，制定切实可行的验收指导意见。二要成立工作专班，专人负责验收清理工作。水利厅已将2018年及以前批复的中小河流和主要支流治理项目作为推进重点，列入2019—2020年度对各盟市水利建设质量工作考核评分细则，进行量化赋分，同时对建设进度和竣工验收工作滞后的项目在全区进行通报。“十三五”以前实施的大中型灌区续建配套与节水改造工程，6月底前验收率力争达到80%以上，年底前全部完成。

（七）强化监管，提升水利管理能力。一是

加强建设管理队伍建设，做好质量考核工作，加强市场监管，规范建设秩序。深入开展质量提升行动，督促参建各方认真履行质量责任，严格执行工程质量终身责任制。二是高度重视水利部稽查、质量巡查、明察暗访提出问题的整改落实工作，举一反三，确保取得成效。三是加强水利建设市场信用体系建设，建立自治区水利建设市场"红黑名单"制度，完善市场准入和退出机制。强化招投标监管，严格招投标程序，加大行业监管力度，进一步规范水利建设市场秩序，严厉打击水利工程建设项目围标串标、挂靠借用资质投标、转包和违法分包等违法行为。四是各级领导要高度重视各类信息系统的填报工作，认真做好各部门数据统计工作，压实责任。五是推动水费收缴工作提质增效。健全水价成本补偿机制，探索多种满足工程正常运行要求的水费收缴形式。通过水费收缴、财政补贴等多渠道落实维修养护资金，保障工程长效运行。

（八）全力做好农业水价综合改革工作。我区农业用水占比72%左右，对我区来说落实节水优先重中之重是做好农业节水，而农业综合水价改革是农业节水的"牛鼻子"。今年厅里将调整农业水价综合改革领导小组，把农业水价综合改革作为厅里的重点工作，整合力量，成立专班，全力抓好。具体任务一是全面开展以电折水系数率定；二是水资源分配在《自治区地下水生态保护治理规划和实施纲要》明确的地下水用水总量管控指标的基础上，把地下水指标分配到县、到行业，进而到乡、到村、到井，实行总量控制。这项工作是厅里今年的一项重点工作，各盟市、旗县也要列为一把手工程，抓实抓好。

（九）做好脱贫攻坚与乡村振兴有效衔接。一是提升农村牧区供水保障水平。建立安全饮水工程项目库，加快完成2021年度饮水安全项目的筛选和实施方案审批工作，重点开展老旧管网改造、小型工程达标建设和牧区水源点建设等项目，进一步补齐农村牧区供水基础设施短板，巩固拓展脱贫攻坚饮水安全成果。二是进一步夯实乡村振兴水利基础。围绕巩固拓展脱贫攻坚成果，坚持"四个不摘"，从资金配套、项目安排等方面保持对集中连片和国贫旗县政策稳定，接续改善脱贫地区生产生活条件，实现巩固拓展脱贫攻坚成果同乡村振兴有效衔接。

# 纪检监察组组长范忠在全区水利工作暨党风廉政建设工作会议上关于党风廉政建设工作的专题讲话

自治区水利厅党组成员、驻厅纪检监察组组长　范　忠

（2021年2月2日）

昨天上午，召开了自治区十届纪委七次全会，石泰峰书记作了重要讲话，刘奇凡书记作了工作报告，会议传达了十九届中纪委五次全会精神，对我区反腐倡廉工作做了安排部署。水利厅党组相继召开中心组学习会，及时传达了两次会议精神，并对去年工作进行了总结，对今年党风廉政建设工作做了谋划。

过去的一年里，水利厅党组始终坚持把党风廉政建设作为推动水利事业持续健康发展的重要保障，放在突出位置抓紧抓实，水利系统政治生态持续净化、党风政风进一步好转，但从一段时间以来水利系统监督执纪问责的情况来看，全面从严治党和党风廉政建设责任压得还不够实，一些深层次问题仍未得到根本解决，做好2021年党风廉政建设和反腐败工作任务还很艰巨。

按照十九届中央纪委五次全会精神和自治区十届纪委七次全会精神，驻厅纪检监察组将充分发挥监督保障执行、促进完善发展作用，围绕水利事业发展，协助厅党组抓好各项工作落实。为此，我就持续深入推进水利系统党风廉政建设，从监督、执纪、问责三个角度讲几点意见。

## 一、强化监督质效，加强政治监督

纪检监察机关是政治机关，监督是第一责任，监督的首要任务是政治监督，水利系统纪检机关要切实强化政治意识，抓好政治监督。

一是自觉践行“两个维护”，全面加强政治监督。我们要深刻认识“两个维护”的重大意义，始终保持思想上清醒坚定，在政治立场、政治方向、政治原则、政治道路上同党中央保持高度一致，不断提高政治判断力、政治领悟力和政治执行力，善于从政治上看问题，把握政治大局。要把“两个维护”体现到具体行动上，扎实做好政治监督，加强对贯彻新发展理念、构建新发展格局、推动高质量发展等决策部署落实情况的监督检查，重点关注“一湖两海”，量水而行，达里湖、黄旗海、哈素海生态治理，黄河沿线生态环境保护，脱贫攻坚，河湖长制等重大水利工作情况，以强有力的政治监督，确保政令畅通、“十四五”起步时期各项目标任务落到实处。

二是抓好“关键少数”，发挥示范带头作用。“关键少数”在全面从严治党中担负着重要

责任，必须发挥好关键作用。政治监督必须突出领导班子和“一把手”这两个重点，落实到具体人、具体事上，形成“头雁效应”，以上率下，贯彻执行好《党委（党组）落实全面从严治党主体责任规定》，层层压实党风廉政建设责任，把党风廉政建设贯穿到履职尽责的全过程，抓工作部署、抓工作推动、抓责任落实、抓检查考核，始终以严的标准抓班子、管队伍、做示范，推动党风廉政建设与水利业务工作深度融合。

三是推动“四个监督”同向发力，保障重大决策部署落到实处。着力推动“纪律监督、监察监督、巡视监督、审计监督”融会贯通，同向发力，水利系统各级纪检机关注重加强与审计、巡视等相关部门的沟通协同，根据各类监督中指出的整改问题、重点关注内容和问题线索，找准工作中存在的突出问题和薄弱环节，提出有针对性的整改意见建议，督促相关部门及时整改，完善工作机制，更好地发挥职能作用，通过促进各类监督贯通融合，不断增强政治监督治理效能，保障党中央、自治区的各项决策部署在水利厅的有效落实。

## 二、严明纪律规矩，严守廉政底线

中共十八大以来，党风廉政建设和反腐败斗争虽然取得了历史性成就，但形势依然严峻复杂，这就要求我们要把守纪律、讲规矩摆在更加突出的位置，切实增强防范风险意识，打造为政清廉的坚固防线。

一方面，要把纪律规矩挺在前面。近年来，水利系统内因违纪违法问题被查处的干部不少，这其中既有厅机关的，也有基层单位的，究其根源，很大程度上是因为干部的纪律规矩意识不强。因此，广大党员干部要始终绷紧纪律规矩这根弦，坚持把学习党的纪律规矩当作一门必修课，特别是对一些具体内容和最新要求等要反复强化、深刻把握，不断增强遵规守矩的思想自觉和行动自觉，严格按党性原则办事、按政策法规办事、按制度程序办事，明白哪些事该做，哪些事不该做，做到心有所畏、言有所戒、行有所止，清清白白做人，干干净净做事。

另一方面，要深化廉政风险防控工作。持续健全完善廉政风险防控机制，是推进监督关口前移的有效措施。今年因机构改革，涉及相关单位的职能职责、业务事项、工作流程等的变化，各单位一定要在原有廉政风险防控点和防控措施的基础上，通过梳理权力清单和责任清单，议事决策、权力运行、制度机制、工作流程、岗位履职等方面内容，进一步强化对各部门权力运行全过程、全方位的管控，把廉政风险防控措施做细做实，从源头防范腐败滋生，用严密的制度为干部履职保驾护航。同时，领导干部和具有公权力的公职人员个人也要进一步强化风险防范意识，坚持秉公用权、廉洁用权，既要干好事、干成事，又要确保不出事。

## 三、严肃执纪问责，以优良党风促政风正行风

作风建设要经常抓、持久抓，已经采取的措施要落地落实，已经取得的成效要继续巩固，驰而不息正风肃纪，推动党风、政风、行风进一步好转。

一是强化行业监管，凝聚工作合力。要切实强化水利行业监管，聚焦自身薄弱环节，围

绕水旱灾害防御、水资源保护、河湖生态治理、工程建设运行和资金使用等方面，多措并举强化监督管理，不断健全我区水利系统的监管体系和监管制度，增强监管的系统性、整体性、协同性和有效性。水利厅各处室、厅属各单位要加强沟通协调，充分发挥自身职能作用积极配合，杜绝部门之间推诿扯皮、办事拖沓、工作虚化空化等不良风气，通过密切协作，提高工作效率，共同推动水利事业高质量发展。

二是突出抓早抓小，用好“四种形态”。水利系统各级纪检部门要认真履行职责，把功夫下在日常，从小事管起、从常态抓起，协助各级党组织抓好廉政教育、抓好监督管理、抓好以案促改，深化运用监督执纪“四种形态”，通过多种方式了解干部职工的思想、纪律、工作、生活等作风情况，发现苗头性问题及时提醒告诫，防止小毛病演变成大问题。

三是强化担责尽责，从严追责问责。要持续整治形式主义、官僚主义，坚决防止做事敷衍、工作形式流于表面，贯彻党中央决策部署做选择、搞变通、打折扣等突出问题，严肃查处在水利项目设计、招标、监理、决算、验收、后期监管等重要环节中出现的违纪违法问题。广大党员干部，特别是各级领导干部，重要岗位、关键环节的主要责任人，要严格履行自己的职责，对该主管、该分管、该管理的人和事，要落实好监督管理责任，出了问题，坚持一案三查，既查当事人的违纪违法责任，也查党组织的主体责任和纪检部门的监督责任。通过严肃执纪问责，一体推进不敢腐、不能腐、不想腐，进一步营造水利系统风清气正的新生态。

# 副厅长赵忠武在全区水利工作暨党风廉政建设工作会议上关于水利监督和运行管理等工作的专题讲话

自治区水利厅党组成员、副厅长　赵忠武

(2021年2月2日)

按照会议安排,我就分管工作讲几点意见。

## 一、关于水利监督和运行管理工作方面

2020年经过全区各级水利部门的共同努力,水利监督和运行管理等方面工作都取得了一定的成绩。水利部安全生产考核我区四个季度名次分别为第9、第8、第8和第3,水库大坝安全鉴定和报废工作位于全国前列,水利行业综合监督工作位于全国中游。在肯定成绩的同时,我们也应该清醒地认识到水利监督和运行管理工作存在的问题,如盟市、旗县强监管工作思想认识还不到位,监督工作上热下冷,基层水利部门尚未真正重视起来,主观能动性差,还停留在应对上级部门检查发现问题整改落实上,自主督察检查机制尚未形成;又如,水利工程安全运行管理短板仍然突出,水库、水闸、堤防运行管理存在的问题仍然较多。

在刚刚结束的2021年全国水利工作会议上,鄂竟平部长在解读今后一段时期水利事业发展顶层设计时,主要讲了三个方面的问题,其中水利行业强监管是其中之一,可见水利部党组对强监管是多么重视,今后强监管仍然是水利事业发展总基调中的主基调,并将会提高到一个新的高度,要逐步形成"行业化、常态化、规范化、法制化和现代化"监管机制。所以,大家要切实提高思想认识,从讲政治的角度去做好水利工程安全运行管理和监督工作,特别是盟市水利局要主动负起责任来,在今年的工作中要精准发力,组织进行全面摸排,查清底数,补短板、抓弱项。

第一,监督工作方面重点抓好以下工作。

一是完善行业监管体系。自治区层面已经建立了监督工作体系,监管工作的体制机制和制度措施正在逐步完善;盟市层面,2021年开始要全面构建监管体系,落实盟市一级的日常监管职能,推动行业监管体系全面覆盖、上下联动、形成合力。同时,各地抓住事业单位机构改革契机,积极争取编制部门对监督机构和运行管护机构人员的支持,加大资金投入力度,加强基层管理人员培训,多措并举,共同推动强监管工作出实效、上台阶。

二是抓好重点领域的监管。重点盯住水库、水闸、堤防运行管理,水资源管理,水旱灾害防御和水利工程质量安全等主要风险点,实

施精准化监管，在对以往开展规模性监督检查发现问题进行分析的基础上，找到共性的和关键的风险点，对准这些风险点上措施，精准施策，避免风险由小变大。

三是加强监督检查成果运用。要注重督查检查发现问题整改，确保整改实效，对类似问题举一反三，建立长效机制；要注重提炼概念，加强对问题的分析研判，形成对相关领域管理现状的判断。通过加强监督检查成果运用，真正发挥监督的震慑和引领作用，促进水利行业管理水平提升。要严肃责任追究，对监督检查中发现的问题进行问责。

第二，运行管理方面重点抓好以下工作。

一要切实做好水库安全管理。鄂竟平部长一再强调超标准洪水和水库安全度汛始终是水利系统的头号风险，去年水库管理有进步，全区水库安全鉴定工作已基本完成，但水库日常管理仍存在较多问题，今年要继续紧盯水库责任人和“三个重点环节”的落实，推进水库“四个责任人”从有名、有实、有能和有为，落实预警预报措施，梳理和修订完善已有的调度方案和应急预案，提高针对性和可操作性。已鉴定为三类坝今年未列入除险加固计划的病险水库，要落实限制运用措施和应急处置方案。

二要抓好水库大坝注册登记工作。近两年，我区大部分水库完成了安全鉴定，一大批水库进行了降等报废处置，安全鉴定和降等报废处置后，水库特征指标发生变化，今年上半年要完成大坝信息的重新登记工作，更新水库特征指标等基础数据。同步开展水利部水库安全运行管理信息化系统更新，夯实水库管理数据基础。

三要抓好水库除险加固、雨水情和安全监测项目实施，要加快推进水库除险加固、水雨情测报和安全监测等项目的前期工作，做好项目储备，确保顺利实施。

四要逐步完善小型水库管护机制。按照水利部要求，“十四五”期间要对苏木乡镇、村集体等分散管理的小型水库逐步推广区域集中管护、政府购买服务、“以大带小”等新型管护模式。中央补助小型水库维修养护资金可通过政府购买管护服务等方式落实小型水库的管护主体和管护人员，各地要创新管护模式，强化运行管护，扭转小型水库管理粗放、不规范的被动局面。

五要切实抓好堤防水闸安全管理工作。堤防水闸工程已成为我区工程管理工作的明显短板，今年的堤防水闸管理要做好以下几件事：

一是我厅要针对2020年堤防水闸专项检查问题分析原因，提出对策措施，完善相关管理制度，制定出台堤防工程运行管理办法，推动有关措施制度尽快落地实施。针对水闸工程管理单位技术人员缺乏问题，旗县水利部门要积极协调充实管理人员。

二是水利部今年要对所有大中型水闸进行暗访检查。各盟市要提前组织对堤防和水闸对照清单进行全面摸底排查，建立问题台账，强化问题整改，确保堤防和水闸安全、有效、良性运行。对于已废弃和丧失功能的水闸按照程序该注销的要注销。同时要完善水闸注册系统信息，确保系统填报数据准确，应报尽报。我厅将在盟市、旗县自查的基础上进行抽查核查。

三是针对水利部2020年检查发现的问题，各地要紧盯整改进度，不能立行立改的要制定整改措施和方案，明确整改时限，决不允许虚假整改，各盟市水利局要做好整改工作的跟踪督办和技术指导，自治区水利厅也将派工作组进行指导和督办。

四是针对我区堤防数量多、战线长、管理力量薄弱的问题，各盟市要积极探索堤防日常管理与河长制工作相结合，充分发挥苏木乡镇和村级河长的作用。

第三，安全生产方面重点抓好以下工作。

一要抓好安全生产责任落实。按照职责分工严格落实安全生产“三个必须”和一岗双责工作原则，督促各类水利生产经营单位全员、全方位、全过程落实安全生产主体责任，督促各级水行政主管部门落实监管责任。

二要抓好重点领域安全生产风险防控。加强隐患排查治理，强化监测预警，加强巡查值守，加大明察暗访力度，防止因自然灾害引发安全事故。扎实开展水利安全生产专项整治三年行动，紧盯水利水电工程施工、运行管理等重点领域，督促各单位动态更新问题隐患和制度措施两个清单，强化整治效果。继续做好水利工程建设安全生产巡查，加强安全风险识别和管控，敦促整改问题。强化安全生产标准化建设，推动具备条件的水利生产经营单位达标。

三要抓好“安全监管+信息化”建设。建设自治区水利安全生产考核评价系统，实现对全区各级水行政主管部门和水利生产经营单位安全生产工作情况的量化分析。继续完善全区水利安全风险分级管控和隐患排查治理双重预防机制建设，组织做好危险源、隐患、事故汇总分析，督促各地对重点地区、高风险领域、重要单位加大明察暗访力度，实行重点监管。

## 二、关于水旱灾害防御相关工作方面

第一，抓好山洪灾害防范。

一是要强化对山洪灾害防治系统运行维护，确保汛期系统稳定运行，到报率达到90%以上。今年的中央运维资金已下达至水文部门，各级水文部门要尽快与盟市、旗县进行对接，积极主动开展运行维护工作。各盟市要积极配合水文部门开展工作，同时要积极筹措本级运维资金，做好本级山洪监测预警平台、无线预警广播、简易雨量水位报警器等其他山洪灾害防治系统的运维工作。截至目前，个别地区2019、2020年度的中央运维资金仍未使用，今年自治区将持续加强监管，对整体运行情况进行定期通报，对工作落后地区进行约谈。

二是要全力推进山洪灾害防治项目建设，2020年整体建设进度达到水利部相关要求，部分项目已经验收，各地要继续做好2020年度项目建设收尾和验收工作。各地要高度重视今年山洪灾害防治项目建设工作，目前投资计划已经全部下达，年度任务分工也已印发各地，相关旗县要抓紧组织编制山洪沟防洪治理实施方案，各盟市要于3月底前完成方案的审批，并在4月底前完成招标工作。

第二，全力推进水旱灾害风险普查。

水旱灾害风险普查是全国自然灾害风险普查的重要组成部分，也是一项政治任务。2020年根据水利部和自治区普查办的安排部署，我们已经进行了普查前期准备，今年是全面开展普查工作的第一年，各地要高度重视普查工作，全力做好以下几方面工作：

一是要及时组建成立水旱灾害风险普查工作的领导小组，负责普查组织实施中重大问题的研究和决策，同时要明确技术支撑单位，尤其是旗县级水利部门本次承担河流、堤防、水库、水闸、蓄滞洪区等洪水灾害隐患调查与评估工作，工作任务较重，一定要提前配备专业技术力量，全面为普查工作开展做好准备。

二是要认真做好2021年度水旱灾害风险普查工作，本次普查主要包括3大方面任务，一是包括暴雨频率分析、洪水频率分析、大江大河主要控制断面特征值等内容的水旱灾害致灾调查与评估，二是河流、堤防、水库、水闸、蓄滞洪区等洪水灾害隐患调查与评估，三是包括洪水风险图编制、山丘区中小河流洪水淹没图编制等内容的水旱灾害风险评估与区划。目前自治区已初步明确了水旱灾害风险普查部分的任务量、分工和投资规模，组织编制了水旱灾害风险普查专项实施方案，近期会下发至各地，各级水利部门要根据职责分工主动开展工作，确保2021年任务顺利完成。

三是要积极筹措本级普查工作经费，根据国家统一安排，本次风险普查工作经费以地方保障为主，自治区政府会统一出台资金筹集政策，各地必须要按自治区政府要求完成工作任务。

# 副厅长李彬在全区水利工作暨党风廉政建设工作会议上关于水资源管理等工作的专题讲话

自治区水利厅副厅长　李　彬

（2021年2月2日）

按照会议议程，现将我分管领域2021年工作安排如下：

## 一、持续加强水资源管理

水资源和节水工作要深入落实习近平总书记关于黄河流域生态保护与高质量发展重要讲话精神，强化水资源刚性约束，全面提升水资源管理能力。一是要强化承载力刚性约束。按照水利部要求，对于水资源超载地区新增取水实施限审限批。通过水权转让、再生水利用、争取分水指标等方式增加区域水资源有效供给。各盟市要摸清水资源家底和用水状况，做好“存量”文章，加快用水结构调整，切实将农业用水降下来，将宝贵的水资源真正用在高质量发展项目上。严格水资源管理，以农业灌溉为重点，全面推广“以电折水”计量监测。深入实施取用水专项整治行动，对不合法取水口进行分类整治。二是要加快水生态修复。巩固超采区治理成效，对连续4个季度水位下降的超采区，实行“黄牌”预警。对于符合超采区划定条件的，重新划定为超采区。在全区范围内开展新一轮超采区划定工作。抓好西辽河流域“量水而行”、察汗淖尔流域生态保护与修复、鄂尔多斯台地地下水超载治理。明确重点湖泊和河流控制断面生态流量（水量）目标，对具备条件的水库，实行泄放生态流量（水量）管控。继续加大对“一湖两海”、居延海、泊江海和红碱淖尔等重点湖泊补水，力争全年为重点湖泊补水10亿立方米以上。三是实施深度节水控水行动。落实国家和自治区节水行动计划，强化农业、工业和城镇各领域节水。严格落实节水评价制度，全区45%县域要达到节水型社会标准。积极推进节水型高校、灌区、机关和企业建设，自治区本级机关和事业单位节水型单位建成率分别达到95%和45%以上。

## 二、持续推进河湖管护工作见实效

要强化河长制湖长制各项工作，促进河流湖泊面貌持续改善，筑牢祖国北疆生态安全屏障。一是要督促河湖长履职尽责。上半年召开全区总河湖长会议，印发年度工作要点，明确年度任务及分工。要充分发挥河长办“组织、协调、分办、督办”作用，同时要做好河湖长“参谋”，要加强暗访、考核等工作，督促各级河湖长知责、履责、尽责。组织开展跨行政区域的联防联控行动。二是要加强水域岸线空间管控。自治区领导担任河湖长的“五河四湖”的岸线保护利用规划已经完成，今年要完成盟市领导担任河湖长和其他有岸线利用需求的河湖岸线利用管理保护规划编制工作。河湖“清四乱”工作要常态化、规范化，严格落实“四乱”问题的“一问题两单制”。三是要继续协调推进“一湖两海”等重点湖泊水生态修复。继续协调推进“一湖两海”重点湖泊综合治理工程，以及察汗淖尔、居延海、哈素海等重点湖泊和红碱淖尔等敏感湖泊的综合治理工作。

### 三、扎实做好水土保持工作

水土保持要突出监管，强化重点区域治理，为实现“十四五”开局打下坚实基础。一是加强生产建设项目监管。针对2020年遥感监管、日常监管发现的水土保持违法违规行为，强化查处整改力度，形成闭环管理。继续组织开展覆盖全区范围的遥感监管。各级要按照审批权限，督促业主加快生产建设项目水土保持工程自主验收，确保年底前完成以前年度批复的、具备验收条件的项目100%验收。二是加强国家重点水利工程建设。2021年全区治理任务为1128万亩，较2010年增加200万亩，治理任务更重了，各地要提前谋划2021年项目前期工作，确保工程早开工、早完成、早验收。2021年我厅将开展工程验收和专项督查行动，请各地要高度重视，完善档案资料，做好准备工作，小流域综合治理、坡耕地和侵蚀沟项目审批权已经下放到盟市，均由盟市组织验收，确保2020以前年度工程项目验收今年底全部完成验收。各地要结合水土保持目标责任考核，认真落实年度水土保持综合治理任务，确保水土流失综合治理任务合理分解到旗县。三是加强淤地坝安全运行管理。切实落实好淤地坝运行管护责任，积极落实淤地坝维修养护和运行管护经费，各地汛前要对辖区内淤地坝开展全面排查，及时发现解决存在隐患，确保淤地坝安全度汛。四是要持续黄河流域水土流失治理。积极推进黄河十大孔兑综合治理项目前期工作，落实好黄河粗泥沙集中来源区一期工程项目实施前期的筹备工作，按照国家部署，确保项目顺利实施。

### 四、持续做好水政工作

持续推进自治区水法规体系建设，强化水行政监督，严厉打击水事违法行为，为水利改革发展和水生态文明建设提供法律支撑保障。一是完善水利行业立法。做好《自治区地下水保护与管理条例》和《自治区河湖管理条例》立法调研工作。各盟市也要结合实际情况完善法律法规体系。二是强化执法监督。结合各级行政执法改革情况，制定《内蒙古自治区水行政执法监督管理办法》，各地要根据执法队伍改革情况，谋划水行政执法与综合执法的衔接工作。继续完善行政+司法联合监督机制，并开展水行政执法专项监督。全面推进依法治区和法治政府建设。持续开展扫黑除恶常态化斗争。

### 五、持续提升水文服务保障水平

新时期，水文工作要转观念，完善水文基础设施，不断提升水文监测能力和服务保障水平。一要转变观念。要贯彻水利部对水文工作的新要求，不能固守惯性思维，采取“走出去”“请进来”等方式，学习兄弟省区的先进理念，弄清楚新时期水文工作该搞什么、该怎么搞。二要改革测验方式。4年前水利部要求建立以水文测区为基本单位的水文监测新模式，实施驻测、巡测相结合的监测和管理模式，本次机构改革已经给盟市局设立了多个测区，今年要启动此项工作。三要夯实基础。要完善水文监测网络，加大水文监测新技术、新仪器设备的推广应用力度，不断健全我区地下水监测站网体系和现代化水平。四要强化服务。要全面提升水文监测、预测预报和服务支撑能力。进一步加强水文监测数据的分析利用，为各级政府和相关部门水资源管理和保护决策提供相应的技术支撑。

## 六、持续强化水利科技支撑作用

水利科技工作要围绕水利中心工作，加强实用技术研究和推广应用，全面提升水利科技支撑作用。一是要加强实用技术研究。要紧密围绕水利改革发展重大科技需求和我区实际工作需要，重点开展水资源节约、水生态保护、水工程建设、水安全保障等方面的使用技术研究。二是要加快科技成果推广应用。进一步推动水利科技成果与生产实践的精准对接，加快科技成果推广应用，让科技成果真正转化为生产力，切实起到为水利事业保驾护航的作用。

总之，2021年，要坚持以习近平生态文明思想为指导，进一步完善思路、强化举措、狠抓分管领域各项工作，为筑牢祖国北疆生态安全屏障贡献力量。

# 专 记

ZHUANJI

# 深入践行水利改革发展总基调
# 为内蒙古全面建成小康社会提供支撑保障

内蒙古自治区水利厅党组书记、厅长　刘万华

2020年，内蒙古自治区水利部门深入学习贯彻习近平总书记关于治水的重要论述，对标对表全面建成小康社会和"十三五"规划目标任务，扎实推动水利工程补短板、水利行业强监管，各项工作取得积极成效。

防汛抗旱夺取全面胜利。围绕超标洪水不打乱仗、标准内洪水不出意外、水库淤地坝等水工程不失事、山洪灾害不出现群死群伤目标，全面加强应急值守、监测预警预报、联合会商、抢险救灾等重点环节工作。自治区水利厅汛期成立6名厅级领导带队的督导组开展了3轮防汛督导检查。下发"一盟市一单"防汛重点工作提醒函。建立防汛重点风险点派驻盯防制度，落实盯守组619组、盯守人员1359人。有效防御了黄河干流1号、2号、4号编号洪水和其他重要河流洪水及山洪灾害。水库、淤地坝无一溃坝，河道堤防无一决口，山洪灾害死亡6人。

"三水"问题治理成效显著。加强地下水管理保护，全区33个地下水超采区基本达标治理，累计压采地下水水量5.9亿立方米。加快推进河长制湖长制见成效，完成2361条流域面积1000平方千米以下和50平方千米以上河流管理范围划界工作；推动河湖"四乱"清理整治常态化规范化，开展河湖管理保护"春季"行动、"秋季"行动等，排查"四乱"问题3438个，整改完成3274个。推进西辽河流域量水而行试点，起草量水而行以水定需实施意见以及西辽河流域水资源管控目标、水量调度管理办法等，初步确定试点保障制度和落实机制，用水总量控制指标分解、重点断面监测设施建设、农业用水监测计量等具体工作有序推进。加强"一湖两海"及察汗淖尔治理，较好完成呼伦湖补水任务，为乌梁素海补水6.25亿立方米，为岱海补水203万立方米，呼伦湖水位、水面面积保持在合理区间；开工建设岱海生态应急补水工程；制定贯彻习近平总书记关于察汗淖尔重要指示精神工作方案，明确举一反三全面抓好其他河湖保护治理、加强重点河湖治理调度监管等18项具体措施。

补短板重点工程加快推进。积极争取水利建设资金，全年落实水利行业投资110.8亿元，争取使用地方政府债券资金23亿元，比2019年增加20.5亿元。针对旗县财政困难、挤占挪用水利投资，严重影响水利投资计划执行和水利项目建设情况，采取向各盟市派出投资

计划执行推进组以及向盟市政府通报、约谈盟市水利局局长、与旗县政府签订归还水利投资任务单、向盟市长致信等方式加强协调监管。年度水利投资计划完成90.7%，其中重大水利工程完成97.1%。引绰济辽工程、东台子水库圆满完成年度建设任务，LXB供水内蒙古支线、引绰济辽二期、黄河科泊尔应急分洪区、锡林郭勒盟和霍林郭勒市调水等重大项目前期工作取得进展。

农村牧区饮水安全保障更加扎实。围绕巩固拓展水利脱贫攻坚成果，落实各类饮水安全资金8.7亿元，用于巩固提升农村牧区供水工程，完成受益人口58万人，全区75万农牧民饮水型地方病氟砷碘超标问题、10.3万名农牧民苦咸水问题得到解决。健全农村牧区供水工程运行管护机制，落实村级管水员制度，制定印发建立村级管水员和加强应急供水指导意见，推动管护责任向基层延伸。加强供水工程水费收缴工作，出台水费收缴推进工作问责实施细则，印制发放水费收缴宣传画1.2万余册；全区各旗县集中供水工程全面定价，水费收缴率达到95%。

水利强监管力度进一步加大。健全水利监督检查机制，出台自治区水利督查工作办法，规定水利监督检查事项、内容、机构职责、监督形式、责任追究等要求，建立了“四位一体”自治区水利监管体系。加强水利督查队伍建设，组建自治区本级近200人督查队伍。全年累计开展督查暗访40批次、248人次，涉及水库安全运行、饮水安全、淤地坝安全度汛、河湖采砂专项整治等事项。强监管一年来取得积极成效。水库大坝安全鉴定完成比例151.4%，在全国各省（自治区、直辖市）排名第一；水利部全国各省（自治区、直辖市）安全生产考评中连续三个季度排名前10，中央水利发展资金绩效评价结果为良好，水利工程建设质量考核等排名进一步提升。

2021年，内蒙古自治区水利部门将继续认真贯彻落实党中央、国务院治水管水决策部署和水利部工作要求，主动担当作为、忠实履行职责，扎实推动水利高质量发展，为自治区“十四五”发展开好局、起好步，为巩固全面建成小康社会和决战脱贫攻坚成果作出不懈努力，以优异成绩迎接建党100周年。

（原载《中国水利》2020年第24期）

# 攻坚克难　全面打赢饮水安全脱贫攻坚战

“十三五”期间，内蒙古自治区农村牧区饮水安全工作聚焦脱贫攻坚，坚持高位推动，大力实施巩固提升工程，不断增强农村牧区供水保障能力。围绕巩固拓展水利脱贫攻坚成果，2020年再落实各类饮水安全资金8.7亿元巩固提升农村牧区供水工程，完成受益人口58万人，全区75万农牧民饮水型地方病氟砷碘超标问题、10.3万农牧民苦咸水问题得到解决。

农村饮水安全是一项重大民生工程，事关民生福祉。习近平总书记高度重视饮水安全工作，明确要求“着力补齐贫困人口义务教育、基本医疗、住房和饮水安全短板，确保农村贫困人口全部脱贫，同全国人民一道迈入小康社会”。中共中央关于打赢脱贫攻坚战的决策部署明确指出，解决农村牧区建档立卡贫困人口饮水安全是实现脱贫攻坚总体目标的重点工作之一。“十三五”期间，自治区农村牧区饮水安全工作聚焦脱贫攻坚，坚持高位推动，大力实施巩固提升工程，不断增强农村牧区供水保障能力，取得明显成效。

2019年年底，内蒙古自治区全面完成建档立卡贫困人口饮水安全保障任务，共解决贫困人口饮水安全问题18.3万人。为持续巩固脱贫攻坚成果，不断消除饮水安全隐患，2019年、2020年连续两年开展横向到边纵向到底、贫困人口全覆盖式的饮水安全保障大排查，对排查出的3614个保障不扎实、存在安全隐患问题建立整改台账，逐处落实解决措施，完成一项，销号一个，进一步提升了脱贫攻坚成色质量。自治区成立农村牧区饮水安全脱贫攻坚暗访检查专班，对全区12个盟市多次开展明察暗访，督促各地切实做好饮水安全各项工作。各级水利部门同扶贫、卫生健康部门建立数据共享机制，及时掌握贫困人口饮水安全状况，防止因水致贫返贫，实现贫困人口饮水安全问题动态清零。从国家脱贫攻坚普查和近期的核查来看，贫困户饮水问题已得到精准解决。

自治区水利厅深入贯彻落实水利部和自治区党委、政府关于农村牧区饮水安全工作决策部署和各项要求，聚力脱贫攻坚，加快实施农村牧区饮水安全巩固提升工程。“十三五”以来，自治区累计投入农村牧区饮水资金53.7亿元，共新建和改扩建供水工程1.5万处，新打饮用水水源井2.4万眼，建成储水窖1.1万座，安装净水设备16.8万套，新建、改造管网1.7万千米，建成自来水工程2780处，受益农牧民430万人。建成了通辽市奈曼旗东明镇东明联村供水工程、包头市土右旗自来水公司城乡一体化供水工程等一批管理规范化、服务专业化的规模化供水工程。截至目前，全区农村牧区集中供水率达到82%，自来水普及率达到77%，农牧民饮水的安全感、获得感、幸福感明显增强。

内蒙古自治区的水质本底不好，多地存在氟超标、硫酸盐超标、氯化物超标等水质问题，改水后又容易反复，严重影响农牧民的身体健康。脱贫攻坚期内，自治区水利厅按照国家地方病防治三年攻坚行动方案和水利部的总体部署，两次开展专项水质提升行动，进一步改善了农村牧区饮用水水质。一是开展饮水型地方病防治专项三年攻坚行动，共安排饮水安全巩固提升工程改水专项资金7.51亿元，解决了63个旗县75万人的氟砷碘超标问题。二是下达苦咸水改水专项资金2亿元，通过水源置换、城镇管网延伸、集中净化处理或分质供水等方式巩固提升了34个旗县389处供水工程，苦咸水改水受益人口10.3万人。水质安全专项行动的实施，全区饮水型地方病、苦咸水问题得到全面解决，夯实了贫困地区、贫困人口的饮水安全基础，极大地降低了因水质反复波动导致返贫的风险。

为保障农村牧区供水工程长效运行，自治区水利厅进一步压实工程管护责任，全面落实农村牧区供水“三个责任”“三项制度”。坚持“以水养水”，全力推进水费收缴工作。为压实各级责任、指导水费分类定价、规范水费收缴方式、健全财政补贴机制，做好水费收缴宣传，自治区水利厅印发《自治区农村牧区供水水费收缴工作方案》《关于加快推进农村牧区供水水费收缴工作的通知》《内蒙古自治区农村牧区供水工程水费收缴推进工作问责实施细则》《农村牧区集中供水工程水费收缴宣传画》等文件材料。推动管护责任向基层延伸，推行村级管水员制度，扶持基层管水事业健康发展。为有效及时处置农村牧区供水突发事件，自治区水利厅印发《关于做好农村牧区应急供水保障的紧急通知》《关于加强农村牧区应急供水工作的指导意见》等文件，指导各地建立突发供水事件监测预警机制，完善应急供水预案，成立应急抢修队伍，备足检修物资设备。全区各旗县均落实了各有关部门、供水单位管护责任，基本建立了运行管理办法、管理机构、应急供水等制度，集中供水工程全部定价，水费收缴率达95%。农村牧区供水“有人管、有钱管”的良性运行机制正在形成。

经过多年努力，内蒙古自治区贫困人口饮水安全问题得到全面解决，农村牧区供水保障水平得到显著提升。但是受地理条件、人口分布、水资源状况等客观因素影响，内蒙古农村牧区供水整体水平与发达地区还有差距。“十四五”期间，水利厅将按照自治区党委、政府的安排部署，科学谋划农村牧区饮水安全工作，做好巩固拓展脱贫攻坚成果同乡村振兴有效衔接，进一步补齐工程和管理短板，加强水源保护和水质保障，强化水费收缴，健全完善长效运行机制，不断推动全区农村牧区饮水安全工作高质量发展。

（原载《中国水利》2020年第24期）

# 内蒙古：勠力补齐短板　持续提升能力

■图1　包头市达尔罕茂明安联合旗巴音敖包苏木阿玛乌素东队牧民喝到放心水

■图2　杭锦旗“小河警”在陶赖沟开展护河行动

■图3　乌海湖景色

■图4　鄂尔多斯水土保持治理

■图5　治理后的兴安盟乌兰浩特市水环境

■图6　草原秋景

出台水利建设基金筹集使用、使用地方政府债券、鼓励和引导社会资本投入等多项政策；争取增加中央水利投资，加大自治区财政投入；充分利用金融资金，广泛吸引社会资本投资水利建设……“十三五”期间，内蒙古自治区认真落实中央关于把水利作为基础设施建设优先领域的部署要求，创新举措，推进改革，水利工作取得显著成效。五年来，内蒙古累计落实水利行业投资507亿元，较“十二五”增长25.4%；全社会水利投入847亿元，较“十二五”增长26%。

重大水利工程建设全面提速。海勃湾水利枢纽、黄河二期防洪工程、辽河干流治理工程、嫩江干流治理工程相继建成并发挥效益；尼尔基和绰勒水利枢纽下游内蒙古灌区骨干工程基本建成；引绰济辽、东台子水库、岱海生态应急补水工程等重大工程开工建设……自治区水利工程体系不断完善，水资源支撑保障能力全面增强。

防汛抗旱取得重大胜利。内蒙古认真贯彻习近平总书记“人民至上、生命至上”和“两个坚持、三个转变”重要要求，完成近300座中小型病险水库除险加固，开展27条大江大河主要支流、内陆河和205条中小河流重要河段治理，实施山洪灾害防治非工程措施项目、山洪沟治理及抗旱水源工程建设；成功防御历年黄河凌汛，有效应对各地洪涝干旱灾害，最大程度保障了人民群众生命财产安全和城乡供水安全。与“十二五”相比，自治区洪涝灾害死亡失踪人数、受灾人口、受灾面积分别减少63.2%、42.8%、44.9%。

水资源利用效率不断提高。内蒙古坚持节水优先方针，深入落实最严格的水资源管理制度，自治区、盟市、旗县三级行政区实现“三条红线”控制指标全覆盖，全国考核中的排名逐年提升；大力推进节水型社会建设，自治区35个旗县达到县域节水型社会建设标准，自治区火电、钢铁、纺织染整、造纸、石油炼制等5个高耗水行业节水型企业建成率为80%。2019年自治区万元国内生产总值用水量、万元工业增加值用水量较“十二五”末分别下降22%、33%；农田灌溉水利用系数由“十二五”末的0.52提高到0.547。

水生态保护治理成效显著。自治区牢固树立绿水青山就是金山银山的理念，坚持综合治理、系统治理、源头治理，打造良好水生态环境；加大地下水管理保护力度，出台自治区地下水生态保护和治理实施纲要，33个地下水超采区治理基本达标；推进“一湖两海”等重点河湖治理，加大生态补水力度，呼伦湖水域面积保持稳定，乌梁素海整体水质明显改善，岱海水位下降趋势得到控制，东居延海实现连续16年不干涸，2019年国家重要江河湖泊水功能区水质达标率较“十二五”末提高29.1%；加强重点区域水土流失治理，大力实施坡耕地综合治理、淤地坝除险加固、东北黑土区治理及清洁小流域建设，综合治理水土流失面积3757万亩。

河湖长制全面建立并深入落实。内蒙古建立自治区、盟市、旗县、苏木乡镇四级河湖长体系，全自治区落实各级河湖长6562人，设立村级河湖长、巡查员、保洁员等9202人；依法划定河湖管理范围，明确河湖管理边界线，完成229个流域面积1000平方千米以上河流河段和359个水面面积1平方千米以上湖泊管理范围划定工作；开展河湖“清四乱”、黄河“清河行动”以及“保护母亲河、携手清四乱”等专项行动，累计清理整治“四乱”问题4907个。

农村牧区饮水安全保障水平不断提高。内蒙古坚持把饮水安全保障作为脱贫攻坚底线任务和民生水利首要工作，大力建设农村牧区饮水安全巩固提升工程，累计投入53.7亿元新建和改扩建农村牧区供水工程1.5万处，新打机电井4015眼，建成储水窖1万余处，新建、改造管网1.6万千米，受益农牧民430万人；解决了18.3万建档立卡贫困人口饮水安全问题、75万人饮水型氟砷碘超标问题、10.3万人苦咸水问题。全自治区农村集中式供水人口比例达82%，农村自来水普及率提高至77%。

重点水利改革取得积极成效。内蒙古出台自治区水权交易管理办法，黄河盟市内水权转让二期工程、盟市间水权转让一期试点工程通过核验，节约农业灌溉引用黄河水约3.7亿立方米，为108家沿黄工业项目获得2.2亿立方米黄河水，取得了农业节水、保障工业用水、保护水生态的多赢效果；小型水利工程管理体制改革基本完成，明晰各类小型水利工程产权45.83万处，颁发产权证书40.7万份，明确管护主体、管护责任，落实管护经费，促进了工程良性运行和效益发挥；农业水价综合改革有序推进，出台《内蒙古自治区农业灌溉水权分配和限额确定的指导意见》，实施改革面积1958.79万亩；水生态文明城市试点成效显著，乌海市、呼伦贝尔市国家水生态文明城市试点任务全部完成，为自治区水资源短缺和相对富集地区水生态文明建设提供了可复制可推广的经验。

## 攻坚克难　全面打赢饮水安全脱贫攻坚战

“十三五”期间，内蒙古自治区深入贯彻落实水利部、自治区党委和政府关于农村牧区饮水安全工作的各项决策部署和要求，聚力脱贫攻坚，加快实施农村牧区饮水安全巩固提升工程，农牧民饮水安全感、获得感、幸福感明显增强。

坚持精准扶贫，实现贫困人口饮水安全“清零达标”。2019年年底，内蒙古全面完成建档立卡贫困人口饮水安全保障任务，共解决18.3万名贫困人口饮水安全问题；2019年、2020年连续两年开展横向到边纵向到底、贫困人口全覆盖式饮水安全保障大排查，对排查出的安全隐患，建立整改台账，逐处落实解决措施。自治区成立农村牧区饮水安全脱贫攻坚暗访检查专班，多次对自治区12个盟市开展明察暗访，督促各地切实做好饮水安全各项工作。各级水利部门同扶贫、卫生健康部门建立数据共享机制，及时掌握贫困人口的饮水安全状况，防止因水致贫返贫，实现贫困人口饮水安全问题动态清零。从国家脱贫攻坚普查和近期的核查来看，贫困户饮水问题已全面解决。

开展专项行动，改善提升农村牧区饮水水质。自治区水质本底不好，多地存在氟、硫酸盐、氯化物超标等水质问题，严重影响农牧民身体健康。自治区水利厅按照国家地方病防治3年攻坚行动方案和水利部总体部署，开展了2次水质提升专项行动，进一步提升了农村牧区饮水水质。同时开展饮水型地方病防治专项3年攻坚行动，共安排7.51亿元饮水安全巩固提升工程改水专项资金，解决了63个旗县75万人的氟砷碘超标问题；落实2亿元苦咸水改水专项资金，通过水源置换、城镇管网延伸、集中净化处理或分质供水等方式，巩固提升了34个旗县389处供水工程，苦咸水改水受益人口10.3万人。自治区饮水型地方病、苦咸水问题得到全面解决，极大降低了因水质反复波动而返贫的风险。

强化责任落实，建立健全工程运行管护长效机制。自治区水利厅进一步压实工程管护责任，全面落实农村牧区供水“三个责任”“三项制度”，以保障农村牧区供水工程长效运行；印发自治区农村牧区供水水费计收工作方案、农村牧区供水工程水费计收推进工作问责实施细则、农村牧区集中供水工程水费计收宣传画等材料，指导各地做好水费分类定价、规范水费计收方式、健全财政补贴机制，全力推进水费计收工作；推动管护责任向基层延伸，推行村级管水员制度，扶持基层管水事业健康发展；出台《关于做好农村牧区应急供水保障的紧急通知》《关于加强农村牧区应急供水工作的指导意见》等指导性文件，要求各地建立突发供水事件监测预警机制，完善应急供水预案，成立应急抢修队伍，备足检修物资设备。目前，全自治区各旗县均落实了供水管护责任，基本建立了运行管理办法、管理机构、应急供水等制度，集中供水工程全部定价，水费计收率95%。

展望“十四五”，内蒙古将科学谋划农村牧区饮水安全工作，做好巩固拓展脱贫攻坚成果与乡村振兴有效衔接，进一步补齐工程、管理短板，强化水费计收，健全完善长效运行机制，不断推动自治区农村牧区饮水安全工作高质量。2020年，内蒙古自治区持续有序推动落实水利重点工作，取得积极成效。

## 聚焦持续发展　谱写水利新篇

全力抓好水旱灾害防御工作。内蒙古围

绕超标洪水不打乱仗、标准内洪水不出意外、水库淤地坝等水工程不失事、山洪灾害不出现群死群伤的目标，与应急管理、气象等部门密切配合，全面加强应急值守、预警预报监测、联合会商、抢险救灾等重点工作；下发“一盟市一单”防汛重点工作提醒函，建立防汛重点风险点派驻盯防制度，落实619个盯守组、1359名盯守人员，有效防御了黄河干流编号洪水和其他重要河流洪水及山洪灾害。2020年，内蒙古水库、淤地坝无一溃坝，河道堤防无一决口，山洪灾害无直接死亡人员。

全面加强水资源节约集约利用。内蒙古深入落实最严格水资源管理制度，建立覆盖自治区、盟市、旗县三级行政区的取用水总量控制指标体系，并纳入最严格水资源管理制度考核；编制西辽河、霍林河、绰尔河等跨盟市重要河流水量分配方案，配合流域机构开展柳河、嫩江、诺敏河等17条重要河流水量分配工作。同时，大力推进节水型社会建设，全自治区45个旗县达到县域节水型社会建设标准，建成率44%；自治区本级机关、事业单位节水型机关建成率约为85%、40%。全自治区2020年用水总量控制在211亿立方米以内。

深入推进水生态环境保护治理。内蒙古制定贯彻习近平总书记关于察汗淖尔重要指示精神工作方案，明确加强重点河湖治理调度监管等18项具体措施；编制达里湖、哈素海、东居延海生态环境整治实施方案及生态保护修复治理规划，哈素海实施引黄生态补水1550万立方米，东居延海蓄水量达9750万立方米；加强水土保持重点工程建设，治理水土流失面积987万亩；加大地下水管理保护力度，12个盟市完成地下水“五控”指标分解；推进西辽河流域量水而行试点，起草了量水而行以水定需实施意见以及西辽河流域水资源管控目标、水量调度管理办法等，有序推进用水总量控制指标分解、重点断面监测设施建设、农业用水监测计量等工作；加强“一湖两海”及察汗淖尔等重点湖泊治理，完成呼伦湖补水任务，分别为乌梁素海、岱海补水6.25亿立方米、203万立方米。

加快推进河湖长制见成效。内蒙古制定印发河长湖长巡河巡湖暂行办法，开展新一轮“一河一策”“一湖一策”编制和修订工作；与黑龙江、辽宁、甘肃、宁夏建立河湖管护联防联控机制；切实推动河湖“清四乱”常态化规范化，开展河湖管护“春季”行动、“秋季”行动等，排查“四乱”问题3438个，完成整改3274个。

加快建设重大水利工程。2020年内蒙古积极争取水利建设资金，落实水利投资110.8亿元，印发《水利工程使用地方政府债券的指导意见（试行）》，使用23亿元地方政府债券资金用于水利建设，比2019年增加20.5亿元；针对旗县财政困难、挤占挪用水利投资等情况，采取向各盟市派出投资计划执行推进组以及向盟市政府通报、约谈盟市水利局局长、与旗县政府签订归还水利投资任务单等方式加强协调监管；成立拟建重点水利项目前期工作推进组，下设6位厅领导牵头的重点项目推进工作专班，逐项制定推进方案，编制工作流程图，明确项目各项前期工作责任主体和完成时限要求；引绰济辽、东台子水库以及小白河防凌应急分洪区续建等工程完成2020年度建设任务；引绰济辽二期、黄河科泊尔应急分洪区、引嫩济锡（霍）工程等重大项目前期工作取得积极进展。内蒙古2020年度水利投资计划完成90.7%，其中重大水利工程完成97.1%。

提高农村牧区饮水安全保障水平。内蒙古围绕巩固拓展水利脱贫攻坚成果，落实各类饮水安全资金8.7亿元用于巩固提升农村牧区供水工程；开展脱贫攻坚饮水安全隐患大排查，整改完成781处问题隐患；健全农村牧区供水工程运行管护机制，落实村级管水员制度，制定印发建立村级管水员和加强应急供水指导意见，推动管护责任向基层延伸；加强供水工程水费计收工作，出台水费计收推进工作问责实施细则，印发水费计收宣传画1.2万余册，自治区各旗县均制定了水价相关政策制度，水费计收率达95%。

加大水利行业监管力度。内蒙古编制完成自治区“十四五”水安全保障规划报告，规划建设项目705个，总投资3026亿元，其中“十四五”期间投资1156亿元；健全水利监督检查机制，出台《内蒙古自治区水利督查工作办法》，规定了水利监督检查事项、内容、机构职责、监督形式、责任追究等要求，建立了“四位一体”的自治区水利监管体系；加强水利督查队伍建设，组建自治区本级督查队伍，2020年开展督查暗访138组449人次，检查项目2403个，发现问题1516个，水库大坝安全鉴定完成比例151.4%，居全国各省区市第一，中央水利发展资金绩效评价结果为良好，水利工程建设质量考核排名进一步提升。

（原载《中国水利报》2021年1月23日第4774期）

# 坚持节水优先 推进“量水而行”

自治区水利厅党组书记、厅长 刘万华

今年3月22日是第二十八届世界水日，3月22—28日是第三十三届中国水周。联合国确定今年世界水日的宣传主题是“水与气候变化”，我国纪念世界水日和开展中国水周活动的宣传主题是“坚持节水优先，建设幸福河湖”。

习近平总书记多次就治水作出重要指示，明确提出了“节水优先、空间均衡、系统治理、两手发力”的治水方针，2019年在黄河流域生态保护和高质量发展座谈会上再次指出，要把水资源作为最大的刚性约束，坚决抑制不合理用水需求，大力发展节水产业和技术，大力推进农业节水，实施全社会节水行动，推动用水方式由粗放向节约集约转变。总书记的重要讲话，为新时代做好节水兴水这篇大文章提供了根本遵循。

我区水资源分布严重不均、供需矛盾日益突出，已成为自治区高质量发展的主要“瓶颈”。自治区党委、政府高度重视水资源的节约保护，全面实施国家和自治区节水行动，节水理念深入人心、水资源利用效率和效益不断提升。2019年自治区用水总量为192亿立方米，同“十二五”期末相比，全区万元GDP用水量和万元工业增加值用水量分别下降了21.9%和33.25%，农田灌溉水有效利用系数提高了0.025个百分点，以用水量的微增长支撑了自治区经济的中高速增长。但是我们也要清醒地看到，我区水资源短缺的基本水情没有发生改变，水资源、水生态、水环境方面还有诸多问题仍然没有解决，必须加快转变治水思路和方式，坚持节水优先、“量水而行”，全面实施深度节水控水行动，推动用水方式由粗放向节约集约转变，以水资源的可持续利用促进自治区的高质量发展，为构筑祖国北方重要生态安全屏障、建设北疆亮丽风景线奠定坚实基础。

**一是牢固树立“量水而行”的发展理念。**坚持以水定城、以水定地、以水定人、以水定产，倒逼发展规模、产业结构和布局优化，推动经济社会发展与水资源水环境承载能力相适应。严格用水总量和地下水开采量控制，落实地下水开采控制总量、水位、井数、用途及水质“五控”制度。严格控制水资源开发利用上限，推进重大规划和产业布局水资源论证，严格实行流域区域用水总量控制和取水许可限批政策，对达到或超过水资源承载能力的流域区域，实施取水许可限批，进一步优化草、林、田布局，建立与水土资源条件相适应的农林牧结构体系，在林草交错区、农牧交错带实施退耕还林还草。

**二是实施深度节水控水行动。**把节约用水作为水资源开发利用的前提，深入实施国家和自治区节水行动。全面开展取水工程（设施）核查登记，建立电子台账，对具备条件的农业灌溉机电井逐步颁发取水许可证。加快推动工业节水减排、农业节水增效、城镇节水降损，积极推进水资源税改革、实施超计划加征水资源税制度，利用价格杠杆推动水资源集约节约利用。强化定额的应用及监管，对自治区《行业用水定额》开展跟踪评估和修订完善，基本建立覆盖主要作物、工业产品和生活服务业的先进用水定额体系，进一步推进节水评价工作，从严叫停节水评价未通过的项目。推进节水型单位、企业、居民小区等节水载体建设，县域节水型社会达标率达到40%以上。

**三是着力解决突出的水生态问题。**加快推进地下水超采区治理，到2020年底，通辽市科尔沁区、巴彦淖尔市乌拉特前旗和呼和浩特市3个大型超采区压采量达到60%以上，其余30个超采区实现采补平衡。继续实施好“一湖两海”生态补水，有效维持“一湖两海”和居延海、泊江海等重点湖泊的生态蓄水量和水域面积。加快推进跨盟市界、跨旗县界河流水量分配工作，逐步实现精准调度，在保障上下游、左右岸的合理用水需求的同时，确保河流生态流量。积极推进西辽河“量水而行”试点工作，退减不合理农业灌溉面积，争取用5~10年时间实现地下水采补平衡、水位回升、河道恢复生态流量等目标。

**四是深化水资源管理制度改革。**探索建立农业用水户用水配额制度，逐步将水量确权到地块、到用户，落实到井。全力推进盟市间水权转让，实现引黄灌区“提质、增效、节水、压超”目标，通过水权转让方式调整用水结构，充分发挥市场在资源配置中的决定性作用，优化水资源配置和高效利用。建立自治区、盟市、旗县三级重点监控用水单位名录，强化取用水计量监控。依法惩处违规取用行为，充分发挥网络、报纸、广播、电视等媒体监督作用，将违规取用水的企业法人纳入自治区、盟市社会法人公共信用信息系统。深入推进自治区农业水价综合改革，建立健全农业水价形成机制，同步建立农业用水精准补贴制度。

（原载《内蒙古日报》2020年3月22日04版）

# 持续改善水生态 建设幸福河湖

中共十八大以来，以习近平同志为核心的党中央，把生态文明建设纳入中国特色社会主义事业“五位一体”总体布局，提出一系列新理念新思想新战略，强调坚持生态兴则文明兴，坚持人与自然和谐共生，坚持绿水青山就是金山银山，坚持良好生态环境是最普惠的民生福祉，坚持山水林田湖草是生命共同体，坚持用最严格制度最严密法治保护生态环境，坚持建设美丽中国全民行动，形成新时代习近平生态文明思想。2019年，习近平总书记考察内蒙古时指出，要保护好生态环境，筑牢我国北方重要生态安全屏障。内蒙古自治区党委、政府高度重视，始终将生态文明建设和筑牢祖国北方重要生态安全屏障作为重点工作，深入贯彻落实党中央、国务院推进生态文明建设的重大决策部署和习近平总书记对内蒙古工作的重要讲话指示批示精神，持续改善我区河湖水生态环境，建设生态和谐、环境友好、人民满意的幸福河湖。

## 落实河长制湖长制，完善河湖管护体系

全面推进河长制湖长制是建设我国北方重要生态安全屏障，推进内蒙古生态文明建设的内在要求。自河湖长制实施以来，全区各级河湖长以高度的政治责任感和使命感，把推进河湖管护规范化、常态化、法制化作为建设我国北方重要生态安全屏障、构筑祖国北疆万里绿色长城的重要举措来抓。

推进规范化，健全工作机制。建立了河湖长制信息共享、信息报送、会议、考核、督查、验收等六项制度，确立河湖长制度的基本框架；制定河湖长巡查办法，规范巡河巡湖过程；健全部门协作、资金投入和公众参与等工作机制，为最大化发挥制度优势和作用奠定基础；编制河湖管理保护实施方案，明确河湖管护任务和目标。

推动常态化，积极履职尽责。再好的制度都需要持之以恒的贯彻和落实，推动各级河湖长制积极履职尽责，要让河湖管护深入人心，要把管护责任扛在肩上，推进河湖管护各项工作顺利进行。要切实做到，常在岸边走一走，定期巡视河湖生态环境变化，对发现的“常见病”及时解决，实现河湖巡查常态化；把河湖“大病”记心头，科学合理找“药方”，统筹有序抓治理，推动河湖“看病”常态化。

推进法制化，落实依法治水。推动《内蒙古自治区河湖管理条例》的立法工作，建立符合我区河湖管理保护实际的法律法规体系，让河湖执法有法可依、有章可循，对河湖非法采砂、超标排污、侵占岸线、违法捕捞、违规建设、破坏河势等行为形成强大法律震慑。颁布实施《内蒙古自治区水污染防治条例》，加大对水资源的保护，积极改善水环境，强化水污染

防治、水生态保护、饮用水安全保障，有效促进经济社会水生态可持续发展。

**坚持综合施策，持续推进“一湖两海”治理工作**

习近平总书记非常关心呼伦湖、乌梁素海、岱海（以下简称“一湖两海”）的生态环境状况，多次就“一湖两海”综合治理工作做重要指示批示。自治区党委、政府始终把“一湖两海”综合治理作为重大政治任务和落实河湖长制的重中之重来抓，坚决、迅速贯彻落实习近平总书记重要指示精神，全力抓好中央环保督察“回头看”反馈意见整改。仅2019年，自治区党委、政府先后9次听取“一湖两海”情况汇报和研究解决具体问题，主要领导及分管领导先后30次深入现场督导调研，主持召开有关会议研究具体治理工作，并组织修编“一湖两海”综合治理实施方案，从根源上解决“规划乱效果差”的问题。

在呼伦湖综合治理方面。围绕“稳定水量、改善水质、提高环境质量”的目标，统筹推进各项治理措施。在完成一期综合治理工程的基础上，稳步推进二期治理工程。完成入湖河流沿线污水处理厂提标改造工作，加大尾水的回用力度，实施再生水回用工程，在减少入湖河流污染负荷的同时，将尾水资源化，增加流域内水资源可利用量。不断加深与中国科学院、中国环科院等国内研究机构针对湖水质成因、生态修复和生物多样性保护等方面的科研合作，为规划和实施综合治理工作提供科学指导。持续开展湖泊水域岸线环境整治，拆除违法违规经营设施，稳步实施生态移民，对违法分子保持高压打击态势。截至2019年11月，湖水面面积达到2037.3平方千米，水质得到改善，野生鸟类、鱼类的种数分别达到345种、32种，种群数量也有所增加。

在乌梁素海综合治理方面。坚持把乌梁素海流域山水林田湖草沙作为生命共同体，统筹推进全流域生态修复、综合治理和保护开发。按照《乌梁素海综合治理规划》，稳步推动综合治理各项工作。实施点源治理，加快实施流域内污水处理厂提报改造工程，加大污水管网和再生水回用管网铺设力度，大力推进中水回用，最大限度减少对乌梁素海的污染。推进面源治理，开展控肥、控药、控水、控膜行动，推广使用有机肥、无公害农药和国标地膜，引导企业和农民绿色生产，遏制面源污染规模不断扩大，逐步降低面源污染的危害度。推动内源治理，实施生态补水、入海前湿地净化、网格水道、湖区底泥处置试验示范、芦苇加工转化等工程，改善湖区水质。强化全流域监管能力，建设流域生态环境大数据平台，建立生态环境基础数据采集、传输、分析和管理体系，为科学决策提供数据支撑和依据。当前，乌梁素海总体水质为五类，海水面面积达到293平方千米，水质污染物指标较往年有所下降，鸟类数量有所增加，湖体生态功能逐步恢复。

在岱海综合治理方面。以“外引内治”为主导，重点实施了“两节（农业节水、工业节水）、两补（河道疏浚、应急补水）、两恢复（生态恢复、水质恢复）”6项措施。完成岱海周边退灌还水（水改旱）工程21万亩，封停农业机电井667眼，高效节水改造6.13万亩；实施岱海电厂机组升级改造工程，实现水冷改空冷和中水回用，不再以取用岱海水的目标。完成岱海流域全部22条河道的疏浚治理任务，有效增加流域地表水径流量，已经实施的永兴湖补水工程，每年向岱海补水200万立方米左右，持续推进岱海生态应急补水工程。开展湖泊生态修复，实施水土保持防护、岱海滩涂湿地保护、弓坝河生物净化、环湖绿道建设、湖滨缓冲带建设与修复、退耕还湿项目6项工程；努力改善湖泊水质，完成岱海电厂中水回用、鸿茅镇污水处理厂提标改造、西茉莉沟整治、污水管网铺设、棚户区改造、水源地生态治理6项工程。截至2019年11月底，岱海流域地下水位有所上涨，流域内植被覆盖率提高到70%，鸟类种类由2016年68种增加到目前的91种，动物数量也在逐年增加。

如今的“一湖两海”水质保持稳定，水面面积维持在合理区间，水环境持续向好，水生态逐步改善。

### 紧盯黄河流域河湖治理，加强流域水生态保护

黄河流域生态保护和高质量发展，是继京津冀协同发展、长江经济带发展、粤港澳大湾区建设、长三角一体化发展之后，又一重大国家战略。习近平总书记强调，治理黄河，重在保护，要在治理，要坚持山水林田湖草综合治理、系统治理、源头治理，坚持生态优先、绿色发展，以水而定、量水而行，因地制宜、分类施策，上下游、干支流、左右岸统筹谋划，共同抓好大保护，协同推进大治理。黄河流域的治理必须建立在一个有机整体的前提下，站在总揽全局的高度，寻找系统性的方法，牢固树立起“一盘棋”思想。黄河流经我区843.5千米，流域覆盖7个盟市，沿线分布着草原、湿地、河流、湖泊、沙漠、戈壁等多种自然景观，是黄河流域重要的生态屏障，还集中了全区50%的人口，生产了全区23%的粮食、34%的肉和60%的牛奶，创造了全区69%的经济总量和71%的财政收入，是内蒙古经济主轴带和发展核心区。

加强黄河流域河湖管理和保护，解决好管护与违法耕种的矛盾，统筹好管护与发展的关系，协调好管护与群众活动的关系。一是要做好河湖管理范围划界工作。按照《中华人民共和国防洪法》《中华人民共和国河道管理条例》等有关法律法规，结合生态环境、自然资源等部门相关工作的最新成果，依法依规、科学合理、公开公正划定河湖管理范围，充分考虑河湖的历史变迁，沿岸居民生产生活的习俗。二是要组织好河湖岸线保护与利用规划。在把岸线保护作为岸线利用的前提下，强化岸线节约集约利用，解决好岸线有效保护和合理利用之间的主要矛盾，实现在保护中有序开发、在开发中落实保护。协调城市发展、工业开发、生态保护等方面的需求，促进岸线资源合理利用，科学划定保护区、保留区、控制利用区、开发利用区等功能区，充分发挥岸线资源的综合效益，既满足当前保护与经济社会发展需要，又要兼顾将来保护与发展的需求，做到岸线保护与利用的可持续发展。三是要持续抓好河湖“四乱”清理整治。大力实施河湖和滩区提

升治理，深入开展河湖管理保护“春季”行动，摸清河流、湖泊管理范围内出现的乱占、乱建、乱采、乱堆问题，集中进行清理整治，保障河道行洪安全，维护河势稳定，确保河湖岸线干净整洁。

2020年，是全面建成小康社会，实现第一个百年奋斗目标的决胜之年，是“十三五”规划收官之年。自治区水利系统要落实好习近平总书记关于生态文明建设和内蒙古工作重要指示批示，树牢“四个意识”、坚定“四个自信”、做到“两个维护”，深入践行“绿水青山就是金山银山”的理念，贯彻保护优先、自然恢复的主方针，坚持山水林田湖草系统治理，进一步完善思路、强化举措、狠抓落实，扎实推进河长制湖长制各项工作，促进河流湖泊面貌持续改善，建设幸福河湖，助力筑牢祖国北疆生态安全屏障。

（原载《内蒙古日报》2020年3月22日04版）

■图7　锡林郭勒盟东乌旗纳林河

# 大事记

**DASHIJI**

## 1月

### 6日

经自治区人民政府批准，自治区水利厅组织修订并发布《内蒙古自治区行业用水定额（2019年版）》。新定额涵盖农牧业、工业、社会和生态四类用水，确定59个大类、237个小类、538种产品、907个定额值，于2020年1月1日起实施。

### 8日

自治区水利厅制定印发《内蒙古自治区水利监督工作办法（试行）》，包括总则、范围和事项、机构及职责、工作要求、监督程序、监督形式、责任追究、工作纪律、附则共9章31条。

### 14日

自治区水利厅党组成员、副厅长赵长青带领农牧水利处、机关党委有关人员，走访调研兴安盟突泉县永安镇四家子村脱贫攻坚工作，看望慰问贫困群众和扶贫驻村干部，并与村委会班子成员、驻村工作队员围绕产业扶贫、驻村帮扶等情况进行座谈交流。兴安盟水务局、突泉县人民政府、县财政局、永安镇人民政府等有关领导参加座谈。

### 17日

自治区水利厅党组召开自治区党委巡视整改专题民主生活会。厅党组书记、厅长刘万华主持，党组成员于长剑、赵长青、范忠参加，副厅级干部、厅办公室、人事处、机关党委负责人列席。自治区纪委监委第四监督检查室刘佳到会指导。会议深入贯彻党中央和自治区党委关于巡视工作的决策部署，按照十届自治区党委第六轮巡视反馈意见和整改要求，全面照单认领，深入查摆问题，深度剖析原因，深刻开展批评与自我批评，并紧密结合水利改革发展实际，研究解决巡视整改重要事项。

### 19日

自治区水利厅召开新任处级干部集体任职谈话暨廉政谈话会议，党组成员、副厅长于长剑，党组成员、驻厅纪检监察组组长范忠出席并讲话。

### △

自治区水利厅召开厅党组扩大会暨2019年度党组织书记抓基层党建述职评议会议。厅党组书记、厅长刘万华主持，厅党组成员、机关党委委员、机关纪委委员，厅属各单位党委（总支、支部）、厅机关党支部和水利部牧科所党委书记，“两代表一委员”、党员干部群众代表参加。会议采取现场述职与书面述职相结合的方式，采取现场述职、现场点评、现场测评和“一述一评”的方法步骤进行。厅属单位5个党委、2个总支、4个支部和厅机关6个支部，计17个党组织书记现场述职，其他14个党组织书记书面述职。刘万华根据调研了解和日常掌握情况，逐一进行点评，在充分肯定党建工作成效的同时，坚持问题导向，重点指出各级党组织党建工作存在问题，明确今后努力方向和改进要求，并围绕加强和改进党建工作作总结讲话。

△

自治区水利厅副厅长赵忠武组织厅办公室、人事处、水政处、运行管理监督处、水利政务服务中心、信息中心、水务投资集团公司、水馨源物业公司负责人，对自治区水利厅办公综合楼进行安全大检查，赵忠武对办公楼安全防火工作给予充分肯定，并对加强办公楼防火安全，强化物业监督管理等项工作提出具体要求。

21日

全区水利工作暨党风廉政建设工作会议在呼和浩特召开。会议贯彻落实中央农村工作会议、全国水利工作会议、水利部水利党风廉政建设工作会议和自治区纪委十届六次全会、自治区党委农村牧区工作会议精神，总结2019年水利工作，安排部署2020年水利重点任务和党风廉政建设工作。厅党组书记、厅长刘万华讲话，党组成员、副厅长于长剑主持并部署有关工作，党组成员、副厅长赵长青，党组成员、驻厅纪检监察组组长范忠，党组成员、副厅长赵忠武分别部署有关工作。会议强调做好2020年水利工作，要深入践行"水利工程补短板、水利行业强监管"水利改革发展总基调，充分认识全区水利工作相对滞后的形势，坚持守土有责、守土尽责，找差距、定目标、落措施、督成效，奋起直追、迎头赶上。水利部牧科所、河套灌区管理总局、海勃湾水利枢纽管理局、内蒙古水务投资集团主要负责人参加。各盟市、计划单列市水利（水务）局局长、驻局纪检监察组组长，厅机关全体工作人员，厅属事业单位领导班子成员、纪检负责人，厅属企业董事长、总经理、纪委书记参加会议。

## 2月

4—7日

受自治区水利厅领导委派，水利政务服务中心有关领导与水投集团、水馨源物业公司有关人员前往呼和浩特市中山社区、群英社区、双树街社区、地北社区、怡水园社区、满都海小区、三毛小区等社区、小区看望一线疫情防控人员，代表自治区水利厅等向社区捐赠急需的棉大衣、棉鞋、喷雾器、消毒液、酒精、牛奶、米、面、油等物品。

6日

自治区水利厅疫情防控领导小组印发《关于做好水利家属区疫情管控的通知》，要求厅机关、厅属单位协助社区做好自治区水利厅家属区管控值班。厅长刘万华多次检查和暗访各水利家属区，强调要把人民群众生命安全和身体健康放在第一位，把疫情防控作为当前工作的重中之重，落实自治区应对疫情工作领导小组和疫情防控工作指挥部各项要求，全力做好疫情应对防控工作，积极参与社区防控工作，保障全厅各项工作正常开展。

10日

自治区水利厅党组书记、厅长刘万华主持

召开黄河防凌工作领导小组工作会议，听取黄河防凌准备工作情况，分析开河期防凌形势，安排部署做好开河期防凌的有关工作。会议强调，黄河防凌事关沿黄人民群众生命安全，事关社会经济发展保障。自治区水利厅机关和沿黄水利部门要站在维护经济社会稳定大局的高度，扎实做好开河期防凌工作，杜绝出现责任盲区和工作空档。自治区水利厅副厅长赵忠武、运行管理监督处、水旱灾害防御处负责人及河湖与防汛与抗旱调度中心负责人等参加会议。

14日

驻自治区水利厅纪检监察组组长范忠到自治区水利厅所属小区督查指导疫情防控工作。水利政务服务中心有关负责人及水馨源物业公司负责人参加督查。

17日

自治区水利厅党组理论学习中心组召开学习贯彻习近平总书记在"不忘初心、牢记使命"主题教育总结大会上的讲话精神专题学习研讨会。厅党组书记、厅长刘万华主持，党组成员于长剑、赵长青、范忠、赵忠武以及副厅级干部和厅办公室、人事处、机关党委相关负责人参加。会议集中学习传达习近平总书记在"不忘初心、牢记使命"主题教育总结大会上的重要讲话精神。厅党组成员和副厅级干部围绕贯彻落实习近平总书记重要讲话精神进行交流发言，厅党组书记、厅长刘万华总结讲话。

△

自治区水利厅党组召开会议，传达学习习近平总书记在中央政治局常委会会议分析新冠肺炎疫情形势加强防控工作时的重要讲话精神以及党中央、国务院和自治区党委、政府有关部署要求，安排部署疫情防控和当前重点水利工作。党组书记、厅长刘万华主持并讲话，党组成员出席，副巡视员列席。会议强调，新冠肺炎疫情防控工作是当前的头等大事，要抓好疫情防控工作。要坚持统筹兼顾，围绕实现全年经济社会发展目标任务，扎实做好当前重点水利工作。自治区水利厅总工程师、总经济师，机关各处室及自治区水利规划设计研究院、水文总局主要负责人列席会议。

18日

自治区水利厅要求，沿黄各地区、各部门、各单位实行防凌信息日报和零报告制度。水文部门要加强水情监测，及时作出分析预报，要加强凌情会商研判，要加强穿堤建筑物和险工险段防护。

19日

10时，黄河内蒙古段开河，凌汛洪水顺利通过三盛公水利枢纽。开河凌情平稳。

24日

自治区党委书记石泰峰检查指导黄河防凌工作。在巴彦淖尔市临河区黄河六八社险工段，石泰峰检查黄河开河防凌准备情况，听取自治区水利厅和巴彦淖尔市防凌工作汇报，并对做好开河期防凌工作提出明确要求。自治区党委常委、秘书长张韶春，自治区副主席李秉荣参加检查。自治区水利厅厅长刘万华汇报防凌工作情况。

### 26日

自治区水利厅召开党组会议，专题研究部署全区水利重点工作，定出举措、抓细落实、严格管理，确保切实有效地推动水利重点项目复工复产。厅党组书记、厅长刘万华主持，要求全区各级水利部门和有关单位要以习近平总书记2月23日在统筹推进新冠肺炎疫情防控和经济社会发展工作部署会议上的重要讲话精神为统领，提高政治站位，做到疫情防控和水利复工复产两不误，在疫情防控丝毫不能放松的前提下，抓深抓细抓实复工复产的各项措施，有序推进水利生产单位复工复产，为经济社会发展大局保驾护航。厅党组成员、副巡视员及总工程师、总经济师、厅机关各处室主要负责人参加会议。

### 同月

新型冠状病毒感染的肺炎疫情突袭而至，自治区水利厅成立以厅党组书记、厅长为组长的自治区水利厅新型冠状病毒感染肺炎防控工作领导小组，印发《关于做好新型冠状病毒感染肺炎疫情防控工作的通知》《转发自治区人民政府办公厅关于行政事业单位实行弹性工作制的通知》，制定《节后返程上岗人员疫情防控工作方案》《节后返岗人员疫情防控应急预案》。

## 3月

### 3日

自治区水利厅党组召开会议，传达学习自治区煤炭资源领域违规违法问题专项整治工作动员部署会议精神，研究部署贯彻落实工作。厅党组书记、厅长刘万华主持并讲话，厅党组成员出席，副巡视员列席。会议要求，成立自治区水利厅专项整治工作机构；根据自治区专项整治工作方案，抓紧制定自治区水利厅工作方案，明确专项整治工作内容、措施和任务分工，有计划、有步骤、有重点地推进各项工作，确保如期完成专项整治工作任务。自治区水利厅总工程师、总经济师，厅机关各处室、机关纪委和自治区水利规划设计研究院、水文总局主要负责人及驻厅纪检监察组负责人列席会议。

### 5日

第57个学雷锋纪念日，自治区水利厅团委按照区直机关青年志愿者协会《关于开展“争做新时代雷锋，我为‘奉献者’奉献”“3•5”学雷锋日主题青年志愿服务活动的通知》要求，组织厅机关、厅属单位青年志愿者服务队伍到5个社区，开展疫情防控志愿值班服务。广大团员青年踊跃报名，党员干部佩戴党员徽章、亮身份，设立党员先锋岗、组织志愿服务队，做好疫情防控和宣传等工作。

### △

厅党组书记、厅长刘万华到自治区防凌前

线指挥部，看望空军部队，听取前线指挥部工作情况介绍，并与前线指挥部副总指挥、自治区应急管理厅副厅长巴丽平等进行座谈。自治区水文总局局长王南风、水利厅总经济师高海明和水利厅运行管理监督处、水旱灾害防御处、水文总局水情处负责人参加检查。有关盟市、旗县人民政府领导及水利部门负责人陪同检查。

5—8日

自治区水利厅厅长刘万华、副厅长赵忠武分别带2个防凌检查组，到沿黄5盟市开展开河期黄河防凌工作检查。

11日

自治区水利厅党组召开理论学习中心组（扩大）学习会，厅党组书记、厅长刘万华主持，党组成员于长剑、赵长青、范忠、赵忠武出席，副厅级干部、总工程师和机关各处室主要负责人参加。会议传达学习习近平总书记在决战决胜脱贫攻坚座谈会上的重要讲话精神和自治区决战决胜脱贫攻坚工作会议精神，围绕贯彻落实习近平总书记关于“两不愁三保障”（不愁吃、不愁穿，义务教育、安全住房、基本医疗有保障）和安全饮水重要讲话精神及自治区决战决胜工作会议重要部署，听取有关处室关于水利脱贫攻坚工作情况汇报，研究部署自治区水利厅决战决胜脱贫攻坚工作。

12日

自治区水利厅与赤峰市人民政府召开推进赤峰市红山区超采区治理工作视频会商会议。厅党组书记、厅长刘万华主持并讲话，副厅长赵长青、总工程师李彬及相关处室负责人，赤峰市市长王旺盛、副市长王国森以及水利、住建、生态环境等部门负责人和有关旗区人民政府负责人参加会议。

13日

自治区水利厅在呼和浩特召开全区水利工程前期工作推进视频会议，厅党组书记、厅长刘万华出席并讲话，副厅长于长剑主持。厅计财处通报自治区水利前期工作情况，通辽市、兴安盟、巴彦淖尔市和阿拉善盟就重点项目前期工作推进情况发言。厅领导和厅有关处室主要负责人在主会场参加会议，各盟市水利（水务）局局长、分管局长及相关人员在分会场参加会议。

16日

自治区水利厅组织厅机关、厅属单位党员干部、青年志愿者开展无偿献血志愿服务活动。参加献血的党员干部和青年志愿者积极配合血站工作，共有40人符合献血条件，献血13000毫升。

17日

自治区水利厅印发《关于进一步用好地方政府专项债券推进水利工程补短板工作的通知》《关于建议利用地方政府专项债券解决重大水利工程建设资金的函》，指导地方人民政府主动争取利用债券资金，加大水利投入，特别是已纳入国家确定的172项重大水利工程，加快补齐补强水利基础设施短板。

### 18日

9时，黄河内蒙古封冻河段全线开通，凌汛洪水安全通过万家寨水库下泄，标志着黄河内蒙古段2019—2020年度凌汛期结束。

### △

自治区党委宣传部、新闻出版局组织开展新闻单位驻地方机构综合评估工作结果公示，《中国水利报》内蒙古记者站被评为良好单位。

### 19日

自治区水利厅在2019年度全区党建考核评价中，综合评价等次为“好”。

### 22日

在第二十八届“世界水日”和第三十三届“中国水周”之际，自治区水利厅党组书记、厅长刘万华在《内蒙古日报》发表署名文章——《坚持节水优先 推进“量水而行”》。

### 23日

人力资源和社会保障部、水利部印发《关于表彰全国水利系统先进集体和先进工作者劳动模范的决定》，内蒙古自治区呼和浩特市水质监测中心等2家单位获“全国水利系统先进集体”称号，石韬等5人获“全国水利系统先进工作者”称号，周彪获“全国水利系统劳动模范”称号。

### 24日

自治区水利厅印发《关于进一步加强水利生产经营单位复工复产安全防范的通知》，对全区水利行业复工复产安全生产防范工作进行部署。

### 24—26日

自治区水利厅党组书记、厅长刘万华带队暗访检查赤峰市翁牛特旗、宁城县、喀喇沁旗、松山区4个旗县（区）的单户净水设备使用情况及其他饮水安全保障工作。厅党组成员、副厅长赵长青参加，暗访组共走访16个村、74户农牧民（贫困户48户），查看住户供水情况，询问设备使用维修、集中供水水费收缴、水质鉴定等情况。厅农牧水利处有关人员参加。

## 4月

### 5日

自治区党委副书记、政法委书记，自治区副总河湖长、嫩江自治区级河长林少春到呼伦贝尔市嫩江莫力达瓦达斡尔族自治旗段巡河调研。自治区河长办主任、自治区水利厅厅长刘万华，自治区党委副秘书长吴志强，呼伦贝尔市委副书记、嫩江呼伦贝尔市级河长常青等参加巡河调研。林少春一行实地巡查河湖“四乱”（乱占、乱采、乱堆、乱建）清理整治、嫩江尼尔基水利枢纽下游河段防洪等情况。

### 9日

自治区水利厅召开安全生产委员会会议，

厅党组书记、厅长刘万华主持,党组成员于长剑、赵长青、范忠、赵忠武出席,安委会各成员单位负责人参加。会议传达学习习近平总书记关于近期安全生产工作的重要指示精神,对近期水利行业典型事故和全国典型事故情况进行通报。

△

自治区水利厅召开煤炭资源领域违规违法问题专项整治全面排查工作专题培训会。厅党组成员、副厅长赵忠武出席并讲话,厅机关各处室、厅属各单位相关人员30余人参加。会议重点针对煤炭资源领域违规违法问题专项整治全面排查工作进行培训,并专门成立煤炭资源领域违规违法问题专项整治全面排查工作专班,集中人员力量,切实为排查整治工作做好保障。

△

自治区水利厅召开保密委员会全体会议,传达学习中央、自治区保密工作有关会议精神,安排部署自治区水利厅保密工作。厅党组书记、厅长、厅保密委员会主任刘万华主持并讲话,厅党组成员、厅保密委员会副主任于长剑、赵长青、范忠、赵忠武出席。自治区水利厅保密委员会全体成员参加会议。

10日

自治区水利厅召开扫黑除恶专项斗争领导小组会议,厅领导小组全体成员参加会议,党组书记、厅长,厅领导小组组长刘万华主持并讲话。

13日

自治区水利厅党组书记、厅长刘万华带领有关处室负责人到兴安盟永安镇四家子村调研对口帮扶工作,与县乡村干部和驻村工作队进行座谈交流。刘万华实地调研引绰济辽项目施工进展情况,强调要强化领导、协调配合、压实责任,抓好项目质量与施工安全,确保项目按照时间节点有序推进。兴安盟突泉县有关部门负责人参加调研。

13—14日

自治区水利厅党组书记、厅长刘万华到引绰济辽工程施工现场,调研指导工程复工复产和建设工作。自治区水利厅工程建设处、兴安盟水利局、有关旗县人民政府和引绰济辽公司负责人参加调研。

14日

自治区水利厅召开内蒙古西辽河流域2020年水量调度工作座谈会。自治区水利厅党组成员、副厅长赵长青主持并讲话。自治区水利厅相关处室负责人,有关厅属单位分管负责人,赤峰市水利局、通辽市水务局及有关旗县(区)水利(水务)局分管负责人参加会议。

14—16日

自治区水利厅举办集中学习贯彻中共十九届四中全会精神网络培训班。厅机关各处室、厅属各单位500余名干部职工参加。网络培训借助内蒙古干部培训网络学院平台，以在线收看专家辅导课程的方式，组织全厅党员干部学习《开创“中国之治”新境界——党的十九届四中全会精神解读》《坚持和完善共建共治共享的社会治理制度》等课程。

16日

水利部松辽水利委员会副主任张延坤一行8人到兴安盟检查引绰济辽工程水土保持工作。自治区水利厅副厅长赵长青、水保处处长陈德亮及盟旗有关负责人参加检查。

20日

自治区水利厅印发《关于开展2020年淤地坝安全运用汛前大排查工作的通知》，对排查工作进行安排布置，要求重点围绕淤地坝安全运用管理责任和措施落实，全覆盖开展淤地坝安全运用汛前大排查，及时发现问题、整改落实、消除隐患，确保淤地坝安全度汛。

20—23日

自治区党委书记、人大常委会主任、自治区第一总河湖长石泰峰沿黄河内蒙古段右岸由西向东，到乌海市海南区，鄂尔多斯市杭锦旗、达拉特旗、准格尔旗，呼和浩特市托克托县、清水河县巡河巡湖调研，实地察看沿黄水利枢纽、险工段、水源地保护区和生态综合治理区等。石泰峰强调，要坚持不懈加强沿黄生态保护，治理好十大孔兑，最大限度减少泥沙入河，坚决杜绝污染物入河。要坚持以水而定、量水而行，合理规划人口、城市和产业发展，大力推进农业节水，积极开展水权置换，坚决抑制不合理用水需求。要推进农村垃圾处理，坚持从实际出发，加强宣传引导，让群众积极主动参与进来。要下大气力推进全流域环境整治，抓好工业、城镇生活和农业面源污染治理。自治区党委常委、呼和浩特市委书记王莉霞参加黄河呼和浩特段调研，自治区党委常委、秘书长张韶春，自治区水利厅厅长、河长办主任刘万华及有关部门负责人参加调研。

23日

自治区水利厅召开党组理论学习中心组(扩大)学习会。厅党组书记、厅长刘万华主持，厅党组成员、副厅长于长剑、赵长青，厅二级巡视员、总工程师、总经济师，厅机关党委委员、纪委委员，厅机关各党支部书记、驻呼和浩特厅属单位党组织负责人参加。刘万华领学习近平、赵乐际在第十九届中央纪律检查委员会第四次全体会议上的讲话和报告，中共中央办公厅《关于持续解决困扰基层的形式主义问题为决胜全面建成小康社会提供坚强作风保证的通知》，石泰峰、刘奇凡在自治区纪委十届六次全会上的讲话和报告，石泰峰关于煤炭资源领域专项整治工作的讲话。围绕当前党风廉政建设、决胜全面建成小康社会、加强改进工作作风、做好煤炭资源领域专项整治工作，从进一步统一思想、明确标准、改进作风、落实工作等方面提出明确要求。

△

自治区水利厅召开2020年党的工作会议，

厅党组书记、厅长刘万华主持，厅党组成员、副厅长于长剑、赵长青，厅二级巡视员、总工程师、总经济师，厅机关党委委员、纪委委员，厅机关各党支部书记、驻呼和浩特厅属单位党组织负责人参加。刘万华作自治区水利厅党的工作情况报告，回顾总结2019年党的工作，通报有关情况，安排部署2020年党的工作任务。参会人员对党建工作进行民主测评。

24日

为加强水库大坝安全管理，切实提高大坝安全责任人和防汛责任人的履职能力，自治区水利厅将原水库大坝安全和防汛"六个责任人"合并为"四个责任人"，即行政责任人、水库主管部门责任人、技术责任人、水库管理单位责任人（巡查责任人），制定印发《水库大坝安全责任人和防汛责任人履职要求》《责任人履职掌中册》。

△

自治区水利厅印发《关于落实好小型水库防汛"三个责任人"（行政责任人、技术责任人和巡查责任人）履职手册和小型水库防汛"三个重点环节"工作指南（试行）有关工作的通知》，要求水库安全运行管理要做到"三个具备""四个落实""五个要求"。

29日

自治区水利厅组织志愿者、青年到乌兰察布市卓资县"区直机关青年生态文明教育实践基地"，开展植绿护绿志愿服务活动和"绽放战役青春坚定制度自信"主题团日活动。

## 5月

7日

自治区河长办部署开展新一轮河流和湖泊管理保护实施方案的编制工作，要求各盟市、旗县和苏木乡镇按照《内蒙古自治区河长制办公室关于做好一河一策实施方案编制工作的通知》，编制本级"一河一策""一湖一策"。

11日

自治区水利厅组织开展全区小型水库安全运行自查工作阶段性总结，做到早自查、早发现问题、早整改，使督察工作变被动为主动。自查时间从3月底至4月底，每座水库就综合管理、"三个责任人"落实和履职、"三个重点环节"落实、运行管理、工程实体、安全鉴定和除险加固、金结机电设备等8个方面122个细项进行全面自查。各个水库发现问题、明确整改措施和时限。

11—13日

自治区党委常委、自治区常务副主席、呼伦湖自治区级湖长马学军到呼伦贝尔市呼伦湖开展巡湖调研，在呼伦湖小河口指挥中心、扎赉诺尔露天矿、新开河治理工程和陈巴尔虎旗、牙克石市污水处理厂，实地察看呼伦湖生态综合治理工程建设进展情况。

12日

自治区水利厅组织召开农村牧区户用型水处理设备研讨会。厅农牧水利处、河湖管理处、灌排发展中心、有关盟市旗县水利（水务）局、设备供应商、设计单位等28人参加会议。

12—13日

水利部黄河水利委员会河湖局局长庄尚春一行到内蒙古自治区督导检查河湖“四乱”问题清理整治工作。实地察看鄂尔多斯市西柳沟、哈什拉川8处采砂场和包钢集团排水口现场等。督察组对自治区河湖管理工作给予充分肯定，并就做好下一步工作提出具体要求。

13日

自治区水利厅首次印发《农村牧区集中供水工程水费收缴宣传画》1.2万余册，分发各盟市以增强农牧民有偿用水、节水惜水、安全饮水意识。

△

自治区副主席、西辽河自治区级河长艾丽华到通辽市西辽河科尔沁区段实地察看河道面貌，了解河道整治情况、水利枢纽运行、河长制落实情况以及“四乱”整治开展情况。

16日

自治区2020年重点项目——岱海生态应急补水工程在乌兰察布市凉城县六苏木镇弓坝河水库下游右岸滩地开工建设。自治区党委副书记、自治区主席布小林，水利部黄河水利委员会主任岳中明，自治区党委副书记、政法委书记林少春，水利部总规划师汪安南出席开工仪式。布小林宣布内蒙古乌兰察布市岱海生态应急补水工程开工。自治区水利厅厅长刘万华及有关部门负责人参加。

中旬

自治区水利厅派出2个稽查组，分别对锡林郭勒盟和乌兰察布市的7个旗县2018—2019年农村牧区饮水安全巩固提升工程建设情况进行稽查，采取实地核查、查阅工程资料和走访入户相结合的方式，重点稽查饮水安全建设项目前期与设计、建设进度、计划下达执行与投资完成、建设质量、解决人口、供水水质、竣工验收及运行管理、水费收缴等情况。

22日

为助力脱贫攻坚，巩固脱贫成果，自治区水利厅协调自治区财政厅，在自治区已发行的2批地方政府专项债券中，争取到7.4亿元用于支持水利项目建设。其中，用于国家级贫困旗县专项债券5.5亿元，占资金总额的74.32%。用于乌兰察布市卓资县隆盛水库2亿元、四子王旗红格尔水库2亿元、兴和县七家营水库1亿元，阿拉善盟老崖滩扬水泵站维修工程1.5亿元，兴安盟绰勒水利枢纽下游内蒙古灌区0.5亿元，巴彦淖尔市乌拉特中旗防洪减灾及水源涵养工程（一期）0.4亿元。

△

自治区水利厅在呼和浩特举办全区水利

工程督察检查和安全生产工作培训。邀请水利部监督司、水利部大坝安全管理中心、水利部水闸安全管理中心、水利部堤防安全与病害防治工程技术研究中心的5位专家授课。培训内容有小型水库安全运行检查要点、2020年小型水库安全检查工作简介、堤防工程安全管理及险工险段专项检查工作要点、水闸工程安全运行专项检查要点等。会后厅运行管理监督处对全区水利工程运行管理和监督检查进行安排和部署。各盟市、旗县水利(水务)局,黄河工程管理局、红山水库管理局、镫口扬水灌区管理局的相关领导和工作人员200余人参加。

### 25—26日

自治区水利厅厅长刘万华带队开展西辽河流域防汛检查。实地检查赤峰市在建水利项目度汛准备情况,指导三座店水库防汛抢险演练,到赤峰市红山水库、翁牛特旗山洪灾害防治、赤峰中心城区河道治理等地,检查指导工程的备汛情况和少郎河河道整治、东台子水库等在建项目的备汛情况,听取赤峰市人民政府和红山水库管理局的工作汇报,针对检查中发现的问题提出整改意见。

### 28日

自治区水利厅制定印发《2020年节约用水工作要点及重点工作任务清单》,明确到2020年底,万元国内生产总值用水量、万元工业增加值用水量较2015年分别降低25%和20%,规模以上工业用水重复利用率达到91%以上,农田灌溉水有效利用系数达到0.55,全区公共供水管网漏损率控制在10%以内。全区各盟市县域节水型社会建成率要达到40%以上。

△

自治区水利厅召开党组理论学习中心组(扩大)学习会。厅党组书记、厅长刘万华主持,厅党组成员、副厅长,总工程师、总经济师,厅机关各处室负责人参加。刘万华领学习近平在参加十三届全国人大三次会议内蒙古代表团审议时的讲话精神、习近平关于安全生产工作的批示精神、《政府工作报告》重点内容、水利部办公厅关于贯彻落实李克强重要批示精神和确保安全度汛工作的通知精神、水利部办公厅关于贯彻落实胡春华讲话精神扎实做好2021年防汛抗旱工作的通知、《内蒙古自治区党委办公厅党委(党组)理论学习中心组学习巡听旁听办法(试行)》。

## 6月

### 2日

自治区水利厅召开煤炭资源领域违规违法问题专项整治工作推进会。厅党组成员、副厅长、专项整治主体责任办公室主任赵长青主持,专项整治主体责任办公室成员及监督责任办公室有关人员参加。专项整治主体办通报自治区水利厅专项整治全面排查阶段工作情况,传达自治区主体办反馈的意见建议,自治区水利厅主体办各成员单位汇报涉煤违规违法问题全面排查整治工作进展情况及存在的困难和问题。

8日

自治区河长办与自治区人民检察院就“深化协作推深做实‘两长’长效协作机制”在自治区人民检察院召开座谈会。自治区河长办副主任、自治区水利厅副厅长赵长青，自治区人民检察院副检察长郑锦春，自治区人民检察院检委会专职委员杨树林出席并讲话。自治区水利厅河湖管理处、自治区人民检察院第八检察部负责人及有关人员参加座谈。

11日

2020年全区水利行业“安全生产月”启动仪式在赤峰市东台子水库举行。自治区水利厅党组成员、副厅长赵忠武，赤峰市水利局、林西县人民政府有关负责人出席。自治区水利厅运行管理监督处、赤峰市水利局、林西县水利局负责人等参加启动仪式。

16日

自治区发展和改革委员会、水利厅制定印发《内蒙古自治区节水行动实施方案》，推动全社会节水，全面提升水资源利用效率，形成节水型生产生活方式。

17日

自治区水利厅组织召开厅机关工会会员大会和第一次妇女大会，自治区水利厅党组成员、副厅长赵长青出席并讲话。会议审议通过《内蒙古自治区水利厅第六届机关工会选举办法》《内蒙古自治区水利厅机关第一届妇女委员会选举办法》和候选人名单，投票选举产生第六届机关工会委员会、工会经费审查委员会和第一届妇女委员会。

19日

自治区党委副书记、自治区主席、自治区总河湖长布小林签发自治区2020年第2号总河湖长令，要求各级河湖长切实提高思想认识，按照2号总河湖长令的要求，贯彻落实好2020年河长制湖长制各项工作，推动河湖长制工作见实效。

28日

自治区党委书记、自治区第一总河湖长石泰峰主持召开全区总河湖长会议暨河湖长制工作推进会议，强调要认真贯彻落实中央关于全面推行河湖长制的决策部署，着力解决突出问题，持续改善河湖面貌，为打造水清河美的内蒙古作出应有贡献。自治区主席、自治区总河湖长布小林出席并讲话。自治区副总河湖长林少春、李秉荣，有关河湖长马学军、艾丽华、包钢出席。自治区党委常委、秘书长张韶春，自治区人民检察院检察长李琪林及自治区河湖长制责任单位负责人出席会议。

29日

自治区水利厅召开党组理论学习中心组（扩大）学习会。厅党组书记、厅长刘万华主持，厅党组成员、副厅长、二级巡视员、总经济师，厅机关党组织书记、处室负责人参加。刘万华领学习近平总书记在中央政治局第二十次集体学习时的讲话、中共中央办公厅关于印发《党委（党组）意识形态工作责任制实施办法》的通知、全国扫黑除恶专项斗争领导小组会议精神。厅党组书记、党组成员、二级巡视员、总经济师以及部分厅机关党支部书记作重点发言。

△

共青团内蒙古自治区水利厅委员会第十一次团员大会在呼和浩特召开，参加会议的团员、团干部62人，第十届团委副书记李刚主持。大会听取和审议团委书记崔其龙代表第十届团委作《服务大局开拓创新，全力推进水利厅团青工作再上新台阶》工作报告。选举产生共青团内蒙古自治区水利厅第十一届委员会。选举刘艳宗为团委书记，王冰冰、斯琴为团委副书记。厅机关党委、厅属各单位、水务投资集团公司有关人员参加会议。

△

自治区水利厅召开河湖生态流量（水量）管理工作座谈会，副厅长李彬主持并讲话。厅水资源管理处、水利工程建设处、运行管理监督处、水土保持处和河湖管理处，自治区水文总局、水利规划设计研究院、水资源与水权收储中心、水利信息中心和水政监察总队等单位分管负责人参加会议。

30日

自治区水利厅召开内蒙古西辽河流域水量调度工作启动会。副厅长李彬主持并讲话。厅相关处室负责人，有关厅属单位分管负责人，赤峰市水利局、通辽市水务局及红山水库管理局负责人参加会议。

## 7月

1日

自治区水利厅召开庆祝中国共产党成立99周年暨"七一"表彰大会。厅党组书记、厅长刘万华出席，厅党组成员、驻厅纪检监察组组长范忠主持。会议表彰奖励优秀共产党员、优秀党务工作者、先进基层党组织。副厅长李彬、二级巡视员苏锁龙、总经济师，厅机关和厅属各单位、水利部牧科所党组织负责人、单位负责人，受表彰的优秀共产党员、优秀党务工作者、先进基层党组织代表参加会议。

△

自治区水利厅召开厅党组书记讲党课暨形势报告大会，厅党组书记、厅长刘万华作《深入践行以人民为中心的发展思想》党课辅导和形势报告。厅机关、驻呼和浩特厅属单位、水利部牧科所党组织负责人、单位负责人及党员代表等50余人参加会议。

2—7日

自治区水利厅依据《内蒙古西辽河流域水量分配方案》，对西辽河实施首次水量调度。

3日

自治区水利厅召开贯彻落实中央领导同志重要批示精神视频会议暨全区水旱灾害防御工作视频会议，厅长刘万华出席并讲话，副厅长赵长青主持。驻厅纪检组组长范忠传达习近平、国家防汛抗旱总指挥部领导指示批示精神和水利部有关工作部署，自治区水利厅副厅长赵忠武对全区水旱灾害防御工作再次进行全面部署。自治区气象局、水文总局分别对汛期气象和水情进行预测预报，自治区水利厅水旱灾害防御处通报防汛检查情况。自治区水利厅二级巡视员苏锁龙，水文总局局长王南风，水务投资集团公司总经理锡林，厅机关有关处室、厅属相关单位负责人参加会议，各盟市水务（水利）局负责人、76个旗县人民政府分管旗县长、水务（水利）局负责人在分会场参加视频会议。

6—24日

按照水利部安排部署，黄河水利委员会复核工作组一行，对内蒙古自治区2019年度完成省级验收的呼伦贝尔市阿荣旗等20个旗县（市、区），县域节水型社会达标建设开展年度复核及“回头看”工作。复核结果表明，全区20个旗县（市、区）备案资料和现场复核情况与省级验收相符，各项指标的真实性、可靠性和合理性，达到水利部节水型社会建设标准。

7日

自治区水利厅与自治区气象局签署合作框架协议，双方将充分利用和发挥各自部门的职能和优势，推进预警信息发布机制、监测预报预警、信息共享机制、重大工程建设和重大规划协调、科技研发合作、基层能力建设，提高全区综合防灾减灾能力和水平。自治区水利厅党组书记、厅长刘万华，自治区气象局党组书记、局长党志成代表双方在协议上签字。

△

自治区水利厅在呼和浩特召开2020年全区中央水利建设投资计划执行调度推进视频会议。自治区水利厅党组成员、副厅长赵长青主持并讲话。厅领导和厅有关处室主要负责人在主会场参加会议，各盟市水利（水务）局局长、分管局长及相关科室负责人在分会场参加会议。

9—10日

自治区水利厅党组书记、厅长刘万华带领督察组到乌兰察布市开展防汛工作督导检查。先后对凉城县弓坝河水库、兴和县七家营水库、集宁区霸王河水库和四子王旗红格尔水库进行督导检查，重点检查“三个责任人”落实情况、工程是否存在度汛安全问题以及是否制定度汛方案和应对措施、防汛值守情况等内容，督察组重点检查集宁区山洪灾害监测预警系统和察哈尔右翼中旗山洪灾害雨量监测站运行情况，并对责任人进行抽查问询。督察组就存在的问题和薄弱环节提出整改要求。

13—14日

自治区水利厅安全生产委员会办公室组

织对引绰济辽工程开展安全生产线下重点巡查。巡查组要求引绰济辽公司认真落实安全生产责任制，加大隐患排查及风险管控力度，坚决杜绝生产安全事故发生。

△

自治区水利厅党组成员、副厅长赵忠武带领督察组到乌海市、阿拉善盟开展防汛工作督导检查。先后对千里山水库、海勃湾水库、科泊尔滩分洪区、阿拉善左旗山洪灾害监测预警平台运行情况等内容进行督导检查，重点检查责任人贯彻落实情况、工程安全度汛情况、山洪灾害监测预警系统在线运行情况及防汛值守情况等，针对检查中发现的问题和薄弱环节提出整改意见和要求。

13—15日

自治区水利厅在区直机关工委党校举办党务（纪检）干部培训班，厅机关、驻呼和浩特厅属各单位、水利部牧科所党支部书记和党务工作人员，基层党委纪委书记、党支部纪检工作人员共89人参加培训。

13—17日

自治区水利厅党组成员、驻厅纪检监察组组长范忠带领督察组到鄂尔多斯市、巴彦淖尔市开展防汛工作督导检查。主要以现场勘查方式开展督导检查，重点检查大南沟水库安全度汛、红山口水库和三盛公水利枢纽度汛和防汛物资储备情况，检查准格尔旗、达拉特旗、巴彦淖尔市山洪灾害预警平台和山洪灾害防治自动雨量监测站点运行情况、达拉特旗西柳沟山洪灾害防御和应急处置情况、准格尔旗圪坨沟口、碾坊沟、达拉特旗刀劳庆淤地坝、达拉特旗王爱召镇田家圪旦村滩区“孤岛”防汛度汛及应急避险组织情况、沿黄险工情况和鄂尔多斯牧区旱情。督察组针对发现的问题进行现场交流并对相关工作进行督导。

14日

自治区防汛抗旱指挥部副总指挥、自治区水利厅党组书记、厅长刘万华率工作组和专家组到巴彦淖尔市磴口县，对南套子控导工程个别段落挡间塌陷和东地河段滩岸淘刷险情进行复核，指导工程修复工作。在磴口县人民政府主持召开黄河内蒙古段防汛工作会议，传达学习国务院领导有关黄河内蒙古磴口段防汛抢险重要批示精神和自治区党委书记石泰峰，自治区党委副书记、自治区主席布小林的批示和工作部署要求。通报国家防汛抗旱总指挥部办公室北方流域防汛抗旱工作专题视频会议精神。会议要求三级水利部门盯防人员全部到位驻守，压实责任、严防死守，对于检查中发现的33处险工段，积极组织抢护，及时排除隐患。要进一步强化巡堤查险，做好物资、人员准备，发现问题及时整改。各地要加强监督检查，确保驻点盯防有名有实。沿黄6盟市水利（水务）局、内蒙古黄河工程管理局负责人分别汇报防汛工作情况。厅党组成员、驻厅纪检组组长范忠，厅党组成员、副厅长赵忠武，巴彦淖尔市、磴口县、海勃湾水利枢纽管理局相关人员出席会议。自治区水利厅有关处室负责人和自治区专家组成员、水利厅沿黄督导检查组成员参加会议。

**14—17日**

自治区水利厅副巡视员苏锁龙带领督察组到呼伦贝尔市开展防汛工作督导检查。先后检查雅鲁河扎兰屯段2019年新增险工的修复情况，扎兰屯北郊山洪沟（方家沟）灾害监测、预警工作准备情况，扬旗山水利枢纽工程防汛准备情况，阿荣旗2020年列入灾后水利薄弱环节建设的在建水利工程——阿伦河支流治理工程的度汛准备情况，莫力达瓦达斡尔族自治旗新发水库责任制落实和度汛准备情况，牙克石市扎敦水利枢纽防汛物资储备和度汛准备情况，新巴尔虎左旗和新巴尔虎右旗的旱情。督察组现场与市县级水行政主管部门和在建工程项目法人进行座谈交流。

**15—16日**

自治区水利厅党组成员、副厅长赵长青带领督察组先后对包头市和呼和浩特市的城市超标洪水防御工作方案进展情况、昆都仑水库运行管理及除险加固工作进展、东河水库安全度汛、黄河东富险工抢险情况、万家沟水库除险加固工程进展情况及存在的问题和应对措施、红领巾水库安全度汛、土默特左旗西沟河道治理工程、新城区山洪灾害防治项目情况进行督导检查。主要就落实“三个责任人”、工程是否存在度汛的问题以及是否制定度汛方案和应对措施、防汛值守情况、山洪灾害防治项目的监测情况和信息报送情况等内容进行重点检查、督导。

**15—18日**

自治区水利厅副厅长李彬带领督察组先后到通辽市、赤峰市，实地检查红山水库、赤峰市二道河子水库、三座店水库、海拉苏水利枢纽和通辽市台河口枢纽、孟家段水库、苏家堡枢纽、总办窝铺枢纽等水利工程备汛情况，听取两市和相关旗县防汛工作汇报，针对检查中发现的问题提出整改意见和要求。

**19日**

自治区党委副书记、自治区主席布小林到巴彦淖尔市五原县、临河区、磴口县和乌海市海勃湾区、乌达区调研防汛救灾工作。实地检查黄河海勃湾水利枢纽库区和磴口县南套子险工段等防洪工程，详细了解应急值守、巡堤查险、防汛救灾方案预案和应对措施。

**20—21日**

水利部黄河水利委员会二级巡视员陈连军率县域节水型社会达标建设复核工作组一行，对二连浩特市县域节水型社会达标建设情况进行复核。通过资料复核与现场检查，复核组对二连浩特市节水型社会达标建设做法和取得的成绩给予充分肯定。

**21日**

自治区水利厅召开防汛工作情况通报座谈会，邀请中央及自治区主要媒体，通报全区防汛形势及重点工作，就进一步做好水利新闻宣传工作深入交流意见。厅党组书记、厅长刘万华主持并讲话，人民日报社、新华社、中新社、中国经济导报社、中国水利报社、内蒙古日报社、内蒙古融媒体的媒体代表参加座谈会。厅办公室、农牧水利处、水资源管理处、运行管理监督处、水旱灾害防御处和水文总局、水利政务服务中心、水利信息中心等相关处室、厅属单位负责人参加会议。

22日

凌晨，赤峰市西拉木伦河巴林桥站过流达到212米$^3$/秒。自治区水利厅根据《内蒙古西辽河流域水量分配方案》《内蒙古西辽河流域2020年水量调度方案》《内蒙古西辽河流域2020年水量调度工作方案》，及时组织应急水量调度，于7月22日早下达西辽河水量调度指令，明确本次调度自7月22日5:00至24日0:00，其间沿线海拉苏灌区、大兴灌区、新开河及孟家段水库实行全线闭口、集中下泄，全部水量作为生态流量下泄到西拉木伦河及西辽河干流。本次来水共640.38万立方米。

△

自治区党委书记石泰峰到包头市南海子险工段，了解流量、流速等水文信息，实地察看黄河防洪工程建设和防汛措施落实情况，听取自治区水利厅和包头市近期防汛工作汇报。石泰峰强调，坚决贯彻落实习近平总书记对防汛救灾工作的重要指示精神和中央政治局常务委员会精神，把防汛工作抓实抓细，统筹做其他流域防汛工作，确保安全度汛。

22—24日

自治区水利厅对西辽河继续实施第二次应急水量调度。

23日

自治区水利厅厅长刘万华带队对鄂尔多斯市淤地坝进行“四不两直”（不发通知、不打招呼、不听汇报、不陪同接待，直奔基层、直插现场的方式进行明察暗访）暗访督察。暗访结束后，刘万华对全区淤地坝安全度汛工作进行安排部署，要求自治区水利部门组织相关责任单位继续开展淤地坝大排查、水利部“四不两直”暗访督察问题整改“回头看”，坚持问题导向，压实责任，落实措施，切实解决淤地坝安全度汛存在的风险隐患，保障人民生命财产安全。厅水土保持处、自治区水土保持站相关人员参加暗访督察。

24日

自治区水利厅副厅长李彬主持召开中央环保督察及“回头看”整改任务推进视频会议。自治区水利厅水资源处、农牧水利处，自治区水政监察总队、水资源与水权收储中心负责人和有关工作人员在主会场参加会议，各盟市水利（水务）局分管局长及有关科室负责人在分会场参加会议。

27日

自治区水利厅副厅长李彬带队对呼和浩特市淤地坝安全度汛、水土保持重点工程和生产建设项目水土保持工作进行“四不两直”暗访督察。厅水土保持处、自治区水土保持站、水政监察总队有关人员参加暗访督察。

28日

自治区水利厅召开党组理论学习中心组（扩大）学习会。厅党组书记、厅长刘万华主持，厅党组成员、副厅长、总经济师，厅机关各党支部书记、处室负责人参加。刘万华强调，要坚持不懈用习近平新时代中国特色社会主义思想武装头脑、指导实践、推动工作。做好习近平总书记重要讲话、重要文件和《习近平谈治国理政》第三卷的学习，会议传达学习国务院第三次廉政工作会议精神，传达自治区纪委监委关于6起党员干部违纪问题的通报。

△

自治区水利厅党组成员、副厅长赵长青主持召开水利厅煤炭资源领域违规违法问题专项整治工作协调推进会，暨主体责任办公室和监督责任办公室第三次协调推进会。厅党组成员、驻厅纪检监察组组长范忠，厅专项整治领导小组主体责任办公室和监督责任办公室相关处室和单位负责人参加会议。

29日

自治区水利厅党组书记、厅长刘万华到锡林郭勒盟锡林浩特市，对锡林河水库和锡林浩特市外环防洪工程运行情况进行实地调研，详细了解水库大坝“五个责任人”“三个重点环节”，水库汛限水位及“6·24”“7·9”锡林浩特市外环防洪工程洪水防御情况，并对锡林浩特市委、市人民政府高度重视水库安全度汛和洪水防御工作给予充分肯定。锡林郭勒盟行署副盟长侯志民等参加调研。

30日

自治区水利厅组织召开2020年度生产建设项目水土保持遥感监管工作部署视频会议，对2020年度全区生产建设项目水土保持遥感监管工作进行安排部署和动员，明确各级、各部门应承担的工作任务及各个工作环节的进度安排。自治区水利厅、水土保持工作站、水政监察总队，12个盟市、2个计划单列市、103个旗县（市、区）水利（水务）局分管领导及有关技术负责人参加会议。

## 8月

3—13日

自治区水利厅先后在呼和浩特、通辽组织举办三期2020年度生产建设项目水土保持遥感监管技术培训班。自治区水利厅相关单位及12个盟市、2个计划单列市、103个旗县（市、区）水利（水务）局有关技术负责人及技术人员320余人参加培训。

6日

自治区水利厅举办党风廉政建设专题辅导讲座，邀请自治区直属机关纪检监察工作委员会书记方瑛，进行党风廉政建设专题辅导授课。

7日

自治区水利厅组织召开松辽流域防汛工作会商会议，副厅长赵忠武出席并讲话。会议指出，本轮强降雨过程覆盖范围广、降雨强度大，近期松辽流域还将有多个降雨过程，形势复杂多变，有关盟市和有关单位、部门要强化风险意识，压实防汛责任，把各项工作抓实抓细。自治区防汛抗旱指挥部办公室、自治区气象局，厅建设处、运行管理监督处、水旱灾害防御处，水文总局、水利信息中心、河湖与防汛抗旱调度中心等单位负责人和相关人员参加会议。

10日

自治区水利厅党组成员、副厅长赵忠武一行到赤峰市敖汉旗看望慰问自治区派驻敖汉旗脱贫攻坚工作总队成员。赵忠武一行实地察看贫困村脱贫攻坚、产业发展、重点水利工程建设等情况，并就下一步工作进行指导。自治区水利厅人事处、赤峰市水利局、敖汉旗人民政府有关负责人一同慰问。

10—11日

自治区防汛抗旱指挥部副总指挥、水利厅党组书记、厅长刘万华率工作组到呼伦贝尔市开展防汛督导检查，强调要切实落实中央领导指示批示和自治区党委、政府领导的批示精神，做好当前的防汛工作，全力保障人民群众生命安全。呼伦贝尔市水利局负责人、自治区水利厅有关处室和单位负责人、水利厅驻引绰济引辽项目（嫩江流域）盯防组人员参加检查。

11日

自治区水利厅召开群团工作推进会，厅党组成员、副厅长、厅机关党委书记赵长青出席并讲话。会议贯彻落实《中共中央关于加强和改进党的群团工作的意见》和习近平总书记关于党的群团工作的重要论述，总结通报自治区水利厅群团组织建设和工作开展情况，安排部署重点工作任务。厅机关党委、机关工会、妇女工作委员会，水利厅团委、青年工作委员会领导班子成员30余人参加会议。

12日

自治区水利厅召开财务管理工作会议，厅党组成员、副厅长赵长青出席并讲话。厅有关处室负责人和厅属事业单位主要负责人、财务负责人、财务及预算编制工作人员80余人参加会议。

13日

巴彦淖尔市人民政府在乌拉特中旗组织召开防洪减灾及水源涵养工程体系建设现场观摩会。自治区水利厅党组成员、副厅长赵忠武，巴彦淖尔市人民政府党组成员、副市长刘志勇出席并讲话。会议现场观摩韩乌拉沟防洪减灾及水源涵养工程体系建设情况，实地察看沉沙适排、滞洪泄洪、缓洪涵洪、削洪用洪、蓄洪调洪等功能项目，听取防洪减灾及水源涵养工程体系建设延伸项目天然草原非充分灌溉试点的介绍。巴彦淖尔市水利局负责人主持会议，乌拉特中旗人民政府作典型发言。

14日

自治区水利厅召开党组理论学习中心组（扩大）学习会。厅党组书记、厅长刘万华主持，厅党组成员、副厅长、厅属单位副厅级领导干部、厅机关党委、办公室、人事处负责人参加。会议集中学习习近平总书记在专家学者座谈会上的讲话、《求是》杂志发表的习近平总书记重要文章《中国共产党领导是中国特色社会主义最本质的特征》《内蒙古自治区党委关于坚持以人民为中心的发展思想决胜全面建成小康社会书写新时代内蒙古发展新篇章的决定》、石泰峰在自治区党委十届十二次全会上的讲话，并按照自治区党委组织部有关要求，开展学习贯彻中共十九届四中全会精神专题研讨交流，厅党组书记、党组成员、副厅长、厅属单位副厅级领导干部作交流发言。

16日

2019—2020自治区直属机关“公仆杯”暨“迎春杯”五人制足球比赛决赛在呼和浩特落幕，自治区水利厅足球队获冠军。

17日

自治区水利厅党组书记、厅长刘万华一行到通辽市霍林郭勒市霍林河水库检查指导水库安全运行及防汛工作。刘万华详细了解水库大坝“四个责任人”、防汛物资储备、水库警示标志设立和水库安全巡视等情况，并对霍林郭勒市高度重视水库安全运行和洪水防御工作给予充分肯定。自治区水利厅办公室负责人及霍林郭勒市水务局主要领导、水库负责人参加检查。

18日

自治区水利厅党组书记、厅长刘万华一行到锡林郭勒盟乌拉盖水库检查防汛工作。刘万华一行查看乌拉盖水库自动化观测系统数据集成与运行状况，检查乌拉盖水库主副坝，详细了解乌拉盖水库蓄水水量、水量调度及水库运行工作情况。刘万华指出，要认真贯彻习近平总书记关于防汛救灾工作的重要指示精神，切实做好监测预警、隐患排查、应急处置等工作，确保下游人民群众生命财产安全。自治区水利厅办公室负责人王顺，锡林郭勒盟水利局副局长潘春雷、乌拉盖管委会主任领柱参加检查。

19日

自治区水利厅召开全区草原上建成水库排查整治工作座谈会。会议研究讨论全区草原上建成水库排查整治工作方案，进一步部署排查整治工作。自治区水利厅党组书记、厅长刘万华和党组成员、副厅长赵忠武参加会议。除乌海市以外的各盟市水利（水务）局分管局长、有关科室负责人，部分旗县水利（水务）局分管局长，以及自治区红山水库管理局分管局长和有关科室负责人等80余人参加会议。

△

自治区水利厅、自治区节约用水办公室、自治区水资源与水权收储中心、蒙牛乳业（集团）股份有限公司在呼和浩特市和林格尔县蒙牛工业园区，联合举办“坚持节水优先 建设幸福河湖”的主题宣传活动。

24—26日

自治区水利厅、自治区水利科学研究院在呼伦贝尔市组织召开2020年农田灌溉水有效利用系数测算分析工作观摩学习、交流会。水利部灌溉排水发展中心、自治区水利厅农牧水利处有关负责人，各盟市、旗县水利（水务）局农牧科，各盟市技术支撑单位，各样点灌区的有关人员187人参加会议。

25—26日

受自治区水利厅委托，自治区水资源与水权收储中心组织召开自治区第一批水生态文明城市建设试点行政验收会议。自治区水利厅、呼伦贝尔市水利局以及各旗区（市）人民政府、相关职能单位代表和特邀专家参加会议。呼伦贝尔市5个旗县（区）建设试点通过验收。

28日

自治区水利厅举办水利青年2020—2022年“书香润心灵”读书活动启动仪式暨第一期水利青年读书分享会，自治区水利厅党组成员、副厅长赵长青，自治区水文总局党委书记、局长王南风参加并讲话，内蒙古广播电视台主持人雷蒙主持。此次活动以视频连线形式直播到10个盟市水文勘测局，组织广大水文青年干部在当地收看。厅机关、厅属事业单位青年干部职工代表100余人在呼和浩特参加活动。

△

水利部水资源管理中心在呼和浩特组织召开国家水资源监控能力建设二期内蒙古自治区项目（2016—2018年）技术评估会议，对内蒙古国控二期项目建设目标和任务完成等情况进行全面评估。水利部水资源管理中心副主任张淑玲主持，自治区水利厅厅长刘万华、副厅长李彬出席。厅水资源管理处、国家水资源监控能力建设内蒙古项目办、水文总局、水资源管理和收储中心、水政监察总队等有关负责人和项目参建单位有关负责人参加会议。

31日

自治区水利厅完成全部厅管干部人事档案数字化工作，共近400卷，并通过检查、整改、审核等验收程序。

## 9月

1日

自治区水土保持工作站在呼和浩特举办全区水土保持监测技术培训班。邀请北京师范大学和水利部牧区水利科学研究所的有关专家教授授课。各盟市水土保持监测站（工作站）、相关旗县水土保持监测站（工作站）的负责人及技术骨干70余人参加培训。

7—11日

水利部节约用水促进中心副主任刘金梅一行到自治区水利厅开展用水定额及节水相

关工作的监督检查。自治区水利厅二级巡视员苏锁龙出席并汇报全区行业用水定额执行、修订及节水工作开展情况。自治区水利厅水资源处、计划财务处、农牧水利处，自治区水利科学研究院、水政监察总队，水资源与水权收储中心，呼和浩特市水务局等相关单位负责人参加会议。

8—18日

自治区水利厅、司法厅组成联合监督组，对自治区黄河流域水行政执法开展专项监督。对黄河流域内蒙古段呼和浩特市、包头市、乌兰察布市、鄂尔多斯市、巴彦淖尔市、乌海市、阿拉善盟水行政执法情况进行实地监督，重点对水行政执法贯彻落实习近平总书记在黄河流域生态保护和高质量发展座谈会上重要讲话精神、行政执法“三项制度”执行情况、水事违法案件立案查处情况、执法队伍和装备保障情况以及中央及水利部有关执法重点任务落实情况、扫黑除恶进展情况6个方面工作进行现场监督及复核。

9日

自治区黄河流域生产建设项目水土保持专项整治行动启动会在呼和浩特召开。自治区水利厅副厅长李彬出席并讲话。传达《水利部关于开展黄河流域生产建设项目水土保持专项整治行动的通知》，部署《内蒙古自治区黄河流域生产建设项目水土保持专项整治行动实施方案》。专项整治行动按照启动、项目核实、排查认定、集中整治和“回头看”5个阶段进行，至2021年9月结束。各有关盟市水利（水务）局分管领导及水土保持科室（水土保持站）、监督执法部门负责人、自治区黄河流域生产建设项目水土保持专项整治行动领导小组成员单位负责人等有关人员参加会议。

14日

自治区水利厅召开2020年中央水利建设投资计划执行调度会议。厅党组书记、厅长刘万华主持并提出工作要求。副厅长赵忠武、赵长青、李彬，总经济师高海明和厅有关处室主要负责人参加会议。

△

自治区水利厅邀请自治区环境科学研究院规划与政策研究所所长李现华教授进行专题讲座。讲座围绕全区生态环境“十四五”规划总体思路展开，从全区生态环境保护工作取得的成效、保护现状、存在的问题、生态环境保护形势研判、“十四五”规划总体要求、规划主要任务6个方面进行讲解。自治区水利厅有关处室负责人、计划财务处有关人员、水利设计院规划项目负责人及技术骨干30余人参加专题讲座。

17日

自治区水利厅举办取用水管理专项整治行动视频培训会。自治区水利厅水资源处、自治区水资源与水权收储中心有关人员在培训主会场，各盟市、旗县（市、区）水利（水务）局及有关取用水户200余人参加视频培训会议。

18日

自治区文明办、自治区水利厅、自治区团委联合主办，巴彦淖尔市水利局、内蒙古河套灌区管理总局、内蒙古水务投资集团有限公司协办，内蒙古黄河工程管理局承办的“关爱山川河流 保护母亲河”志愿服务暨公益宣传活动启动仪式在巴彦淖尔市磴口县黄河三盛公水利枢纽广场举行。内蒙古水务投资集团有限公司、内蒙古河套灌区管理总局、巴彦淖尔市水利局、内蒙古黄河工程管理局和磴口县有关单位260余名志愿者代表宣誓，表达投身保护黄河志愿服务的决心。自治区党委宣传部、自治区水利厅，水利部牧区水利科学研究所、内蒙古青年志愿者协会、自治区水利规划设计研究院、自治区水文总局，巴彦淖尔市人民政府、内蒙古河套灌区管理总局，水利部黄河水利委员会宁蒙水文水资源局、巴彦淖尔市水利局、内蒙古黄河工程管理局和磴口县有关人员近400人参加活动。

△

全国水利行业（泵站运行工）技能竞赛内蒙古赛区预赛在镫口扬水灌区管理局举行。竞赛分理论知识和技能操作两部分，全区从事泵站运行工作的11名一线在岗人员参加比赛。

25日

自治区水利厅召开党组理论学习中心组（扩大）学习会。受厅党组书记、厅长刘万华委托，厅党组成员、副厅长赵长青主持，厅党组成员、总经济师，厅机关各党支部书记、处室负责人参加。传达学习《内蒙古自治区党委贯彻落实〈党委（党组）落实全面从严治党主体责任规定〉的若干措施》以及关于政治生态、保密工作方面的相关文件精神。

△

自治区水利厅印发《水利安全生产监管责任清单》，对各级水行政主管部门安全生产监管范围和责任、监管领导责任、综合监管责任和专业监管责任以清单指南形式进行细化。

27日

巴彦淖尔市人民政府分别和乌海市人民政府、阿拉善盟行政公署在巴彦淖尔市乌拉特中旗签署转让黄河水权闲置水指标协议。自治区水利厅副厅长赵长青，巴彦淖尔市委副书记、政法委书记李忠增，巴彦淖尔市政府副秘书长田文化，乌海市副市长刘素红以及自治区水利厅水资源处等处室和3个盟市水利（水务）局主要负责人参加本次水权转让合同签字仪式。此次盟市间水权转让通过自治区水权交易平台，将巴彦淖尔市闲置的引黄水资源使用权予以转让，共转让巴彦淖尔市黄河干流1300万立方米/年的水资源使用权，其中转让给乌海市900万立方米/年、阿拉善盟400万立方米/年。转让期限从2020年9月27日开始，至2041年4月13日终止。

27—28日

自治区水利厅在巴彦淖尔市乌拉特中旗召开全区水利重点工作经验交流现场会。自治区水利厅党组书记、厅长刘万华出席并讲话，自治区厅党组成员、副厅长赵长青主持会议，巴彦淖尔市、乌拉特中旗相关人员出席会议。水利部牧区水利科学研究所有关负责人，自治区水利厅机关、厅属各单位、各盟市、计划单列市、有关旗县水利部门和乌拉特中旗旗委、旗人民政府负责人170余人参加会议。

△

自治区河长办在呼和浩特举办全区河长制湖长制业务培训班。自治区水利厅河湖管理处、内蒙古农业大学水利与土木建筑工程学院有关领导出席开班式。全区12个盟市、103个旗县（市、区）河长办分管领导、业务骨干，部分苏木乡镇级河湖长近300人参加培训。

### 30日

自治区水利厅、节约用水办公室、工业和信息化厅、农牧业厅、机关事务管理局、教育厅、住建厅、文明办、团委主办，自治区水资源与水权收储中心承办的“节水内蒙古　我们在行动”系列主题宣传活动启动仪式在内蒙古博物院广场举行。启动仪式上，自治区水利厅副厅长赵忠武讲话。全区12个盟市、103个旗县（市、区）与自治区同步开展主题宣传活动。

## 10月

### 10日

自治区水利厅召开党组理论学习中心组（扩大）学习会，围绕“铸牢中华民族共同体意识”开展专题学习研讨。厅党组书记、厅长刘万华主持，厅党组成员、二级巡视员、厅属单位副厅级领导干部、厅总经济师、机关党委、办公室、人事处负责人参加。刘万华传达习近平总书记考察内蒙古重要讲话精神，习近平总书记在参加十三届全国人大二次、三次会议内蒙古代表团审议时重要讲话精神等内容，集中观看中共中央、国务院《关于加强和改进新形势下民族工作的意见》相关视频。刘万华发言并对会议进行总结。厅党组成员、二级巡视员、厅属单位副厅级领导干部围绕“铸牢中华民族共同体意识”进行专题研讨交流。

△

自治区水利厅团委、青年工作委员会举办水利青年干部“深研总基调　建功新时代”知识竞赛决赛在呼和浩特举行，自治区水利厅党组成员、副厅长赵长青出席并讲话。晋级决赛的12名选手随机分为4个小组同台竞赛，最终自治区水利规划设计研究院、镫口扬水灌区管理局组成的小组夺得冠军。厅机关有关处室、厅属单位有关负责人和青年干部代表120余人在决赛现场观看比赛。

### 13日

自治区水利厅扫黑除恶专项斗争领导小组暨行业治理推进会议召开，厅党组书记、厅长刘万华主持并讲话，厅扫黑除恶专项斗争领导小组全体成员参加。传达学习全国扫黑除恶第三次推进会、自治区扫黑除恶专项斗争推进会精神，通报水利行业扫黑除恶专项斗争总体开展情况和河道采砂专项治理情况及存在问题，对水利行业扫黑除恶专项斗争工作、进一步推进河道采砂等行业治理作出安排部署。

14—16日

自治区水利厅团委、青年工作委员会分别举办内蒙古水利“补短板、强监管”青年论坛和内蒙古自治区水利青年干部贯彻落实水利改革发展总基调主题沙龙。厅机关及厅属单位70余名青年干部参加。

15日

水利部、全国总工会、全国妇联共同举办“寻找最美河湖卫士”活动结果揭晓，内蒙古2人上榜。鄂尔多斯市乌审旗图克镇达汉庙嘎查新时代文明实践马背巡湖志愿服务队队员阿拉腾苏娃迪老人获“民间河湖卫士”称号；呼伦贝尔市海拉尔区建设街道办事处副主任，海拉尔河、伊敏河建设街道办事处段副河长，海托哈努湖建设街道办事处副湖长耿爽获“巾帼河湖卫士”称号。

△

自治区水利厅召开事业单位改革座谈会，水利厅党组成员、副厅长赵忠武主持并讲话，副厅长李彬出席。厅机关和厅属单位主要负责人及相关改革具体工作人员参加会议。

16日

自治区水利厅副厅长李彬带队调研督导鄂尔多斯市淤地坝除险加固工程建设进度。水利厅水土保持处，鄂尔多斯市水利局、准格尔旗水利局相关人员参加调研。

18—23日

自治区水利厅农村牧区安全饮水第二检查组对呼伦贝尔市牙克石市森都公共事业管理有限公司、兴安盟扎赉特旗水利局（保安沼地区乌塔其供水工程、音德尔镇五家户联村饮水安全工程）、通辽市奈曼旗佳润饮水工程服务有限公司、巴彦淖尔市杭锦后旗农村自来水头道桥站等5家农村牧区供水单位供水情况进行现场执法检查。经检查，5家农村牧区供水企业按照《内蒙古自治区农村牧区饮用水供水条例》依法履行供水职责，定期开展水质监测，记录显示供水卫生标准符合《生活饮用水卫生标准》（GB5749-2006），无擅自停水和未履行停水通知行为发生，供水故障接报维修及时，无违规加价收取水费行为。

19—24日

自治区水利厅主办，水土保持工作站承办2020年度生产建设项目水土保持遥感监管违法违规项目排查认定技术培训班、国家水土保持重点工程信息化管理系统应用技术培训班分别在呼和浩特举办。自治区相关单位及12个盟市、2个计划单列市、103个旗县（市、区）水利（水务）局相关技术负责人及技术人员280人次参加培训。

### 25—29日

自治区水利厅随机抽出的取用水单位检查人员，与相关盟市、旗县水行政主管部门组成检查组，共同对随机抽出的4个被检查对象：通辽热电有限责任公司、内蒙古中煤远兴能源化工有限公司、呼伦贝尔金新化工有限公司和内蒙古汇能煤化工有限公司取用水情况进行现场监督检查。针对通辽热电有限责任公司取水许可手续问题提出具体意见。

### 28—29日

自治区水利厅李彬副厅长带队到赤峰市进行调研督导。实地察看赤峰市东台子水库工程和三座店水利枢纽中心城区引供水工程项目现场，详细了解工程项目施工组织、建设进度及质量控制等情况；听取西辽河量水而行以供定需项目和取水口核查登记工作进展情况汇报。自治区水利厅水资源管理处、计划财务处，赤峰市水利局、林西县水利局相关人员参加调研督导。

### △

自治区水利厅随机抽取水利安全生产监督检查人员组成检查组，对随机抽出的2个被检查对象：内蒙古辽河工程局股份有限公司和内蒙古黄河工程局股份有限公司施工的引绰济辽工程PCCP管线段施工五标段和八标段进行现场监督检查。经检查，2家公司生产经营正常，安全生产管理机构和人员配备齐全，安全生产管理责任体系完善，安全生产管理较规范。

### 29日

自治区水利厅举办全区强监管工作和质量监督履职能力培训班。邀请水利部督察特派员皮军和水利部建设管理与质量安全中心处长于子忠授课。各盟市、旗县水利（水务）局，红山水库管理局、镫口扬水灌区管理局、黄河工程管理局分管局长，厅机关有关处室负责人，近200人参加培训。

## 11月

### 4日

自治区水利厅召开党组理论学习中心组（扩大）学习会。厅党组书记、厅长刘万华主持，厅党组成员赵长青、范忠、赵忠武，副厅长李彬、二级巡视员苏锁龙，厅机关党委、办公室、人事处负责人等参加。重点学习习近平总书记关于《中共中央关于制定国民经济和社会发展第十四个五年规划和二〇三五年远景目标的建议》的说明、《中共中央关于制定国民经济和社会发展第十四个五年规划和二〇三五年远景目标的建议》、《中国共产党第十九届中央委员会第五次全体会议公报》、习近平总书记关于百年未有之大变局的重要论述、在中央财经委员会第七次会议上的讲话暨《国家中长期经济社会发展战略若干重大问题》、在纪念中国人民志愿军抗美援朝出国作战70周年大会上的讲话精神，传达学习中央第八巡视组组长宁延令和自治区党委书记石泰峰讲话精神，集中学习《中国共产党章程》《中华人民共和国民法典》涉及水利工作有关条文。

8日

2020自治区直属机关“公仆杯”足球赛暨“中国足球发展基金会杯”中国职工足球联赛在呼和浩特国家北方足球训练基地闭幕，自治区水利厅足球队以积分第一获超级组冠军。

9日

自治区水利厅机关事务中心组织厅机关及水利厅驻楼单位进行消防安全知识讲座及演练活动。厅办公室，水利政务服务中心，水馨源物业公司负责人及呼和浩特市消防总队、人民路办事处、人民路派出所、地质局北街社区、中山路社区、东达物业公司有关负责人和驻楼单位110余人参加。

10日

自治区水利厅联合内蒙古水投集团共同举办加强和改进民族工作专题辅导讲座。水利厅党组、水投集团党委领导班子参加。特邀内蒙古党校民族理论教研部教授杨兴猛，以“学习习近平总书记关于民族工作重要论述精神，进一步铸牢中华民族共同体意识”为题进行专题辅导。水利厅总经济师、机关全体人员，水投集团总部及驻呼和浩特子公司党组织负责人100余人参加辅导学习。

△

自治区河长办与自治区人民检察院联合召开河湖治理“秋季”行动调研动员会，部署开展河湖治理“秋季”行动调研工作。调研组由河湖治理“秋季”行动工作组各成员单位组成，分4个调研组分别到12个盟市，每个盟市要求调研2个旗县。

11日

自治区水利厅党组召开落实全面从严治党主体责任集体廉政谈话会议，厅党组书记、厅长刘万华主持并讲话。厅党组成员，厅办公室、人事处、机关党委、机关纪委等处室主要负责人参加。

△

自治区水利厅召开党组理论学习中心组集体学习会，厅党组书记、厅长刘万华主持，厅党组成员，厅机关党委、办公室、人事处和机关纪委负责人参加。刘万华领学习近平总书记关于民族工作和推广普及国家通用语言文字的重要论述，传达学习自治区党委书记石泰峰参加指导锡林郭勒盟委班子加强和改进民族工作专题民主生活会的讲话精神，自治区党委办公厅关于切实提高加强和改进民族工作专题民主生活会质量的通知，围绕加强和改进民族工作专题民主生活会主题和重点学习内容，并带头发言。厅党组成员分别发言。

11—20日

自治区水利厅二级巡视员苏锁龙带队两次对赤峰市水利局、东台子水库、山湾子水库和兴安盟水利局、引绰济辽工程开展安全生产重点巡查。自治区水利厅运管处、兴安盟水利局、赤峰市水利局、林西县水利局、敖汉旗水利局负责人参加巡查。

13日

自治区水利厅举办全区水利安全生产监管信息系统培训班。邀请水利部安全生产监管信息化工程建设项目管理办公室专家授课，对水利行业安全风险管控建设背景、安全生产监管信息系统演示操作、安全生产监管信息系统辅助功能演示、水利部安全生产综合评价考核解析、风险管控的主要任务、风险与隐患的相关概念以及做好风险管控与隐患排查治理工作的主要方法等内容进行讲授。全区12个盟市、2个计划单列市、103个旗县（市、区）水利（水务）局，厅属相关单位负责安全生产监管信息系统专职人员160余人参加培训。

15日

自治区水利厅党组召开加强和改进民族工作专题民主生活会。厅党组书记、厅长刘万华主持，厅党组全体成员、副厅长，厅机关党委、办公室、人事处负责人参加。刘万华代表厅党组汇报加强和改进民族工作专题民主生活准备工作、征求意见建议情况。班子成员作个人对照检查发言，开展批评与自我批评，并对批评意见作出表态发言。自治区党委第八巡回指导组组长特古斯白乙拉及全组人员到会点评。

16日

自治区水利厅召开学习宣传贯彻中共十九届五中全会精神宣讲报告会。自治区水利厅党组书记、厅长刘万华主持并作宣讲报告，围绕中共十九届五中全会重要意义，“十三五”时期中国经济社会发展取得举世瞩目的成就和中国进入新发展阶段，“十四五”时期中国经济社会发展的指导思想、主要目标、重点任务和2035年远景目标，改善人民生活品质、提高社会建设水平和“十四五”时期发展的重要保障等6个方面，对中共十九届五中全会精神进行阐述解读。自治区水利厅离退休干部、厅机关各处室负责人参加宣讲报告会。

△

全国水利青年干部“深研总基调　建功新时代”知识竞赛及成果展示活动（松辽委赛区）预赛在吉林省长春举行，水利部部分机关司局、直属单位和内蒙古自治区水利厅等部分省、区、市（包括计划单列市）水利厅（局）共10支代表队参加分赛区预赛。内蒙古自治区水利厅代表队晋级全国半决赛。

17—20日

自治区水利厅在呼和浩特举办2期全区水资源管理工作培训班。分别围绕自治区“量水而行”和“十四五”水资源配置思路、“以电折水”计量方法及机电井废弃与封填要求、行业用水定额、水资源信息系统及地下水评价系统、节水工作、生态流量管控和用水统计等内容授课，针对水资源管理工作存在的困难和取得的经验座谈交流。厅机关相关业务处室，全区12个盟市、103个旗县（市、区）水资源管理分管领导和业务骨干近450人参加培训。

18—19日

水利部党组书记、部长鄂竟平一行调研内

蒙古自治区河套灌区农业节水工作。在包头市与自治区人民政府召开座谈会，听取河套灌区农业节水工作情况汇报，到巴彦淖尔市实地调研河套灌区标准化规范化所站建设、节水改造项目、乌梁素海生态修复补水专用通道工程，以及“十四五”计划改造的水利设施等有关情况。其间，自治区党委副书记、自治区主席布小林在包头会见鄂竟平一行。自治区党委常委、包头市委书记孟凡利参加，自治区副主席包钢陪同调研。鄂竟平一行先后察看义和干渠渠道节水改造衬砌工程、总干渠第四分水枢纽工程、总干渠部分渠段冲刷塌坡工程、引黄水源滴灌关键技术示范区、总干渠衬砌防塌坡节水改造工程、永济灌溉试验站、永济干渠第一分水枢纽节水改造工程、永济干渠大断面自动测流监测系统以及河套灌区信息化调度中心等项目。水利部规划计划司、水资源司、全国节水办、农水水电司及内蒙古自治区水利厅、巴彦淖尔市委、市人民政府及河套灌区管理总局相关负责人参加调研。

20日

自治区水利工程建设质量与安全监督中心站在兴安盟乌兰浩特召开全区水利工程建设质量监督工作座谈会。自治区水利厅办公室、运行管理监督处代表，自治区水利工程建设质量与安全监督中心站负责人及有关人员，各盟市质量监督机构负责人23人参加座谈。

△

自治区水利厅、自治区节约用水办公室、自治区水资源与水权收储中心与呼和浩特市赛罕区腾飞路小学在腾飞路小学联合举办“开展节水行动、创建节水校园”为主题的节水宣传活动。活动评选出20名“节水大使”，鼓励学生从小树立节水意识，养成节约用水的良好行为习惯，参与节水宣传、教育和社会实践。

24—27日

自治区水利厅在呼和浩特举办2期2020年度全区水利工程建设管理培训班。对水利工程项目法人组建、建设管理模式及工程项目管理实务、水利工程建设标准强制性条文、水利工程建设全过程跟踪审计等方面开展培训交流。全区12个盟市、2个计划单列市、103个旗县（市、区）水利（水务）局，厅属相关单位及各有关单位负责建设管理的专职人员260余人参加培训。

30日

自治区水利厅召开党组理论学习中心组（扩大）学习会。厅党组书记、厅长刘万华主持，厅党组成员赵长青、赵忠武，二级巡视员于铁柱、苏锁龙，总经济师高海明，厅机关党委、办公室、人事处负责人参加。重点学习习近平总书记在中央全面依法治国工作会议上的重要讲话精神，习近平总书记在第七个国家扶贫日到来之际对脱贫攻坚工作作出的重要指示和国务院总理李克强作出的批示，中共中央印发《中国共产党中央委员会工作条例》，中共中央宣传部印发《全面准确认识当前形势，努力完成今年经济社会发展目标任务》学习资料。

会议传达学习11月27日自治区党委常委会关于新冠肺炎疫情防控工作部署和自治区主席布小林在满洲里市调研疫情防控工作讲话精神。

△

自治区水利厅党组书记、厅长刘万华主持召开党组会议，厅党组成员、副厅长赵长青、赵忠武，二级巡视员于铁柱、苏锁龙，总经济师高海明及有关处室负责人参加。听取和讨论计划财务处关于“十四五”水安全保障规划情况的汇报，审议通过《内蒙古自治区“十四五”水安全保障规划》。

△

自治区水利厅召开水利脱贫攻坚推进组第12次会议。厅党组书记、厅长、水利脱贫攻坚推进组组长刘万华主持，厅党组成员、副厅长、水利脱贫攻坚推进组副组长赵长青、赵忠武，二级巡视员于铁柱、苏锁龙，总经济师高海明及推进组成员参加。

## 12月

### 1日

自治区水利厅召开2020—2021年度封河期黄河防凌工作视频会议，分析研判封河期黄河防凌形势，安排部署本年度水利防凌工作，自治区水利厅副厅长赵忠武出席并讲话。自治区气象局、水文总局分别通报黄河封河期气象、水情形势，黄河海勃湾水利枢纽管理局、黄河工程管理局分别通报工程调度计划，自治区水利厅水旱灾害防御处传达水利部、黄河防汛抗旱总指挥部有关会议精神。自治区气象局，水利厅水旱灾害防御处、河湖管理处、运行管理监督处，自治区水文总局、水利规划设计院、河湖与防汛抗旱调度中心、水利信息中心、灌溉排水发展中心、政务服务中心负责人在主会场参加会议，黄河内蒙古段各盟市水务（水利）局、水旱灾害防御部门和海勃湾水利枢纽管理局、黄河工程管理局、镫口扬水灌区管理局相关人员在分会场参加会议。

### 2日

自治区人民政府协调水利部和财政部，争取到2021年中央水利发展资金（提前部分）12.82亿元，较2020年增长14.5个百分点。资金主要用于中小河流治理工程、小型水库除险加固工程、中型灌区节水改造工程、农村饮水工程维修养护、农业水价综合改革、小流域综合治理工程、侵蚀沟治理工程、淤地坝除险加固工程、水资源节约与保护、山洪灾害防治项目、水利工程设施维修养护等。

### 3—4日

自治区水利厅党组成员、副厅长赵忠武带领检查组，先后到呼和浩特市、鄂尔多斯市和包头市检查指导防凌工作，了解各地河段凌情和防凌责任落实、重点堤防、险工险段及浮桥拆除等情况，现场督办有关具体工作落实。在包头市水文局调研主持召开座谈会，围绕事业单位机构改革、水文事业长远发展等，与干部职工进行交流，听取有关意见建议。自治区水利厅水旱灾害防御处、河湖与防汛抗旱调度中心及有关旗区人民政府、水利部门负责人参加检查，自治区水文总局有关负责人参加座谈。

4日

9时30分，黄河内蒙古段包头—茂名高速公路桥上游100米处（三盛公水利枢纽闸下308千米）出现首封，首封日期较常年偏晚1天（1970—2015年均值为12月3日），黄河内蒙古段进入封河期。自治区水利厅党组成员、副厅长赵忠武带队在首封段查看封河情况，自治区水文总局及当地水利部门有关人员参加检查。

△

自治区水利厅在呼和浩特组织召开水土保持规划实施情况和水土保持目标责任考核工作培训会议。传达国家和自治区考核工作有关文件，解读考核工作实施方案，安排布置2016—2020年实施全国水土保持规划总体情况和2020年度水土保持目标责任落实情况考核工作。11个盟市水利（水务）局相关负责人及技术人员50余人参加现场会议，呼伦贝尔市、2个计划单列市、103个旗县（市、区）水利（水务）局相关负责人及技术人员320余人参加视频会议。

8日

内蒙古日报社总编辑孙亚辉一行到自治区水利厅，征求加强和改进报社工作意见建议，共同推进水利新闻宣传工作、入驻“草原云”融媒体平台等有关事宜。自治区水利厅党组成员、副厅长赵忠武主持。自治区水利厅新闻宣传负责人介绍水利厅新闻宣传重点工作和与内蒙古日报社合作交流情况，提出有关意见建议。内蒙古日报社副总编辑白春、办公室主任刘军、汉文版农牧新闻部主任高雪芹、全媒体经营中心主任夏红，分别围绕宣传报道角度和内容、“草原云”融媒体平台建设、水利宣传报道等内容作介绍。厅办公室、人事处、计划财务处、水利工程建设处、水土保持处、农牧水利处、水资源管理处、运行管理监督处、水政处、河湖管理处和水利政务服务中心负责人参加座谈。

9—11日

自治区水利厅、自治区水利科学研究院在呼和浩特组织召开2020年农田灌溉水有效利用系数测算分析工作总结交流会。水利部灌排中心、自治区水利厅农牧水利处有关负责人，各盟市、旗县水利局农牧科，技术支撑单位，各样点灌区的有关人员158人参加。

10—20日

按照《内蒙古自治区县域节水型社会达标建设实施方案》，自治区水利厅组织水资源与水权收储中心、各相关盟市水行政主管部门、技术评估单位分别对巴彦淖尔市、鄂尔多斯市、包头市、锡林郭勒盟、赤峰市、通辽市11个旗县（市、区）开展县域节水型社会达标建设行政验收工作。经核查，11个旗县（市、区）均达到《节水型社会评价标准（试行）》的要求，通过验收。至此，全区有46个旗县（市、区）完成县域节水型社会达标建设，建成率达到45%，完成2020年度自治区县域节水型社会达标建设40%的任务目标。

### 11日

全国水利青年干部“深研总基调　建功新时代”知识竞赛及成果展示活动决赛在水利部机关开赛。决赛采取“成果展示＋知识竞赛”的形式开展。水利规划设计研究院王舒楠、镫口扬水灌区管理局王凡、鄂尔多斯水文勘测局卢星航和通辽水文勘测局韩春霞4人组成的内蒙古自治区水利厅代表队，以成果展示第3名和必答题、共答题、接力题全胜的成绩，取得总分第2名，获二等奖。

### 14日

按照《水利部办公厅关于开展2020年高校节约用水工作的通知》，自治区水利厅印发《关于开展2020年高校节约用水工作的通知》，在全区范围内部署高校用水情况调查及节水型高校复核验收工作。

### 15日

自治区水利厅召开安全生产委员会2020年第二次会议，厅党组成员、副厅长赵忠武主持，安全生产委员会各成员单位负责人参加。传达学习国务院总理李克强关于全国安全生产电视电话会议指示批示精神和全国安全生产电视电话会议精神，通报全国水利行业典型事故，对2020年全区水利安全生产工作进行总结，分析研判当前安全生产面临的形势、存在的问题和抓落实的差距，研究部署2021年度安全生产重点工作安排。

### 15—16日

自治区水利厅在呼和浩特举办依法行政专题培训，副厅长李彬出席并讲话。邀请自治区司法厅、内蒙古大学以及厅法律顾问团队等专家，针对规范性文件制定与监督、依法行政、《中华人民共和国民法典》水利行业专题进行解读。参训人员就工作中遇到的依法行政、规范性文件制定等方面的疑惑与专家进行交流。自治区水利厅机关全体工作人员和厅属单位负责人200余人参加培训。

### 15—17日

自治区河长制办公室在呼和浩特举办2020年第二期河长制湖长制工作业务培训班，邀请水利部黄河水利委员会河湖局采砂管理处张兴红、松辽水利委员会河湖处于冰以及内蒙古水利水电勘测设计院陈根，根据全区实际情况，围绕河道采砂管理、涉河建设项目管理、岸线利用规划编制等内容进行专题讲授，对《中华人民共和国水法》《中华人民共和国防洪法》等相关法律进行宣讲，对《水利部关于河道采砂管理工作的指导意见》《水利部办公厅关于进一步加强河湖管理范围内建设项目管理的通知》等有关政策进行解读。全区12个盟市河长办、部分河道采砂和水域岸线管控重点旗县河长办，以及自治区、呼和浩特市及部分旗县检察机关工作人员120余人参加培训。

16日

自治区水利厅党组成员，自治区纪委监委驻水利厅纪检监察组组长范忠出席水文总局党风廉政建设专题座谈会，听取全区水文基层党组织关于党风廉政建设的情况汇报，对加强水文系统党风廉政建设和反腐败工作提出要求。

17—18日

受自治区水利厅党组书记、厅长刘万华委托，水利厅组成专项工作调研组，由二级巡视员于铁柱带队，到兴安盟突泉县永安镇四家子村走访调研定点帮扶工作。调研组到脱贫户家中走访脱贫致富情况，对重点贫困户脱贫情况回访了解，慰问驻村干部和脱贫户。踏查永安镇榆树沟河防洪治理工程（一期）帮扶项目推进落实和未来二期工程条件情况。厅机关党委、农牧水利处负责人，兴安盟、突泉县以及县水利局、镇主要负责人、驻村帮扶干部参加专项调研。

18日

自治区副主席、兴安盟委副书记、盟长奇巴图带队到自治区水利厅调研座谈，围绕兴安盟“十四五”时期治水兴水各项重点工作与自治区水利厅领导班子成员交流。厅党组书记、厅长刘万华主持，厅党组成员、副厅长赵长青、赵忠武，副厅长李彬，兴安盟政协副主席、扎赉特旗委书记姜天虎参加。自治区水利厅办公室、人事处、计划财务处、水土保持处、农牧水利处、水资源管理处、水旱灾害防御处和水利信息中心负责人参加座谈。

23日

自治区人民政府新闻办召开“十三五”河湖治理和饮水安全新闻发布会，自治区水利厅党组成员、副厅长赵长青作主题发布，通报“十三五”以来自治区全面推行河湖长制和全面打好饮水安全脱贫攻坚战情况。中央人民广播电台、《内蒙古日报》等20余家驻自治区媒体到会采访报道。自治区水利厅农牧水利处、河湖管理处主要负责人回答媒体记者的提问。自治区水利厅办公室、农牧水利处、河湖管理处等有关人员参加新闻发布会。

25日

自治区水利厅召开黄河流域水土保持专项整治行动违法违规项目约谈视频会议，对生产建设项目存在的违法违规行为进行通报告知，并提出限期整改要求，督促生产建设单位提高认识，履行水土保持相关责任和义务，加快完成整改。对黄河内蒙古段水土保持专项整治行动排查中认定存在“未批先建”等6种水土保持违法违规行为的152个生产建设项目进行集中约谈。自治区水利厅黄河流域生产建设项目水土保持专项整治行动领导小组成员单位、黄河流域7个盟市水行政主管部门分管负责人、工作人员及152个生产建设单位相关责任人参加约谈视频会议。

28日

自治区水利厅印发《内蒙古自治区水利厅

关于开展水利安全生产标准化建设的通知》，全区水利安全生产标准化建设工作进入实施阶段。

30日

自治区水利厅为内蒙古荣信化工有限公司颁发自治区首张取水许可电子证照，全区取水许可电子证照应用推广取得实质性进展。

31日

自治区水利厅召开厅党组理论学习中心组（扩大）学习会。厅党组书记、厅长刘万华主持，厅党组成员赵长青、赵忠武，二级巡视员于铁柱、苏锁龙，总经济师高海明，厅机关各党支部书记、处室负责人及有关人员参加。集体学习紧密结合当前经济社会发展形势任务、全面从严治党和党风廉政建设责任制落实要求以及全区民族工作和宗教工作相关部署，重点学习中央经济工作会议精神和中国共产党内蒙古自治区第十届委员会第十三次全体会议暨全区经济工作会议精神，习近平总书记关于党的民族政策和宗教政策的重要论述（《习近平谈治国理政》第二卷），中共中央、国务院《关于实行党风廉政建设责任制的规定》和自治区党委、政府《贯彻落实中共中央、国务院〈关于实行党风廉政建设责任制的规定〉的实施办法》以及自治区落实党风廉政建设责任制工作领导小组会议精神。

△

自治区水利厅举办党的百年历史回顾暨铸牢中华民族共同体意识专题辅导讲座。厅党组书记、厅长刘万华主持并讲话，厅党组成员赵长青、赵忠武，二级巡视员于铁柱、苏锁龙，总经济师高海明等参加。自治区水文总局党委书记、局长王南风，以“党的百年光辉历史与铸牢中华民族共同体意识”为题，以建党一百年来成长壮大的光辉历程为主线，集中梳理和串讲党领导一切力量建立中华人民共和国、实行改革开放和发展社会主义的知识要点，深入交流对加强和改进民族工作、铸牢中华民族共同体意识的理解认识和经验体会。厅机关、厅属各单位党组织负责人及工作人员400余人参加专题辅导讲座。

△

自治区水利厅举办徐宏伟先进事迹报告会，厅党组书记、厅长刘万华主持并讲话，厅党组成员、副厅长赵长青、赵忠武，二级巡视员于铁柱、苏锁龙，自治区水利规划设计研究院院长王亚东，自治区水文总局党委书记、局长王南风等参加。全国先进工作者徐宏伟围绕个人成长经历、思想感悟和工作实践，作先进事迹报告。刘万华指出，徐宏伟是全区水利工作中的优秀代表，水利系统广大干部职工向他学习，就是要学习他对事业孜孜不倦，有事业心，有精神追求，多年如一日朴实无华奋战在岗位上的高尚情怀；学习他埋头苦干，坐得住冷板凳、耐得住寂寞，爱岗敬业、甘于奉献的崇高品质；学习他团结带领大家一起勇于担当、真抓实干，脚踏实地、精益求精的工作态度。厅机关各处室、厅属各单位全体党员领导干部参加会议。

# 水利基础工作

SHUILI JICHU GONGZUO

## 政策法规

【水利立法】

7—8月，厅党组会议研究审议《内蒙古自治区农业节水灌溉条例（草案）》修改工作，针对自治区行政主管部门职能职责调整、简化审批受理材料及相应行政处罚依据等情况进行完善，11月26日，内蒙古自治区第十三届人民代表大会常务委员会第二十三次会议审议通过并公布。年内，自治区水利厅开展《内蒙古自治区地下水保护和管理条例》立法相关工作。

【水利法治建设】

专题研究自治区通用目录第二批行政权力事项目录清单、年度水政工作要点、重大水事违法案件查处、水利厅权责清单处室责任分工等法治政府年度重点工作。落实自治区党委全面依法治区工作会议精神，制定印发《内蒙古自治区水利厅依法治区考核工作责任分工方案》，起草《内蒙古自治区水利厅关于2020年度法治政府建设情况的报告》。开展《中华人民共和国宪法》《中华人民共和国民法典》等法律法规学习。实行处级领导干部任前法律知识考试，以法治标杆引领用人标杆。

法治机构设置与人员配置，在厅属事业单位招聘与公开遴选中，设置法学专业工作岗位，在新组建的内蒙古自治区水利事业发展中心机构中设置法制保障服务部。推进简政放权，精简审批时限。在压减行政权力80%的基础上，制定并向社会公开取水许可、水土保持方案审查等7项行政许可事项审批流程图。自治区水利厅行政许可审批网办率100%；推广应用取水许可电子证照，取水许可申请、水保方案审批办理时限分别由45个、14个工作日压减至20个、10个工作日。开展全区各级水行政主管部门执法队伍、执法人员和行政审批情况专项统计。全面落实重大行政决策程序管理规定和法律顾问参与制度。对《内蒙古自治区"十四五"水安全保障规划》向社会广泛征求意见。

【规范性文件清理和合法性审查】

年内对21项规范性文件进行清理，废止其中2项，宣布失效4项。

按照《内蒙古自治区人民政府行政文件合法性审核工作规定》，对涉及自治区河湖长管理、水量调度、牧区饮水安全保障、水库运行监管等工作的政策制定及文件进行合法性审查30件，涉及水行政处罚建议2件。针对涉及野生动物保护、民法典实施及相关政策调整等内容开展专项清理工作，对实施的涉水4项地方性法规、2项地方政府规章和7项政府规范性文件提出意见。

【执法监督】

9月8—18日，自治区水利厅、司法厅组成联合监督组，对全区黄河流域水行政执法开展专项监督。监督组对呼和浩特市、包头市、阿拉善盟、乌海市、巴彦淖尔市、鄂尔多斯市、乌兰察布市水行政执法情况进行实地监督，重点对水行政执法"三项制度"（《行政执法公示制度》《行政执法全过程记录制度》《重大执法决定法制审核制度》）执行情况、水事违法案件立案查处情况等进行现场监督及复核；对沿黄河7个盟市随机抽取14个重点旗县（市、区），60件涉及水资源管理、河道采砂、河湖管理、水土保持等重点领域的案件以及盟市本级水执法情况进行复核。

10月，开展年度“双随机、一公开”（在监管过程中随机抽取检查对象、随机选派执法检查人员，抽查情况及查处结果及时向社会公开）执法检查工作。对114个检查对象在自治区“双随机、一公开”执法检查平台完成随机抽取检查。现场检查发现2家检查对象存在3个问题，检查结果全部在协同监管平台和水利厅门户网站进行公示，并持续跟踪检查对象问题的整改。

按照水利部《关于印发河湖违法陈年积案“清零”行动实施方案的通知》，3月开始，在全区范围内开展河湖违法陈年积案“清零”行动实施情况的专项监督。对121件陈年积案进行逐项盯办督办，狠抓查处整改落实，将情况及时通报案件责任主体。针对部分未结案件，及时梳理属地范围内的陈年积案办理现状，按照责任主体，倒排工期，狠抓查处整改落实。8月，全区121件陈年积案全部上报结案。自治区水利厅对全区112件河湖违法陈年积案的案件调查立案和结案审批、下达行政处罚决定、处罚执行到位情况、案卷移送及申请强制执行等执法案卷进行抽查复核。针对重点问题，自治区水利厅印发《关于对河湖违法陈年积案“清零”行动工作的通报》，将发现的问题逐条通报地方主管责任部门，并对重点地区进行通报批评。责成地方水行政主管部门对属地管理范围内水行政执法工作进行全面自查整改，提高依法行政意识。

## 规划治理

### 【水利规划】

4月，根据水利部办公厅《“十四五”水安全保障规划重点项目筛选和投资规模测算办法的通知》，自治区水利厅在2020年及“十四五”期间重点水利工程实施方案的基础上，遵循“确有必要、生态安全、可以持续”的原则，组织编制单位对全区12个盟市开展调研，最终确定36项重点项目和3127项面上项目，“十四五”期间总投资约1600亿元。7月，水利部黄河水利委员会、松辽水利委员会先后对内蒙古自治区“十四五”水安全保障规划重点项目进行筛选，按照筛选意见，对重点项目进行补充完善。

10月，组织专家对《内蒙古自治区“十四五”水安全保障规划》进行技术审查，自治区生态环境厅、住房和城乡建设厅、自然资源厅、农牧厅、林业和草原局、内蒙古农业大学、内蒙古水务投资集团有限公司、自治区水文总局、水利科学研究院、水利信息中心等单位的领导、学者、工程技术人员和特邀专家30余人参加。11月，自治区水利厅征求自治区有关厅局对规划报告的意见，反馈25条，全部采纳21条，部分采纳2条，未采纳2条。修改完善规划后，为确保规划新建水库的合理性，本着生态优先、绿色发展的原则，召开座谈会，自治区发展和改革委员会、生态环境厅、自然资源厅、农牧厅、林业和草原局等厅局就水库建设合理性进行研讨，完善后报送自治区发展和改革委员会。自治区水利厅召开党组会议，听取和讨论计划财务处关于"十四五"水安全保障规划情况的汇报，审议通过《内蒙古自治区"十四五"水安全保障规划》。

编制《内蒙古黄河流域生态保护和高质量发展水利专项规划》《内蒙古黄河流域生态保护和高质量发展水资源节约利用专题规划》《黄河长治久安专题规划》，为推进黄河保护治理提供技术支撑。为加快推进西辽河流域生态治理与修复、如期实现国家下达的治理目标，制定《内蒙古西辽河流域"量水而行"2020年行动计划》《西辽河流域"量水而行"2021—2023年实施方案》，完成《西辽河流域合理地下水（埋深）研究》。按照《内蒙古自治区"十四五"水安全保障规划》，编制"十四五"时期全区农村牧区饮水安全、大型灌区续建配套与现代化改造、水资源配置利用、节水型社会建设等专项规划。编制《重点区域地下水超采治理与保护方案》《全区地下水管控指标确定》。编制《察汗淖尔有关情况的报告》《察汗淖尔流域水资源情况调查总结报告》《察汗淖尔流域水资源及其调控措施研究》。完成全区"五河四湖""一河（湖）一策"新一轮（2018—2020年）河湖管理保护实施方案编制、全区规模以上河湖管理范围划定审核汇总、松花江及黄河流域岸线利用等工作。全年编制水利规划项目66项，其中新增项目63项。

**【"一湖两海"综合治理】**

呼伦湖综合治理工程分两期工程实施。一期工程除自治区人民政府同意调出的新开湖恢复治理任务外，涉及乌兰诺尔水库除险加固工程、新开河工程完善项目（一期）、引河济湖工程改造完善项目、入湖河道疏浚、引河济湖进水口加固、河湖渠湿地水体连通、农村牧区饮水安全项目（一期）工程。7项工程竣工验收并销号，累计完成投资2亿元。二期工程涉及水利工程2项。其中，农村牧区饮水安全项目（二期）总投资7790万元，全部竣工验收销号；新开河工程完善项目（二期）总投资2716万元，2020年1月7日竣工验收。

岱海水生态综合治理。岱海补水主要依靠永兴水库年补水200万立方米左右（2020年补水203万立方米），难以维持岱海正常生态需水。岱海水生态综合治理采取"两节两补两恢复"措施，即工业节水、农业节水；永兴水库向岱海补水、引黄应急补水；生态恢复、水质恢复。2020年11月，自治区水利厅批复工程初步设计，岱海生态应急补水工程开工建设。截至2020年底，已完成部分施工生产、生活区的房屋搭建、场地硬化及施工便道铺设，3条主洞总进尺1533.3米，6条支洞中的5条开工建设累计进尺642.6米。年内工程落实投资6亿元，完成投资3693万元。工程建成后可实现年补水4466万立方米。

乌梁素海治理。2020年10月，自治区水利厅对乌梁素海生态环境治理项目中，排干沟净化工程进展缓慢问题整改完成情况进行现场核查，并报中央环境保护督察反馈意见整改落实工作领导小组办公室进行销号。乌梁素海生态补水水源主要为凌汛期洪水和黄河分配的生态水量。2020年度补水6.25亿立方米。

2020年，自治区水利厅委托权威机构对“一湖两海”水量及水域面积进行论证评估，并邀请国务院参事、院士等知名专家组成专家组对评估报告进行咨询，建议乌梁素海湖面2020年维持在293平方千米左右；呼伦湖水域面积维持在2000平方千米左右；岱海水域面积维持在50平方千米左右，在岱海生态应急补水工程实施的条件下，2030年维持在50~70平方千米。按照自治区人民政府要求，自治区水利厅从2019年3月起每月向自治区党委、政府报告“一湖两海”水文监测情况。

## 水旱灾害防御

**【防御部署】**

2月28日，自治区水利厅召开视频会议，全面部署防汛抗旱工作，各地水利部门，针对2020年气候异常的特点，采取有效的防汛抗旱措施，发挥水利工程的骨干作用，努力保障城乡居民用水和农牧业生产用水安全。进入汛期后，按照水利部要求和自治区防指职责分工，自治区水利厅聚焦超标洪水、水库失事、山洪灾害三大风险点，努力实现超过工程设防标准的洪水不打乱仗、发生工程设防标准内的洪水不出意外、水库不因工作不到位造成垮坝失事、山洪灾害不出现群死群伤“四不”目标，履行监测预报预警、水工程防洪抗旱调度、抗洪抢险技术支撑“三项职责”，做好水旱灾害防御工作。

7月7日，自治区水利厅与自治区气象局签订合作协议，深化和推进多领域合作，开展发展规划、基础建设、信息传输、会商研判、技术标准5个方面的对接，共同提高监测预报预警、分析研判、指挥动员和防灾减灾4个能力。全年，自治区水利厅组织水文、气象及有关盟市参加的会商10次，实时分析研判雨水、旱情变化，指导各地防灾减灾。开展蒙冀水旱灾害防御工作座谈会，与河北省水利厅就西山湾、大河口水库联合调度应用进行深度交流。成立以自治区水利规划设计研究院、水文总局等单位技术骨干组成的4个水旱灾害防御专家组，随时听从调度，在第一时间到一线指导地方抢险救灾工作。

■图8　7月7日，自治区水利厅与自治区气象局签署合作框架协议

开展防汛工作督导检查，督促各地各有关单位落实防汛责任。配合水利部开展山洪灾害防御和水毁工程修复项目暗访调研，对反馈的问题进行持续跟进督办，制定自治区山洪灾害防御监督检查工作方案和自治区水毁工程修复暗访调研工作方案。按要求做好汛期值班带班工作，确保汛期信息上传下达畅通，防

凌开河期间到黄河防凌前线指挥部支撑防凌工作，及时收集资料，分析研判凌情，提供决策依据，确保防凌安全。组织专人学习无人机技术，为防汛防凌提供技术支撑，绘制黄河防凌封河图。组织专家参加防汛防凌会商研判，协助防御处开展水情、雨情、汛情会商研判，组织完成《超标准洪水防御预案编制大纲》，为盟市、旗县开展工作提供依据和技术支撑。

■图9　自治区水利厅厅长刘万华（左一）督察乌兰察布市防汛工作情况

开展全区76个山洪灾害防治非工程措施、15个农村基层防汛预报预警体系建设和3条山洪沟防洪治理项目的建设管理工作。多次印发《关于开展山洪灾害防治项目建设的通知》，明确项目建设目标、时间节点等要求。安排专人定期或不定期对项目建设情况进行统计分析并编写通报，对项目建设进度滞后地区进行重点督促，对当地政府和水利部门印发督办函。截至年底，全区山洪灾害防治非工程措施项目全部完成，农村基层防汛预报预警体系建设项目建设进度达到81.3%，山洪沟防洪治理项目达到67%。与各有关部门沟通，及时掌握项目地实际情况，组织开展监测站点编码工作、山洪灾害现状调研等工作。

按照黄河、松花江等超标洪水防御预案要求，细化实化防御措施，做好江河洪水防御工作。印发《超标准洪水防御预案编制大纲》，要求各盟市按照编制大纲要求，组织开展辖区内重要河流超标准洪水预案编制工作，切实把超标洪水防御措施落实到位。组织编制自治区境内7条重要河流的超标准洪水防御方案，督促指导呼和浩特市、包头市编制城市超标准洪水防御预案，报送水利部。

■图10　自治区水利厅副厅长赵忠武（右二）检查沿黄河内蒙古段防凌工作

## 【水情预报】

全面加强黄河防凌工作组织领导，及时召开黄河防凌开河水文测报预报会商视频会议分析研判防凌形势、下达防凌工作任务，采用无人机等先进仪器设备加强凌情监测。开河期编写信息通报42期、简报5期，发送凌情短信6.2万余条，适时发布开河形势预报。封河期编写凌情日报47期、监测简报1期、封河形势预报1份。健全防汛抗旱组织机构，及时印发《2020年报汛报旱任务书》《内蒙古水情应急工作预案》，建立重大水情和预报通报、会商机制，梳理完善水情数据库信息，实现水情数据双通道传输。汛期编发《雨水情快报》385期、水情日月旬报126期、《黄河水情专报》172期、《中长期降雨水情预报》3期、各流域内蒙古段《洪水预报》16期，向国家防汛抗旱总指挥部、流域机构和邻省报送水情信息1600余万条、土壤墒情信息1119条，为各级防汛抗旱指挥部门发送水情信息上万条。做好抗旱服务，组织完成全区85个墒情站田间持水量确定工作，开展旱情分析预测，编写旱情通报2期。

【抗旱救灾】

4月开始，通过水利部防汛抗旱指挥二期系统，每周报送一次旱情动态。每周二各旗县收集气象、水文监测数据，综合分析水利部门掌握的河道来水、工程蓄水、农田灌溉等情况，填报旱情动态报表，分级上报盟市、自治区、水利部。不定期向自治区党委、政府信息处报送全区受旱情况，并通报相关部门和受旱地区。全年向自治区党委、政府报送文字材料2次。5月下旬、6月初，向水利部汇报全区受旱情况2次。6月，会同自治区财政厅向水利部、财政部报告旱情，申请抗旱补助资金。呼伦贝尔市、鄂尔多斯市、巴彦淖尔市、呼和浩特市、阿拉善盟、锡林郭勒盟、包头市等水利（水务）局向自治区水利厅上报抗旱资金申请报告。

1—2月，全区大部气温接近常年或偏高1.0℃～3.2℃，全区大部降水偏多，平均降水量12.6毫米，较历史同期平均值偏多5.9毫米，为1961年以来同期最多。降水偏多有利于土壤增墒，3月初测墒显示，农区一类和二类墒情占总耕地面积69%，三类及以下墒情占31.0%，好于历年同期，为近10年最好；牧区一类和二类墒情占草场总面积48.6%，三类及以下墒情占51.4%，略好于历年同期。全区水库蓄水量22.79亿立方米，较常年同期偏多10%，可利用水量6.15亿立方米。

3月中旬至4月中旬，全区大部分地区无有效降水，气温偏高1.0℃～3.0℃，且大风扬沙天气频繁，土壤失墒速度快、程度深，4月10日测墒显示，农区三类及以下墒情占耕地总面积38.4%；牧区三类及以下墒情占草场总面积62.2%，局部出现旱情。牧区旱情主要发生在呼伦贝尔市西部北部、锡林郭勒盟北部西部、乌兰察布市北部、包头市北部、巴彦淖尔市北部、阿拉善盟等地，受旱面积1266.67万公顷；农区有38.93万公顷耕地缺墒，主要出现在兴安盟中部、赤峰市北部和乌兰察布市东北部。

■图11　清水河农民拉水坐水种植

■图12　清水河水利局为农户水窖送水

4月中下旬至7月，中东部地区出现两次较大范围降水过程。4月16—21日，赤峰市、通辽市局地降雨5～10毫米；4月28日至5月3日，呼伦贝尔市岭东、兴安盟、锡林郭勒盟东北部等地降水10～20毫米，东部农区土壤墒情有所改善；4月29日至5月2日，中西部地区出现29℃～33℃罕见高温天气；5—7月，中西部牧区、呼和浩特市清水河县和呼伦贝尔市西部持续降水偏少，旱情加重。旱情最重时农田受旱面积191.1万公顷，其中重旱面积58.9万公顷，草场受旱面积2866.67万公顷，有近10万人、73万头牲畜饮水受到干旱影响。

8月下旬后，全区几次大范围的降水过程，有效缓解了前期旱情。

■图13　清水河应急打井建供水点情况

全年组织抗旱服务队开展小型水利工程维修改造，小型水源工程建设，为严重受旱的3000余户农牧民送水1800立方米。截至年底，全区累计投入抗旱人数125万人次，机电井30余万眼，机动抗旱设备7万台（套），各级财政投入抗旱资金2500万元，抗旱浇灌面积158.2万公顷，解决12万人、106万头牲畜的临时因旱饮水困难问题。

【洪涝灾害防治】

2019年11月19日，黄河内蒙古三湖河口河段首次出现流凌，12月6日黄河头道拐水文断面上游4千米处（什四份子险工）出现首封，封冻期头道拐断面水位壅高2.5米左右，12月12日20时水位达到989.86米，为封河期历史最高水位。2020年2月1日，内蒙古河段最大封河长度636千米，为1991年以来最短。随后受气温回升影响，封冻河段冰块持续出现消融，2月20日8时巴彦高勒水文断面解冻“文开”（慢慢解冻的开河方式），为有资料记录以来最早，黄河内蒙古段进入开河期，3月18日全段开通。开河期间凌情平稳，没有发生凌汛灾害。

6月后，全区发布气象预警服务信息175期，46个旗县发布山洪灾害预警2173次，通知预警责任人4697人次，发布预警短信4.51万条。印发《关于进一步加强山洪灾害防治非工程措施和农村基层防汛预报预警体系运行维护工作的通知》，要求各地强化山洪灾害防治非工程措施和农村基层防汛预报预警系统运行维护工作。对呼和浩特、包头等地6个旗县（区）山洪灾害非工程措施开展暗访工作，发现问题9项，将存在问题及时移交地方要求整改。加强山洪灾害监测预警系统平台和监测站点的运行维护，发挥山洪灾害监测预警系统和群测群防体系作用，确保正常运行。通过网络、电视等多种媒介及时发布预警信息，有效解决预警信息发布“最后一公里”问题，督促基层地方人民政府落实网格化群测群防管理体系，配合做好危险区域人员转移避险工作。

全区年降水量335.4毫米，较常年同期偏多51.8毫米，较2019年偏多26毫米。入汛后，全区出现13次大范围降水过程。6月上中旬降雨较少，下旬开始降雨逐渐增多，7月下旬至8月上旬为防汛关键期，出现7次大范围降水，多为短时强降水过程。8月11—15日，出现入汛后最强降雨天气，降雨范围广、量极大、极端性强，全区平均降水量279.6毫米，较常年同期偏多46毫米，较2019年偏多32.9毫米。其中，呼伦贝尔市南部、兴安盟大部等地较常年同期偏多1倍，阿拉善盟西部和中部、赤峰市东部等地偏少25%～100%。8月27日至9月4日，台风“巴威”“美莎克”在一周之内接连影响自治区东北部地区，2次台风重叠影响区域主要集中在呼伦贝尔市东南部、兴安盟东北部，带来强风雨天气，为历史首次。

受降雨影响，7月5日通辽市库伦旗石碑河额尔根石碑站发生建站后第一大洪水，洪峰流量329米$^3$/秒。7月11日18时40分，乌拉特前旗乌素图勒河广生隆站发生建站后第二大洪水，洪峰流量1090米$^3$/秒（2018年洪峰流量1890米$^3$/秒）。8月，海流图河、摩楞河、罕台川、水磨沟发生100～732米$^3$/秒流量洪水。9月上旬，东辽河干支流均发生洪水，嫩江水系格尼河、雅鲁河发生超警戒洪水。

黄河内蒙古段连续第三年汛期大流量、高水位运行，黄河1号、2号和4号编号洪水先后影响到内蒙古黄河段全线。6月29日8时，1号洪水经宁夏石嘴山入境站时流量达到2040米$^3$/秒；7月26日8时，2号洪水经石嘴山入境站时洪峰流量2760米$^3$/秒；8月25日，4号洪水经石嘴山入境站时洪峰流量3330米$^3$/秒，超过2019年7月20日最大流量3130米$^3$/秒。巴彦高勒、三湖河口、包头、头道拐水文站最大流量分别为3000米$^3$/秒、3300米$^3$/秒、3140米$^3$/秒、3100米$^3$/秒，除包头站外为近30年出现的最大流量。为减轻黄河下游防洪压力，利用河套灌区及乌梁素海分洪，汛期累计分洪量3.29亿立方米。9月17日8时，黄河内蒙古段全线流量降至2000米$^3$/秒以下。

6—9月，全区造成呼和浩特市、包头市、兴安盟、赤峰市、锡林郭勒盟、乌兰察布市、鄂尔多斯市、巴彦淖尔市、乌海市、阿拉善盟10个盟市、39个旗县（市、区）、116个乡镇（街道）洪涝灾害，19.7万人受灾，5个城镇受淹，因灾死亡6人，紧急转移人口105人。农作物受灾面积6.53万公顷，损坏堤防81处、长度9.7千米，损坏农村灌溉设施14处，损坏水文测站44个，损坏机电井51眼，造成直接经济损失6.36亿元，其中水利工程设施直接经济损失5344万元。黄河干流内蒙古段受1号、2号特别是4号洪水影响，累计冲淘险工、控导工程和滩岸50余处，103千米滩区上水，淹没玉米、葵花等农作物8533.33公顷，堤防吃水48.3千米。

自治区水利厅印发《关于做好本年度水毁工程修复工作的通知》，主动跟进项目建设情况，重点督促项目建设进度滞后的地区，针对汛前无法完成的工程，组织地方工程管理部门制定安全度汛方案，确保工程安全度汛。截至年底，全区12个水毁修复项目全部完成。完成水毁工程信息统计、报送工作，定期统计各项目建设情况，对已完成的项目通过影像资料核实和电话问询的方式进行线上考核，确保信息报送的真实性。

## 水资源管理与保护

### 【水资源开发利用】

内蒙古地区水资源时空分布呈现从东到西大幅递减趋势，东部水资源相对丰富，中西部资源匮乏。全区人均水资源量2144立方米，与全国平均水平接近，除松花江流域外，其余地区人均水资源量为800立方米左右，为全国人均水资源量的2/5。2020年，全区水资源总量503.93亿立方米，较多年平均值偏少7.7%，其中地下水资源量243.94亿立方米，较多年平均值偏多3.3%；地表水资源量354.19亿立方米，较多年平均值减少12.9%。

从水资源分区看，松花江、辽河、海河、黄河和西北诸河区2020年水资源总量较多年平均值均减少，减幅分别为4.3%、11.3%、39.7%、22.7%和7.6%。从行政分区看，乌海市和阿拉善盟水资源总量较多年平均值偏多21.7%和12.6%；呼和浩特市、包头市、赤峰市、锡林郭勒盟、乌兰察布市、鄂尔多斯市和巴彦淖尔市水资源总量较多年平均值偏少7.7%～33.1%，其中乌兰察布市减幅最大，其他盟市水资源总量与多年平均值接近。

2020年，全区各水源工程总供水量194.41亿立方米。其中，地表水源供水量105.71亿立方米，占总供水量54.4%；地下水源供水量81.59亿立方米，占总供水量41.9%；其他水源供水量7.12亿立方米，占总供水量3.7%。全区总用水量194.41亿立方米，较2019年增加3.53亿立方米。其中，农田灌溉用水量124.29亿立方米，占总用水量63.9%；林牧渔畜用水量15.69亿立方米，占总用水量8.1%；工业用水量13.41亿立方米，占总用水量6.9%；城镇公共用水量2.35亿立方米，占总用水量1.2%；居民生活用水量9.27亿立方米，占总用水量4.8%；生态环境用水量29.41亿立方米，占总用水量15.1%。

### 【最严格水资源管理】

深入贯彻“节水优先、空间均衡、系统治理、两手发力”治水思路，全面实施最严格的水资源管理制度，强化水资源刚性约束，深入落实国家节水行动计划，全区用水总量得到有效控制，用水效率不断提升，水生态水环境持续改善。全年用水总量控制目标为211.57亿立方米，全区实际用水总量为165.5亿立方米（不含河湖生态补水量24.29亿立方米和再生水量4.62亿立方米）；万元国内生产总值用水量较2015年下降25.36%；万元工业增加值用水量较2015年下降43.55%；农田灌溉水有效利用系数0.564；水功能区水质达标率77.6%，各项考核指标均达到考核目标要求。为用水总量红线考核提供技术支持，编制《用水统计调查工作实施方案》，完成用水总量控制指标、制度建设、措施落实情况考核评价和全区5000余个用水基本单位名录库建设；完成用水统计对象2020年各季度用水量填报审核以及1051个样点用水户2019年度数据审核；开展水资源调查评价专项分析，编制水利部地下水超采区季度通报、自治区地下水水位变化情况季度通报。加大非常规水源利用力度，全区非常规水源利用率逐年提升。

7月，水利部印发《水利部关于开展2020年度实行最严格水资源管理制度考核工作的通知》，对各省区进行最严格水资源管理制度考核，自治区水利厅联合自治区考核工作成员单位，完成了国家对内蒙古自治区的考核自查工作。11月，自治区水利厅、发展和改革委员会、工业和信息化厅、财政厅、自然资源厅、生态环境厅、住房和城乡建设厅、农牧厅和统计局9部门联合印发《内蒙古自治区水利厅等9部门关于印发自治区实行最严格水资源管理制度2021年度考核工作方案的通知》，对全区12个盟市开展考核。自治区水利厅开展“四不两直”（即“不发通知、不打招呼、不听汇报、不用陪同接待，直奔基层、直插现场”的一种暗查暗访工作方法）现场检查工作，根据现场检查、盟市自查资料复核以及结合日常监督管理工作，对盟市2020年度最严格水资源管理制度考核结果进行打分、排名，将考核结果通报各盟市。

【水资源监测与评价】

自治区通过国控、自治区先期、一期、二期、三期、四期、五期以及六期地下水自动监测井建设项目，建设1952眼监测井，基本实现全区超采区和水源地地下水动态监测的全覆盖，地下水自动监测密度基本达到《地下水监测规范》（SL183-2005）要求；实现《内蒙古自治区地下水监测工程总体规划》全区建设地下水自动监测井的目标。加大西辽河流域水资源监测力度，全年对西辽河流域麦新、梅林庙、乌敦套海、巴林桥、海日苏和台河口6个水文站的16个断面进行新建或改建，基本满足西辽河干流及主要支流重点控制断面监测需求；在西辽河流域开展“以电折水”农业用水计量，以乡镇为单位，全年选择2172眼典型井进行“以电折水”系数测算，初步解决西辽河流域农业用地下水计量监测设施缺失的问题。

【水资源调度】

配合流域机构开展黄河、黑河、嫩江、洮儿河、大凌河和东辽河等跨省河流水量调度，制定调度方案，严格执行水利部下达的年调度计划、月调度和旬调度指令，并按时上报年度用水计划和调度总结。制定《内蒙古自治区2019年7月至2020年6月黄河可供水量分配计划》《2020年7月至2021年6月黄河可供水量分配计划》《2020年4—6月份黄河内蒙古段水量调度预案》。2019—2020调度年实际耗水55.22亿立方米（干流实际耗水53.84亿立方米），未超水利部分配60.8亿立方米（干流57.22亿立方米）指标。按照水利部下达黑河干流年度水量调度方案、一般调度期（融冻期）、关键调度期等调度指令，落实黑河水量调度责任人，合理制订额济纳绿洲水资源用配水计划，合理安排东、西河沿河生态用水，适时向东居延海补水。2019—2020调度年向东居延海补水3030万立方米，水域面积保持40平方千米以上，实现连续16年不干涸，下游生态环境持续改善。严格执行松辽委下达的嫩江干流和洮儿河2020年度水量调度计划，全年实际用水量均未超调度计划。

2020年，自治区水利厅自主开展西辽河、大黑河水量调度工作，印发《大黑河水量调度方案（试行）》《内蒙古西辽河流域2020年水量调度方案》《内蒙古西辽河流域2020年水量调度工作方案》。全年向西辽河干流河道内下泄生态水量3700万立方米，占总来水量的90%，水头最终到达通辽市西辽河干流苏家堡枢纽下游32千米处，实现自2000年后西辽河干流的首次生态水量下泄。

【非常规水资源利用】

全年全区非常规水源（包含疏干水、再生水、雨水）利用量为7.30亿立方米，占总用水量的3.79%。非常规水源利用量较2019年增加7100万立方米。全区水资源配置坚持优先配置再生水、疏干水等非常规水资源，合理配置地表水，严格控制地下水的水资源配置原则，将再生水、疏干水等非常规水资源纳入水资源统一配置和取水许可管理，再生水和疏干水利用量较"十二五"期末增长1倍以上。

【饮用水水源保护】

1月，自治区水利厅将2019年度内蒙古自治区全国重要饮用水水源地安全保障达标建设自评估结果上报水利部。自治区水利厅严格按照《内蒙古自治区饮用水水源保护条例》，重点开展饮用水水源水量配置和调度以及取水许可管理等工作，配合自治区生态环境厅开展饮用水水源保护工作。按照水利部要求，对列入名录的国家级和自治区级18个重要饮用水水源地的安全保障达标建设进行评估。11—12月，自治区水利厅联合自治区生态环境厅、住房和城乡建设厅开展重要饮用水水源地安全保障达标建设评估工作，并对列入名录的水源地进行现场检（抽）查和评估，将年度评估结果及时反馈盟行政公署、市人民政府，作为自治区人民政府对盟行政公署、市人民政府最严格水资源管理制度中水源地保护部分的考核依据。按照《内蒙古自治区水污染防治三年攻坚计划》，自治区水利厅联合生态环境厅督促指导通辽市、兴安盟等7个单一水源供水城市开展备用或应急水源建设的相关工作。按照"水量保证、水质合格、监控完备、制度健全"的目标要求，通过检查评估，消除水源地在水量、水质方面的安全隐患，弥补和健全水源地在管理制度、监控措施方面漏洞，促进自治区饮用水水源地安全保障达标建设工作，初步建成重要饮用水水源地安全保障体系。

【地下水超采治理】

自治区人民政府于2015年印发《关于公布自治区地下水超采区及禁采区和限采范围的通知》，公布自治区的33个地下水超采区。自治区水利厅印发《自治区地下水超采区和重要水源地水量和水位双控方案》，明确超采区的治理目标，即到2020年，除3个大型超采区压采量达到60%外，其余30个超采区基本达到采补平衡，水位达到控制水位。2020年，自治区水利厅推进地下水超采区治理，全区33个地下水超采区已达到治理目标（或阶段治理目标）并销号。

在全区范围内开展灌溉机电井登记管理，实行动态管理。结合灌区用水情况、取水许可分级管理权限，要求盟市对合规的灌溉机电井完善相关手续；对不合规的灌溉机电井，逐步规范管理。对于新增灌溉机电井的农业项目新增取水，要求必须开展水资源论证。在地下水超采区，严禁新增农业灌溉用机电井，对现有的农灌机电井，采取合理布局并逐步归并关停的方式，规范地下水开发利用活动，减少地下水超采量。在工业方面，加强已建项目的计划用水和水平衡测试管理。在水源置换方面，根据各水权转让项目前期工作和工程建设进展，实施动态管理调整水权转让项目。建立地下水超采区治理进展情况定期通报制度，定期统计分析超采区地下水水位及压采量情况。开展2020年地下水保护专项行动，检查组及时梳理汇总现场对接督办发现的问题，形成“一盟（市）一单”反馈盟市进行整改落实。提升地下水监测水平。自治区本级实际建成1952眼监测井，基本覆盖全区的地下水超采区和重要饮用水水源地监测的骨干网络。将地下水水生态保护、超采区治理等纳入自治区人民政府对各盟市最严格水资源管理制度，并连续2年在最严格水资源管理考核差异化指标中予以考核，逐步建立地下水生态保护与治理长效机制。截至年底，全区33个超采区基本达到治理目标（3个大型超采区达到2020年阶段性治理目标），其中30个一般超采区达到采补平衡并销号。按照《自治区地下水超采区和重要水源地水量和水位双控方案》，根据已销号的超采区治理评估报告和盟市上报数据，全区33个超采区压采能力约5.9亿立方米，超额完成4.74亿立方米的目标，其中3个大型超采区压采量达到60%。

【用水定额和标准体系】

按照《水利部办公厅关于做好省级用水定额整改工作的通知》，根据水利部2019—2020年发布的32项行业国家用水定额标准，自治区水利厅组织修订完成《内蒙古自治区行业用水定额（2019年版）》，对49项指标进行补充完善，建立覆盖主要作物、工业产品和生活服务业的先进用水定额体系，其中涉及水利部新发布27项行业用水定额标准，并将自治区重点工业行业用水定额全部分级制定，2020年12月24日由自治区市场监督管理局以地方标准（DB15/T 385—2020）的形式印发。

【节约用水】

为落实国家节水行动，自治区2019年制定《内蒙古自治区节水行动实施方案》，建立22个部门组成的自治区节水厅际联席会议制度。召开联席会议，调度总结2020年自治区节水工作任务目标完成情况及成效，研究确定2021年节水工作任务目标。全年实现水资源超载地区年用水量1万立方米及以上的工业企业用水计划管理全覆盖，自治区对水资源超载地区的1679家年用水量1万立方米及以上的工业企业实行计划用水管理。地级缺水城市全部达到国家节水型城市标准,全区5个地市级缺水城市,对照国家节水型城市标准,自评分均超过90分,其中包头市已通过国家验收并公示。在试点盟市开展城市供水管网分区计量管理,自治区以赤峰市为试点,开展城市供水管网分区计量管理。建立覆盖国家、自治区、盟(市)三级的重点监控用水单位名录。

根据水利部关于开展节水评价工作的要求及全国节约用水办公室《关于加强节水评价和计划用水管理有关工作的函》,自治区水利厅印发《关于转发大中型水资源开发利用建设项目节水评价篇章编制指南(试行)的通知》《内蒙古自治区水利厅关于开展规划和建设项目节水评价工作的通知》,全区水利规划、园区规划、建设项目(含水利工程项目)等领域重点开展节水评价工作,建立节水评价登记台账制度,明确审批部门在受理申请时,报告书是否有节水评价章节作为受理要件之一,没有节水评价章节的不予受理,在审批时要出具节水评价结论及建议。2019年10月至2020年12月,全区351个规划和建设项目建立节水评价登记台账,其中自治区本级22个,对3个节水评价不符合要求的项目水资源论证报告予以退回。

## 【中央财政节水补助资金】

根据《财政部关于下达2020年水利发展资金预算的通知》《内蒙古自治区水利厅关于提前下达2020年中央水利发展资金的通知》,自治区向9个盟市20个旗县(市、区)下达2061万元的县域节水型社会补助资金。按照"突出重点、激励先进、奖补结合、注重实效"的原则,用于支持县域节水型社会达标建设,其中261万元下达到乌兰察布市察哈尔右翼后旗和锡林郭勒盟正镶白旗2个贫困旗。

## 【节水型社会建设】

根据《水利部关于开展县域节水型社会达标建设工作的通知》《内蒙古自治区县域节水型社会达标建设工作实施方案》,印发《内蒙古自治区水利厅关于开展2020年度县域节水型社会达标建设工作的通知》,目标为每年完成10%,到2020年应达40%。自治区水利厅部署开展全区的县域节水型社会达标建设工作,全区21个旗县(市、区)上报县域节水型社会达标建设申报材料,包头市青山区、昆都仑区、东河区、土默特右旗,巴彦淖尔市五原县,鄂尔多斯市康巴什区,锡林郭勒盟西乌珠穆沁旗、锡林浩特市,赤峰市克什克腾旗、松山区,通辽市奈曼旗11个旗县(市、区)通过水利厅组织的行政验收。截至年底,全区46个旗县达到节水型社会达标建设标准,建成率45%,完成自治区2020年度40%的建设目标任务。自治区财政厅、水利厅、发展和改革委员会、农牧厅联合印发《关于加快推进农业综合改革工作的通知》,对各级财政部门的职能予以明确,建立完善精准补贴和节水奖励政策。全年投入资金3.44亿元用于全区的农业高效节水灌溉,其中农田建设补助配套资金3.36亿元,"以电折水"计量试点盟市补助750万元。自治区水利厅编制完成《内蒙古自治区节水型社会建设"十四五"规划》,对自治区农业、工业、生活等各领域提出明确节水要求。全区5个行业规模以上35家高耗水企业全部建成节水型企业。

## 河湖管理与保护

### 【河湖长制体系建设】

6月，自治区党委、政府召开全区总河湖长暨河湖长制工作推进会，自治区党委书记、自治区第一总河湖长石泰峰主持会议，自治区主席、自治区总河湖长布小林讲话，会议总结河湖管护工作取得的成果与存在问题，研究部署年度重点工作。印发《内蒙古自治区河长湖长巡河巡湖暂行办法》，规范各级河长湖长巡河巡湖频次、巡查重点和问题处理等相关内容。组织开展新一轮"一河（湖）一策"的编制和修订工作，并要求在2020年底前完成。向自治区级河湖长报送2020年度河湖长制重点工作提示，协助自治区党委举办2020年全区总河湖长会议。以2020年第2号总河湖长令的形式印发《2020年河长制湖长制工作要点》，细化年度工作任务和目标，夯实河湖管护各项工作。组织修编自治区领导担任河湖长"五河四湖"管理保护实施方案。自治区河长办组织河长制相关责任单位分4组，对全区河湖"四乱"清理整治、落实河湖长制相关工作开展检查。自治区、盟市、旗县三级均组织开展对下级全面推行河湖长工作情况的考核。与自治区人民检察院联合制定《关于建立"河长湖长+检察长"联动协作机制的指导意见》，推进河湖公益诉讼，建立自治区水利厅与检察院干部互派交流机制，签订《人才智力交流合作协议》并实施。推动制定《内蒙古自治区河湖管理条例》，完成呼伦湖、乌梁素海健康评估工作，委托水利部牧区水利科学研究所开展内蒙古自治区河湖卫星图片整理分析工作，开展河湖变迁情况研究；修订《内蒙古自治区河湖长名录》。与黑龙江、辽宁、宁夏、甘肃签订跨省（自治区）河流保护协调合作机制或联防联控合作协议，建立河湖管护联防联控机制，推动与河北省建立跨区域河湖管理保护协调合作机制。

### 【落实河湖长制】

2020年，自治区党委书记、自治区第一总河湖长石泰峰9次到河湖管护一线调研；自治区主席、自治区总河湖长布小林9次调研河湖保护情况；自治区各位河湖长履责尽责，实地调研、专题研究解决河湖治理存在的突出问题。全年，7位自治区级河湖长累计巡河巡湖37人次，全区四级河湖长巡河巡湖6.3万人次，发现问题1284个，解决1272个。自治区河长办举办全区河湖长制工作培训班2次，培训盟市、旗县（市、区）河长办业务骨干、检察机关工作人员和苏木乡镇级河湖长404人。盟市、旗县（市、区）组织业务培训157次、累计培训7372人。全年，自治区河长办受理群众信访举报21件，完成整改20件，持续跟踪1件；各盟市受理群众信访举报101件，完成整改90件，持续跟踪11件。组织制作河湖长制"口袋书"、宣传画报，在全区范围内开展"最美河湖卫士"评选活动，与内蒙古电视台合作对"最美河湖卫士"的感人事迹做系列宣传，扩大河湖长制在群众中的影响力。按照自治区河湖长制办公室工作要求，全年要完成流域面积1000平方千米以下和50平方千米以上3764条河流的管理范围划界工作，自治区河湖与防汛抗旱调度中心承担划界工作进展统计、公告汇总等，并向自治区水利厅报送划界工作进展。

【水污染防治】

2020年，对全区64个自治区级及以上工业园区全部完成废水集中处理设施建设任务，开展对依托城镇污水处理厂处理废水的园区可行性评估。全区建成运行城镇污水处理厂108座，污水收集管网1.43万千米，再生水管网2205千米，平均负荷率79.2%，再生水利用率达到37.3%。全区化肥农药使用量持续“负增长”，测土配方施肥790.4万公顷，技术覆盖率91.7%，废弃农膜回收率达到80%以上，推广绿色防控面积310.67万公顷，专业化统防统治面积294万公顷。全区畜禽粪污综合利用率和规模养殖场粪污处理设施装备配套率分别达到86.58%和98.17%，分别超过国家2020年目标任务11.58个百分点和3.17个百分点。1770个大型规模养殖场全部完成配套任务。

【水环境治理】

对全区水环境质量形势和水污染防治攻坚战重点任务完成情况以“一盟（市）一单”印发预警函，拉条挂账，督促整改。组织12个盟市编制完成“十四五”重点流域水生态环境保护要点。1—11月，全区52个地表水国控考核断面优良比例69.2%，劣V类断面比例1.9%，均达到年度约束性指标要求。完成对1591个乡镇级及以下集中式饮用水水源地基础信息系统数据审核，全区列入国务院印发的《水污染防治行动计划》考核的42个地级城市集中式饮用水水源地水质达标率为81%，达到考核目标要求。组织开展全区城市黑臭水体整治专项行动，遏增量、防反弹，重点对呼和浩特市、包头市以及赤峰市元宝山区现场督导，全区13个城市黑臭水体达到国家“长治久清”的目标要求。

【水生态修复】

按照《内蒙古自治区湿地公园管理办法》，全年批复建立5处自治区湿地公园，公布自治区重要湿地16处，对53处国家湿地公园的规范化建设开展“绿盾2020”暨自然保护区执法检查，对自治区主要河流湖泊自然保护区进行集中整治。全年，新增水土流失综合治理面积61.6万公顷。推进哈素海、达里湖、东居延海等重点湖泊治理工作，制定“一湖一策”生态环境保护实施方案。呼和浩特市土默特左旗编制《哈素海生态修复与综合治理规划（2020—2025年）》，完成40余公顷鱼池退出工作，清淤土方77万立方米，对环湖周边123家餐饮店集中整治，敕勒川镇污水处理厂中水回用率100%。加大重要河湖生态补水力度，全年为乌梁素海实施生态补水6.25亿立方米，向岱海补水211万立方米，向东居延海流域补水3030万立方米。有效维持“一湖两海”和东居延海等重点湖泊生态蓄水量和水域面积。利用凌汛水分别向沿黄生态脆弱区实施应急生态补水1.81亿立方米，有效阻止库布其沙漠、乌兰布和沙漠的漫延和侵袭。制定《察汗淖尔生态保护和修复方案》。达里湖计划推进的7个生态项目,总投资1.26亿元,截至年底,完成4项,正在实施3项,累计完成投资2375万元。

【河湖"清四乱"专项行动】

按照水利部推动河湖"四乱"清理整治常态化、规范化的要求,自治区河湖长制办公室开展河湖管护"春季""秋季"行动。到12个盟市进行督促和检查,对重大"四乱"问题整改成果进行现场验收,其中包括水利部重点督办窟野河"四乱"问题,参与整改方案的技术审查。"春季"行动中,全区共排查出"四乱"问题803个,整改完成747个,其余56个问题已制定整改路线图和时间表。全区清理河道乱占0.3千米,各类垃圾206.9万吨,平整河道长度约3千米,处置非法倾倒59起、非法围垦6起;拆除非法建筑1.14万平方米;疏浚河道约161千米,清淤65万立方米,美化河湖岸线近518千米,整治入河排污口1处,处理河湖违法案件22起。会同自治区人民检察院联合开展《2020年全区河湖治理"秋季"行动方案》,针对河湖"四乱"、采砂、违法排污、重大敏感问题等方面开展重点整治。开展黄河流域涉河建设项目的清查整治,对发现的问题进行跟踪督促整改销号,规范涉河建设项目审批。发现问题77个,需在2020年底完成51个问题整改,实际完成整改20个。

全年河湖执法巡查8.36万千米,巡查水域面积1.29万平方千米,巡查监管对象6415个,出动执法人员1.9万人次,出动执法车辆6173车次,现场制止违法行为209次,有效打击涉河湖违法行为,维护水法律法规的权威,形成有力震慑。

【河湖采砂管理】

自治区河湖长制办公室将采砂管理工作纳入各级河长的职责范围,作为河湖长制年度考核的重要内容之一。对黄河干流和重要支流有采砂管理任务的逐河段全面落实县级以上采砂管理"四个责任人",并报送水利部及水利部黄河水利委员会。同时,各盟市安排各旗县(区)将辖区内各河段责任人名单通过多种渠道予以公布,接受广大群众的监督。按照国家发展改革委、水利部等15个部门和单位联合印发《关于促进砂石行业健康有序发展的指导意见》要求,5月开始,每奇数月报送河道砂石供应情况统计表。

截至2020年,全区编制采砂规划161个,规划开采控制总量6.64亿吨,许可采砂点249个,许可采砂量7980.3万吨,实际采砂量537.35万吨。完成黄河干流和重要支流以及其他各级支流河道采砂规划的编制和审批工作(不包括黄河干流),并由县级以上人民政府进行批复和公示。许可采砂区56个,其中黄河干流和重要支流7个、其他各级支流49个;许可采砂总量2855.37万吨,其中黄河干流和重要支流37.8万吨、其他各级支流2817.57万吨;实际采砂量52.95万吨,其中黄河干流和重要支流14.8万吨、其他各级支流38.15万吨。针对河道采砂管理工作,开展河湖联合执法行动,打击非法采砂行为,同时检查扫黑除恶专项斗争中涉及河道非法采砂的重点治理及整改工作。各盟市以旗县(区)为单元对黄河干流和重要支流以及其他各级支流河道开展拉网式排查,出动巡查人员9903人次,巡查河道4.53万千米,查处(制止)非法采砂行为137起,没收非法砂石3.02万吨,查处非法采砂船5艘、非法挖掘机械115台;处罚案件108件、人员92人,其中行政处罚案件88件、处罚人员88人,刑事处罚案件20件、处罚人员4人。

【水文监测】

全区办理涉水文行政审批事项办件1件,出具《内蒙古自治区水利厅关于额尔根石碑水文站迁站的批复》。据水利部水文司要求完成2020年度部分专用水文测站纳入国家基本水文站网管理工作,批复10处专用水文测站纳入国家基本水文站网管理,并报水利部水文司备案。

自治区水文总局每月编制报送水文监测专报,每年报送岱海水生态监测报告,为"一湖两海"水生态水环境修复与保护、水资源配置与管理提供水文数据支撑,为全国水文省界和重要控制断面系统报送水文检查信息。开展西辽河流域水文监测,先后组织编制《地表水与地下水监测体系建设方案》《水文监测站网体系报告》《水质监测方案》,每月按时向水利部报送西辽河地表水、地下水水量和水质监测及评价分析报告。编制完成《内蒙古黄河流域高质量发展长治久安水文监测预警预报能力提升项目规划》,为内蒙古黄河流域长治久安、高质量发展工作提供有效水文数据支撑。编制完成《"察汗淖尔生态保护与修复综合规划"2021—2022年水文监测及服务能力建设工作方案》,为水利部提供2个水文站和9个雨量站建站后径流、降雨资料、水系图和水文站点分布图。

编制黄河内蒙古段水量调度预案以及年度水量调度、主要灌区秋浇用水等分析报告,编辑发布黄河水量调度简报、月报、旬报、候报52期,发送水量信息900余条;启动西辽河水量调度,编制《流域水量调度工作方案》《7月水量调度计划》,编写水量调度日报14期、专报2期、专项预报2期;开展黑河水位流量监测,编写《黑河水量调度专报》75期。全年共编发《内蒙古水文动态》12期,向水利厅报送信息17篇、在全国水文宣传微信群报送8篇。

举办全区水文纪检干部培训、水文情报预报培训、汛前水情报讯任务及洪水作业预报业务视频培训、无人机驾驶员培训、地下水监测评价技术培训和水生态文明系列专题培训,派员参加自治区财政业务培训和水利厅党务纪检干部培训。集中开展安全生产隐患排查,梳理整改风险隐患7大类60条,制定完善安全管理制度23项。

【水文设施建设】

全力加强水文基础设施项目建设管理。大江大河(二期)2020年建设项目完成总投资额80.13%、墒情监测建设项目完成中央资金97.88%、西辽河流域"量水而行"以水定需水文监测设施建设项目完成总投资额86.6%,超额完成水利部和自治区水利厅下达的目标任务。完成水情数据中心机房和地下水应用平台建设项目的竣工验收以及大江大河(二期)2019年度建设、国家基本水文站视频网络、数据在线处理系统及应急监测提升工程的合同工程完工验收和工程完工验收;完成2001—2005年水文资料年鉴复刊、水文资料整理备份以及岱海水文站建设工作实施方案报告的编制、审查和招投标工作。

## 水土保持

### 【联席会议】

9月9日,自治区水利厅、发展和改革委员会、财政厅、自然资源厅、生态环境厅、农牧厅、林业和草原局7部门,共同建立水土保持工作部门联席会议制度。主要职责是研究贯彻落实国家和自治区确定的水土保持相关政策措施,为自治区党委、政府决策提供意见和建议;研究自治区水土保持生态建设重大事项、水土保持发展规划和实施情况考核评估有关政策措施;研究分解年度水土流失治理任务和统计汇总完成情况,交流沟通全区水土保持工作情况;研究落实水土保持目标责任考核工作相关事宜,统筹推进全区水土保持工作。

### 【规划实施与考核】

编制完成《内蒙古黄河流域生态保护和高质量发展水土保持专项规划》,规划涉及自治区黄河流域7个盟市的40个旗县(区),系统分析黄河流域水土流失及其防治现状、存在问题、水土保持工作面临的新形势,确定防治方略、目标、任务、布局与对策措施,保护和改善生态环境、加快生态文明建设、推进黄河流域高质量发展。

根据《国务院关于全国水土保持规划(2015—2030年)的批复》《水利部　发展改革委　财政部　自然资源部　生态环境部　农业农村部　林草局关于开展全国水土保持规划实施情况考核评估工作的通知》,全区12个盟市按时完成2019年度自治区水土保持规划实施情况自评工作,并向自治区水利厅提交自评报告及相关支撑材料。自治区水利厅、发展和改革委员会等7部门组成评估工作组,对全区各盟市自评报告进行审核,确定评估结果等级,报自治区人民政府审定,自治区水利厅通报各盟行政公署、市人民政府。完成《内蒙古自治区2019年度〈全国水土保持规划(2015—2030年)〉实施情况自评报告》,提请自治区人民政府报送水利部。经评估,确定结果等级为良好。按照水利部《关于开展全国水土保持规划实施情况考核评估工作的通知》,对自治区人民政府2016—2020年实施全国水土保持规划总体情况开展考评工作。自治区水利厅、发展和改革委员会等7部门联合印发《关于开展自治区水土保持规划实施情况和水土保持目标责任考核工作的通知》,组织全区12个盟市开展辖区内2016—2020年水土保持规划实施总体情况和2020年度水土保持目标责任落实情况自评工作。

### 【项目审批】

印发《内蒙古自治区水利厅关于进一步精

简优化水土保持方案审批服务推进生产建设项目复工复产的通知》。为加快审批进度，自治区本级全年采用函审方式开展技术审查项目23个，采用视频会议形式开展技术审查项目3个；组织专家对30个重要生产建设项目开展现场勘查后进行技术审查。全年审批生产建设项目水土保持方案84个，完成113个生产建设项目水土保持设施自主验收备案。盟市、旗县各级水土保持行政审批部门审批生产建设项目水土保持方案1624个，完成生产建设项目水土保持设施自主验收备案609个。

【水土保持监管】

3月，自治区水利厅印发《关于全面加强水土保持信息化监管工作的通知》，明确各级、各单位水土保持遥感监管工作任务及有关要求，强化责任落实，确保年度各项任务与要求落到实处。7月，自治区水利厅部署启动2020年度生产建设项目水土保持遥感监管工作，制定印发《内蒙古自治区2020年生产建设项目水土保持遥感监管工作方案》，明确各级、各部门年度工作任务、分工及进度要求。组织对遥感监管工作平台各项功能进行补充和完善，实现遥感工作平台、移动终端及专用App全区覆盖。全年完成2期覆盖全区的生产建设项目水土保持遥感监管工作，解译疑似扰动图斑1.51万个，认定并查处“未批先建”“未批先弃”等违法违规项目4103个。强化监督检查职能，全面加强事中事后监管，全年全区开展生产建设项目水土保持监督检查3225次，检查各类生产建设项目4259个，查处水土保持违法案件187起。组织开展对盟市水行政主管部门2020年度履行生产建设项目水土保持监管职责进行情况的督察，通过督察准备、现场检查、资料查阅、意见确认、成果上报、意见印发和追踪抽查等环节对盟市水行政主管部门水土保持方案审批情况、生产建设项目水土保持监督检查情况、水土保持设施验收监督管理情况、水土保持监督执法情况及区域评估开展情况、水土保持补偿费征收和使用情况、对旗县级水行政部门水土保持监督管理工作开展情况的督察、水土保持监管权责清单公布情况等进行督察。

组织开展黄河流域生产建设项目水土保持专项整治行动，印发《内蒙古自治区黄河流域生产建设项目水土保持专项整治行动实施方案》，召开部署启动和动员会议，推动黄河流域7盟市对存在“未批先变”“未实施防治措施”“未开展监测”“未验先投”“未缴纳补偿费”等违法违规行为的生产建设项目进行集中整治，建立工作台账。核实自治区内黄河流域生产建设项目3762个，排查认定违法违规项目1129个，涉及问题2367个，其中未批先建214个、未批先变47个、未实施防治措施112个、未开展水土保持监测工作833个、未验先投487个、未缴纳水土保持补偿费674个。

组织开展生产建设项目水土保持设施开展自主验收核查，发现2个生产建设项目存在“水土保持设施不满足验收标准和条件而通过自主验收”问题，对涉及的2个生产建设项目建设单位及技术服务单位列入水土保持信息监管重点关注名单。

7月，编制完成《2019年度自治区级重点防治区水土流失动态监测工作总结报告》，对2019年水土流失动态监测基础数据、中间成果、最终成果进行验算后整编入库，归档管理。开展2020年全区水土流失动态监测工作。全区水土流失动态监测结果显示，全区水土流失面积58.14万平方千米，占全区土地总面积的48.61%。按侵蚀类型划分，水力侵蚀面积8.19万平方千米，占水土流失总面积的14.09%；风力侵蚀面积49.95万平方千米，占水土流失总面积的85.91%。按侵蚀强度划分，轻度侵蚀面积37.1万平方千米，占水土流失总面积的63.82 %；中度侵蚀面积7.25万平方千米，占水土流失总面积的12.47%；强烈及以上侵蚀面积13.79万平方千米，占水土流失总面积的23.71%。与2019年相比，全区水土流失面积减少2702.55平方千米，减幅为0.46%；有6395.64平方千米强烈及以上侵蚀面积转为中度、轻度侵蚀。编制完成2020年度水土保持监测点监测数据，对全区23个监测点数据实施整（汇）编，数据包括各监测点降水量、径流及泥沙观测数据等。

【水土流失综合治理】

全年全区新增水土流失综合治理面积6581.1平方千米，其中新修基本农田45.4平方千米、营造水土保持林1709.2平方千米、经济林214.2平方千米、种草908.7平方千米、封禁治理2952.4平方千米、其他措施751.2平方千米。截至年底，全区水土流失综合治理面积累计达到15.22万平方千米。

【国家水土保持重点工程】

全年全区实施的国家水土保持重点工程完成水土流失综合治理面积664.90平方千米，其中新修基本农田44.62平方千米、营造水土保持林101.59平方千米、经济林2.30平方千米、种草7.26平方千米、封禁治理440.82平方千米、其他措施68.31平方千米。坡耕地水土流失综合治理工程建设范围涉及呼和浩特市、赤峰市、通辽市3个市的6个旗县（区），治理面积33.62平方千米；小流域水土流失综合治理工程建设范围涉及呼和浩特市、包头市、赤峰市、通辽市、鄂尔多斯市、巴彦淖尔市、乌兰察布市、兴安盟、锡林郭勒盟9个盟（市）的20个旗县（区），治理小流域31个，治理面积562.60平方千米；东北黑土区侵蚀沟综合治理工程建设范围涉及呼伦贝尔市、兴安盟2个盟市的5个旗县（市），治理侵蚀沟315条，其中中型沟161条、小型沟154条，治理面积68.67平方千米；淤地坝除险加固工程建设范围涉及鄂尔多斯市的2个旗，除险加固39座淤地坝，其中骨干坝20座、中型坝19座。

【淤地坝工程安全度汛】

自治区水利厅印发《关于开展2020年淤地坝安全运用汛前大排查工作的通知》，派出5个工作组，分别到呼和浩特市、包头市、鄂尔多斯市3个市的6个旗县（区）对254座重点淤地坝，其中骨干坝216座、中型坝38座，开展现场排查，重点查看淤地坝坝体、放水工程和溢洪道是否存在安全隐患，防汛预案等相关制度是否完善，核实淤地坝防汛岗位职责，并对排查发现的问题提出针对性的整改建议，保障淤地坝安全运用。水利部副部长陆桂华、自治区水利厅厅长刘万华、副厅长李彬先后带领调研组对呼和浩特市、鄂尔多斯市的9座淤地坝安全度汛工作采取“四不两直”（不发通知、不打招呼、不听汇报、不用陪同接待，直奔基层、直插现场）方式暗访督察，对发现的具体问题向相关责任主体和责任人进行反馈。自治区水利厅就全区淤地坝安全度汛工作进行安排部署，对水利部“四不两直”暗访督察问题整改情况进行“回头看”。

**【自治区淤地坝防汛监控预警系统（2018）项目】**

2020年，自治区淤地坝防汛监控预警系统（2018）项目竣工验收，项目在呼和浩特市、鄂尔多斯市的5个旗县（区）100座淤地坝预警指挥中心安装雨量、水位等监测数据采集系统，完成投资400.16万元。

**【水土保持信息化应用】**

全年实施国家水土保持重点工程（包括国家水土保持重点建设工程、坡耕地水土流失综合治理工程、东北黑土区侵蚀沟治理项目、淤地坝除险加固等）99个项目区，其中国家水土保持重点建设工程31个项目区、坡耕地水土流失综合治理工程20个项目区、东北黑土区侵蚀沟治理项目9个项目区、淤地坝除险加固39个项目区。自治区水利厅组织利用无人机和移动终端对赤峰市林西县，兴安盟突泉县、扎赉特旗、科尔沁右翼中旗、乌兰浩特市，通辽市科尔沁左翼中旗，鄂尔多斯市准格尔旗、伊金霍洛旗等旗县14个在建项目区进行核查。全年，国家水土保持重点工程32个项目区竣工验收。利用无人机、遥感技术和移动终端对兴安盟科尔沁右翼前旗、科尔沁右翼中旗、扎赉特旗，鄂尔多斯市鄂托克旗、乌审旗、杭锦旗，乌兰察布市凉城县、商都县、卓资县，锡林郭勒盟太仆寺旗、正镶白旗等旗县的13个已验收项目区进行核查。将全年实施的国家水土保持重点工程99个项目信息数据录入全国水土保持信息管理系统，主要录入重点工程实施方案、措施图斑、施工等各类相关信息。

**【水土保持业务培训】**

7月，自治区水利厅在呼和浩特召开2020年度生产建设项目水土保持遥感监管工作部署视频会议。厅属各单位、水土保持工作站、水政监察总队，12个盟市、2个计划单列市、103个旗县（市、区）水利（水务）局分管领导及相关技术负责人350人参加。会议对2020年度全区生产建设项目水土保持遥感监管工作进行安排部署和动员，明确各级、各部门应承担的工作任务及各工作环节的进度安排。

8月，自治区水利厅在呼和浩特、通辽分3期举办2020年度生产建设项目水土保持遥感监管技术培训班。自治区水利厅相关单位及12个盟市、2个计划单列市、103个旗县（市、区）水利（水务）局相关技术负责人及技术人员320人参加。对生产建设项目水土保持信息化监管技术规定、生产建设项目遥感监管中现场核查与取证、违法违规项目查处等工作环节的技术要求与注意事项、生产建设项目水土保持遥感监管系统操作方法等进行详细解读。

9月，自治区水土保持工作站在呼和浩特举办全区水土保持监测技术培训班。各盟市水土保持监测站（工作站）、相关旗县水土保持监测站（工作站）的负责人及技术骨干70人参加。邀请北京师范大学和水利部牧区水利科学研究所的有关专家教授进行授课，介绍坡面径流场和小流域控制站监测技术、风蚀场监测技术及监测资料整编的相关要求。

10月，按照水利部办公厅《关于推进水土保持监管信息化应用工作的通知》要求，为确保遥感解译结果的准确性以及后续项目合规性认定与违法违规项目查处工作顺利完成，自治区水土保持工作站在呼和浩特举办2020年度生产建设项目水土保持遥感监管违法违规项目排查认定技术培训班。自治区水利厅相关单位及12个盟市、2个计划单列市、103个旗县（市、区）水利（水务）局相关技术负责人及技术人员280人参加。对2020年度第二期疑似扰动图斑加密解译、扰动图斑修正、生产建设项目合规性认定、违法违规项目排查认定等有关要求进行详细解读。同月，为提高国家水土保持重点工作信息化监管技术水平，根据《内蒙古自治区水利厅关于全面加强水土保持信息化监管工作的通知》，自治区水土保持工作站在呼和浩特举办国家水土保持重点工程信息化管理系统应用技术培训班。自治区水利厅相关单位及12个盟市、2个计划单列市、103个旗县（市、区）水利（水务）局相关技术负责人及技术人员280人参加。对国家水土保持重点工程信息化监管及数据填报有关要求进行解读。

12月，自治区水利厅在呼和浩特组织召开水土保持规划实施情况和水土保持目标责任考核工作培训会议。11个盟市水利（水务）局相关负责人及技术人员53人参加现场会议，呼伦贝尔市、2个计划单列市、103个旗县（市、区）水利（水务）局相关负责人及技术人员共320人参加视频会议。传达国家和自治区考核工作有关文件精神，解读考核工作实施方案，安排布置2016—2020年实施全国水土保持规划总体情况和2020年度水土保持目标责任落实情况考核工作。

同月，自治区水利厅召开黄河流域水土保持专项整治行动违法违规项目约谈视频会议，对黄河流域水土保持专项整治行动排查中认定存在“未批先建”等6种水土保持违法违规行为的152个生产建设项目进行集中约谈。自治区水利厅黄河流域生产建设项目水土保持专项整治行动领导小组成员单位，黄河流域7盟市水行政主管部门分管负责人、工作人员，152个生产建设单位相关责任人参加。对生产建设项目存在的违法违规行为进行通报，并提出限期整改要求，督促生产建设单位提高认识，履行水土保持相关责任和义务，加快完成整改。

## 水利工程建设与管理

**【引绰济辽一期工程】**

此工程是国家“十三五”期间实施的172项

节水供水重大水利工程之一，自治区一号水利工程，等级为大（1）型Ⅰ等工程，总投资252.16亿元，总工期56个月。工程由文得根水利枢纽和输水工程两部分组成，主要从嫩江支流绰尔河引水到西辽河，向沿线城市及工业园区供水，结合灌溉，兼顾发电等综合利用，是自治区迄今投资规模最大、施工范围较大、受益地区较广、施工期较长的水利工程。其中，文得根水利枢纽位于兴安盟扎赉特旗音德尔镇上游90千米处，主要由主坝、副坝、溢洪道、过鱼设施、引水发电系统等组成，总库容19.64亿立方米，电站装机容量3.6万千瓦；输水工程全长396.76千米。该工程设计平均年调水量4.54亿立方米，直接受益人口约112.79万人。主体工程于2018年9月开工建设，计划于2023年4月完成输水工程。截至2020年底，枢纽工程导流洞全部完成。枢纽主体完成基础防渗墙浇筑及墙下帷幕灌浆，左岸坝基、坝肩开挖，引水发电洞开挖及支护；正在进行上游围堰、坝壳填筑，溢洪道、电站、鱼道开挖。输水工程隧洞段6条主洞，26条支洞。洞身开挖完成68.15千米，其中主洞52.11千米，支洞16.04千米。输水工程预应力钢筒混凝土管（prestressed concrete cylinder pipe，PCCP）管线段累计生产直径2800管材47.42千米，直径3200管材28.10千米；累计安装直径2800管道20.84千米，累计安装直径3200管道19.23千米。2020年10月，文得根水利枢纽完成围堰截流，完成部分一期征地、移民安置和水库库底清理工作，剩余部分一期征地、移民安置和水库库底清理工作计划2021年5月底前完成。2020年，工程下达投资计划16.40亿元，完成投资17.14亿元；工程累计下达投资计划125.51亿元，完成投资126.01亿元。

■图14　引绰济辽一期工程施工现场

【引绰济辽二期工程】

工程是解决引绰济辽工程“最后一公里”的关键性工程，是引绰济辽工程发挥效益的前提和必要条件。工程建设实施后，才能真正实现引绰济辽工程整体效益，构建区域多水源保障体系，提高调入区水资源安全保障水平，有效维系区域防风固沙和水源涵养生态功能，为科尔沁地下水超采区治理置换水源，为内蒙古自治区东部区域建设生态文明、实现经济社会高质量发展提供战略性的水利基础设施支撑。引绰济辽二期工程任务是接引绰济辽工程输水干线，为通辽市、兴安盟的2个市区、6个旗县、12个工业园区的工业及城市生活供水，多年平均年供水量4.36亿立方米，共布局9条支线，14个受水点。工程由泵站、输水管道、阀门井、事故水池及其他交叉建筑物等组成。输水线路全长约396.76千米，采用单管输水加事故水池方案，共设置加压泵站6座和事故水池10座，设计总扬程为428.75米，总装机14460千瓦。工程总投资约60.9亿元。

【引嫩济锡工程】

此工程是一项跨地区、跨流域的大型调水工程，调水水源为嫩江干流，受水区为锡林郭勒盟锡林浩特市、乌拉盖管理区、东乌珠穆沁旗、西乌珠穆沁旗、阿巴嘎旗，通辽市霍林郭勒市（含扎哈淖尔工业园区），赤峰市红山区、松山区、元宝区及位于赤峰市克什克腾旗的达里湖，工程任务为城区生活供水为主，兼顾工业供水和湖泊生态补水。工程设计年调水量5.10亿立方米，扣除输水损失后，骨干工程末端多年平均供水量为4.59亿立方米，锡林郭勒盟供水1.87亿立方米、通辽市供水1.07亿立方米、赤峰市供水1.51亿立方米、达里湖多年平均相机补水0.14亿立方米。输水线路全长946千米，设置16座泵站，提水总扬程1913米，工程总投资约406亿元。

【黄河内蒙古阿拉善盟应急分凌（洪）工程】

此工程位于阿拉善盟境内黄河干流上，工程起点分凌（洪）口位于黄河上江古渡口（黄河15、16号大横断之间）左岸。工程主要由引水渠、进水闸、分凌（洪）渠和库区4个部分组成，引水渠全长3.2千米，底宽24米，纵坡1/6000；进水闸共5孔，总净宽30米，设计分凌最大流量230米$^3$/秒；分凌（洪）渠总长43.20千米，底宽25米，纵坡1/6000；工程末端库区位于乌兰布和沙漠区内天然洼地，分洪库容约1.19亿立方米。工程估算总投资约14亿元。

【赤峰市林西县东台子水库工程】

此水库工程位于西拉木伦河中上游，是一座以防洪、供水为主，兼顾灌溉和发电等综合利用的大（2）型水利工程。水库总库容为3.21亿立方米，施工总工期54个月，工程总投资21.48亿元。水库建成后可向赤峰市林西工业园区多年平均供水3951万立方米，向水库下游灌区多年平均增补水量337万立方米，改善灌溉面积2.68万公顷，多年平均发电量1834万千瓦时。项目主体工程于2018年12月20日开工建设。截至2020年，办公楼投入使用。主体工程进行大坝基础防渗墙、底孔及溢流表孔坝段混凝土浇筑。2020年，工程下达投资计划4.3亿元，完成投资3.89亿元；工程累计下达投资计划16.13亿元，完成投资14.84亿元。

【工程设计】

9—11月，组织设计、施工单位相关专家到浙江省、宁夏回族自治区、重庆市等造价管理单位及内蒙古自治区住房和城乡建设厅、交通厅造价站开展水利工程造价管理工作和地方水利工程定额编制实地考察和调研，完成《内蒙古自治区水利工程造价工作调研报告》。

加强项目调度管理，合理调配人员，推进引绰济辽二期前期工作，保障引绰济辽工程顺利实施，全年完成施工图3577张。完成LXB支线供水工程可研设计阶段工作，通过水利部水规总院审查，初步设计工作进展顺利。完成尼尔基、绰勒灌区主体工程施工尾期服务工作，推进大黑河、察尔森、黄河鄂尔多斯南岸、镫口扬水灌区等大型灌区续建配套与节水改造工程年度计划，按要求做好黄河干流水权盟市间转让河套灌区二期工程初步设计工作，有关服务均满足业主要求及建设需求。为提高灌区农业综合生产能力、改善城乡生活工业供水条件、增加农民收入发挥重要作用。有序开展扎敦、红格尔、七家营、琥珀沟、乌兰敖包、西乌盖等水库施工图设计，满足施工进度要求；有序推进头道沟、塔令宫、十家、五龙石等水库前期工作。开展和林格尔新区"两河一廊道"河道治理工程前期工作和设代服务。按时完成全区8条重要支流治理任务前期工作。

把握国家加强水生态、水环境、水安全等水利基础建设及黄河流域生态保护和高质量发展的机遇，紧盯国家投资水利前期项目和地方融资的水利前期项目，多次到盟市水利（水务）局对接项目、争取政策、寻找机遇，全年新签订项目合同99项，新增合同额1.9亿元，设计费回款1.8亿元。承揽引绰济辽二期（兴安盟段、通辽市段）工程勘察设计、LXB供水内蒙古支线工程赤峰段、通辽段（初步设计、招标设计、施工图设计阶段）勘察设计等项目。自治区水利规划设计研究院延续2项甲级资质、4项乙级资质，在全国水利建设市场主体信用评价和全国水利水电勘测设计行业信用评价中，均获评AAA最高信用等级。

## 【灾后水利薄弱环节建设】

年内，自治区4座列入《加快灾后水利薄弱环节建设实施方案》的水库已全部开工建设。黄河流域呼和浩特武川县头号水库和鄂尔多斯市伊金霍洛旗尔力湖水库均完工；松辽流域赤峰市巴林左旗海力图水库除险加固工程和兴安盟科尔沁右翼前旗兴安水库输水涵洞加固处理工程均开工。其中，赤峰市巴林左旗海力图水库除险加固工程，批复概算总投资2983.55万元，完成大坝基础防渗墙、溢洪道，累计完成投资1223.36万元，计划2021年6月中旬前完成输水涵洞及坝体填筑；兴安盟科尔沁右翼前旗兴安水库输水涵洞加固处理工程，批复概算总投资为398.73万元，拆除重建输水涵洞的基坑已开挖，计划2021年5月中旬完成输水涵洞的混凝土浇筑。

内蒙古中小河流治理工程全年总投资4.49亿元，其中中央补助资金3.59亿元，通过河道整治工程，完善防洪减灾体系，提高防洪能力，保护沿河人民生命财产安全，保障区域经济社会稳定发展。

主要支流全年下达投资计划7.35亿元，其中中央投资4.41亿元，涉及乌力吉木伦河、西拉木伦河、查干木伦河、老哈河（含英金河重点治理段）、教来河、音河、甘河、根河、诺敏河（含格尼河）9条河流16个治理项目，已完工程有效地完善防洪体系，提高防洪能力，充分发挥作用，有效保障沿河城乡防洪安全和河势稳定，减小洪涝灾害损失。

## 【大中型灌区续建配套与节水改造】

年内，自治区下达大型灌区续建配套与节水改造项目资金1.69亿元，其中中央资金1.35亿元、自治区配套资金115万元、盟市配套资金3260万元。涉及呼和浩特市大黑河灌区、麻地壕灌区；包头市民族团结灌区；赤峰市甸子灌区、山湾子灌区、英金河灌区、海日苏灌区。截至年底，完成投资1.4亿元，其中完成中央投资1.26亿元。印发《内蒙古自治区大中型灌区标

■图15　河套灌区

■图16　大黑河水渠衬砌

■图17　托克托县灌区

准化管理工作指南》，推动大型灌区和泵站标准化规范化工作的创建工作。8月，自治区向水利部报送阿拉善盟孪井滩灌区节水型灌区水效领跑者申报相关材料。根据水利部的要求，自治区启动现代化灌区建设，河套灌区、镫口扬水灌区、黄河南岸灌区、民族团结灌区、麻地壕灌区、察尔森灌区完成“十四五”续建配套与现代化改造规划报告。自治区水利厅组织对2020年有续建配套和节水改造工程建设任务的麻地壕灌区、大黑河灌区的工程建设、运行管理等开展监督检查。

【水库运行管理】

全区50%以上的小型水库由旗县、苏木乡镇和村集体管理，水库存在工程维修养护不到位、管理体制不健全、管理能力不足、管理标准和制度不完善等问题。自治区水利厅要求各级水利部门强化安全意识和底线思维，夯实水库工程安全运行管理基础，逐步实现工程运行管理规范化，确保水工程安全运行和效益有效发挥。全区所有水库行政责任人、主管部门责任人、技术责任人、管理单位责任人全部落实到位。完善水库管理制度，提升水库管理重点环节的操作性、针对性和实用性。完成50余座水库降等和报废，消除水库安全隐患。汛前开展全区小型水库安全运行自查工作，提前解决水库运行管理存在的问题。建立全区水库蓄水情况报送制度，掌握全区水库蓄水动态情况，科学实施水库防汛抗旱调度。开展小型水库维修养护，争取水利部小型水库维修养护经费3878万元，对水库工程及时进行维修养护。

【堤防水闸管理】

自治区水利厅组织各级水行政主管部门完善堤防（含险工险段）和水闸工程基础信息数据库，加快推进水工程划界，开展水工程防灾调度情况排查，校核完善调水工程基础信息，摸清工程底数夯实标准化管理基础。建立大中型水闸和堤防险工险段名录。在2019年填报的基础上，完善堤防、水闸工程基础信息数据库。截至年底，完成信息填报、审核和入库等各环节工作，做到应入库的工程全部入库。入库5级以上堤防工程757段、长5914千米。依托数据库，按照过闸流量和功能细化梳理全区各类水闸工程名录，其中灌区水闸1161座、非灌区水闸522座。按照水利部要求，填报自治区堤防水闸除险加固等措施经费需求测算表。开展黄河流域水工程防灾调度情况排查工作，自治区水利厅印发《关于开展水工程防灾调度情况排查的通知》，重点排查水工程防灾联合调度的工程指标和边界条件等基本情况，全面掌握黄河干支流河道、水库、堤防等防洪工程和黄河干流滩区及影响人口情况，提高水工程防灾调度的科学性、时效性、精准性。加快推进水利工程划界工作，为确保2020年底前完成全区旗县级以上水利部门管理的国有水利工程划界工作的目标，自治区水利厅印发《关于进一步加快推进水利工程划界工作的通知》，要求各盟市梳理完善划界水利工程名录，充分利用河湖长制河湖管理范围划定成果，各级水行政主管部门分管领导加大督办力度，明确专人负责推进此项工作。自治区水利厅实行月进展调度通报制度，每月对各地划界工作进展统计情况进行全区通报。截至年底，基本完成划界名录内的水利工程(水库、水闸、堤防)管护范围划定工作。入汛前，自治区水利厅印发《关于进一步加强堤防水闸安全度汛工作的通知》，要求各地提高认识，强化安全运行管理责任落实，加强工程隐患排查和整改工作，建立堤防(含险工险段)和有防洪任务的水闸工程名录，并落实防洪行政责任人。自治区水利厅印发《关于抓紧开展水闸堤防险工险段安全运行自查工作的通知》，要求各地对照问题清单，重点对3级以上堤防(含险工险段)和具有防洪、排涝以及具有重要供水等功能的水闸开展自查，掌握水闸和堤防险工险段运行管理现状，查找运行管理薄弱环节和工程实体安全隐患，分析提炼工程管理存在的普遍性问题和重大问题，及时提出整改措施，确保工程安全运行。年内，水利部第一批水闸专项检查对呼和浩特市、包头市、兴安盟、通辽市、赤峰市、乌兰察布市的4座大型水闸、22座中型水闸、16座小型水闸工程进行安全运行专项检查，发现问题754个。自治区水利厅全面梳理问题，分析原因，研究制定整改方案。按照水利部要求，对存在突出问题的水闸主管部门、水闸管理单位等责任单位和责任人进行通报批评和警示约谈，印发《关于对2020年水利部第一批水闸工程安全运行专项检查发现问题进行整改和责任追究的通知》《关于对呼和浩特市和包头市2020年水利部第一批水闸工程安全运行专项检查存在问题情况的通报》。为准确全面掌握调水工程基础信息，形成全国调水工程基础信息库，并与“水利一张图”对接，按照水利部调水司《关于校核完善调水工程基础信息的通知》要求，自治区水利厅组织完成全区已建、在建和批复立项调水工程的信息填报、数据审核及入库等工作。

## 行业监管

**【安全生产管理】**

自治区水利厅组织开展安全生产专项整治三年行动集中攻坚，制定《全区水利行业安全生产专项整治三年行动实施方案》，将治理内容细化为183个问题清单，在3个专题和6个重点领域开展。各级水行政主管部门分别建立问题隐患和制度措施“两个清单”，查摆隐患

420个,全部完成整改。制定《全区水利安全生产监管责任清单》《水利厅安全生产委员会工作规则》,强化各级水行政主管部门领导监管职责、部门监管职责、综合监管和专业监管责任,明确自治区水利厅安全生产委员会机构及人员组成和分工。组织开展全区水利行业安全生产集中整治、全区水利行业安全生产专项督察和全区2020年度水利行业安全生产风险隐患排查专项行动,摸清水利安全风险和事故隐患,强化水行政主管部门监管责任和水利生产经营单位主体责任,督促水利生产经营单位深入开展自查自纠,坚决杜绝各类生产安全事故。全年,实现全区在录规模以上水利工程生产经营单位,水利安全监督信息系统的上线运行和基础数据确认率达100%。印发《内蒙古自治区水利厅关于开展水利安全生产标准化建设的通知》,规范水利安全生产标准化达标评审,组建第一批水利安全生产标准化评审专家队伍。自治区水利工程建设质量与安全监督中心站印发《内蒙古自治区水利水电工程施工企业安全生产"三类人员"考核知识考试管理办法》,完善安全生产考核,开展2批次水利水电工程施工企业安全生产"三类人员"(水利水电工程施工企业主要负责人、项目负责人和专职安全生产管理人员)考核,考核企业190家、1637人,通过考核1058人。开展全区水利系统"安全生产月""安全生产万里行"活动,鼓励全区水利施工企业积极参加全国水利安全生产知识网络知识竞赛和"水安将军"安全知识趣味竞赛活动,自治区水利厅获"水安将军"安全知识趣味竞赛活动组织奖。

■图18 6月,2020年全区水利行业安全生产月活动启动仪式在赤峰市东台子水库举行

【水利建设项目稽察】

5月,自治区水利厅派出2个稽察组,分别对锡林郭勒盟和乌兰察布市的7个旗县2018—2019年农村牧区饮水安全巩固提升工程建设情况进行稽察。稽察组重点稽察饮水安全建设项目前期与设计、建设进度、计划下达执行与投资完成、建设质量、解决人口、供水水质、竣工验收及运行管理、水费收缴等情况。采取实地核查、查阅工程资料和走访入户相结合的方式进行稽察。针对稽察发现的问题,自治区水利厅印发稽察整改意见,要求相关旗县制定整改措施,限期完成。

8月,自治区水利厅派出巡察组对鄂尔多斯市2个河道治理工程开展水利建设工程质量与安全巡察。巡察组现场查看施工作业面、查阅工程档案资料,对照《水利工程建设质量与安全生产监督检查办法(试行)》,下发质量与安全巡察发现问题整改通知,并为参建方就质量与安全巡察发现疑难问题进行现场解答。

9月,水利部派出巡察组对自治区进行质量监督履职情况巡察。根据《水利部办公厅关于做好第三批水行政主管部门质量监督履职情况巡查发现问题整改工作的通知》，自治区水利厅按时完成质量监督履职情况巡察发现问题的整改工作，并按时上报整改情况。

同月，自治区水利厅派出3个稽察组，根据《水利部监督司关于印发2020年水利建设工程质量监督和项目稽察工作要点的通知》，落实2020年全区水利工作暨党风廉政建设工作会议要求，对赤峰市、包头市、巴彦淖尔市的部分在建中小型灌区、河道治理、水系连通、水土保持等水利工程建设项目开展稽察。稽察组采取实地核查与查阅工程资料相结合的方式，对项目前期与设计、建设管理、计划下达与执行、工程质量和安全等方面进行全面检查。针对稽察发现的问题，自治区水利厅印发稽察整改意见，相关单位完成问题整改。

## 【水利工程监督】

建立自治区"四位一体"的监督体制。由自治区水利厅计划财务处、水利工程建设处、水土保持处、农牧水利处、水资源管理处、运行管理监督处、河湖管理处、水旱灾害防御处8个厅机关业务处室牵头，11个厅属事业单位、3个厅直属工程管理单位协助，组成自治区层面的督察队伍。编制印发《2020年度水利监督检查计划》。4月，厅机关各业务处室参照水利部2020年监督检查计划，提出2020年各专业领域的水利督察计划，由自治区水利督察工作领导小组办公室（运行管理监督处）组织，自治区水利督察工作领导小组常务副组长主持会议，逐一对各业务处室提出的监督计划进行研究对接、修改完善。按照督察计划，采用"四不两直"方式开展46批次、对30类项目进行监督检查。建立水利监督检查备案制度，各业务处室、厅属有关单位组织开展的各项监督检查工作，报送自治区水利督察工作领导小组办公室备案。全年，全厅开展督察暗访138组次、449人次，检查项目2403个，发现问题1516个，问责单位14个。

全年在监水利工程项目共25项，新办理质量监督手续项目5项。对东台子水库监督检查2次，引绰济辽监督检查2次，并开展质量监督抽样检测；列席各工程重要隐蔽、分部工程等验收共13次。

强化水利工程项目质量控制，加强对勘测设计人员职业道德和质量终身责任制教育，开展系列质量检查、整改和在建项目勘测设计质量自查工作，确保勘测设计质量，树立良好行业形象。优化质量、环境、职业健康安全管理体系，通过外审。规划院勘测设计质量管理工作得到水利部水规总院认可，在全国水利工程质量监督总结会作典型发言。16个勘测设计项目获自治区级奖励，其中自治区2018年度优秀工程咨询成果特等奖1项、一等奖1项、二等奖1项、三等奖3项、优秀奖9项；自治区2019—2020年度水利工程优质奖项1项。

## 【水库安全】

加强大中型水库汛限水位监管，自治区水利厅印发《关于做好水库防洪调度和汛限水位执行工作的通知》。全面落实全区596座水库"四个责任人""三个重点环节"，印发《关于进一步规范水库大坝责任人履职行为的通知》，明确水库大坝安全责任人和防汛责任人履职要求。

【小型水库专项安全检查】

年内，印发《关于落实好小型水库防汛“三个责任人”履职手册和小型水库防汛“三个重点环节”工作指南（试行）有关工作的通知》。自治区水利厅成立以3个厅属管理单位为主，抽选30%的水库，以“四不两直”方式开展全区水库安全运行专项检查。各盟市负责对其管辖范围内其余未检查过的水库进行检查，做到全区水库检查全覆盖。各地依照《2020年小型水库安全运行专项检查问题清单》，对辖区内所有安全运行隐患和问题逐一对照、逐库排查，做到无死角、零疏漏。对发现问题进行汇总、梳理、分类、研判，根据问题类别和轻重缓急程度，逐库研究对策措施，并以“一盟（市）一单”的形式对检查发现的问题下发整改通知。

【安全度汛专项检查】

自治区水利厅围绕“水库安全度汛、山洪灾害防御和超标洪水防御”三大风险，紧盯安全度汛任务重、洪汛灾害多发易发和病险工程等薄弱环节，建立重点风险点派驻盯防制度，印发《全区水利系统汛期重点风险点盯防方案》。全区共落实厅本级、盟市级、旗县级风险点派驻重点盯守组619组，重点盯守人员1359人，监督落实各项措施，严防死守，确保安全。5月初，自治区水利厅结合汛前检查派出4个工作组检查各地旱情，落实各项抗旱责任，指导抗旱工作，对检查中发现的问题和薄弱环节，以“一盟（市）一单”的形式函告各地。

针对汛前检查情况，自治区水利厅制定《全区防汛抗旱督导工作方案》，成立6名厅领导任组长的6个督导检查组，进行风险隐患排查督导，排查干流、支流、水库和淤地坝以及山洪灾害等，按照“汛期不过、排查不停、整改不止”的原则开展工作，确保安全度汛。全区各级水利部门汛期坚持24小时值班制，确保信息上传下达畅通。建立信息报送工作规则，制定《水旱灾害防御信息报送制度》，上级部门及时、准确、全面掌握各地各相关部门实时汛情、旱情和突发险情、灾情，为科学化决策部署提供支撑。

7月15日至8月31日，自治区水利工程建设质量与安全监督中心站派出盯防组，进驻内蒙古引绰济辽供水有限责任公司，以引绰济辽工程为重点，兼顾嫩江流域防汛，检查流域内水利工程度汛准备情况17项次，上报专项检查报告11份，工作情况周报7期。

【农村水电安全监管】

自治区水利厅先后对全区6个盟市42座农村水电站安全生产工作进行指导监督检查。以“一盟（市）一单”的形式及时向盟市水利部门反馈发现的问题，督促限时整改。监督检查发现的问题于年底前全部完成整改。

【工程质量监督业务培训】

10月，内蒙古自治区水利工程建设质量与安全监督服务中心组织举办自治区水利工程质量监督培训班，240余人参加培训，免费发放《内蒙古水利水电工程单元工程施工质量验收评定表及填表指导读本》1500册。11月，内蒙古自治区水利工程建设质量与安全监督服务中心在兴安盟乌兰浩特召开全区水利工程建设质量监督工作座谈会，总结交流各盟市质量监督工作经验，探讨质量监督工作重点和方向，并观摩引绰济辽工程施工现场。

## 水利改革

【重点领域改革】

继续开展水资源税改革试点，成立由自治区财政厅、税务局、水利厅等部门组成的自治区水资源税改革试点领导小组，统筹协调和全面指导改革工作。截至年底，自治区累计完成水资源税82.75亿元。其中，2020年完成31.05亿元，同比增收1.47亿元，增长5%。

自治区税务部门在自治区、盟市、旗县三级成立水资源税改革试点工作领导小组，主要领导任组长，分管领导具体负责，统一指挥、统一行动，将15项工作任务层层分解到责任部门，明确工作要求和完成时限，部署全区水资源税征收管理工作。按照国家改革试点政策授权和自治区人民政府有关要求，在调查研究基础上，自治区财政厅、税务局、水利厅制定《内蒙古自治区水资源税改革试点实施办法》《〈内蒙古自治区水资源税改革试点实施办法〉补充规定》《内蒙古自治区水资源税征收管理办法》《内蒙古地下水一般超采区和严重超采区范围》《内蒙古自治区农牧业生产取用水限额标准及水量核定办法》《内蒙古自治区水资源税征收管理应急预案》《内蒙古自治区水资源税改革试点工作方案》等，形成较完善的水资源税改革试点政策和征管体系。建立沟通协调机制和信息通报机制，定期会商工作进展情况。召开联席会议10余次，研究解决问题30项，形成水资源税税收共治格局。自治区税务局、水利厅联合印发《内蒙古自治区水资源费改税取用水户数据信息移交工作方案》，及时完成取用水户相关数据信息移交工作，确保改革试点顺利实施。

【水权改革】

推进水权转让和交易改革，转让水量4.43亿立方米。利用市场机制配置转让水量，及时处置闲置水权，先后解决黄河流域168个工业项目的用水指标问题，为沿黄灌区筹措50余亿元节水改造资金。

【水利工程体制管理改革】

自治区水利厅开展全区水库管理体制情况调查，对各类水库的管理机构、管理人员及管理经费的基本情况进行摸底调查，为创新小型水库管理模式，推行管养分离、政府购买服务，实现专业化、物业化管理，推行“以大带小”“以点带片”“分片统管”等创新管理模式提供依据。通过落实小型水库管护模式，夯实小型水库安全运行管理基础，扭转小型水库管理粗放、不规范的被动局面。

【农业水价综合改革】

6月，财政部下达自治区2020年农业水价综合改革资金6881万元，主要用于计量设施安装、灌区维修养护、信息化建设、奖励补贴等。8月，组织大中型灌区开展供水成本核算，提出反映灌区运行维护成本的建议水价，供价格主管部门核定。截至年底，全区累计实施改革面积193.73万公顷，占计划总任务的62%。

【水文监测改革】

规范全区水文站网管理，完成呼和浩特清水河和通辽石碑水文站测验断面迁移审查报送、全区符合条件的专用测站转为国家基本水文站的审批以及红山口水文站、麦新水文站出口断面水文监测方案编制，修订完善《自治区水文测验管理方式改革实施方案》《自治区水文现代化规划》《水文现代化方案》《一省一册水文测站信息》。推进水文监测方式改革，编制完成《内蒙古自治区水文监测管理改革实施方案》，待批复后将采用试点先行的方式逐步推进。在水利部2020年“百站检查”中，自治区水文站连续三年被评为优秀等次。

【取水许可电子证照】

自治区水利厅在压减行政权力80%的基础上，制定并向社会公开涉及取水许可、水土保持方案审查等7项行政许可事项的审批流程图，行政许可审批网办率达100%。推广应用取水许可电子证照，取水许可申请、水保方案审批办理时限分别由45个、14个工作日压减至20个、10个工作日。

## 脱贫攻坚

【农村牧区饮水安全】

全年下达全区各类饮水安全资金8.7亿元，其中中央补助3.6亿元、自治区各级投入5.1亿元。用于巩固提升农村牧区供水工程，计划受益农牧民61万人。截至年底，完成投资8.6亿元，受益人口59.4万人。开展专项行动，推进农村牧区饮水水质改善提升，解决42个旗县20万人的氟砷碘超标问题，巩固提升389处苦咸水改水工程，受益人口10.3万人。建立健全工程运行管护长效机制。全区各旗县均落实建立农村牧区供水“三个责任”“三项制度”和应急供水保障机制，推进水费收缴工作，促进“以水养水”的工程管护模式形成。截至年底，全区集中供水工程全部定价，水费收缴率95%。落实村级管水员制度，推动管护责任向基层延伸，完善监督机制，畅通群众举报渠道，将各级水行政主管部门和供水单位监督电话在各级媒体进行公布，并制成监督电话“明白卡”发放至贫困户，确保及时发现和解决农村牧区饮水问题。

■图19　2020年11月，阿拉善盟阿拉善左旗农牧区饮水入户剪影

组织开展脱贫攻坚饮水安全隐患大排查等工作，排查出各类饮水安全隐患781处。对于排查出的问题，建立整改台账，逐处落实解决措施，于9月底全部完成整改。成立农村牧

区饮水安全脱贫攻坚暗访检查专班，开展农村牧区饮水安全工程暗访检查7批次，暗访检查覆盖全区12个盟市、51个旗县、195个村，走访入户净水设备用户1112户。以“一盟（市）一单”的形式及时向盟市水利部门反馈发现的问题，督促限时整改，于6月底全部完成整改。对建档立卡贫困人口饮水安全问题实行动态清零，及时解决贫困人口饮水安全问题。

【定点扶贫】

1月，自治区水利厅党组成员、副厅长赵长青带队，走访调研兴安盟突泉县永安镇四家子村脱贫攻坚工作，看望慰问贫困群众和扶贫驻村干部。3月，帮扶队员张吉日嘎拉、薛平进驻四家子村开展驻村帮扶工作。在驻村期间开展入户调查，及时准确掌握贫困户基本情况、实际困难、致贫原因和动态变化，并逐户建档立卡；配合突泉县财政局、嘎查“两委”班子完成扶贫户表册、贫困户明白卡的填报，完善贫困户信息，开展“一争三扶六到户”工作，参加“双书记周例会”、党员大会。4月，厅党组书记、厅长刘万华带领有关处室负责人到四家子村调研对口帮扶工作，与县乡村干部和驻村工作队进行座谈交流。会议指出，自脱贫攻坚工作开展以来，突泉县委、县人民政府扶贫工作思路清晰、措施得力、政策到位。通过农业基础设施建设、危房改造、教育扶贫、发展种养殖业、村容村貌整治和社会保障等系列帮扶措施的实施，四家子村发生了根本的变化。全村所有贫困人口于2019年全部脱贫，自治区水利厅持续发挥行业优势，继续关注突泉、支持突泉，全力推动县域经济发展。12月，自治区水利厅组成专项工作调研组，由厅二级巡视员于铁柱带队，到四家子村走访调研定点帮扶工作。

年内，自治区水利厅为四家子村榆树沟河道治理一期项目投资500万元，5月项目完工。治理四家子村榆树沟河河道3.26千米，修建护岸6段总长度3.18千米，疏浚河段572米，修建过水路面2处，有效保护四家子村榆树沟河河道两侧村屯以及大面积的农田。为壮大嘎查村集体经济，增强四家子村自身造血功能，激活农村发展内生动力，自治区水利厅协调当地政府和有关部门，督促落实整合水利项目资金100万元，以村集体入股方式注入当地三阳牧业有限公司账户，三阳牧业有限公司按年度进行分红，分红收入由村集体使用，主要用于扶危助残济困、改善村基础设施和公共服务等。

■图20　4月13日，自治区水利厅党组书记、厅长刘万华（左三）一行到兴安盟突泉县永安镇四家子村调研对口帮扶工作，与县乡村干部和驻村工作队座谈交流

## 政务管理

【政务综合】

自治区水利厅围绕全区水利中心工作，做

好综合协调、政务服务、督察督办等工作，提高服务保障水平。全年向自治区党委、政府和水利部报送信息200余条。按时完成国家部委下达自治区各部门的2020年量化指标任务，政府工作报告周调度、月报工作等；贯彻落实中央及自治区整治形式主义为基层减负有关精神，压缩会议、文件，精简督察检查考核事项。承办自治区人大建议31件、政协提案24件。

严格执行《党政机关公文处理工作条例》规定，力求做到程序化、规范化、时效化。坚持从严、从精、及时、实效的要求，规范公文运转各环节，全年发文1441件、收文5176件，公文处理效率进一步提高。

严格执行厅机关会议制度，做到节俭、周密、实效。全年完成全区水利工作会议及34次党组会议、12次厅长办公会议会务保障工作以及厅领导外出请示报告工作，运转会议通知410份。

【机构改革】

12月，根据自治区党委机构编制委员会办公室《关于自治区水利厅所属事业单位机构职能编制的批复》，内蒙古自治区水利信息中心整建制转隶到内蒙古自治区大数据中心，撤销内蒙古自治区灌溉排水发展中心、内蒙古自治区水土保持工作站、内蒙古自治区水政监察总队、内蒙古自治区水资源与水权收储中心、内蒙古自治区水利财务结算中心、内蒙古自治区水利政务服务中心；内蒙古自治区河湖与防汛抗旱调度中心更名为内蒙古自治区水旱灾害防御技术中心，内蒙古自治区红山水库管理局更名为内蒙古自治区红山水库管理中心（挂内蒙古自治区东部水事服务中心牌子），内蒙古自治区镫口扬水灌区管理局更名为内蒙古自治区黄河镫口灌区管理中心，内蒙古自治区黄河工程管理局更名为内蒙古自治区黄河三盛公水利枢纽管理中心（挂内蒙古自治区西部水事服务中心牌子），内蒙古自治区水利工程建设质量与安全监督中心站（挂内蒙古自治区水利工程造价管理站牌子）更名为内蒙古自治区水利工程建设质量与安全监督服务中心（挂内蒙古自治区水利工程造价服务中心牌子）；整合内蒙古自治区水利规划设计研究院的公益职能与灌溉排水、水土保持、水政监察、水权收储、河湖防汛与抗旱等职能，组建内蒙古自治区水利事业发展中心；内蒙古自治区水文总局更名为内蒙古自治区水文水资源中心。

【政务公开】

开展水利脱贫攻坚、“放管服”改革、民生水利、预决算等方面的信息公开工作，保障群众的知情权、参与权、监督权。在自治区政务信息平台公开政务信息143条，在自治区水利厅网站发布政务信息416条。加大“互联网+政务服务”公开力度，严格规范政务服务大厅水利窗口管理，严把一个进口关、一个出口关，按照时限要求完成工作任务，并加强督办各有关业务处室，制定印发《自治区水利厅本级政务服务平台在线行政审批管理制度》，严格执行各项规章制度。完成自治区“行政审批月”活动，按照厅领导要求牵头完成自治区发展与改革委员会列入清单的重大水利工程项目整改推进工作，加快推进水行政许可审批进度；疫情防控期间确保水利窗口政务服务工作，严格按照自治区政务服务局要求尽早复工复产，按照自治区有关文件要求牵头协调厅相关业务处室实施承诺制审批；优化厅政务审批事项，严格流程管理，加强水行政许可事项受理及运转，涉及水利厅行政许可审批网办占比达到100%。依托全区一体化政务服务平台和自治区政务信息资源共享平台，建设政务服务数据共享受理服务系统，通过数据共享，实现“减证便民”；按照自治区本级政务服务实体大厅建设“综合一窗受理”系统有关要求，开展进驻事项授权申请工作。截至11月20日，厅政务服务平台登记接件242件。按照自治区要求，实现行政审批事项全部在自治区政务服务平台办理，受理运转申请事项156件，全部办结。

【政务信息化】

完成自治区水利厅、厅属单位、盟市水利(水务)部门的电子公文统一交换平台建设，实现水利系统公文收发转办全流程电子化应用；完成水利行政审批系统与自治区“互联网+政务服务”平台系统迁移；建立正版软件工作台账、全部工作人员签订使用正版软件承诺书；进行软件正版化自查1次，厅机关、厅属单位软件正版化率100%。

【舆情监测】

截至2020年11月底，通过舆情监测平台共收集与自治区水利相关舆情信息5.62万篇(条)次。其中，平媒资讯1751篇次，网媒报道2.38万篇次，客户端信息8104篇次，微信文章1.44万篇次，论坛帖文、博客文章等2020条次，微博相关消息6144条次。报送“舆情热点排行”相关话题225条，累计编发《水利动态信息》45期，《水利舆情反映(专报)》1期。

【疫情防控】

新型冠状病毒感染的肺炎疫情突袭而至，自治区水利厅将疫情防控工作作为头等大事，通过电话、手机、微信、短信等方式迅速向全体干部职工传达学习习近平总书记关于新型冠状病毒感染的肺炎疫情防控工作重要指示批示精神。1月25日，自治区人民政府启动重大突发公共卫生事件一级响应后，成立以厅党组书记、厅长为组长的自治区水利厅新冠肺炎疫情防控工作领导小组，印发《关于做好新型冠状病毒感染肺炎疫情防控工作的通知》、转发《内蒙古自治区人民政府办公厅关于行政事业单位实行弹性工作制的通知》，制定《节后返程上岗人员疫情防控工作方案》《节后返岗人员疫情防控应急预案》。做好春节期间24小时值班工作，严格执行疫情信息向自治区党委、政府“日报告、零报告”制度，及时准确报送疫情防控信息；印发《关于做好节后返程人员排查和返岗人员管理的通知》，组织各处室、单位迅速摸排外出人员返岗情况，严格落实外地返呼人员全部居家隔离14天要求，每日监测排查身体状况。严格控制会议和人员聚集，安排厅机关和厅属单位人员每日在呼和浩特市健康街南、北住宅区等5个水利厅家属院上岗值班，协助社区做好出入人员及车辆管控。

【保密工作】

严格遵守保密工作有关规定，落实保密工作责任，开展保密自查整改，查找保密工作漏洞隐患。严格履行保密审查审批程序，做到涉密信息不上网。建立健全保密工作台账，年内开展1次保密自查，组织召开1次自治区水利厅保密委员会全体会议，组织厅机关全体工作人员110名在岗文员全部签订保密承诺书，全年未发生失泄密事件。

【档案管理】

自治区水利厅贯彻落实档案法律法规，严格档案管理及查询制度，制定修订档案相关制度10项，包括档案利用制度、档案库房管理制度、档案编研制度、档案统计制度、档案鉴定销毁制度等。与自治区档案局进行对接，对厅管档案已满年限要求、需进自治区档案馆的档案按要求进行编号等，与自治区档案局沟通，协调馆藏事宜。

对1982—2015年度的会计凭证进行查缺补漏并整理归档，完成录入及整理343件；对2018—2019年度的文书档案进行归档整理及数字化加工，完成纸质档案录入及整理2930件，数字化扫描41587页；对2009—2019年度的水土保持报告和报告电子光盘档案进行整理，因自治区水利厅水土保持处的专业档案利用率较高，档案资料整理正副本2套可供查看利用，整理完成2234件正本纸质档案和1822件正本电子光盘档案。全年机关档案室接待80余人次，借阅文件、资料600余份。按照《干部人事档案工作条例》要求，建立健全各项规章制度，完成自治区水利厅干部人事档案专项审核集中自查工作；散材料归档3200余份，整理退休、亡故人员档案518卷；人事档案室完成标准化建设；完成对厅管在职人员379卷档案的数字化扫描工作，通过验收，干部人事档案管理信息系统投入使用。按照自治区党委组织部部署，对下属5个独立管档单位进行档案信息化工作排查和调研，督促做好问题整改，压实主体责任。全年人事档案室累计接待借阅人员142人次。

【信访工作】

自治区水利厅制定印发《2020年水利厅信访工作要点》。全年，办理各类信访48件次，其中办理群众来信26件次、办理网上信访14件次，接待群众来访8批次8人次；未发生5人以上集体访。办理答复厅门户网站各类咨询建议、投诉举报等160余件。

【节约型机关建设】

按照固定资产与预算管理相结合的原则，严格执行政府采购审批手续，实行定点采购，为厅机关配备办公家具、办公设备；建立固定资产台账，统一录入固定资产管理平台信息，办理出入库手续，全年录入固定资产729件，资产净值8370余万元；做好固定资产使用变更登记，定期对固定资产进行盘点、维修，按规定履行报废手续。

坚持公车集中统一管理、统一调配，严格履行派车手续，杜绝公车私用。完成厅机关和水利系统参公单位公务用车统计报告数据报送系统信息录入工作；对厅属事业单位保留的153台公车进行复核，完成厅属事业单位保留公务用车标识喷涂；向自治区公车办提交厅属8个事业单位、19辆公务用车更新计划和2个新成立的事业单位提出新增公务用车的申请。

更新维护自治区办公用房管理平台，清查厅办公综合楼内隐患，并申报维修项目计划预算；开展厅办公用房调研，研究制定合理的办公用房调整方案，解决厅机关和自治区水利工程建设质量与安全监督服务中心、河湖与防汛抗旱调度中心、水利财务结算中心、水土保持工作站等多家驻楼单位办公用房严重不足的问题，并计划办公用房配置。

【节能增效】

完成办公综合楼光伏发电系统建设，7月投入使用，累计发电1.78万度，平均每天为办公综合楼提供148度电量，年节省电费约2.6万元。完成厅水、电能耗检测系统应用能管理网络平台建设，数据实现实时上传，及时发现、纠正用能浪费现象，为实施公共机构节能改造和量化管理提供基础数据。全年，自治区水利厅总用水量较2019年度下降59%。围绕“绿水青山，节能增效”节能宣传周主题，开展“节水内蒙古 我们在行动”系列宣传活动，组织盟市旗县水行政主管部门观摩学习节水机关建设成果，推广先进节水经验；按要求上报厅机关及14个所属单位公共机构能源资源统计数据。

## 人事工作

【人才建设】

自治区水利厅开展自治区人才开发基金申请、“新世纪321人才工程”第一、二层次人选选拔推荐、“草原英才”工程青年创新创业人才申报推荐等工作；1人入选自治区青年创新创业人才第二层次人选，3人入选水利部高水平师资库。自治区水利科学研究院通过自治区“绿色通道”引进人才办法，引进2名博士研究生。

贯彻国家、自治区职称制度改革政策，结合全区水利工作实际和新时代水利专业技术人才发展需求，修订完善《内蒙古自治区水利工程高（中）级专业技术资格评审条件》。全年全区申报水利高级专业技术资格411人，中级职称155人，初级职称85人。

审批工资变动（转正定级、职务变动、岗位聘用等）1800人次，审核人员退休105人次。厅属单位53名工作人员完成工龄认定。完成厅机关全年养老保险缴费申报。

【公务员管理】

厅机关调入3名处级干部，职级晋升6名。其中，晋升一级调研员2名、二级调研员1名、三级调研员2名和一级主任科员1名。加大干部交流轮岗力度，从事业单位调任2名副处级青年干部，选调“90后”优秀大学毕业生2名，从盟市水利部门调入“80后”科级干部1名。选派1名优秀青年干部到基层旗县领导班子挂职锻炼，选派1名青年干部参加自治区党委组织部“草原之光”硕士创业行动。56名新任处级干部如期转正。

【教育培训】

全年，举办《水资源管理工作培训》《水土保持工作培训》《水利工程建设管理培训》等20余个专题培训班，培训3200余人次。借助“内蒙古干部培训网络学院”平台，98名干部在线收看专家辅导课程；开展中共十九届四中全会精神网络培训，892名厅级、处级、科级干部和党员参加培训。选派学员参加素质提升培训和任职培训及水利部、自治区党校（行政学院）、自治区党委组织部等部门组织的培训班。

【离退休干部工作】

元旦、春节期间，对26名离退休人员进行慰问，送上组织关怀，传递新春祝福。根据自治区退役军人事务厅通知要求，厅机关和厅属单位有关工作人员，登门入户为17名志愿军老战士佩戴中国人民解放军入朝作战70周年纪念章。根据自治区纪委监委通知要求，组织完成离退休人员关于煤炭领域专项整治个人事项申报工作。48名厅机关2000年后退休职工按要求如实填报个人事项。组织离退休党员参加自愿缴纳党费支持新冠肺炎疫情防控活动。厅机关离退休支部38名党员通过线上和线下渠道捐款9500元，助力疫情防控，以实际行动体现共产党员的使命担当。

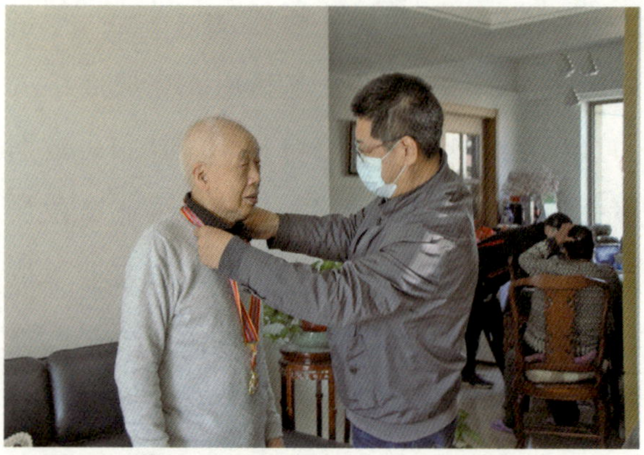

■图21　为志愿军老战士佩戴纪念章

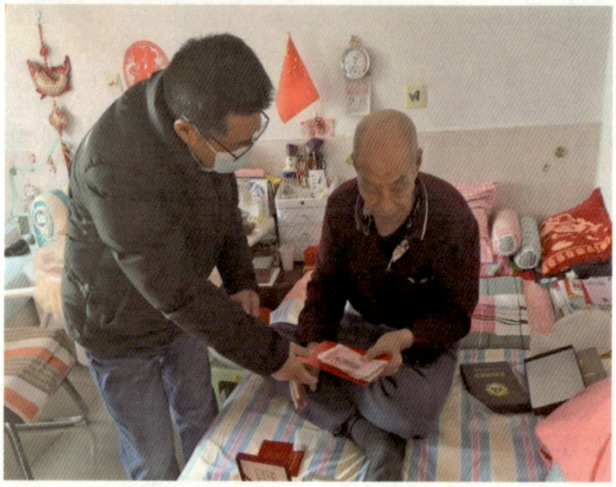

■图22　慰问退休老党员

## 财务管理

【预决算管理】

2020年，纳入自治区水利厅部门预算单位共计25个，其中行政机关单位1个、公益一类事业单位20个、公益二类事业单位4个。自治区水利厅部门收入22.96亿元，年初预算收入19.93亿元，追加预算收入3.03亿元，比2019年预算收入减少7.04亿元。主要原因为引绰济辽工程按照工程建设进度需求，2020年预算安排数比2019年实际安排数减少了自治区配套投资。2020年决算收入12.54亿元，与预算收入相比减少7.39亿元。主要原因为引绰济辽工程增加地债资金3亿元；年初预算中包含水利厅本级预留资金10.42亿元，已合并录入自治区水利厅本级年初预算，但该项资金在决算中由盟市上报。

2020年，自治区水利厅部门预算支出19.93亿元，比2019年减少7.07亿元。主要原因为引绰济辽工程按照工程建设进度需求，2020年预算安排数比2019年实际安排数减少了自治区配套投资。决算支出12.36亿元，与预算支出相比减少7.57亿元。主要原因为引绰济辽工程增加地债资金3亿元；年初预算中包含水利厅本级预留资金10.42亿元，已合并录入自治区水利厅本级年初预算，但该项资金由盟市在决算中上报。

9月，编制并报送厅本级与所属单位2020年追加人员经费；12月，编制并报送厅本级及所属单位2021年度预算。

【水利发展资金管理】

全年，财政部分两批下达中央水利发展资金11.20亿元，自治区水利厅根据因素法、项目法、因素法和项目法相结合的方式及以前年度项目绩效完成情况实施资金分配。全年自治区财政厅下达自治区水利发展资金10.59亿元，其中包括对下转移支付资金7.89亿元和本级使用资金2.70亿元。对下转移支付资金分配原则为原集中连片特困地区水利项目地方配套资金全部由自治区本级承担；原国家级贫困县水利项目地方配套资金由自治区本级承担50%，其他旗县水利项目地方配套资金由自治区本级承担25%。本级使用资金分配原则为充分考虑各单位预算需求，尽量保障各单位重点支出；结合事业单位改革，有针对性安排部分专项业务资金。

【绩效评价】

6—9月，自治区水利厅组织全区各盟市开展2019年度中央水利发展资金绩效评价工作，涉及项目352个，资金8.11亿元。其间选派专人陪同第三方机构到5盟市7旗县（区）开展现场检查及工作指导，确保各盟市上报材料准确无误，形成规范统一的全区绩效自评文件。经自治区财政厅复核，最终上报财政部、水利部，最终评价结果为良。

根据《内蒙古自治区财政厅关于开展2020预算年度本级单位绩效自评和部门评价工作的通知》《内蒙古自治区财政厅关于开展2020年度预算绩效自评和部门评价核查工作的通知》，自治区水利厅组织厅本级与各所属单位开展绩效自评工作，报送自评项目204个，占全部项目的98%，报送项目金额95391万元，占全部项目金额的99%。抽选15个重点项目进行部门评价，部门评价项目金额77242万元，占全部项目金额的80%。经自治区财政厅审核，自治区水利厅2020预算年度本级单位绩效自评和部门评价工作结果为优。

【厅属企业脱钩改制】

按照自治区人民政府关于直属部门所属企业脱钩改革、集中统一监管相关部署，自治区水利厅积极推进厅属企业脱钩改革工作。截至年底，自治区水利厅15家所属企业中11家企业已完成改革任务。

【政府采购管理】

转发自治区财政厅政府采购相关文件；邀请自治区财政厅政府采购处工作人员和政府采购系统技术人员就政府采购政策、实施和实操等方面进行培训；年底，制定《关于水利厅本级政府采购手续相关事宜的通知》，厅属单位可依据自身采购内容、额度等情况参照执行。

【机关资产管理】

成立资产管理部门，专人专岗明确管理责任。对于资产领用及归还进行登记，严格按照程序执行审核各单位报废处置事项。定期或不定期进行资产盘点。对于净值为零的已超过使用年限的资产和涉及盘亏、坏账以及非正常损失的资产及时进行相关报废报损处置。及时督促厅属单位上缴出租出借收入及资产处置收入。

【财务审计】

6月，针对自治区党委巡视工作反馈问题、审计发现问题的整改落实、新的《政府会计制度》执行以及内控制度建设等内容，开展对自治区水利厅所属13家事业单位的财务专项检查。通过开展专项财务检查工作，摸清自治区水利厅所属事业单位财务管理、运行情况；全面查找巡视反馈问题和审计发现问题的原因，督促建立健全财务管理制度和完善内控制度，压实自治区水利厅所属各单位财务管理责任，促进财务管理水平提升，促使事业单位的财务收支行为日趋规范。

【财务培训】

自治区水利厅加强水利财务业务能力建设，提倡各级领导带头执行财经纪律，抓好财务队伍建设。加强职业道德教育、职业责任教育、职业纪律教育、职业继续教育和职称教育，采取举办财务培训，以会代训等灵活多样的方式，将培训资源向基层单位倾斜，提升执行政策、推动工作的能力。

## 水利宣传

【新闻宣传】

制定印发《2020年全区水利系统新闻宣传工作要点》《2020年全区水利政务信息工作要点》，结合全区水利中心工作，发挥新闻宣传和记者站作用，到基层调研采访，掌握报道线索，系统宣传报道全区水利各项工作。全年自治区水利厅召开新闻发布会议2次，在各媒体有关水利宣传报道的稿件1000篇（条），其中在《中国水利报》《中国水利》《内蒙古日报》等报纸刊物以及人民网、新华网、中国新闻网等多家媒体发稿320余篇、图片60余幅，采写完成中央和自治区主要媒体单位的新闻报道50余篇，编辑、审核发布厅门户网站新闻消息240余篇（条）。在全国两会、“世界水日”、“中国水周”等重要时间节点，开展专题宣传。9月，自治区分两期举办全区水资源工作培训班，将宣传贯彻节约用水作为重要内容。年内，自治区水利厅在呼和浩特市腾飞路小学、土默特左旗第四小学、国飞中学组织开展节水宣传进校园活动，分别聘请42名中小学生、6名小学生作为自治区第二批“节水大使”和自治区第一批“节水小先锋”。开展黄河水利文化博物馆水情教育基地复核，组织完成二黄河评选最美家乡河申报工作，指导黄河三盛公水利枢纽国家水情教育基地和红山水库国家水情教育基地建设工作。协助完成水利部宣教中心开展上海市、浙江省、江苏省的3个国家第二批水情教育基地复核，协助完成中国水利报社开展陕西宝鸡清姜河、四川成都锦江最美家乡河考察、初评工作。完成《中国水利年鉴》《黄河年鉴》《海河年鉴》《内蒙古自治区志·政府志（2000—2016）》《内蒙古大辞典·2020》《内蒙古年鉴》等供稿工作，累计编辑整理文字近20万字；参与《中国名水志》文化工程，向水利部申报岱海、乌梁素海和昆都仑河3个河湖进入第一批名水志文化工程；编辑出版《内蒙古水利》杂志12期，刊发稿件468篇。

■图23　11月，自治区水利厅与呼和浩特市团委联合举办的寻找校园最美“节水小先锋”宣传活动在土默特左旗第四小学举行

**【资料汇编】**

完成2019年度全区地表水、地下水、水质监测资料复审验收和2020年全区地表水资料整理汇编；完成自治区承担主编的辽河流域2卷1册、内陆河湖10卷6册的水文年鉴汇编刊印；参加黑龙江流域、辽河流域、海河流域、黄河流域4卷7册水文资料的汇编工作。完成2019年自治区水资源公报、水资源简报、泥沙公报和地下水动态月报；完成全区2500余处地下水监测站点开展地下水动态监测，全年累计监测信息884万余条；完成国家地下水422眼国控井2019年水质检测及分析评价和2020年全区209处地表水重点水质监测站水质采样、化验和监测数据的报送工作，对2019年重要河流湖泊水功能区水质达标率进行汇总评价；编制《水功能区划修订建议方案》，修订《全区突发水污染应急监测预案》，组织全区7个实验室参加国家认证认可监督管理委员会组织的能力验证，并全部取得“满意”的成绩。

**【普法宣传】**

制定印发《内蒙古自治区水利厅2020年度普法工作要点》。围绕水利改革发展总基调，深入贯彻落实新时代治水思路，推进普法“六进”工作。完成内蒙古水利“七五”普法验收总结。围绕“坚持节水优先 建设幸福河湖”主题开展“世界水日”“中国水周”系列宣传活动，组织《中华人民共和国民法典》专题学习，完成“宪法宣传周”“国家安全教育日”等主题宣传活动，举办法治专题培训。“中国水周”期间，结合新冠肺炎疫情防控要求、自治区区情和水利改革发展实际，自治区水利厅制定《内蒙古自治区水利厅关于印发自治区本级2020年“世界水日”和“中国水周”宣传活动实施方案的通知》，在《内蒙古日报》刊登《坚持节水优先 推进“量水而行”》厅长署名文章和水利厅《持续改善水生态 建设幸福河湖》主题文章。设置专题电子宣传栏，滚动播出节水宣传片和口号，组织全区水利系统全体干部职工参加水利部网站2020年水法规知识大赛。自治区水利厅向20余万手机用户发送公益节水短信，悬挂张贴宣传图400余张，在440余块LED屏滚动播出公益广告片、宣传口号和图片，宣传自治区水情与水利政策法规。

印发《内蒙古自治区水利厅关于认真学习贯彻〈中华人民共和国民法典〉的通知》，厅党组理论学习中心组将民法典作为重要内容纳入年度学习内容并开展专题学习。水利系统各级党组织将民法典学习纳入“三会一课”“主题党日”学习计划，并开展学习讨论。邀请厅法律顾问专题解读《中华人民共和国民法典》，并开展民法典知识测试。采用“互联网+民法典”方式，制作微视频，开展“民法典进乡村”活动，为灌区和饮水安全工程受益群众发放民法典涉水相关条款宣传材料。

开展依法行政专题培训。邀请内蒙古大学、司法厅、厅法律顾问团队等法律专家，分别针对依法行政、规范性文件制定与监督、民法典水利行业专题三个方面进行专业解读。通过理论讲解和实操示范。利用“内蒙古水利”微信公众号、水利厅网站和厅机关LED屏幕播放宣传挂图和宣传视频，将宪法宣传融入日常工作生活中，营造学法氛围。开展“国家安全教育”“民族理论政策和民族法律法规知识”测试；参加国家安全法律知识竞赛、民族理论政策和民族法律法规知识网络有奖竞答活动；开展第十七届法治动漫微视频作品征集展示活动。

## 水文化建设

### 【水情教育】

2020年，内蒙古自治区水利政务中心在中共十九届五中全会、全国两会、“世界水日”“中国水周”和自治区生态文明建设宣传周、绿色内蒙古等时间节点，积极开展专题宣传，同时配合水资源处、河湖处、农牧处等机关处室开展主题宣传活动5次。开展黄河水利文化博物馆水情教育基地复核，组织完成二黄河评选最美家乡河申报工作，指导三盛公水利枢纽国家水情教育基地和红山水库国家水情教育基地建设工作。协助完成水利部宣教中心开展上海市、浙江省、江苏省3个国家第二批水情教育基地复核，完成中国水利报社开展陕西宝鸡清姜河、四川成都锦江最美家乡河考察、初评工作。

### 【黄河水利文化博物馆】

黄河水利文化博物馆经巴彦淖尔市人民政府批准成立，是公益性研究类博物馆，经自治区文物局批准的行业类博物馆，是黄河流域展示、研究黄河水利文化的主题博物馆。2016年被评为国家水情教育基地。

馆址位于巴彦淖尔市临河区黄河湿地公园，河套灌区引水总干渠临河城区段南岸。

占地面积3000平方米，坐南朝北，东西长230米，南北宽10米；分馆设在巴彦淖尔市新华西街水务大厦一楼，占地面积5500平方米，展厅面积500平方米，具有收藏、展示、教育、研究和休闲等功能。

博物馆以多种形式陈列展览和教育活动为载体，开展水情宣传教育。展览设“辉煌灿烂的黄河水利文化”“开拓进取的河套灌区”“薪火传承的‘总干’精神”三部分，采用场景复原、文物陈列、图文展示、视频演绎和多媒体特效应用等五位一体的模式，展示内容注重专业性与科普性相结合、历史性与文化性相结合。市水务大厦分馆设置“水的世界”“水与农业”“水与生活”“水的畅想”“水梦启航”5个栏目、9个展位、27件模型。展示水力学原理、农业节水知识、生活节水、水资源开发利用、水利科研成果等内容。采用互动、竞答、远程实景传输等观摩方式。博物馆创新开展各类水情教育活动，如举办世界水日主题活动，流动博物馆进校园活动、百所名校游学活动，设计、实施中小学生第二课堂教育项目，搭建大中小学生社会实践和志愿者服务平台，发放科普资料，切实践行文化惠民。

作为“全国中小学节水教育社会实践基地”“国家水情教育基地”等一系列荣誉称号的单位，2020年完成教育部3个课程研学教材编印工作；联合巴彦淖尔日报社3000名小记者，完成研学实践任务；联合巴彦淖尔市委宣传部、市教育局等6家单位，举办2020年中小学生研学教育、二黄河国家水利风景区科普建设试点“故事大王”征文比赛暨颁奖仪式。

9月，开展“进学校、进机关、进社区”的水利科技“三进”活动。申报水利部部长督办《二黄河国家水利风景区科普建设试点》项目。在湿地公园内设立二黄河国家水利风景区科普文化长廊宣传牌17块，编写完成《二黄河国家水利风景区科普教材》，在湿地公园申遗项目草闸模型区完成《河套灌区草闸的演变》手绘图。

**【黄河三盛公水利枢纽文化教育基地】**

黄河三盛公水文化博物馆位于巴彦淖尔市磴口县境内，处于中国著名的黄河最北端几字西湾头处，中国3个特大型灌区河套灌区、第六大沙漠乌兰布和沙漠和鄂尔多斯台地的交汇处黄河三盛公水利枢纽中心。

馆区占地面积20万亩，总建筑面积2147平方米，展厅面积367平方米，馆藏展品数量170余件（套）。由内蒙古自治区黄河三盛公水利枢纽管理中心筹建，2014年在内蒙古自治区文化厅（文物局）注册，2018年自治区事业单位管理局批准为事业单位法人，为非营利性水利行业性博物馆，全年免费预约开放。

博物馆传播水利精神、弘扬水利文化。通过大河印记、治河伟业、历史巨变、砥砺奋进4个篇章，展示三盛公的由来、黄河变迁、治河思想、枢纽工程组成的沙盘模型、特大型河套灌区电子灌域图。

博物馆及其管理单位是内蒙古重点文物保护单位、爱国主义教育基地、党史学习教育基地、文明单位标兵，自治区级中共党史学习教育基地、干部教育培训教学现场基地、中小学科技基地、大学实习基地，是国家水利风景区、国家级水管单位、国家水情教育基地、国家地质公园、河套灌区世界灌溉工程遗产渠首工程，年参观、游览人数10万余人。

8—9月，开展“弘扬黄河文化 润泽幸福乡村”、水利科技“三进”活动。接待社会各界组织的党日活动、研学活动。9月18日，黄河三盛公国家水情教育基地作为内蒙古分会场，参加中央文明办、水利部、共青团中央在黄河全流域开展的“关爱山川河流 保护母亲河”志愿服务暨公益宣传活动。开展走进黄河——领略黄河精神、护河——水利青年在行动、爱河——志愿服务亮北疆、亲河——黄河文化我传承、黄河流域生态保护和高质量发展展览等活动。

## 水利科技

### 【科研项目】

“基于生态安全的河套灌区农业灌溉用水与发展模式研究”项目。自治区“十三五”水利科技重大项目。编制图集12册，培养青年技术骨干15名，发表学术论文10余篇。提出河套灌区农业可持续发展适宜的规模、种植结构、秋浇灌溉制度以及水盐调控措施，预测中长期各主要因素的变化规律。

“黄河流域鄂尔多斯十大孔兑水土保持综合治理减沙效益评价”项目（213-03-10-303002-NSK2017-M2）（2017—2020年）。自治区“十三五”水利科技重大项目。项目研究范围广、难度大，联合黄河水利委员会水利科学研究院、鲁东大学、地方水利及水文部门等7家单位参加研究，解决风蚀水蚀模型、坡面产沙与河道水沙动力模型参数率定、验证的关键性技术，提出了基于水文相似性的水沙资料推演方法，解决了无资料孔兑水沙变化研究难题。评估区域30余年综合治理的减沙量及措施贡献率；给出不同类型区不同时段土壤侵蚀类型、强度变化趋势，水土保持综合治理度，水土保持坡面与沟道单项治理工程减沙指标，土壤侵蚀植被盖度临界值；编制《内蒙古西部黄土丘陵区基于沟壑长度与流域面积土壤水蚀模数判定分级规程》《内蒙古西部黄土丘陵区基于遥感数据的土壤水蚀简易计算技术规程》；培养学术骨干2名，研究生5名；发表论文7篇。在本项目等研究成果的基础上提炼总结，出版专著1部。

■图24 黄河十大孔兑区域使用光谱仪调查土地利用类型

鄂尔多斯十大孔兑是黄河内蒙古段南岸直接入黄的10条山洪沟，处于黄河中上游多沙粗沙区，水土流失严重，是造成内蒙古河段淤积的主要原因之一。为此，国家及地方政府从

1986年陆续开展多种形式的水土流失治理工作以及2000年以后的全域禁牧、退耕还林还草措施，水土保持综合治理蓄水减沙效果明显。与规模治理前相比，治理工程为黄河减沙量及持续减沙效益不明显。针对这一问题，开展研究，以1985年为基准年，区域水土保持综合治理为评价对象，治理前作对照，采用遥感解译、野外调查与实地测量核实、模拟试验与实地观测、水沙定位观测资料分析、数学模型与模拟反演等多种手段，对黄河内蒙古河段右岸十大孔兑区域在1986—2018年实施的水土保持综合治理及2000年以来实施禁牧工程的拦沙减沙效果进行定量分析评价，确定了水土保持单项治理工程单位减沙指标，定量提出了流域面上治理、沟道治理与天然林草地（禁牧修复后）减沙贡献率；通过水文学移植原理并结合河道水沙动力学模型反演，推算出十大孔兑在水土保持综合治理前后的入黄泥沙量，由治理前的多年平均年输沙3133.6万吨降至2204.6万吨。为各级决策部门掌握区域土壤侵蚀现状与治理成效，水土流失治理方案以及实施拦沙换水工程提供技术支撑。

“浑善达克沙地生态恢复与综合治理方案研究”项目，是自治区水利科技重大专项。项目由自治区水利科学研究院牵头，内蒙古师范大学、鲁东大学、内蒙古财经大学4个单位44名科技人员组成的科研团队联合攻关。项目以“以水为先，以水为限”条件下的生态治理为原则，开展锡林郭勒盟浑善达克沙地区域生态环境现状调查及演变分析研究、明确沙地变化趋势及原因，找出目前沙地治理存在的主要问题；在对水资源开发利用现状、水资源量及其承载能力分析评价的基础上，提出基于水资源承载能力和优化配置下农业、工业、第三产业、生活及生态合理化用水以及水、草、畜平衡的生产、生态可持续发展的浑善达克沙地生态恢复与治理方案，从不同层面为自治区制定相应的政策及规划、采取相应的措施提供科学依据。

经过2017—2020年约两年半的调查研究，通过分析浑善达克沙地区域生态环境现状与演变机制、生态修复水资源支撑能力，提出浑善达克沙地综合治理分区结果。在分区结果的基础上，结合实地调研结果，分析水资源配置形式和状况，对浑善达克沙地区域分区分片提出水资源可持续发展对策、生态治理模式和经济发展方案一体化综合治理模式。编制完

■图25　浑善达克沙地治理前、治理过程及治理成果

成《浑善达克沙地生态恢复与综合治理方案研究的总报告》《9个旗县的浑善达克沙地生态恢复与综合治理方案研究的分报告》《浑善达克沙地区域生态环境现状与演变机制研究报告》《浑善达克沙地生态修复水资源支撑能力分析报告》，构建浑善达克沙地基础数据库、制作浑善达克沙地生态恢复与综合治理图集及照片集，培养青年技术骨干12名。项目通过自治区水利厅组织的专家验收。

【科研成果】

自治区水利科学研究院主持的“内蒙古镫口扬水灌区渠道泥沙输移过程监测模拟与防治技术研究与应用”项目获自治区科学进步二等奖；“直接引黄滴灌关键技术研究与示范”项目、“内蒙古东部节水增粮高效节水灌溉技术集成研究与规模化示范”项目均获自治区农牧业丰收奖一等奖；自治区水利科学研究院参加的“西北非耕地园艺作物水肥一体化高效生产关键技术集成与示范”项目获新疆生产建设兵团科学技术进步二等奖。自治区水利科学研究院马鑫入选自治区“草原英才”工程青年创新创业二层次人才。全年，在省级以上学术刊物发表论文11篇，SCI收录1篇，1篇论文获“2020智慧灌溉高峰论坛”优秀论文奖，获得专利3项，修订《内蒙古自治区行业用水定额标准》，编写专著2部，培训教材2套。

践行“节水优先、空间均衡、系统治理、两手发力”治水思路，落实《中华人民共和国标准化法》和水利部相关标准化改革方案有关要求，推动高质量发展的水利技术标准体系，持续提升水利标准化水平，自治区水利厅积极推进地方标准制修订计划申报工作，共有5项地方标准列入制订计划，1项标准列入修订计划。自治区水利技术标准化委员会在市场监督局和水利厅共同指导下，审定了6项地方标准报批稿。全年，编制完成《内蒙古水利工程质量检测导则》（DB15/T 2449—2021）和《内蒙古水利建设工程应用预拌混凝土质量控制要点》，并通过自治区市场监督管理局审查验收；发布《大棚集雨光伏提水技术规程》（DB15/T 1811—2020）、《内蒙古河套灌区小麦复种西兰花膜下滴灌技术规程》（DB15/T 1812—2020）地方标准。

【科技创新与推广】

自治区水利规划设计研究院以重点项目为依托，推进BIM（Building Information Modeling，建筑信息模型）技术应用，成立BIM数字工程中心，全院62名技术人员通过BIM等级考试。水工钢闸门三维参数化建模项目通过验收，成果达到国内行业先进水平。全年申请发明专利3项、实用新型专利2项。

自治区水利科学研究院组织开展形式多样的水利新技术现场推广会，分别在呼和浩特市、阿拉善盟开展2期“引黄灌区多水源滴灌高效节水关键技术推介会”，培训农民193人次；组织开展2期“农田灌溉水有效利用系数测算分析”技术培训与工作总结交流会，培训基层科技人员394人次。

■图26　9月，自治区水利科学研究院在呼和浩特市托克托县组织召开引黄灌区多水源滴灌高效节水关键技术示范推广现场会

## 学术团体

### 【内蒙古水利学会】

内蒙古自治区水利学会成立于1958年9月，是由水利科学技术工作者和相关单位自愿组成、依法登记的全区性、学术性、非营利性社会团体，是中国水利学会、内蒙古自治区科学技术协会的团体会员，是自治区5A级社会组织。现有团体会员34个，个人会员2939人；专业委员会17个，工作委员会3个。理事长于长剑（自治区水利厅副厅长），秘书处设在厅河湖处。学会围绕水利科学技术与相关领域，开展学术交流、科学普及、技术咨询、人才培训、工程项目评估论证等业务活动。

5月，水利学会组织专家对“风积沙力学性能测试及在水利工程的应用研究”项目进行成果评价。年内，根据《自治区党委宣传部、自治区科协、科技厅、国防科工办关于开展2020年“最美科技工作者”学习宣传活动》，学会组织各单位进行自治区“最美科技工作者”的推选，巴彦淖尔市水利学会刘永河正高级工程师被推选为“最美科技工作者”参选代表。9月，按照《自治区科协、党委宣传部、教育厅、科技厅、水利厅、农牧厅、卫生健康委员会、应急管理厅关于举办2020年全国科普日活动的通知》要求，参加主题为“决胜全面小康，践行科技为民”的科普日活动。

水利学会主动参加河湖处党支部的“两学一做”“三会一课”等党员教育活动。按照自治区非公有制经济组织和社会组织工作委员会社会组织党建办的要求，参加党建办的党建培训工作，完成党建工作的年检任务。

### 【内蒙古自治区水土保持学会】

内蒙古自治区水土保持学会成立于1991年，是中国水土保持学会和自治区科学技术协会的团体会员，受中国水土保持学会、自治区科学技术协会和自治区水利厅的共同领导；接受自治区科学技术协会、自治区民政厅社团登记管理机关的业务指导和监督管理；挂靠单位为自治区水利厅水土保持处。截至2020年，学会设理事长1名、副理事长6名、常务理事30名、秘书长1名、副秘书长3名、专职人员1名，团体会员50个，个人会员555人，会员主要由全区水土保持生态建设相关的人员组成。党组织依托于自治区水土保持工作站党支部，并共同开展党务活动。学会财务独立核算，业务范围包括组织开展学术交流和科技协作；编辑出版学术书刊；普及科学知识，提高会员的科学技术水平，推广先进的技术和生产治理保护经验；接受有关部门委托的水土保持科学技术政策和生产技术的咨询，开展技术服务；反映会员的要求和意见；维护水土保持科技工作者的权益。向中国水土保持学会预防监督专业委员会推举自治区水土保持工作站张庆琼和自治区水利厅水土保持处李禾任专业委员会委员。

## 党群工作

【党建工作】

全年自治区水利厅召开厅党组会议，研究党建工作12次；制定《厅党组、党组书记和党组成员全面从严治党主体责任清单》《贯彻落实新时代党的组织路线工作任务（责任）清单》《落实中央八项规定正负面清单》《意识形态工作重点任务清单》《厅党组、厅机关党委、党支部党建工作重点任务清单》，修订《进一步加强和改进机关党的建设的实施意见》，建立健全党建责任制度体系；制定7个年度党建群团工作要点和计划安排；召开水利厅党的工作会议，通报党建工作情况、部署工作任务、接受基层评议。

自治区水利厅推进“五化协同”（系统化谋划、制度化规范、标准化建设、项目化推进、信息化支撑）最强党支部建设，坚持党建工作和业务工作一同谋划、一同部署、一同落实。按照“五化协同”要求，健全工作制度、强化日常督办、加强队伍建设、开展考核评比，不断推进党支部标准化规范化建设工作。年度评比最强党支部20个，结合厅机关处室（单位）中心工作，确定“最强党支部”创建项目66个，推进融入式党建、特色党建，解决“灯下黑”“两张皮”问题。落实《中国共产党章程》和新修订的《中国共产党党和国家机关基层组织工作条例》《中国共产党支部工作条例（试行）》，贯彻落实习近平总书记重要指示批示和党中央决策部署、自治区党委各项要求以及厅党组工作安排。严肃和规范组织生活，严格执行“三会一课”及党费收缴、民主评议党员等制度。全年，各党支部积极开展主题党日活动，支部书记讲党课，专题组织生活会，全面加强党支部党的政治、思想、组织、作风、纪律和制度建设。

11月，自治区水利厅党组召开加强和改进民族工作专题民主生活会，厅党组书记、厅长刘万华主持，自治区党委第八巡回指导组到会指导。会议深入贯彻习近平总书记关于民族工作、推广普及国家通用语言文字重要论述及自治区党委书记石泰峰参加指导锡林郭勒盟盟委班子加强和改进民族工作专题民主生活会讲话精神，自治区水利厅机关党委、办公室、人事处负责人参加会议。

【理论学习】

自治区水利厅全年召开党组理论学习中心组（扩大）学习会18次，交流研讨5次、编印个人自学资料8册。开展“学习运用新发展理念大家谈”主题征文和研讨交流活动，择优在厅网站登载发布征文79篇，在《内蒙古水利》刊发20篇。《加强以责任制为抓手的党建课题研究与实践探索》获自治区机关党的建设研究会颁发的课题研究成果二等奖。

4月，自治区水利厅举办学习贯彻中共

十九届四中全会精神网络专题培训班，厅机关各处室、厅属各单位500余名干部职工参加培训。借助“内蒙古干部培训网络学院”平台开展网络培训，以在线收看专家辅导课程的方式，组织全厅党员干部学习《开创“中国之治”新境界——中共十九届四中全会精神解读》《坚持和完善共建共治共享的社会治理制度》等课程，深化党员干部对中共十九届四中全会精神的理解和领会。

11月，组织召开学习宣传贯彻中共十九届五中全会精神宣讲报告会。厅党组书记、厅长刘万华主持并作宣讲报告，厅离退休干部、厅机关各处室负责人参加宣讲报告会。刘万华围绕中共十九届五中全会重要意义，“十三五”时期中国经济社会发展取得举世瞩目的成就和中国进入新发展阶段，“十四五”时期中国经济社会发展的指导思想、主要目标、重点任务和2035年远景目标，改善人民生活品质、提高社会建设水平和“十四五”时期发展的重要保障等6个方面，对中共十九届五中全会精神进行系统阐述和解读，要求各级党组织要把学习宣传贯彻中共十九届五中全会精神作为当前和今后一个时期的重大政治任务，高度重视、周密部署，切实抓好贯彻落实。要把学习宣传全会精神同全区水利改革发展目标任务相结合，做好“十四五”水利规划编制工作。各级领导班子要做好面向党员干部群众和党外人士的宣讲工作，厅党组成员、各级领导干部要带头到基层单位进行宣讲，推动学习宣传贯彻中共十九届五中全会精神。同月，自治区水利厅联合内蒙古水务投资集团有限公司共同举办“学习习近平总书记关于民族工作重要论述精神，进一步铸牢中华民族共同体意识”专题辅导。邀请内蒙古党校民族理论教研部教授杨兴猛进行辅导，100余人参加。

【群团工作】

8月，自治区水利厅召开群团工作推进会，厅党组成员、副厅长、厅机关党委书记赵长青出席并讲话，会议贯彻落实中共中央总书记习近平关于党的群团工作的重要论述和《中共中央关于加强和改进党的群团工作的意见》，厅机关党委、机关工会、妇委会、水利厅团委、青工委领导班子成员30余人参加会议。

■图27　8月11日，自治区水利厅召开群团工作推进会

【廉政建设】

7月，自治区水利厅在区直机关工委党校举办党务（纪检）干部培训班，厅机关、驻呼和浩特厅属各单位、水利部牧科所党支部书记和党务工作人员，基层党委纪委书记、党支部纪检工作人员89人参加培训。培训以“如何看待当前的经济形势”“深刻理解党的领导在国家

制度和治理体系中的统领作用”“全面系统学习掌握习近平总书记关于党风廉政建设和反腐败斗争重要论述”“机关基层党组织建设实务”“应对意识形态新动向牢牢掌握意识形态领导权”“积极情绪和压力管理”为专题进行辅导讲座和现场教学。

8月，自治区水利厅举办党风廉政建设专题辅导讲座，邀请自治区直属机关纪检监察工作委员会书记方瑛进行党风廉政建设专题辅导授课，深化对习近平总书记关于党风廉政建设和反腐败斗争重要论述的理解掌握，提高对党风廉政建设和反腐败斗争形势的认识，厅党组成员、厅级干部、总经济师，厅机关党委委员、机关纪委委员，厅机关和驻厅纪检监察组全体人员参加。

11月，自治区水利厅党组召开落实全面从严治党主体责任集体廉政谈话会议，厅党组书记、厅长刘万华主持并讲话。厅党组成员，厅办公室、人事处、机关党委、机关纪委等处室主要负责人参加会议，会议强调，加强党风廉政建设，开展集体廉政谈话，是落实全面从严治党主体责任和实施党内监督的一项基本制度，是加强领导班子建设、抓早抓小预防腐败的一种手段。通过廉政谈话，使班子成员进一步增强“四个意识”，坚定“四个自信”，做到“两个维护”，自觉遵守党章、党规、党纪，切实落实好全面从严治党主体责任；2020年认真落实《廉政风险防控手册》，对照958个廉政风险点和1516条防控措施，加强日常监督监管；建立科级及以下党员干部廉政档案898份。

【精神文明建设】

3月，厅机关党委组织厅机关、厅属各单位党员干部、青年志愿者开展无偿献血志愿服务活动，经现场筛查40人符合献血条件，共献血1.3万毫升。同月，组织部分厅属单位基层党组织联合呼和浩特市赛罕区地北社区组织开展助力疫情防控主题党日活动，落实口罩、医用酒精、消毒液价值6000元的防控物资，为社区防疫工作提供有力保障；组织厅机关、厅属各单位党员、团员、青年志愿者17人，在水利厅家属南院开展“学雷锋　全民爱卫生”主题志愿服务活动，清扫楼内垃圾、擦拭楼梯扶手和清除墙体广告等。4月，组织志愿者、青年到乌兰察布市卓资县“区直机关青年生态文明教育实践基地”开展“植绿护绿”志愿服务活动，17名志愿者植树50余棵，并到自治区直属机关青年红色教育基地（贺龙指挥部旧址）参观绥东解放战争史展，以“绽放战‘役’青春·坚定制度自信”为主题开展团日活动。7月，自治区水利厅130余名团员青年观看共青团自治区委举办的“青春心向党·建功新时代”全区团员青年庆祝建党99周年网上主题团课直播。8月，举办水利青年2020—2022年“书香润心灵”读书活动仪式暨第一期水利青年读书分享会。自治区水利厅党组成员、副厅长赵长青讲话，厅机关、厅属事业单位青年干部职工100余人参加。9月，按照中央文明办、水利部统一部署，深入学习贯彻习近平总书记关于黄河流域生态保护和高质量发展的重要讲话精神，全面落实《黄河流域生态保护和高质量发展规划纲要》，动员全社会力量广泛开展保护母亲河行动的集中活动。自治区文明办、自治区水利厅、自治区团委联合主办，巴彦淖尔市水利局、内蒙古河套灌区管理总局、内蒙古水务投资集团有限公司协办，内蒙古黄河工程管理局承办，“关爱山川河流 保护母亲河”志愿服务暨公益宣传活动启动仪式在巴彦淖尔市磴口县黄河三盛公水利枢纽广场举行。同月，自治区水利厅、节约用水办公室、工业和信息化厅、农牧厅、机关事务管理局、教育厅、住房和城乡建设厅、文明办、团委主办，自治区水资源与水权收储中心承办，“节水内蒙古 我们在行动”系列主题宣传活动启动仪式在内蒙古博物院广场举行，全区12个盟市、103个旗县（市、区）同步开展主题宣传活动。通过线上线下答题、网络直播、融媒体、节水宣讲、评选节水小先锋等方式开展节水宣传教育，在各级媒体发表节水宣传稿50余篇，网络直播观看、评论人数40余万人，形成良好的社会节水氛围。自治区水利规划设计研究院通过全国文明单位复审，组织参加水利部、自治区水利厅“最美水利人”推选活动，参与所在地道德模范评选及“我推荐、我评选身边好人”等活动。举办“学习运用新发展理念大家谈”主题征文，举办迎新春文体活动、妇女节讲座和篮、排球赛等赛事。11月，2020自治区直属机关“公仆杯”足球赛暨“中国足球发展基金会杯”中国职工足球联赛，在呼和浩特国家北方足球训练基地举行，自治区水利厅足球队以积分第一名获超级组冠军。12月，选派4名青年干部组成的内蒙古自治区水利厅代表队，参加的全国水利青年干部“深研总基调 建功新时代”知识竞赛及成果展示活动，获全国第二名。

■图28　8月，水利厅足球队获2019—2020自治区直属机关“公仆杯”暨“迎春杯”五人制足球比赛决赛冠军

■图29　12月，内蒙古自治区水利厅代表队获全国水利青年干部“深研总基调　建功新时代”知识竞赛决赛二等奖

## 纪检监察

**【廉政建设】**

自治区纪委监委驻水利厅纪检监察组强化主体责任落实，对全区水利系统落实好“两个责任”、加强作风建设等工作提出具体建议和要求，督促自治区水利厅召开各类会议15次，研究部署党风廉政建设工作，制定年度党

风廉政建设工作要点和工作任务分工实施方案，明确责任分工，细化分解具体措施，层层传导压力，自上而下推动落实全面从严治党主体责任。

为严明纪律规矩，推进作风建设常态化长效化，督促自治区水利厅制定《加强水利行业作风建设促进全面从严治党的意见》《自治区水利厅贯彻中央八项规定精神正负面清单》等，印发《2020年集中整治形式主义、官僚主义实施方案》，开展“找差距、定目标、落措施、督成效”工作，查找工作差距及存在的问题隐患，加强水利行业作风建设，完善水利监管体系。在春节、中秋节等特殊时间节点，督促驻在部门下发文件，并有针对性地与有关处室和单位负责人进行提醒谈话，提前强调节假日期间纪律作风要求，纪检组联合自治区水利厅有关处室，就遵守工作纪律、厉行节约反对浪费等内容开展明察暗访2次，并对发现的问题予以通报，有效防止“四风”问题反弹回潮。

发挥纪检组派驻优势，协助自治区水利厅党组抓好廉政警示教育。联合自治区水利厅邀请自治区直属机关纪检监察工作委员会书记作党风廉政建设专题讲座，组织党员干部观看《扫黑除恶之打伞破网》警示教育片，召开全区水利系统警示教育大会，通报水利系统历年来被查处的违纪违法典型案例，纪检监察组组长作廉政预警讲话，通过多形式、经常性地开展廉政教育，切实增强党员干部的纪律规矩意识，提高党员干部的拒腐防变能力。

持续抓好干部队伍思想建设、履职能力建设和作风建设，通过组务会及支部会议，及时传达学习各类重要会议文件精神，结合工作实际进行研讨交流。推荐副组长参加自治区党委巡视工作，选派2名干部在执纪监察“尖兵突击队”进行半年的实战训练，提升干部的理论水平和业务能力。督促自治区水利厅制定《关于加强厅机关及厅属单位纪检机构建设的意见》，对加强党内监督、支持配合纪检工作、落实全面从严治党主体责任提出具体要求，纪检组加强与各单位纪检部门的工作协同，有效提升监督合力。

【执纪监督】

为全面贯彻落实自治区纪委监委关于开展“精准监督年”活动的部署安排，驻水利厅纪检监察组围绕驻在部门贯彻落实习近平总书记重要讲话重要指示批示精神和党中央重大决策部署情况，扎实开展监督。切实推进政治监督具体化、常态化，加大对水利重点工作的跟踪问效力度，改变以往发现问题、解决问题、督促落实“各自为战”的局面，提高监督的系统性和有效性，确保国家、自治区各项重大决策部署在水利系统落到实处、取得实效。全年，围绕“一湖两海”生态治理、脱贫攻坚、煤炭资源专项整治等问题召开政治监督例会3次，到基层督察4次，向驻在部门及其二级单位提交工作建议5份。

通过会议监督、调阅资料、调研督导、约谈督促、暗访检查等方式，推动驻在部门做好各类专项整治的安排部署和贯彻落实，切实解决存在的突出问题。聚焦中央脱贫攻坚专项巡视“回头看”和中央纪委国家监委踏查调研反馈问题，纪检组到包头市、锡林郭勒盟等地暗访2次，随机抽查贫困地区饮水安全情况，发现问题提出监察建议，督促驻在部门在做好整改的同时，加强配套制度建设，强化工程运行管护，常态化排查新增饮水安全问题。截至年底，全区农牧区供水工程整体得到巩固提升，加大了工程后期管护力度，实施地方病防治和苦咸水改水行动，已查明的饮水型地方病水质超标村全部实现改水，贫困人口饮水安全问题得到全面解决。督促自治区水利厅制定《水利行业清源专项整治决战决胜扫黑除恶专项斗争工作方案》，部署全区各级水行政主管部门开展“六清”（线索清仓、逃犯清零、案件清结、伞网清除、黑财清底、行业清源）行动，建立线索摸排机制，对职责范围内行政执法案件、日常监管情况等进行常态化摸排，召开行业治理推进会，持续深化河道采砂专项治理，联合全区检察、公安等部门对河湖执法开展检查。截至年底，自治区水利厅本级台账登记线索28件，24件已有核查结论，剩余4件移交盟市有关部门进行核查。开展煤炭资源领域违规违法问题专项整治，成立监督责任办公室，制定工作方案和监督台账，对2000年以后的问题线索进行大起底，督促自治区水利厅开展煤炭资源领域涉水项目审批及监管事项核查，完成30项煤炭资源领域涉水规章、条例的梳理修订，配合自治区专项整治完成6批次38个企业、72个项目的复核工作，追缴完成22个涉煤水土保持补偿费项目和329万元水资源费。

按照监督执纪工作规则和监督执法工作规定，做好问题线索的集中管理、动态更新、集体研判、汇总统计等工作，定期向自治区纪委监委相关部门报送信访举报及问题线索处置情况，配合驻水利部纪检监察组做好联合监督检查、工作会商、问题线索“直送”、审查调查协作等工作，全年收到问题线索20余件，均按程序规范处置。对于自治区纪委监委交办的1件问题线索，开展审查调查工作，给予自治区水利厅1名党员干部严重警告党纪处分和职务降级处分。

**【巡视整改】**

把巡视整改作为日常监督重要内容，组织召开2次巡视整改工作推进会、向派驻部门提交深化巡视整改成效的监察建议，督促整改任务落实到位。自治区水利厅党组采纳建议，开展深化“靠山吃山”“靠水吃水”及违规经商办企业问题整改、规范决策行为、财务管理等专项检查，强化行业监管。截至年底，自治区水利厅完成80%以上巡视反馈问题整改。加大对巡视整改工作的执纪问责力度，依据巡视组移交的追责问责清单，分别对1个二级单位进行通报批评、责令3个厅属单位党组织作出深刻检查、对14名党员干部进行谈话提醒。

**【煤炭资源领域违规违法问题专项整治】**

4月，自治区水利厅召开煤炭资源领域违规违法问题专项整治全面排查工作专题培训会。厅党组成员、副厅长赵忠武讲话，厅机关、厅属单位30余人参加，重点针对煤炭资源领域违规违法问题专项整治全面排查工作进行培训，并专门成立煤炭资源领域违规违法问题专项整治全面排查工作专班，集中人员力量，切实为排查整治工作做好保障。6月，组织召开自治区水利厅煤炭资源领域违规违法问题专项整治工作推进会，厅党组成员、副厅长赵长青主持，专项整治主体责任办公室成员及监督责任办公室有关人员参加会议，专项整治主体办通报自治区水利厅专项整治全面排查阶段工作情况，传达自治区专项整治主体责任办公室反馈的意见建议，自治区水利厅专项整治主体责任办公室各成员单位汇报涉煤违规违法问题全面排查整治工作进展情况及存在的困难和问题，赵长青点评各单位工作情况，并对工作推动作出具体安排。

# 主要水利机构

ZHUYAO SHUILI JIGOU

## 内蒙古自治区黄河工程管理局

**【概况】**

内蒙古自治区黄河工程管理局位于巴彦淖尔市磴口县巴彦高勒镇。内设党委办公室、行政办公室、人事科、计划财务科、工程建设与管理科、水政保卫科、后勤与退休人员管理科、网络信息科、枢纽管理所、水文实验站、沈乌管理所、生态防护站、枢纽总干渠管理所、枢纽风景区管理中心、工程与河道保护工作站15个科室(站所)。

黄河三盛公水利枢纽工程是国家根治黄河水害、开发黄河水利、在黄河干流上建设的重要工程之一,是全国三个特大型灌区之一——内蒙古河套灌区的引水龙头工程,也是黄河上唯一以灌溉为主的一首制大型平原闸坝工程,位于巴彦淖尔市磴口县境内的黄河干流上,临近乌兰布和沙漠边缘,控制流域面积31.44万平方千米,是一座以农业灌溉为主,兼有防洪、供水、发电、交通及生态补水等综合效能的大型闸坝工程。由拦河闸、拦河土坝、北岸进水闸、沈乌闸、南岸闸、电站跌水闸、库区围堤、左右岸导流堤等工程组成。1959年工程动工兴建,1961年竣工交付使用,安全运行59年。2002—2008年工程进行除险加固。

**【调度供水】**

运行期间严格执行国家《黄河水量调度条例》《黄河水量调度条例实施细则》及自治区水利厅《黄河三盛公水利枢纽工程调度运行计划》,执行统一调度。严格落实自治区水利厅在时段上分配的水量指标,强化用水总量控制,加强取水许可监管,严格控制灌区耗水量,及时掌握、分析上游来水,了解海勃湾水利枢纽下泄情况,根据水情控制好闸前水位。全年水位观测1.39万次、流量测验332次,为河套灌区、南岸灌区供水70.17亿立方米。

**【水利督察】**

按照自治区水利厅关于水利工程安全运行督察要求,完成阿拉善盟、乌海市40座水库、26处堤防、7座中型水闸、险工险段及海勃湾、三盛公水利枢纽汛前工作检查任务。聚焦超标准洪水、水库安全和山洪灾害"三大风险",完成乌海市、鄂尔多斯市、巴彦淖尔市28处险工及黄河干流防汛重点风险点盯防任务。完成自治区东部地区38座小水电防汛、安全生产监督检查任务。完成鄂尔多斯市、巴彦淖尔市、乌海市和阿拉善盟56座水库专项检查任务,督促各地各有关单位落实防汛责任。

**【防凌防汛】**

严格落实防凌防汛责任制,提前部署安排,做好人员值守、物资储备、隐患整改,细化"三个重点环节"具体措施,开展防汛抢险实战演练,有效应对闸上左岸码头护坡、闸下左岸翼墙65米处及下游抛石防冲槽、右岸180米处冲淘险情,成功抗御3次编号洪水和3330立方米/秒的洪峰。开河期分凌5.85亿立方米,年度分洪3.3亿立方米,确保工程安全,完成防凌防汛任务。

■图30　三盛公水利枢纽拦河闸下1-3号孔潜

封河情况。2020年1月2日11时闸下断面（南套子水文断面）封河，8日13时闸上水文断面封河。受天气影响，2019—2020年碱柜水文断面未封冻。

开河情况。2020年2月3日10时黄河解冻至碱柜水文站断面下5千米处，19日9时30分拦河闸上水文断面开通，20日10时闸下水文站断面开通，凌汛顺利通过三盛公水利枢纽辖区。

凌期分洪。为减轻下游河段防凌压力，为顺利开河创造条件，根据《内蒙古自治区水利厅关于利用河套灌区及乌兰布和分洪区应急分凌的通知》《关于启用杭锦淖尔蓄滞洪区和南岸总干渠进行应急分凌的通知》，启用河套灌区、南岸灌区、乌兰布和分洪区和杭锦淖尔蓄滞洪区进行应急分凌。2月17日8时开启北岸总干渠进水闸、21日10时开启南岸干渠进水闸、26日11时开启沈乌干渠进水闸进行分凌。截至3月19日16时，三渠口累计分凌水量5.85亿立方米。

【生态建设】

按照自治区水利厅水政水资源处要求，同意《巴彦淖尔市水利局关于启用乌兰布和分洪区进行生态补水的请示》《鄂尔多斯市向库布齐沙漠生态补水的请示》，沈乌干渠和南岸干渠于8月14日24时开始生态补水，沈乌干渠9月7日结束生态补水，南岸干渠9月10日结束生态补水。全年，利用春季分凌水、灌溉间隙期及伏汛期分洪水，北总干渠向乌梁素海生态补水6.25亿立方米；沈乌干渠向乌兰布和沙漠及大小湖泊生态补水4800万立方米；南岸干渠向库布齐沙漠生态补水9900万立方米。结合清理“四乱”工作，对枢纽工程周边环境及堤防道路通行环境进行综合整治。全年完成林业生态建设13.33公顷。

【水文测验】

管理局水文实验站按照《水文测站任务书》《水文测验规范》《水文资料整编规范》《水文资料汇编刊印规范》，各测站完成水位观测1.39万次、流量测验332次、取单位水样984个、输沙率测验24次、降水量观测9段次、冰厚测量7次；库区测量队完成大断面施测2次（60个断面）、水面线观测12次、冰情勘查3次；泥沙颗分室分析测定河床质沙样70个、单颗沙样102个、断颗沙样708个。完成水文资料整编、技术革新、测站基础设施改造及测验分析研究工作。

【水力发电】

三盛公水电站严格执行安全生产责任制，完善警示指示标识，制定设备检修消缺计划，保证正常工况。2月28日机组并网发电，截至11月21日安全运行214天，累计发电961.20万千瓦时，售电895.66万千瓦时。2月24日，三盛公二期水电站经磴口县疫情防控指挥部批准，公司复工复产。运行期间严格执行安全规程和操作规程，落实“两票三制”（工作票、操作票，交换班制、巡回检查制、设备定期试验轮换制）制度，加强电调水调联络协调，确保发电生产正常开展。全年安全运行236天，完成发电5554万千瓦时，较2019年同期增加454.08万千瓦时，增长8.9%；售电5406万千瓦时，较2019年同期增加441.98万千瓦时，增长8.9%。

【工程建设】

根据资金批复及匹配的实际情况，及时安排工程项目，筹措落实建设资金，严把工程质量关和预、决算审核关，保证工程建设项目的顺利实施。全年维修养护项目完成投资450万元。局内出资项目完成投资515万元。特大防汛费、防汛代储费及分凌水毁工程修复项目完成投资195万元。

【安全生产】

制定《安全生产专项整治三年行动方案》，开展水上救援、消防灭火和应急疏散演练。全年开展职业健康、交通、消防、安全生产教育培训322人次、安全知识网络竞赛210人次，建立全局职业健康档案。推进安全生产标准化建设，强化风险管控，注重持续改进，辨识管控87个危险源、184个风险点，修订19类应急预案、67项制度，建立126类、1060项支撑文件电子库，做到措施、责任、资金、时限和预案“五到位”。

【体系认证】

贯彻ISO 9001质量管理体系标准运行15年，进入监督审核阶段。11月，北京中水源禹国际认证中心对局领导层及所属的8个单位进行外部审核，通过调查询问和查阅有关文件资料及现场审核，审核组获得对管理中心质量管理体系运行的客观证据，未提出不合格项。12月，签发《保持认证资格通知书》，批准管理中心继续保持质量管理体系认证注册。

【三盛公国家级水利风景区建设】

三盛公旅游开发有限公司按照自治区国有企业脱钩改革和统一监管工作部署，根据《企业国有产权无偿划转管理暂行办法》，7月3日完成公司股权变更，股东由内蒙古自治区黄河工程管理局变更为内蒙古水务投资集团有限公司。10月29日完成机构、法人和营业执照变更手续。至此完成旅游公司脱钩划转工作。在水文化建设方面，推进水利文化科普园三期工程建设。按照公司部署和运营计划，与旅行社等机构合作拓展客源市场，借助网络平台推出网红打卡点，全年游客接待量3.21万人次，同比增长0.48%。

■图31 黄河三盛公水利枢纽景区

【经营管理】

编制《黄河三盛公水利枢纽工程地震应急预案》《黄河三盛公水利枢纽工程防空袭方案》。结合“世界水日”“中国水周”，开展群众性法治宣传和水法治文化活动。开展扫黑除恶专项斗争，及时处置影响社会稳定和综合治理的矛盾问题，确保辖区水事秩序稳定向好。落实“三重一大”（重大事项决策、重要干部任免、重大项目投资决策、大额资金使用）制度，合理安排使用管理经费和工程建设资金，对部门预算执行和资产使用情况，强化预算约束和审计。2020年收缴水费1980万元。一期电站实现售电收入199.73万元，同比增长5.9%；二期电站实现售电收入1680万元，同比增长8.9%。截至7月底，收取通行费361.49万元。全年实现旅游收入101.2万元。严格执行中央八项规定，严格控制一般性支出，公务接待同比下降6.57%。中心职代会提案办复率100%，工会组织建设得到有效加强。

【精神文明建设】

协助自治区水利厅开展“关爱山川河流 保护母亲河”志愿服务暨公益宣传活动，“志愿服务亮北疆、黄河文化我传承”的创建氛围日益浓厚，开展植树造林、义务锄草6批次、621人次。中心入选“全国水利文明单位”“自治区文明单位标兵”，通过复查确认；2人分别获自治区水利厅“党员先锋”“工作标兵”称号，中心形成积极进取、健康向上的精神风貌。

■图32 “关爱山川河流 保护母亲河”活动

## 内蒙古自治区红山水库管理局

【概况】

内蒙古自治区红山水库管理局位于赤峰市翁牛特旗乌敦套海镇。承担水库防洪和防风、水库日常运行维护管理、水库工程建设管理及安全分析、管辖区内水资源保护、库区水资源统一调配和保护管理、库区管理范围内水土保持、依法对土地进行管理和保护以及承担内蒙古东部地区有关水事服务工作。管理局设办公室、计划财务科、劳动人事科、党务纪检室、总工办、运行管理科、工程监测科、工程建设科、水情调度科、水土保持科、生态环境科、水政科、供水科、信息办、安全保卫科15个科室。8月15日，管理局赤峰办公点挂牌启用，通过落实两地办公，提高工作效率、解决职工的实际困难。

【防汛抗旱】

编制红山水库洪水预报方案，建立红山水库预报调度系统。组织安全生产大检查，组织应急抢险演练，加强汛期值班带班工作和应急物资储备管理。5月，自治区防汛抗旱指挥部副总指挥、水利厅党组书记、厅长刘万华带领有关处室负责人，检查红山水库安全度汛工作。7月，自治区水利厅副厅长李彬带领有关处室负责人，检查红山水库防汛工作。

■图33　红山水库应急抢险演练

【工程建设】

启动红山水库1号泄洪洞金属结构和启闭设备更新改造项目，完成项目立项审批工作，通过公开招标选择设计单位、设备生产厂家和安装单位，通过委托管理选择监理单位，红山水库1号泄洪洞金属结构和启闭设备更新改造，对1号泄洪洞的工作闸门和检修闸门进行更新，对闸门的启闭系统进行全面的更新，为保证水库的安全运行提供保障。启动输配电系统升级改造项目，提高供电系统的安全性和可靠性，已完成招标工作。“煤改电”锅炉改造项目完成招标工作。

完成对红山水库所有工程设施的运行管理和维护工作，5月初，对1号泄洪洞、2号泄洪洞、溢洪道、输水洞的金属结构和启闭设备进行检查和调试，对工程区的所有照明设备进行检查和维修，保证各项工程设施的完好，为水库安全运行提供保障。

【督导检查】

完成对西辽河流域责任区内5座水库的防汛工作进行督导检查，确保安全度汛。完成西辽河流域水量调度监督管理，落实自治区水利厅调度指令，统筹各部门关系，完成5次调度任务。组织督导组对呼伦贝尔市、兴安盟、通辽市57个小型水库进行水利督察23人次，保障东部地区中小型水库的安全度汛。

【创建国家级水管单位】

年内，成立创建指挥部和领导小组办公室。10月，管理局组织人员到黄河工程管理局和镫口扬水灌区管理局考察学习。采取定期调度，以“闭环模式”推进各项工作落实。完成三批创建清单任务，邀请专家进行初评。

【生态建设】

实施生态修复项目，恢复大黑山生态植被，清运废渣2100立方米、恢复植被13.33公顷、树木补植3.95万株。赤峰市总工会在红山水库架子山建立职工绿化基地20.4公顷，种植树木600棵。在翁牛特旗北滩公园内建设污水处理厂1座。推动翁牛特旗乌敦套海镇污水处理厂建设，改变生活污水直排水库现状。7月，生态环境部松辽流域生态环境监督管理局生态环境监测与科学研究中心主任刘伟等，调研红山水库水环境、水生态、水资源现状。

【企业改制】

管理局成立国有企业改制领导小组，聘请审计公司、资产评估公司、律师事务所进行清算审计和资产评估。完成赤峰建禹水电监理有限公司拍卖工作，红山湖水电工程有限公司、红山水库多种经营公司交付内蒙古水务投资集团有限公司管理。

【资产管理】

依法履职尽责切实做好国有资产管理，成立消落区土地管理领导小组，与周边旗县（区）、乡镇行政村沟通协商、深入宣传、实地测量、公开发包，使消落区土地管理逐步走上正轨。

在大水面承包合同到期前，组织专题会议进行研究。多次敦促原承包人撤出水面经营，对于原承包人拒不撤离的行为，通过法律诉讼手段确保原承包人撤离。合同到期后，成立渔政巡查大队，由巡查大队负责大水面的巡逻检查工作。巡查大队组织24小时巡查蹲守，查获各类车辆8台、小型橡皮艇3条、铁皮船3条、网具上万米、抽水泵5台、地笼地锚数百张，抓获违法入库捕鱼人员12人，交由地方公安机关行政拘留及罚款处理，保证大水面养殖的正常秩序，保护国有资源的安全。

【档案管理】

逐步完成档案管理科学化、规范化、标准化建设，有力推进各项工作进展，依靠现有档案基础，完成日常的资料查阅及归档，推进局属企业脱钩转制工作进程。完成人事档案信息化建设及文书档案信息化招投标工作。

## 内蒙古自治区镫口扬水灌区管理局

【概况】

内蒙古自治区镫口扬水灌区管理局（以下简称管理局）为自治区水利厅所属正处级事业单位。承担灌区农业灌溉、水利工程建设、运行管理和维修养护及保卫工作；承担灌区退洪防洪预案、计划的编制，组织和实施及防汛物资的储备，确保退洪防洪安全；承担泵站所在区段黄河北岸防凌防汛工作，确保安全行凌和度汛。管理局内设党委办公室、行政办公室、劳动人事科、计划财务科、后勤服务科、工程灌溉科、水政监察科、防洪办公室、扬水站、总干渠管理所、民生渠管理所、跃进渠管理所12个科级机构。经费形式为差额补贴，属公益二类事业单位。

镫口扬水灌区位于十年九旱的土默川平原，主要受益地区为呼和浩特市土默特左旗、包头市东河区和土默特右旗。设计灌溉面积7.73万公顷，扬水站装机容量为5000千瓦，设计最大提水流量60米$^3$/秒，是黄河流域内蒙古最大的电力扬水灌区之一。灌区主要水利骨干工程为扬水站、总干渠、民生干渠和跃进干渠。截至年底，扬水站东、西泵站10台机组全部改造完成，并实现微机监控和操作。灌区3条干渠的节制闸和支渠（包括干斗渠）进水闸按照大型灌区节水改造与续建配套设计全部改造，信息自动化建设基础工程已完成，节制闸启、闭实现远程操控，水位监测实现视频监控。总干渠18千米、民生干渠52.6千米全部衬砌，跃进干渠59.85千米，衬砌48.35千米。

【防凌防汛】

年初，根据自治区和包头市防凌防汛工作安排，为确保扬水站安全行凌，管理局根据开河形势制定应急预案，扬水站备足防凌物资，组织抢险队伍，完成应急防护工程施工。2月28日至黄河安全开河，实行24小时值班制度。6月15日至9月15日，泵站经历自1981年至今黄河上、中游最大洪峰，站前水位居高不下，持续时间较长。7月，灌区上游遭遇强降雨，总干渠在进行灌溉输水的同时，还为圪膝盖沟排洪。在洪峰最大流量时，站前黄河水位超过泵站地面高程5厘米。为保护机泵机组安全，扬水站抢险队伍在站区修筑防洪堤坝，并派人昼夜值守，扬水站安全度汛。

【生产经营】

健全灌溉生产运行管理制度，完善大流量安全运行调度规则，调配水量和流量分配统筹兼顾上、下游用水和两大干渠需求，各闸灌溉引、用水，坚持计划为主，对用户服务坚持"水价公开、水量公开、水费公开和接受用户监督"制度。为确保安全运行，坚持灌前工程大排查制度，积极消除工程安全隐患，运行期，对干渠防护层层落实，责任到人，要求基层生产运行单位安全生产情况日报制度，全年灌溉生产实现安全无事故。4月，按照自治区水利厅关于灌区标准化规范化管理实施细则，成立灌区标准化规范化管理领导小组，结合灌区实际，将管理任务内容分解到相关责任部门和基层管理所、闸，修订完善一批规章制度及配套检查规则，确定总干渠管理所、民生渠赵家圪梁闸、跃进渠黑沙图闸3个试点单位，同时筹集资金对试点单位进行硬件建设。6月，组织全局职工开展"生命至上、安全第一"主题安全生产知识讲座。12月，围绕灌区标准化规范化管理组织开展培训学习。年底，在中国水利科学院对灌区标准化规范化管理的综合评价中，名列第80，是自治区进入全国前100名的唯一灌区。

全年灌区累计运行120天，总提水量2.33亿立方米。其中，农灌用水2.03亿立方米，哈素海生态补水3023万立方米。灌溉面积5.4万公顷次，其中包头市东河区和土默特右旗3.87万公顷次、呼和浩特市土默特左旗1.53万公顷次。全年输水利用率82.67%。农灌水费收入1315.4万元，回收率100%，哈素海生态补水水费回收245.5万元。灌溉生产全年水费收入、干渠输水利用率以及灌溉水利用系数均创历史新高。

【工程建设】

由于干渠衬砌施工，对影响工程施工的树木进行砍伐，导致灌区防风、固沙、防尘、降噪作用受到影响。管理局争取自治区水利建设资金383万元，对民生渠进行水土保持治理工程。8月工程开工，年底全部竣工。主要完成工程项目有渠堤栽植灌木、乔木、垂柳，渠堤外坡种草和建筑混凝土仿木防护栏，沙砾石铺设渠堤道路等。续建完成黄河扬水站防护段二期护岸防洪改造工程2019年尾留工程，并通过竣工验收。信息自动化建设完成投资300万元，主要完成工程项目有安装监控一体化闸门7套和监测站土建施工及机电设备安装，及信息自动化工程网络安全等级保护测评工作。维修养护工程完成投资400万元。主要完成工程项目有扬水站西泵站大修机组1台，检修维护泵站天车起重设备、捞草机、配电柜、励磁柜。完成灌区维修养护工程主要有总干渠上段清淤、跃进渠王家营闸南边渠涵洞延长、管理所、闸管理间维修，民生渠险工段处理和十二支渠的斗渠配套工程，完成灌区标准化规范化管理3个试点（1个管理所、2个管理闸）的硬件建设。

【水政】

水利部黄河水利委员会上中游管理局核定镫口灌区年度农业用水指标为2.6亿立方米。根据灌区农业用水和哈素海生态用水的实际情况，经与自治区水利厅、呼和浩特市水务局协调，争取哈素海生态补水指标1600万立方米。根据有关法规政策，经与自治区财政厅、税务局、水利厅共同协商，完成管理局免征农业灌溉用水水资源税的认定。全年，处理违规违法"四乱"事件2起，依法依规处理包头市土默特右旗明沙淖乡大城西村民扩建烘干厂侵占跃进渠南背、苏波盖乡高才举村民建筑网围栏侵占民生渠堤事件。年内，对内蒙古新农梦生态农业科技有限公司排水毁堤、农民擅自在渠堤挖土、供电部门电杆占堤和煤车碾压渠背等多起"四乱"现象进行处理。完成灌区水利工程设施、扬水站泵站的确权划界工作，分别在包头市、呼和浩特市人民政府网站向社会公示后，开展界桩、界牌标识设置工作。

【人事管理】

管理局修订完善有关人事制度7项。按照自治区人力资源和社会保障厅复函，重新进行岗位设置与聘用，根据事业单位招聘工作人员规定和流程，年内新招聘大学生9人，其中1人辞职。完成副高级水利工程师2人、中级水利工程师10人的评审和申报工作。开展专业技术人员继续教育30学时培训，参加培训人员70人。对新录用大学生进行岗前培训。全年，开展各类业务培训580余人次。按照自治区和包头市社保部门的要求，完成在职和退休人员有关社保缴费和医疗保险缴费的核定和个人信息的核对、录入工作。截至年底，管理局实有职工191人，其中在职职工152人、水勤工23人，新录用试用期9人、自聘7人；正高级水利工程师4人、副高级水利工程师20人、高级会计师3人、高级经济师2人，中级水利工程师45人、初级水利工程师15人，高级技师1人、技师16人，高级工28人、中级工2人、初级工2人。

【财务管理】

全年管理局灌溉生产水费收入1560.9万元，自治区财政补贴拨款收入1646万元（包括维修养护费400万元、防凌防汛经费20万元），2019年养老保险经费132.7万元，合计收入

3338.7万元。全年总支出3670.98万元，经营性亏损332.28万元。2019年度续建配套与节水改造项目资金全年到位1421万元，水土保持项目资金586万元，年底工程项目全部完工，资金全部支付；支付维修养护费400万元，防凌防汛专项支付20万元。落实政府采购有关政策法规，全年完成购物和有关工程项目招标、政府采购22项，采购合同金额1028.9万元。全年完成固定资产增值入账工作，全局固定资产原值为4.24亿元，折旧后净值为2.77亿元。

【科研成果】

由于黄河水泥沙含量较大，泵站提水泥沙俱进，对灌区渠道淤积较为严重，不仅每年清淤工程量大，而且影响灌溉输水。为厘清泥沙淤积和输移规律，管理局与内蒙古农业大学、自治区水利科学研究院共同开展泥沙防治技术研究，《内蒙古镫口扬水黄河灌区渠道泥沙输移过程监测模拟与防治技术研究及应用》课题，获自治区2019年度科学技术进步二等奖。

■图34　内蒙古镫口扬水黄河灌区渠道泥沙输移过程监测模拟与防治技术研究及应用课题，获自治区2019年度科学技术进步二等奖

## 内蒙古黄河工程局股份有限公司

【概况】

内蒙古黄河工程局股份有限公司（以下简称公司）为自治区首家水利水电施工总承包一级企业，1958年成立，2000年完成国有企业股份制改造。公司承担各类型水利水电建筑工程及辅助生产设施工程的施工；内河疏浚和充填工程及其他土石方填挖工程施工；各类型房屋建筑、水塔、烟囱等构筑物的建筑物施工；水利水电设备安装及金属结构制造安装工程的施工；预拌商品混凝土的生产及销售；地质灾害治理工程施工；公路工程施工；水利工程监理服务及工程技术咨询。截至2020年，公司先后承建自治区境内的红山水库、河套灌区红圪卜排水站、美岱水库枢纽等；参与国家重点建设工程宁夏回族自治区扶贫扬黄灌溉工程、南水北调中线工程、东线工程；走出国门承揽建设蒙古国宝格丁水电站、乌兹别克斯坦Amuzang Ⅰ&Ⅱ泵站改造工程、斯里兰卡布罗德兰（Broad lands）水电站、赞比亚伦佐（Lunzua）水力发电工程。多项工程被授予“内蒙古优质样板工程奖”“内蒙古水利施工优质奖”和“草原杯”工程质量奖等。在工程建设中取得自治区科学技术进步优化设计及新技术应用一等奖、自治区人民政府重大技术系统研究与决策二等奖，成为自治区科技创新示范企业、内蒙古建筑业科技进步先进单位。多次获得全国用户满意工程奖、全国水利系统文明建设工地、中国优秀水利企业、全国水利优秀施工企业奖，其中

两项参建工程获得大禹奖。

公司设党委、董事会、监事会、工会、15个职能部门、4个施工处、1个监理中心。其中，第一工程处驻地巴彦淖尔市磴口县，第二工程处驻地包头市土默特右旗，第三工程处驻地巴彦淖尔市乌拉特前旗。

【设备设施】

公司有种类较为齐全的水利水电工程施工专业机械设备，包括基础处理、大型土石方、混凝土、清淤及排水、金属结构制造及安装、试验检验等机械设备，机械设备总台数为941台（套），总功率12500千瓦，机械设备完好率70%。基础设施为第一工程处、第二工程处、第三工程处基地及内蒙古黄河工程局股份有限公司本部基地。本部及各处基地设施面积13.59万平方米，其中建筑面积2.13万平方米，主要包括办公场所、车间、仓库等。

【工程建设】

公司全年完成施工产值3.44亿元，主要施工项目包括伊金霍洛旗掌岗图景观水系开元路工程，巴彦淖尔市中以（中国和以色列）防沙治沙生态产业园引黄灌溉工程、乌梁素海生态补水工程烂大渠新建提水泵站工程、引绰济辽工程PCCP管线施工五标段工程、黄河杭锦旗

■图35　伊金霍洛旗掌岗图景观水系开元路工程采用公司自行设计铜片止水加工成型机，一次成型铜片止水，减少铜片止水的焊缝数量，提高铜片止水施工质量

■图36　巴彦淖尔市中以防沙治沙生态产业园引黄灌溉工程DN1600PCCP管道铺设

■图37　黄河内蒙古段二期防洪工程坝垛段衬砌

■图38　山西省中部引黄工程施工21标段隧道喷锚支护段

段道图下游段险工应急抢险工程、黄河内蒙古段二期防洪工程达拉特旗335+050~357+800段堤防防渗工程、和林格尔县陈梨夭水库灌区节水改造项目设计施工总承包、山西省中部引黄工程施工21标段、山东省济南市长清区黄河滩区旧村台改造提升一期第二批29标段工程等。完成主要实物工程量包括土石方开挖208万立方米，土石方回填198万立方米，钢筋制安1800吨，混凝土7万立方米，地下连续墙5625立方米，水泥搅拌桩8.4万平方米。其中，伊金霍洛旗掌岗图景观水系开元路工程于2019年12月19日中标，2019年12月21日开工，2020年未受新冠肺炎疫情影响，工程按照业主节点工期顺利完成；巴彦淖尔市中以防沙治沙生态产业园引黄灌溉工程设计施工总承包项目包括引、输水渠道4千米、输水管线4.5千米，新建蓄水池1处，提水加压泵站1座以及渠道各类建筑物10座，2020年6月4日工程开标，6月10日组织人员设备进场开始施工，7月30日按期完成4.5千米输水管道及各建(构)筑物的施工，在合同工期内保证工程通水，工程进度、质量、安全等得到业主及监理单位的认可。

【应急救援】

7月，公司在呼和浩特总部召开防汛抗旱应急抢险救援工作推进视频会，公司属各处、各应急抢险大队在各自分会场参加会议。公司党委书记、董事长、防汛抗旱应急抢险救援领导小组组长刘玉国传达学习6月28日习近平总书记对防汛救灾工作提出的“要求全力做好洪涝地质灾害防御和应急抢险救援，坚持人民至上、生命至上，切实把确保人民生命安全放在第一位落到实处”的重要指示精神。按照“坚持预防预备和应急处突相结合”的原则，对防汛应急抢险救援工作进行强调，要求公司作为自治区应急管理厅和呼和浩特市应急管理局两级单位的应急抢险战略合作单位，必须做到“召之即来、来之能战、战之能胜”，各抢险大队要认真落实人员、机械设备等情况，特别是机械设备，要及时检查维护好应急抢险机械设备，保证机械的完好性，确保装备拉得出、用得上。公司总经理、防汛抗旱应急抢险救援现场总指挥强调，从即日起所有应急抢险领导小组成员及现场指挥部成员、各抢险大队负责人随时听令，手机24小时开机确保通信畅通。公司与呼和浩特市应急管理局签署《呼和浩特市防汛抗旱应急抢险救援队伍合作框架协议》。9月，自治区应急管理厅在公司本部举行抢险队伍交接应急装备仪式，向公司移交抢险救援设备推土机TS160—3、轮胎式装载机、现代ROBEX挖掘机各1台。

■图39　9月20日，自治区应急管理厅向内蒙古黄河工程局股份有限公司、绰勒水利水电股份有限公司抢险队伍交接应急装备仪式

【商标注册】

1月28日，国家知识产权局批准内蒙古黄

河工程局股份有限公司商标注册,所核定使用商品/服务项目(国际分类:6;37)。

【体系认证】

9月,北京中水源禹国环认证中心对内蒙古黄河工程局股份有限公司的职业健康安全管理体系换版工作和质量、环境、职业健康安全管理体系进行监督审核,批准内蒙古黄河工程局股份有限公司保持认证注册QMS(质量管理体系 Quality Management System)、EMS(环境管理体系 Environmental Management System),保持认证注册并更新认证证书OHSMS(职业安全卫生管理体系 Occupation Health Safety Management System)。

【人事管理】

公司注重人员法律、安全、技术等方面的培训,全年组织网络或面授形式的各类培训9次,累计培训184学时/人次,参加培训377人次。修改和补充完善后企业运行中的安全生产规章制度、安全操作规程等,安全生产管理知识和生产技术,建筑工程施工技术等。

截至2020年,公司在册职工943人,其中女职工143人;各类专业技术人员323人,其中高级职称的71人、中级职称104人、初级职称100人、中高级技工(师)48人。

【荣誉奖励】

6月,公司第三工程处党委获自治区水利厅2020年度"先进基层党组织"称号、公司总工程师吴尚智获2020年度"优秀共产党员"称号。8月,公司承建的内蒙古阿拉善腾格里经济技术开发区供水工程净水厂工程获自治区水利工程协会2019—2020年度"内蒙古自治区水利工程优质奖"。公司职工活动室获呼和浩特市总工会"职工创新工作室"。

# 盟市水利

MENG SHI SHUILI

## 呼和浩特市

【市水务局负责人名录】

党组书记、局　长：赵永富

党组成员、副局长：云魁伟（蒙古族）

党组成员、副局长：聂云霞（女）

党组成员、副局长：尚　军

副局长：师学峰

【概况】

呼和浩特市水务局内设办公室、人事科、财务科、规划计划科、水土保持科、水资源管理科、水政科、河湖管理科、水利工程建设科、运行管理监督科、供水管理科、排水管理科、机关党委13个职能科室。所属水资源管理局、排水事业管理局、水利勘测设计院、水务工程质量与安全监督站、农区水务综合执法支队、水土保持站、大黑河管理局、河道管理处、哈拉沁水库管理处、大中型水利水电工程移民后期扶持办公室、重点工程办公室、水旱灾害防御中心、水质监测中心、水费征收中心14个事业单位。

全市主要河流有什拉乌素河、红河、美岱沟、黄河、环城河、大黑河6条，湖泊有哈素海1个；年降水量401.8毫米。全市有建成水库39座，其中中型9座、小（1）型19座、小（2）型11座，合计总库容49124万立方米。塘坝51座、窖池1.53万座；泵站129座、水闸810座；城乡供水工程1.12万处，其中城乡集中式供水工程1546处、农村分散式供水工程9638处。机电井4.23万眼。全市有堤防长度590.32千米，渠道总长度6436.92千米，灌区数量32处，灌溉面积21.7万公顷。其中，耕地灌溉面积（有效灌溉面积）21.27万公顷，林地灌溉面积3600公顷，园地灌溉面积7800公顷。节水灌溉面积19.92万公顷，喷灌面积2.92万公顷，微灌面积3.5万公顷，低压管灌面积1.59万公顷，渠道防渗面积11.82万公顷，其他面积8400公顷。

【水政】

市水务系统落实《法治政府建设实施纲要（2015—2020年）》，践行“节水优先、空间均衡、系统治理、两手发力”的治水思路，提高依法治水管水能力水平。市水务局组织起草《呼和浩特市节约用水管理条例（草案）》并报市人民政府通过。9月，自治区第十三届人民代表大会常务委员会第二十二次会议批准呼和浩特市人大常委会关于修改《呼和浩特市节约用水管理条例》决定；组织起草《呼和浩特市城区建设项目施工降水管理办法（草案）》《呼和浩特市城镇非居民用水超定额（计划）累进加价费征收管理办法（草案）》《呼和浩特市城市二次供水管理办法（草案）》，上报市人民政府。依据国家相关水法律法规，梳理修正原有涉水权力清单事项，修正后的涉水权力清单180项，其中许可类2项、行政确认2项、行政奖励1项、行政处罚159项、行政强制措施1项、行政强制执行6项、行政监督检查9项。聘请律师为局机关法律顾问，为水行政执法、水规范性文件合法性审查等水法务提供法务支持。严格实施执法公示制，通过双公示平台和呼和浩特市协同监管平台及时公示公开涉水行政许可、行政处罚、权责清单、执法人员执法资格以及“双随机、一公开”事项清单、依据、程序等，规范事前公示。年内，实现事务所律师在市水务局水政科专职执业，为水行政处罚执法决定提供专职法制审核。

针对2018年中央环保督察“回头看”提出违规取用地下水行为查处力度不足问题，督导全市22家违规取用地下水工业企业进行整改。6—9月，自治区水利厅和自治区水政监察总队全面核查整改资料、重点核查整改企业，22家违规企业完成整改销号。封闭地下水超采区自备井54眼，完成年度任务。年内，市水务局组织完成“十二五”新增灌溉机电井整治工作任务，对“十二五”期间新增的8103眼灌溉机电井发放取水许可证。水务综合数据库接入8家用水户，对18眼地下水水源井进行实时监测。

【水资源】

市水务局制定印发《呼和浩特市最严格水资源管理考核细则》，完成对各旗县（区）实行最严格水资源管理制度考核。全市用水总量10.08亿立方米，未超总量控制指标10.74亿立方米。农田灌溉水有效利用系数0.643。万元国内生产总值用水量38.99立方米；万元工业增加值用水量19.71立方米；全市公共供水管网漏损率9.98%。全年再生水生产量15862万立方米，回用量7922万立方米，利用率50%。国家重要江河湖泊水功能区水质达标率为75%。开展全市取用水管理专项整治行动，对全市取水口进行核查登记，完成近3万个取水口核查登记工作。建立市级“用水统计调查直报管理系统”“取用水管理专项整治信息系统”等水资源网络平台系统，开通“取水许可电子证照系统”。在编制完成《呼和浩特市水资源综合利用规划（初稿）》基础上，结合和林格尔新区用水情况，完善《呼和浩特市水资源综合利用规划》，并通过专家审查。7月，市水务局编制完成《呼和浩特市水资源利用与保护专题研究报告》，并提交市自然资源局。对地下水超采区治理，全市大型孔隙浅层地下水超采区总超采量为3892万立方米，全年治理目标是压采总超采量的60%（2335万立方米）。10月，经自治区人民政府同意，对呼和浩特市大型超采区2020年阶段性目标任务予以销号。

全年，全市11个地下水水厂总供水量6841万立方米，供水保证率95%以上。对9个城市饮用水水源井水质监测12次，监测指标29项，达标率100%。黄河水源地取水口供水设施、取水和输水工程运行良好。年取水11104万立方米，供水保证率95%以上。地表水饮用水水源地水质监测断面1个，为黄河的引黄入呼取水口断面。全年监测12次，监测指标62项，达标率100%。

【水旱灾害防御】

市水务局落实水旱灾害防御工作中“测、报、防”职责，建立汛情多部门联合会商研判制度，联合市气象、水文等部门强化雨情、汛情会商研判制度，及时准确地预测预报雨情水情。指导各旗县（区）落实山洪灾害防御、水库安全度汛，强化山洪灾害预警的村级“三个责任人”

（行政负责人、监测负责人、转移负责人）和水库的“四个责任人”（行政责任人、主管部门责任人、技术责任人、管理单位责任人），多次督促责任人履职履责，严格落实水库“四预措施”，切实把水库的预报、预警、预演、预案措施落实到位，强化汛期水库联合调度，有效防范山洪灾害。编制《呼和浩特市水旱灾害防御预案》，完善水库和重要河流的防汛应急预案。

开展涉水领域专项整治排查和专项整治，主要包括水务行业安全生产风险隐患排查、水库安全运行专项排查等。按权限参与水务建设工程项目招投标资质审查以及新技术、新材料等的认定。全年监督的重点项目5项，分别是陈梨夭水库灌区节水改造工程、大黑河灌区续建配套与节水改造工程（2020年项目）、麻地壕扬水灌区续建配套与节水改造工程（2020年）项目、清水河县水泉河防洪工程、呼和浩特市城市黑臭水体治理示范城市项目——排水管网部分工程。对全市42座中小型水库开展安全运行专项检查鉴定。通过鉴定，对和林格尔县3座水库实施报废，对武川县1座水库实施降等。

对全市水库全部落实“四个责任人”，建立职责清晰、分工明确、有效衔接的安全管理责任体系。各旗县（区）印制水库“掌中册”，让每个责任人掌握水库的基本情况和职责任务要求。落实水库预报、预警、预演、预案等安全度汛措施，督促水库管理单位修编水库调度运行方案、应急预案，配备水雨情测报设备。按照《汛限水位监督管理规定》，严控水库擅自超汛限水位运行，对于淤积严重的水库要求汛期必须空库运行，特别是对于已鉴定为三类坝的病险水库，落实限制运用措施，确保水库安全度汛。

【饮水安全】

完成饮水安全工程建设总投资3775万元，受益人口30.6万人，其中氟超标改水受益人口300人、苦咸水改水受益人口2.18万人。完成中央维修养护补助资金475万元，受益人口34.76万人。经过各级水务部门精心组织设计、施工，全市农村集中供水率得到进一步提高，所有供水工程的水质、水量、用水方便程度、供水保证率等评价指标，均达到了脱贫攻坚农村饮水安全保障的目标。全面推进黑臭水体示范城市建设、地下水超采区治理及饮水安全脱贫攻坚等城乡水务重点工作。

【节约用水】

6月，市水务局编制完成《呼和浩特市节水行动实施方案》。7月，《呼和浩特市人民政府办公室关于印发〈呼和浩特市节水行动实施方案〉的通知》正式印发。组织开展2020年度水利行业节水机关建设工作，赛罕区农牧水利局、土默特左旗水务局、托克托县水务局、和林格尔县水务局、武川县水务局建成2020年度水利行业节水机关；授予中国石油天然气有限公司呼和浩特石化分公司、内蒙古丰泰发电有限公司2020年度“呼和浩特市节水型企业”称号。在“世界水日”“中国水周”期间，组织9个旗县（区）水务局同步开展宣传活动。开展节水进校园，节水进企业，节水进机关活动，内蒙古农业大学、内蒙古阜丰生物科技有限公司、内蒙古自治区人民医院、自治区广播电视局机关事务中心等单位，在本单位张贴节水标语和节水口号、播放节水公益广告；到呼和浩特市蒙古族幼儿园、赛罕区先锋路小学开展节水宣讲活动，提高家长和孩子“爱水、珍水、护水”的意识。

全面推进农业水价综合改革，农业水价综合改革是发改、财政、水利、农牧四个部门联合推进的工作；水利部门负责完善大中型灌区骨干工程和供水计量设施，落实农业用水总量控制和定额管理，加强用水管理，会同农业农村部门建立健全田间工程管护机制等工作；全市改革面积21.27万公顷，涉及9个旗县（区），截至10月底，全市完成5.71万公顷的改革任务。市水务局将农业用水总量分配到各旗县（区）。

**【河湖长制】**

全年呼和浩特市总河湖长主持召开3次市河湖长制工作领导小组会议，统筹河湖长制相关工作；制定印发《呼和浩特市全面推进河长制湖长制2020年重点工作方案》《呼和浩特市全面推行河长制湖长制两年行动实施方案（2020—2021年）》2个市总河湖长令。各级河湖长累计巡查3594人次、1.02万千米。修编146个“一河（湖）一策”方案，编制完成大黑河、环城水系、哈素海、海流水库水生态综合治理规划；全面完成水利普查范围内流域面积50~1000平方千米92条河流、114个河段以及水利普查范围外28条河流的划界、公示、上图工作。全年，市级以上主流媒体累计宣传河湖长制工作60余次，更换和维护全市513块河长公示牌，印发《义务巡河员工作方案》。将市级河湖划界成果嵌入奥维互动地图App，提高核查确认“四乱”（乱占、乱建、乱排、乱堆）效率。

■图40　大黑河城区段治理工程

土默特左旗等地在重要河段安装24小时实时视频监控系统，有效解决城乡交界处“乱堆”问题。组织河长制工作培训班2次，河湖划界技术攻关3次，累计培训230人次。

推进“清四乱”工作常态化规范化。2019—2020年水利部检查反馈呼和浩特市67个“四乱”问题全部完成整改，2020年全市排查发现65个河湖“四乱”问题全部整改完毕。市河长办、市水务局联合印发《关于组织开展黄河流域河道采砂专项整治工作的通知》，全面排查全市流域内河道乱采情况，清理整治乱采事件2例，对涉事者进行相应处罚。加强断面水质监测，全市设置21个断面水质监测点，累计取样、检测336个断面，监测超标断面82个，罚款560余万元。4个国控考核断面水质均值均达到国家考核要求。

## 【水利工程建设】

市水务局组织编制《呼和浩特市城市排水防涝设施建设规划》《呼和浩特市城市再生水利用规划修编》《呼和浩特市三河三沟蓝线规划》《呼和浩特市三河三沟蓝线防洪规划》。全年累计下达中央水利计划投资22617.3万元，其中中央投资18294.3万元、自治区投资747万元、地方投资3576万元；累计到位投资19109.3万元，其中中央投资18294.3万元、自治区投资697万元、地方投资118万元；累计完成投资21268万元，其中中央投资18273万元、自治区投资747万元、地方投资2248万元。

全年水利工程建设项目涉及水土保持、中小河流、山洪灾害、饮水安全巩固提升、小型水库维修养护、县域节水型社会补助、农村基层防汛预报预警体系建设、大中型灌区节水改造、农业水价综合改革9大类59个项目，截至年底，开工45个，完工31个。完成投资6028.4万元。

水库除险加固工程。土默特左旗万家沟水库，工程总投资8223.49万元，2015年3月10日开工，截至2020年底，完成投资8097万元；武川县头号水库，工程批复总投资1236.9万元，于2019年11月20日开工，完成投资1065.6万元，主体工程已完工。

大中型灌区续建配套与节水改造工程。黄河麻地壕灌区2020年计划投资9898万元，完成工程前期工作，资金全部下达，年内完成投资5905万元；大黑河灌区2020年下达资金5398万元，进入招投标阶段；哈素海灌区节水配套改造工程，批复总投资1400.26万元，到位资金1400万元，2020年8月完成全部建设任务，等待竣工验收；万家沟水库灌区节水配套改造工程，批复总投资1406.2万元，到位资金1400万元，2018年9月27日开工，年内完成投资700万元；陈梨夭灌区，投资3000万元，2019年底开工建设，年内完成投资2550万元。

中小河流治理工程。清水河县水泉河防洪工程，批复概算总投资2141.9万元，2020年开工建设，下达投资计划1814万元。

小型水库维修养护工程。2020年下达投资计划199万元，截至9月底全部完工。

## 【水土保持】

全年完成生产建设项目水土保持自主验收备案13项，对全市及以上水行政部门审批的在建项目现场监督检查40%。完成市级检查项目74个，配合水利部水利厅检查项目14个，发出水土保持补偿费缴费通知单27份。完成国家水土保持重点工程治理面积42.68平方千米，完成总投资2710.54万元。对全市297座中型以上淤地坝落实行政责任人、技术责任人和巡查责任人。京津风沙源治理工程2020年项目涉及土默特左旗、托克托县、清水河县、武川县、回民区5个旗县（区），批复建设内容包括小流域综合治理面积100平方千米，水源工程207处，节水灌溉348处。批复总投资6775万元。

## 包头市

### 【市水务局负责人名录】

党组书记、局　长：马全旺（8月任职）

党组成员、副局长：汪建军

党组成员、副局长：田季林

党组成员、副调研员：梦晓军（5月退休）

党组成员、纪检组组长：李志钢

四级调研员：张维东

### 【概况】

包头市水务局内设办公室、政工科、计划财务科、水资源管理科、水政科、建设与管理科、城市供水管理科、水利水保科、河湖科9个职能科室，所属水利事业发展中心、水库管护中心、水务综合行政执法支队3个事业单位。

全年水资源取用水总量10.54亿立方米，其中地表水供水量6.58亿立方米、地下水供水量3.32亿立方米、再生水0.65亿立方米，全市自来水供水总量2.07亿立方米。全市水库13座，其中中型水库5座、小型水库8座，水库库容23466万立方米，其中中型水库20821万立方米、小型水库2645万立方米。全市水域及水利设施用地2.77万公顷，其中河流水面0.58万公顷、湖泊水面0.41万公顷、水库水面0.07万公顷、坑塘水面0.77万公顷、沟渠0.76万公顷、水工建筑用地0.18万公顷。

### 【水政】

对标国内一流水平，聚焦“水、快、好”，完善水务审批流程。“获得用水”办理时限缩短至1.5个工作日内办结，并实现“获得用水”手续办理零成本；取水许可等4项行政审批缩短至3个工作日内办结，并全部进驻行政审批大厅。协调解决北控水务集团水生态项目推进过程中存在的问题；为内蒙古华云新材料有限公司配置103万立方米再生水指标；搭建合肥空客食品有限公司与本地瓶装水企业沟通桥梁；主动为万科、富力、绿地、北大科技、金力永磁等企业提供“获得用水”服务；与云南省建设投资控股集团、北京市国奉节水发展股份有限公司、北京万天满星集团、北京水净缘环境科技股份有限公司、厦门市市政工程设计院有限公司、稀水（厦门）生态科技有限公司等企业进行座谈交流，就包头市供排水、再生水利用及水务投融资等事宜进行沟通，搭建与包头市水务集团合作洽谈的桥梁。全年承办人大建议、政协提案15件，供水服务热线“96266”受理信息8.86万件，“市长热线”“行风热线”、媒体以及来电来访反映问题，全部办结。

【水资源】

完成年度水资源管理“三条红线”控制目标。全市年度用水总量控制在10亿立方米左右，万元国内生产总值用水量较2015年下降24.97%，万元工业增加值用水量较2015年下降18.38%，农田灌溉水有效利用系数0.59，封停关闭城区自备井65眼。

开展黄河水权转让工作。通过工业反哺农业，农业节水支持解决工业发展用水问题，推进水资源的高效利用和优化配置，完成5个水权转让节水工程竣工验收，以有限的黄河取水指标保障新增工业项目用水需求。

落实节水优先方针。推进节水型社会建设，通过国家节水型考核验收。完成达尔罕茂明安联合旗、土默特右旗、昆都仑区、青山区、东河区县域节水型社会创建工作；发挥行业领域示范引领作用，包头市水务局、达尔罕茂明安联合旗水务局和固阳县水务局创建成为水利行业节水机关。开展全市取用水管理专项整治行动取水口核查登记，审核通过取用水单位699家，取水口（井）1582个。

推进环保督察反馈问题整改。完成昆都仑区、东河区和土默特右旗3个地下水超采区综合治理工作各项治理目标，全面整治“十二五”期间新增农业灌溉机电井，18家违规取用地下水企业全部整改完成，中央环保督察及“回头看”反馈意见涉及问题已全部销号。自治区环保督察指出“水权转让工作严重滞后，违规取水时有发生”问题，制定整改措施11条，已完成6条，按进度推进整改5条。

【水旱灾害防御】

加强监督预报预警，全面排查水库、山沟、河道、堤防等水利设施隐患，修订完善各类预案，做到责任到人、措施到位、科学防范，成功应对黄河2020年第1号、第2号、第4号洪水过境。编制完成包头市城市超标准洪水防御预案。对土默特右旗美岱召、朱尔圪岱和固阳县阿塔山3座中型水库进行安全鉴定，报废固阳县小石拐、三成仁壕和土默特右旗发展和改革委员会水涧沟3座小型水库，总投资3.19亿元的昆都仑水库除险加固工程通过国家和水利部审核。实施小白河防凌应急分洪区续建工程，打通小白河九原库区和高新区库区，新增水面200公顷。基本完成达尔罕茂明安联合旗艾不盖河、固阳县五当沟和昆都仑河防洪工程建设，全面提升河道防洪标准。

【饮水安全】

修订《包头市城镇二次供水管理办法》，实施供水管网节水改造等3个项目，完成205个老旧小区二次供水管网更新改造。加大管道直饮水建设力度，新建水站8座，分站1座，受益人口9.3万人。全市管道直饮水设施覆盖率81.09%。为青山区富强路1号街坊、2号街坊、5号街坊、6号街坊、亚麻小区以及昆都仑区黄河小区开通直饮水。争取上级财政资金2466万元，建设各类工程307处，安装单户水处理设备6741台，其中贫困户安装1078台，解决和改善6个旗县（区）26.02万人的饮水安全问题。

【河湖长制】

强化水域岸线管控,完成全市292条河流的划界任务,编制包头市首批《"两河两湖"水生态综合治理规划》("两河两湖"即二道沙河、四道沙河、南海湖、腾格淖尔湖)和新一轮《"一河一策"(2021—2023年)实施方案》。开展河湖治理"春季""秋季"行动,各级河湖长累计巡河巡湖2000余人次,全市排查整治"四乱"问题39处,平整河道3千米,完成河道坝体及土方修整约1.2万立方米,抽排污水1700立方米,清理河道内污泥约3100立方米,清除垃圾1.5万立方米,清理陈年违章建筑物2处。

【水土保持】

推进城市水生态综合治理,对二道沙河110国道至建设路段5.2千米、四道沙河京包铁路至入黄口5.4千米进行综合治理,完成景观绿化34.3万平方米,城区河道两侧水生态水环境质量提升。完成京津风沙源、生态清洁小流域、淤地坝除险加固等水土保持工程,全市新增水土流失治理面积4.13万公顷,改善区域生态环境,增加林草覆盖度。

■图41　包头市四道沙河综合治理工程

## 呼伦贝尔市

【市水利局负责人名录】

党组书记、局　长:银　山(蒙古族)

党组成员、二级调研员:吕长宽

党组成员、副局长:康　锋(蒙古族)

党组成员、副局长:洪国华

党组成员、副局长:刘喜军(满族)

【概况】

呼伦贝尔市水利局内设办公室、计划财务科、水政科、水资源管理科、河湖管理科、水利工程建设科、运行管理监督科、农牧水利水保科、机关党组织9个职能科室。所属水利水电工程管理与质量监督站、水土保持工作站、国际界河工程管理处、水资源管理站、水利规划设计研究院、水旱灾害防御中心、农牧灌溉排水中心、水政监察支队8个事业单位。

2020年,呼伦贝尔市各级水利部门按照"水利工程补短板"的要求,全力推动各项水利工程建设。全年水利工程项目累计下达资金4.53亿元,其中中央资金3.07亿元、地方资金1.46亿元,涉及重要支流治理、中小河流治理、农村牧区饮水安全巩固提升工程、侵蚀沟治理等项目。全年累计完成投资3.3亿元,其中中央投资2.39亿元、地方资金9100万元。

【水资源】

完成2019年度自治区人民政府考核最严格水资源管理制度工作,考核结果为优秀,位列全区第一。严把取水许可审批关，完成13个项目的水资源论证审查工作。对辖区内纳入取水许可管理范围内的取用水户实行计划用水管理，对市本级管理的24家取用水户下达计划用水批复。优化营商环境，加强事前服务，取水许可审批时限缩短至12天。

2020年，全市农业水价综合改革投资627万元，改革目标任务3万公顷，全部完成投资。农田灌溉水有效利用系数目标要求为0.61，测算分析0.63。

【水旱灾害防御】

全市降雨呈现时间、空间分布不均，水旱灾害局地频发，部分地区旱涝急转。市水利局加强监测预警、联防联动，由注重灾后救助向灾前预防转变强化灾情预警。全市各级水利部门坚持“安全第一、常备不懈、以防为主”的方针，建立防汛减灾包干责任制，落实43座水库的行政责任人、技术负责人和水库巡查管理人员，并在新闻媒体上公示，做到任务到人、责任到人。修订完善水库、水电站、堤防、山洪灾害等各类预案，在汛期前针对水库、堤防等重要防汛设施开展防汛大检查，对全市山洪灾害预报预警监测设备进行全面排查，发现问题立行立改，全年市级发布各类预报预警信息150余条，实现由救到防、关口前移的转变。由应对单一灾种向综合减灾转变强化综合施策。针对牧区受降雨稀少影响草场近9成受旱减产，由市水利局统筹，全市各级水行政部门根据实际情况，组织人力、物力、财力通过加固险工险段防范洪涝灾害、抢打抗旱机井应对罕见旱情等措施，全市投入防汛抗旱人数5000余人次、资金近3000万元，抢打抗旱机电井535眼，投入抗旱设备2600台（套）。

【饮水安全】

全市农村牧区饮水安全巩固提升工程第一批总投资1155万元，完成全部投资；第二批总投资1854万元，完成1483万元，完成绩效考核目标任务。2020年中央维修养护第一批资金下达442万元、第二批下达81万元、扶贫资金下达1322万元，以上已全部完成。

市水利局全力保障贫困地区饮水安全，将全市建档立卡贫困人口饮水安全工作作为重点工作，倒排工期、挂图作战，实现现行标准下贫困人口饮水安全问题全部解决的目标，全市建档立卡贫困人口4.65万户、12.31万人全面实现饮水安全。

【河湖长制】

以河长制湖长制为抓手，以“清四乱”为重点，全面推进河湖治理监管，实现全面监管“盛水的盆”和“盆里的水”。全面落实“河湖长制”，2020年，自治区水利厅公布考核结果，市水利局2019年度考核成绩位列全区第二。各级河湖长及河长办累计巡河湖1.34万人次，巡河里程4.7万千米。在全市范围内开展河湖管护“春季”“秋季”行动，“清四乱”自查发现问题415个，已整改或进入司法程序403个。推进河湖水域岸线划界及利用管理保护规划编制，完成规模以上河湖（流域面积1000平方千米以上河流、水面面积1平方千米以上湖泊）划界成果审核修订工作，复核规模以下河流划界名单。完成规模以上河流划界60条，划界长度1.18万千米；规模以下河流749条，划界长度1.77万千米；完成水普外小微水体河流划界34条，划界长度431.06千米，完成湖泊划界88个。结合扫黑除恶专项斗争落实采砂管理责任，对河道采砂审批、监管、巡查及执法等做出明确要求，完成全市有采砂任务的敏感水域河段责任人名录统计及公示。

【水利工程建设】

健全水利市场监管机制，组织检查组10余次到水利工程建设现场对工程建设进度、质量、安全生产工作进行监督检查，及时反馈发现问题并限期整改。全年完成甘河治理工程、诺敏河治理工程等10余项水利工程建设。其中，甘河治理工程总投资26565.79万元，2020年下达资金计划8542万元，完成投资2430.46万元；诺敏河治理工程总投资16686.72万元，2020年下达资金计划4687万元，到位4563万元，完成投资3974万元；音河治理工程总投资13459.47万元，2020年下达资金计划3459万元，到位2501万元，完成投资3459.47万元；根河治理工程总投资16247.76万元，2020年下达资金计划4595万元，到位3308万元，完成投资1849.41万元；阿荣旗阿伦河支流治理工程总投资4747.92万元，到位资金1870万元，完成投资1800万元；扎兰屯市务大哈气河治理工程总投资1855.4万元，到位资金1573万元，完成投资1300万元；额尔古纳市拉布大林镇那尔木格其河河道治理工程，到位资金2000万元，完成投资1717.6万元；鄂温克族自治旗辉河河道治理工程，到位资金2499万元，完成投资240万元。尼尔基水利枢纽下游内蒙古灌区工程，批复总投资91969.46万元，完成投资91710万元。田间工程批复灌溉总面积1.8万公顷，总投资4.27亿元，累计完成2700公顷，完成投资1094万元。

■图42　诺敏河治理工程

■图43　阿荣旗阿伦河支流治理工程支流治理

【水土保持】

2020年，中央财政水利发展资金东北黑土区侵蚀沟综合治理工程总投资6625.9万元，完成投资5717.27万元，完成任务的90%。年内，市水利局接受鄂伦春自治旗甘河镇甘东村采石场项目、呼伦贝尔市中荣食品有限公司8万头肉牛及30万只羊屠宰加工建设项目、呼伦贝尔中荣畜牧业有限公司育肥牛养殖示范基地建设项目、呼伦贝尔驰宏矿业有限公司氧压浸出渣资源化综合利用项目、滨洲铁路呼伦贝尔哈拉苏牵引站220千伏外部供电工程、滨洲铁路嵯岗牵引站220千伏外部供电工程、伊敏露天矿内排土场光伏电站项目(10兆瓦)7个生产建设项目水土保持设施自主验收报备,并进行公示。

## 兴安盟

### 【盟水利局负责人名录】

党组书记、局　长:郭凌云(女　蒙古族)

党组成员、副局长:杨卫东(蒙古族　1月离任)

副局长:宋跃平(蒙古族)

党组成员、副局长:赵立和

党组成员、副局长:刘峪伯(5月任职)

纪检组组长:黄兆宏

### 【概况】

兴安盟水利局内设办公室、计划财务科、建设运行管理与水旱灾害防御科、水土保持与移民安置科、农牧水利科、水政水资源与河湖管理科、机关党建人事科7个职能科室。所属水土保持工作站、水政监察支队、察尔森水库下游灌区建设管理局、水利规划研究院、水利工程建设质量与安全监督站、河湖管理保护中心、水利工程移民安置管理中心、防汛抗旱调度(信息)中心8个参公、事业单位。

兴安盟水普内流域面积50平方千米以上河流315条,总长度约1万千米,其中规模以上河流27条,规模以下河流288条。水普外河流14条,流域面积在30~50平方千米。湖泊总数35个,水普内14个、水普外21个,水面总面积约70平方千米。水面面积1平方千米以上的湖泊19个,其中水普内湖泊12个、水普外7个。2020年,全盟水利工程总供水量12.59亿立方米,其中地表水源供水8.25亿立方米、地下水源供水4.3亿立方米。非常规水源供水0.04亿立方米。其中,农业用水量为11.33亿立方米,工业用水量0.23亿立方米,综合生活用水量0.58亿立方米,生态用水量0.45亿立方米。

“十三五”期间,兴安盟落实最严格的水资源管理制度,推进水生态环境安全保障。全面落实河湖长责任制度,构建双总河湖长体系,并设立“盟旗乡村”四级河湖长。全年,万元国内生产总值用水量、万元工业增加值用水量比2015年分别下降27%、59%以上。地表水水质稳定达到Ⅲ类水体要求,洮儿河、归流河、蛟流河、霍林河、绰尔河、哈拉哈河、察尔森水库重点河流湖库布设的10个监测断面,达到Ⅱ类水体断面8个、Ⅲ类水体断面2个。全盟8个旗县级及以上集中式饮用水水源地水质达标率为100%。自治区投资规模最大的水利项目引绰济辽工程进入全面施工阶段,绰勒水库下游灌区骨干工程顺利完工。

### 【水政】

优化涉水营商环境,重新梳理权责清单,推进“互联网+监管”,完善市场准入负面清单制度。工程质量监督管理和水利安全生产工作按监督层级,对42个跨年度在建项目开展全程质量监督和安全生产检查。完成水利行业安全生产专项整治三年行动2020年度工作任务，推进水利工程各参建单位质量终身责任制，全年未发生重特大安全生产事故。在全区2019—2020年度水利建设质量工作考核中位列第三。

【水资源】

全年全盟用水总量12.59亿立方米，万元国内生产总值用水量与万元工业增加值用水量持续下降，农田灌溉水有效利用系数0.553，国家重要水功能区达标率100%。取水许可监管，组织开展取用水管理专项整治行动和取水口核查登记，全盟核查登记取水口7.83万个，全面完成机电井核查登记工作，完成中央环保督察反馈的“十二五”期间新增灌溉机电井问题整改工作。加强计量监控，全盟第一批重点用水户在线监测设施安装率达100%。推进节水型社会建设，编制完成《兴安盟地下水生态保护治理规划》，发布实施《兴安盟节水行动实施方案》，节水型机关、事业单位累计建成命名率分别达到50%、30%，乌兰浩特市、科尔沁右翼前旗、扎赉特旗县域节水型社会达标建设工作通过国家验收，全盟“县域节水型社会”达标率达到50%。水稻节水试验研究全面展开并取得阶段性成果，初步形成水稻高产节水综合技术集成体系。历时6个月完成全盟水利风景资源保护与利用调查并通过水利部验收，为全盟水利风景区打造奠定基础。

持续推进农业水价综合改革工作，投入737万元，新增改革实施面积4万公顷。科学调度大中型灌区引供水，保证4.67万公顷水田用水，绰勒水利枢纽下游内蒙古灌区8107公顷田间工程建设。

■图44　兴安盟义勒力特引水枢纽

【水旱灾害防御】

春播期间，全盟55.33万公顷作物受旱，累计投入抗旱资金7843.52万元，投入11.8万人次、2.28万眼机电井、0.6万辆运水车辆、1.4万台抗旱设备开展抗旱播种浇灌，挽回粮食及经济作物损失16.7万吨。入汛后，全盟各地累计降雨量较多年平均值多40%。盟水利局成立5个专家组，强化汛情水情监测预报和防汛工作监督检查，落实防范超标洪水、山洪灾害防御、水库安全度汛等重点任务，落实水库防汛“三个责任人”。同时，对全盟6个旗县（市）的34个重点部位、重点风险点开展为期3个月的盯防工作。汛期发布暴雨预警40余次，预警信息1200余条，有效应对强降雨过程特别是罕见的“巴威”台风的影响，确保汛期没有发生较大的险情和洪涝灾情。

【饮水安全】

对饮水安全问题排查整改，针对单户净水设备使用情况全面排查，提高设备使用率。农村集中供水率达到82.4%，集中供水工程水费收缴率达到96%。全年投入7582万元，其中中央和自治区专项资金3582万元、整合资金4000万元，新建、改扩建各类饮水安全工程430处，全盟59.5万农牧民群众饮用水条件达到安全标准，如期完成苦咸水饮水型氟超标改水项目。

【河湖长制】

构建双总河湖长体系，各级河湖长工作责任，河湖“清四乱”、河道非法采砂整治等问题长效常治。年内，盟旗乡三级河湖长累计巡河湖8340次，发现的12个河湖“四乱”问题和水利部进驻式暗访发现的9个河湖“四乱”问题全部整改完毕。流域面积50平方千米以上河流需划界的全部完成划界，23个湖泊完成划界。盟旗乡三级“一河（湖）一策”修编和“两河两湖”水生态综合治理规划编制工作完成。河湖治理“春季”“秋季”行动和河湖及水库周边垃圾清理专项行动完成。针对非法采砂问题进行2次扫黑除恶专项行动，移送公安机关非法采砂案件4起，整治非法采砂点3处，清理非法砂石4400立方米、建筑和生活垃圾110吨，拆除违法建筑1.2万平方米。

【水利工程建设】

2020年，争取国家和自治区水利项目投资2.41亿元，争取地方政府专项债券3.8亿元，其中引绰济辽工程3亿元、绰勒灌区田间工程8000万元。整合1.06亿元高标准农田项目资金，用于绰勒灌区田间工程，整合4000万元涉农资金用于饮水安全。

2020年，兴安盟落实各类水利投资21.8亿元，累计完成投资19.43亿元，纳入水利部月报统计工程投资完成率93.07%，列全区第六位。引绰济辽工程累计完成投资过半，移民征地一期工作基本结束，完成枢纽工程围堰截流，完成二期工程可研报告并待审批。全面完成察尔森水库下游灌区续建配套与节水改造“十三五”建设任务。完成绰勒灌区骨干工程，全面开工建设田间工程。完成4座中小

■图45　建设中的绰勒水库下游灌区

■图46　兴安盟义勒力特镇胜利嘎查水稻田

■图47　兴安盟科尔沁右翼中旗贾哈达小流域水土保持综合治理工程——沟道治理工程

型水库安全鉴定工作及3个中小河流治理项目。

【水土保持】

全年完成水土流失综合治理面积4.62万公顷，超额完成自治区下达的治理任务。争取水土保持项目资金1.04亿元，较2019年增加26.4%，新开工建设国家水土保持重点工程10个小流域、侵蚀沟综合治理工程3个项目区（65条侵蚀沟）、1个生态清洁小流域。全年累计完成投资9569万元，投资完成率92.02%。组织开展2次生产建设项目水土保持遥感监管疑似图斑核查。全年征收水土保持补偿费3014万元，较2019年增加75%。

## 通辽市

【市水务局负责人名录】

党组书记、局　长：张玉清

党组成员、副局长：张喜富

副局长：管长山

党组成员、副局长：徐振喜（蒙古族）

党组成员、副局长：李建国（蒙古族）

【概况】

通辽市水务局内设办公室、计划财务科、水利工程建设科、农牧水利科、水资源管理科、运行管理监督科、水政科、河湖管理科8个职能科室。所属西辽河总办窝堡水利枢纽管理处、台河口水利枢纽工程管理处、河湖管理中心、市水政监察支队、水利技术推广站、乌力吉木仁水利枢纽工程管理处、西辽河枢纽工程管理处、水资源保护利用中心、辽河供水管理处、牧区水利工作站、水土保持局、水利工程建设质量与安全监督站、吐尔吉山水库灌区管理处13个事业单位。

通辽市境内大小河流201条，河流总长度合计7516千米，其中水普内河流149条，水普外河流52条。水普内河流中规模以上河流29条，规模以下河流120条。水普内湖泊44个，水普外湖泊31个，划界上图63个，现状水面总面积80平方千米。全市有108座水库，修筑主要河流堤防2090千米，建成大中型河道水利枢纽11座，完成水库除险加固和江河治理任务31项，治理水土流失面积82.53万公顷，解决农村牧区饮水安全人口166万人，基本实现饮水安全全覆盖。累计建成万亩以上灌区48座，全部为井渠双配套灌区，其中大型灌区3座（西辽河灌区、莫力庙灌区、舍力虎灌区），中型灌区45座。2020年，全市水利工程总供水量27.26亿立方米。其中，地表水源供水0.56亿立方米、地下水源供水26.18亿立方米、非常规水源供水0.52亿立方米。其中，农业用水量为23.90亿立方米，工业用水量0.69亿立方米，综合生活用水量2.20亿立方米，生态用水量0.47亿立方米。

## 【水政】

成立市水务局法治政府建设工作领导小组，制定《2020年普法和法治政府建设工作方案》，印发《通辽市水务局制度汇编》，涉及党组会议、民主决策、重大事项研究、党风廉政、意识形态、工作纪律、信访办理、干部任免、信息保密、行政处罚、技术审查、合同管理、财务管理、“三重一大”、项目管理等58项制度。落实“放管服”改革任务，市水务局承担的行政权力事项有193项，其中行政许可类15项、行政确认类2项、行政奖励类1项、行政处罚类159项、行政强制类7项、行政监督检查类8项、其他行政权力1项。开展“七五”普法，以“世界水日”“中国水周”“安全生产月”为契机，宣传《中华人民共和国水法》等法律法规，开展“法律六进”活动，围绕节约用水、宪法宣传、扫黑除恶等主题，与学校、社区、基层单位等开展法律法规的宣传工作。

## 【水资源】

开展中央环保督察及“回头看”问题整改，完成科尔沁区和霍林郭勒市超采区治理任务、“十二五”新增机电井整改等全部整改工作。完成自治区生态环境保护督察反馈意见整改，提高再生水利用率。完成自治区党委第二巡视组对通辽市开展煤炭资源领域专项巡视反馈意见涉及取水管理整改。组织完成优化营商环境评议。推进县域节水型社会达标建设，督导霍林郭勒市、扎鲁特旗巩固建设成果使用好上级补助资金，部署开鲁县、奈曼旗开展县域节水型社会建设，组织完成全市水利节水机关建设。部署各旗县（市、区）开展饮用水水源地安全保障达标评估、建设。完成用水统计调查对象名录库建设。组织落实西辽河“量水而行”试点。修订乌力吉木仁枢纽调度原则，制定《西辽河流域水量调度管理办法实施细则》。组织各旗县（市、区）完成取水口核查登记。编制完成《通辽市地下水生态保护治理规划实施方案》。完成通辽市农业灌溉机电井“以电折水”系数率定工作方案的编制、农田灌溉水有效利用系数测算工作方案的编制以及取用水统计调查数据填报。

【饮水安全】

落实科尔沁区供水设施及消防设施打包PPP项目监管，其中完成城东水厂建设工程可研报告批复并落实自治区政府专项债券1亿元资金，项目进入征地阶段。全年全市改造32个老旧小区、30个消防水鹤、149个市政消防栓，改造45个老旧小区二次供水设施，完成三义堂水源地建设工程，基本完成通新水厂改扩建工程生产区建设。完成包括科尔沁左翼中旗、开鲁县、扎鲁特旗、库伦旗4个旗县（区）28个村氟、碘水质超标改水等巩固提升工程，其中氟超标25个村、碘超标3个村，涉及人口1.91万人。完成奈曼旗、库伦旗苦咸水项目。

■图48　6月，三义堂水源地部分铺设管线现场

【河湖长制】

强化河湖长履职尽责，明确各级河湖长责任，建立市、旗县、镇（场）、嘎查村四级河湖长体系，全市设河湖长1733名，实现对全市174条河流、75个湖泊河湖长全覆盖。推进河湖“清四乱”工作，全年清理河道内乱堆乱占倾倒垃圾27处、清理各式垃圾1.2万吨、拆除乱建5处、清理河道主河槽90余千米，清理高秆作物393.33余公顷。完成120条水普内河流划界任务，完成52条水普外河流、29个湖泊的划界任务。

【水利工程建设】

完成5项中小河流治理项目和2项病险水库加固工程初步设计报告的编制，概算总投资2.43亿元。完成18座小型水库维修养护，完成开鲁县、科尔沁区农村基层防汛预报预警体系建设，完成56座水库的安全鉴定报告，完成30座国管水库、43段堤防和13座具有防洪任务水闸的工程管理范围划界。

LXB供水通辽支线工程列入2020年7月8日国务院常务会议部署的2020—2022年推进的150项重大水利工程名录。工程完成可研审批所需支持性文件上报至自治区发展和改革委员会。完成引绰济辽二期工程可研报告上报自治区水利厅。编制完成乌兰哈达水库工程可研报告和水资源论证报告。

全年全市水利建设投资项目总投资17596.3万元，包括中央水利发展资金计划投资、中央脱贫攻坚补短板综合财力补助资金、中央预算内投资计划、自治区饮水安全扶贫资金、自治区水利发展资金、中央投资饮水安全市级配套资金，其中贫困县资金整合2141万元。水利统计直报系统项目总投资7811.3万元，完成7356.3万元；中央及自治区未纳入水利统计直报系统项目总投资7644万元，完成投资6415万元。年度水利统计直报项目11大类43个，包括县域节水型社会建设补助项目2个、农村饮水工程维修养护项目11个、农业水价综合改革项目8个、贫困地区小型水库工程设施维修养护项目4个、山洪灾害治理项目4个、山洪灾害防治非工程措施设施维修养护项目4个、农村基层防汛预警体系建设项目2个、水土保持重点建设工程治理项目2个、农村牧区饮水安全巩固提升项目4个、坡耕地治理项目1个、西辽河流域量水而行以水定需1个；整合项目6个；在建工程项目37个，竣工项目33个，结转项目4个。

【水土保持】

科尔沁左翼中旗花胡硕苏木清洁型小流域水土保持治理项目开工建设，项目涵盖北柴达木嘎查等4个嘎查村，下达国投及自治区级匹配项目资金401万元。科尔沁左翼中旗、科尔沁左翼后旗国家水土保持重点治理工程完成水土流失治理面积20平方千米，完成投资802万元；奈曼旗全国坡耕地水土流失综合治理工程完成水土流失治理面积2.22平方千米，完成投资473.7万元。完成水土流失治理面积376.98平方千米，超额完成任务指标（2020年度通辽市下达水土保持生态建设任务指导性指标366平方千米）。在全市范围内开展生产建设项目水土保持遥感监管工作，依托遥感和信息技术，采用水土保持监管与执法联动机制，利用卫星遥感影像解译疑似扰动图斑，提高监管效能，及时精准发现违法违规生产建设项目，依法查处水土保持违规违法行为，减少人为水土流失。

## 赤峰市

【市水利局负责人名录】

党组书记、局　长：马鹏飞

党组成员、副局长：李晓波

党组成员、副局长：李砚田

党组成员、副局长：窦晓山

副局长：何明江（6月离任）

党组成员、副局长：王广会（9月任职）

党组成员、纪检组组长：郑惠民（11月任职）

【概况】

赤峰市水利局内设公用水务科、水政与安全监督科、河湖管理科、农牧水利和水土保持科、水资源管理科、办公室、计划财务科7个职能科室，所属水利事业发展中心、三座店水库管护中心、水旱灾害防御技术中心、水资源保护和水利工程质量监测中心4个事业单位。地处辽河流域的最上游，是西辽河流域的主要产流区。境内有8大水系，总流域面积9万平方千米。年平均降水量445.6毫米。根据水利部牧科所《赤峰市水资源评价及中长期保障规划》初步测算成果，采用1956年系列计算，全市多年平均水资源总量33.01亿立方米，其中地表水20.19亿立方米、地下水21.26亿立方米，地表水与地下水重复计算量8.44亿立方米。人均占有水资源量753立方米，2020年实际开发利用水资源总量22.13亿立方米。

2020年，全市水利系统贯彻落实“节水优先、空间均衡、系统治理、两手发力”的治水思路，践行“水利工程补短板、水利行业强监管”的水利改革发展总基调，克服新冠肺炎疫情影响，推进水利建设稳步发展，推进10项重大水利项目建设，完成各项水利投资19.7亿元，社会资本方完成水利项目投资2.9亿元。

【水政】

在做好疫情防控的同时，创新宣传方法，采取小分队形式，进政府、机关、企业、社区，认真开展“世界水日”“中国水周”宣传；调研“放管服”改革及优化营商环境工作，切实落实行政执法“三项制度”，制定《赤峰市水利局行政许可工作规则》《赤峰市水利局行政执法责任制（试行）》；完成请示、报告上报件合法性审查37件；编制完成《赤峰市水利局依法分类处理信访诉求清单（2020版）》；梳理更新市局权责清单；结合水利部涉河湖违法案件“清零”行动，对相关9件案件进行案卷评查；10月上旬，接受市“七五”普法领导小组初验，基本完成普法目标任务。积极调处界河水事纠纷。对克什克腾旗、翁牛特旗，林西县、巴林右旗，巴林右旗、翁牛特旗，阿鲁科尔沁旗、翁牛特旗苇塘河、嘎斯汰河及西拉木伦河有关河段纠纷进行现场调处，严格依法办事，执法普法，确保不出现极端上访情况。以钉钉子精神，锲而不舍跟进矛盾排查化解，历时6年多的克什克腾旗、翁牛特旗苇塘河临河修路纠纷彻底解决。

【水资源总量】

全市地表水资源量20.19亿立方米，可利用量8.92亿立方米，2020年地表水实际开发利用量7.62亿立方米。地表水富集于河流、湖泊和水库，全市有老哈河、英金河、西拉木伦河、查干木伦河、乌力吉沐沦河、教来河及内陆河等河流837条，湖泊33个。全市有西辽河、大凌河、内陆河、滦河4个流域，老哈河、西拉木伦河、新开河、教来河、达里诺尔、锡林郭勒、大凌河及滦河8个水系。地下水主要来源于地表降水入渗，在地面以下松散层孔隙中变成潜水，主要分布在各河流两岸阶地及冲积漫滩部分。地下水资源量为21.26亿立方米，可利用量12.20亿立方米，2020年地下水实际开发利用量13.54亿立方米。

全市有水库82座，设计总库容38.7亿立方米。其中，大型水库4座（红山水库、三座店水库、打虎石水库、大石门水库），中型水库17座，小型水库61座。分布在11个旗县（区）。

红山水库位于翁牛特旗乌敦套海镇，大（1）型水库。1958年开工建设，1965年完工，设计总库容25.6亿立方米。2020年雨季平均库存蓄水量3378万立方米，非雨季平均库存蓄水量2733万立方米。按1000年一遇洪水设计，10000年一遇洪水校核。设计抗震烈度8度。主要功能以防洪为主，兼顾灌溉、发电、水产养殖、旅游、生态等综合利用功能，是西辽河流域控制性工程，辽河流域最大的水库，也是自治区最大的水库。

三座店水库位于松山区初头朗镇三座店村，大(2)型水库，2005年7月15日开工建设，2011年11月20日完工，设计总库容3.05亿立方米。2020年雨季库存量8188万立方米，非雨季库存量7956万立方米。设计抗震设防烈度6度，防洪标准500年一遇，校核洪水5000年一遇，主要功能有防洪、城市供水、农业灌溉、发电等。

打虎石水库位于宁城县黑里河镇，大(2)型水库，1976年开工建设，1981年竣工，设计总库容1.15亿立方米。2020年雨季库存量5166万立方米，非雨季库存量4810万立方米。设计防洪标准100年一遇，地震设防烈度8.5度，主要功能有灌溉、防洪、发电、养殖、旅游。

大石门水库位于克什克腾旗浩来呼热苏木，大(2)型水库，2007年9月开工建设，2010年12月竣工，设计总库容1.85亿立方米。2020年雨季库存量1.63亿立方米。2020年未泄洪，设计防洪标准100年一遇，地震设防烈度6度，主要功能是供应工业用水。

【水资源】

启动编制《全市水资源评价及支撑能力中长期规划》，开展西辽河流域“量水而行”以水定需，推进“十二五”期间新增灌溉机电井整治。开展全市自备水源井排查封闭行动，中心城区封井211眼，各旗县城关镇村封井595眼，全市查处水事违法案件24起。印发《赤峰市节水行动实施意见》，组织开展1个月的节水宣传活动。以电折水、取水口核查、取水许可审批核验等。新增农业水价综合改革面积8.3公顷。红山区地下水超采区和39家违规工业取用水企业全部完成销号。

全年赤峰市总用水量22.13亿立方米，其中地表水7.62亿立方米、地下水13.54亿立方米、其他0.97亿立方米；工业用水量0.98亿立方米，其中地下水用水量0.32亿立方米；农业用水量18.02亿立方米，其中地下水用水量11.31亿立方米；生活用水量1.66亿立方米，其中地下水用水量1.63亿立方米；生态用水量1.46亿立方米，其中地下水用水量0.27亿立方米。

落实各类资金9000余万元，实施农村牧区饮水安全巩固提升工程，解决4个旗县（区）7303人的氟改水问题。

【水旱灾害防御】

入汛前，对所有通信设施设备进行维修、检查和调试，组织水雨情监测预报。对水库和重点工程开展汛前检查，实施水毁工程修复项目，市、旗县（区）两级派驻工作队巡查值守，加大山洪灾害宣传防御力度。落实应急抢险物资，严格水库汛限水位监管，指导参加三座店水库、红山水库等大坝安全管理防汛应急救援演练。全年开展各类重点领域监督检查80余次，未发生重大工程质量和安全生产事故。

【河湖长制】

加大河湖监管力度，实施“一河(湖)一策”，完成384条河流和8个湖泊的岸线划定。年内，全市列入小水电站清洁能源改造项目规划的有响水水电站、上湾子Ⅱ级水电站、胡家湾子水电站、龙口水电站、五道石门水电站，5座小水电站需要绿色水电站建设、生态流量泄放、运行与调度远程监控及农村水电站安全运行标准化建设等方面进行改造，并上报自治区水利厅。

【水利工程建设】

推进LXB供水赤峰支线项目建设，总投资估算41.46亿元。完成审批所需支持性文件和可研报告上报国家发展和改革委员会，并完成开工前所有准备工作，计划于2021年开工建设。

三座店引供水工程累计投资5.6亿元，4月全线贯通，6月30日完成全部建设内容正式供水，7月1日转入商业运营正常供水，年内向下游生态补水600万立方米，城区供水400余万立方米。

■图49　赤峰市三座店水利枢纽中心城区引供水工程

林西东台子水库工程是国家“十三五”172项重大水利工程建设项目之一，并纳入“十四五”规划，是一座以防洪、供水为主，兼顾灌溉和发电等综合利用的大(2)型水利工程。总投资21.48亿元，2019年开工建设，累计完成投资13.99亿元，大坝基础防渗墙提前半年建设完工。水库设计总库容3.21亿立方米，挡水建筑物设计洪水标准100年一遇，校核洪水标准2000年一遇。水库建成后可将下游少冷河口以下两岸的防洪标准由10年一遇提高到30年一遇，年平均可向林西工业园区供水3951万立方米，年平均补偿下游灌溉水量1916万立方米，年平均下泄生态水量1亿立方米，能够极大地缓解赤峰地区水资源供给状况。

■图50　赤峰市林西东台子水库施工

巴林左旗琥珀沟水利枢纽工程，总投资7.96亿元，2019年开工建设，2020年末完成投资3.7亿元，已纳入“十四五”规划。

老哈河上游生态保护工程三年行动顺利完工；中小河流和重要支流治理、水土保持重点项目、灌区续建配套与节水改造工程全部按要求完成年度投资建设；中心城区河道防洪治理项目合同内工程全部完工，9月1日转入运营；大石门、东台子水库向中心城区引供水工程前期工作正式启动。

【水生态治理】

编制完成《达里湖流域水生态保护与修复规划》，经国家院士专家团队审核通过并批复。实施三座店水库水源地保护工作，开展中心城区河道清淤疏浚、绿化改造等专项修复。完成水库生态流量下泄及河道蓄水项目。国家考核断面优良水体、劣Ⅴ类水体比例均达到国家要求，城市集中式饮用水达标率保持100%。

通道绿化“两年行动计划”如期完成。全年完成营造林8.87万公顷、人工种草11.47万公顷。

【安全生产监管】

落实“管行业必须管安全、管业务必须管安全、管生产经营必须管安全”和属地管理安全生产监管责任，建立市局领导联系旗县（区）工作机制，成立市局安全生产工作督察专班；对部分旗县（区）安全生产监管工作进行“四不两直”检查督察；参加汛期山洪灾害防御盯防工作，深入乡镇村组调研隐患风险点，对重点危险隐患及时提出防范措施建议报备旗县人民政府和应急管理部门；制定《赤峰市水利局安全生产专项整治三年行动实施方案》，所属单位、各旗县（区）均已结合实际制定方案并报备市局；组织报送“水利部安全生产信息系统”，排查上报隐患34个，落实整改25个，限期整改9个。

## 锡林郭勒盟

【盟水利局负责人名录】

党组书记、局　长：包广华（蒙古族）

党组成员、副局长：潘春雷（满族）

党组成员、副局长：敖红权（蒙古族）

党组成员、副局长：范　起

【概况】

锡林郭勒盟水利局内设办公室、水利工程计划建设管理监督科、农牧水利水保科、水政水资源管理科、河湖管理科、机关党委6个职能科室。主要职能是贯彻落实国家、自治区有关水利方面的法律法规政策，负责保障水资源的合理开发利用，负责生活、生产经营和生态环

■图51　乌拉盖水库

境用水的统筹和保障,负责全盟重要流域、区域以及重大调水工程的水资源调度等。

锡林郭勒盟主要河流有20条,分为三大水系,分别是南部正蓝旗、多伦县境内的滦河水系,中部的呼尔查干淖尔湖水系,东北部的乌拉盖水系。乌拉盖河是锡林郭勒盟最大河流,全长548千米,发源于东乌珠穆沁旗宝格达山,由东向西注入乌拉盖湖。锡林河发源于赤峰市克什克腾旗,流注入锡林浩特市朝克乌拉苏木境内查干淖尔。锡林郭勒盟有大小湖泊470余个,总面积500平方千米。年平均降水量326.0毫米。全年用水总量3.86亿立方米,比2019年下降6.8%。其中,生活用水增长2.1%,工业用水下降19.1%,农业用水增长2.1%,生态补水下降45.8%。

【水政】

推进节水工作,完成锡林浩特市、西乌珠穆沁旗和阿巴嘎旗县域节水型社会达标建设工作。严格取用水监督管理和水资源论证工作,对全盟重要取用水单位实行水量在线监控,制定印发锡林郭勒盟年度最严格水资源管理考核工作方案,完成对各旗县(市、区)实行最严格水资源管理制度工作情况的年度考评。加强地下水保护和动态监管,规范全盟"十二五"期间新增灌溉机电井管理,全面完成中央环保督察和"回头看"反馈问题整改工作。完成自治区第三生态环境保护督察组转办群众信访举报问题调查处理报告的行业审核工作。2020年,全盟投入资金163万元在太仆寺旗和多伦县项目区开展农业水价改革面积6666.67公顷。

【水旱灾害防御】

面对持续旱情,采取有效措施,利用抗旱机电井、储水窖、集中供水等工程全力保障受灾群众生活用水。开展汛前检查,强化各地水旱灾害防御责任落实、水利工程度汛安全管理和防汛物资储备等工作。汛期严格执行24小时值班和领导带班制度,落实值班责任,确保水旱灾情信息畅通,处置及时。加快基层防汛预报预警体系建设,阿巴嘎旗、东乌珠穆沁旗、苏尼特右旗和乌拉盖管理区开展农村基层防汛预报预警体系建设项目,锡林郭勒市等7个旗县(市)开展山洪灾害非工程措施维修养护,多伦县等6个旗县(市)完善山洪灾害群测群防体系,提高水旱灾害防御监测预报预警能力。严格落实水库大坝安全责任人,强化安全鉴定和降等报废工作,投入建设资金对全盟22座小型水库进行维修养护,完成多伦撅尾巴河水库和七里河水库的降等报废。

【饮水安全】

印发《锡林郭勒盟脱贫攻坚饮水安全挂牌督战工作方案》,派出督察组对8个贫困旗县开展脱贫攻坚饮水安全问题督促整改工作,重点督察中央脱贫攻坚专项巡视"回头看"和成效考核提出的贫困户净水设备使用率低的问题,对抽查发现的问题立行立改。6月,全盟涉及建档立卡贫困人口饮水安全整改事项全部完成,脱贫攻坚饮水安全保障取得决定性成果,顺利通过脱贫攻坚普查。持续做好苏尼特左旗巴彦宝力格嘎查定点帮扶工作，巩固脱贫成果。拨付自治区财政专项扶贫（饮水安全）资金370万元，重点解决阿巴嘎旗15个牧区现代化试点嘎查贫困户饮水安全。

对阿巴嘎旗牧区现代化试点建设水利基础设施进行升级改造，与阿巴嘎旗人民政府、相关苏木乡镇对接工作并开展实地调研，明确牧区试点嘎查水利现代化建设思路与方向。依托农村牧区饮水安全巩固提升项目，为试点嘎查安装137台（套）单户水处理设备，解决137户、343人饮水水质提升问题。安排饮水安全工程维修养护项目资金15万元，重点为牧区现代化试点苏木乡镇自来水工程进行维修养护。全年全盟投入建设资金1.13亿元，完成集中式管网延伸工程1处、储水窖工程203处、水源井296眼，安装单户水处理设备1.81万台（套）、集中式水处理设备21台（套），解决全盟农村牧区60812人的饮水型氟超标问题和7131人的苦咸水问题。

【河湖长制】

细化各级河湖长职责，促进各级河湖长履职尽责，提高巡河巡湖成效。全年全盟累计巡河湖调研4500次，开展河湖执法行动108次。深化“清四乱”专项行动，部署开展河湖“春季”“秋季”行动，推进河湖“清四乱”常态化、规范化。对历年各级检查督察暗访发现的30余个涉河湖问题整改成果开展“回头看”，确保查漏补缺，整改彻底。加快完成河湖划界工作，开展新增规模以下河湖管理范围划定工作。按照自治区河长办工作部署，完成全盟河湖的管理范围划定工作并通过当地政府批复和公告。开展新一轮“一河（湖）一策”管护实施方案编制工作，并完成由本级河湖长的审签。

【水利工程建设】

全盟落实各级水利资金2.98亿元，较2019年全年增加0.76亿元，推动各地水利基础设施的建设与发展。全年累计开工建设中小河流治理长度35.9千米。其中，苏尼特左旗哈沙图河满都拉图镇防洪工程4.8千米和太仆寺旗红喜村西沟治理工程2.6千米完成建设任务，多伦县西干沟大石砬段河道治理工程17.5千米和乌拉盖下游河道综合治理工程11千米完成任务量的70%。

【水土保持】

依托京津风沙源治理工程水利水保项目，投入建设资金7505万元，在全盟12个旗县（市、区）完成水源工程798处，节水灌溉工程95处，小流域综合治理76平方千米的建设任务。依托国家水土保持重点项目，在苏尼特右旗开展乌兰敖包小流域20平方千米治理工程。保护和恢复项目区植被，水土流失得到有效遏制。

## 乌兰察布市

【市水利局负责人名录】

党组书记、局　长：刘福全

党组成员：康利龙

党组成员、纪检组组长：王　宏

党组成员、副局长：王英泉

党组成员、副局长：李坤英

【概况】

乌兰察布市水利局内设办公室、人事科、计划财务科、农牧水利建设和运行管理监督科、行政审批科、水政水资源科、河湖管理办公室、水旱灾害防御科、机关党委9个职能科室。所属水文勘测局、水利事业发展中心、综合保障中心、水利综合行政执法支队、水利工程建设与运行工作站、水旱灾害防御技术中心、泉玉林水库管护中心、水资源保护中心8个事业单位。

乌兰察布市水资源以河流和湖泊为主，河流分外流河流和内陆河流两大类型，其中外流河流分属黄河、永定河二大水系。汇入黄河的主要支流有大黑河、浑河、杨家川等。汇入永定河的有二道河、饮马河、银子河等。两大外流水系在乌兰察布市境内的流域面积约1.8万平方千米，占全市总面积32.7%，多年平均径流量8.75亿立方米。内陆河水系分为后山地区塔布河、无尾间河等水系，前山地区岱海水系、黄旗海水系、察汗淖和碱海子水系等20余条河流。内陆水系的总面积占全市水系总面积67.3%，多年平均径流量约4亿立方米。全市年平均降水量250～430毫米。全市年用水总量4.65亿立方米。其中，生活用水0.77亿立方米，工业用水0.44亿立方米，农业用水3.06亿立方米，牲畜用水0.26亿立方米，生态补水0.12亿立方米。截至2020年，高效节水灌溉面积占比超过65%，万元地区生产总值用水量、万元工业增加值用水量分别比2015年下降25%和22%。

【水政】

9月，市水利局联合市精神文明办、团委，卓资县委、县人民政府、县水利局等部门组织200余位志愿者在卓资县大黑河开展以“关爱山川河流　保护母亲河”为主题的志愿服务暨公益宣传活动启动仪式。

全市年计划实施农业水价综合改革面积8.33万公顷，完成一般债券资金投资1.25亿元，完成全部农业水价综合改革任务，安装计量设施1.07万套、建设井房8330间；化德县利用中央资金518万元，建设计量设施440套。丰镇市元山子乡盂县营作为试点，安装智能水表830套，基本实现农业用水计量全覆盖。丰镇市成为水利部公布的国家第三批县域节水型社会达标旗县。

■图52　乌兰察布市“关爱山川河流　保护母亲河”活动

【饮水安全】

全面排查全市7219个自然村，排查出238

个村存在季节性缺水、地下水位下降、管网破损、水质不达标等问题，对排查出的问题，通过乡镇实施主体工程、水利局提供机电和消毒设备、管材、钻井以及技术指导、工程质量监管等措施进行维修改造，陆续解决119个村的饮水困难问题。对全市757个村开展水质鉴定，取水样838份，对水质不达标的2个村安装净水设备。完成官屯堡乡元山子村和红砂坝镇温家村苦咸水改水工程，解决176户、380人的饮用水水质问题，其中贫困户28户、贫困人口72人。全市完成投资1.25亿元，实施巩固提升工程659处，受益人口7.3万人，其中受益贫困人口1.28万人；实施维修养护工程896处，受益人口25.19万人。全市农村牧区饮水安全集中供水普及率达到87.3%，饮水安全工程惠及40余万农牧民。

【河湖长制】

“十三五”时期，全市完善生态文明体制机制建设，生态保护红线划定基本完成，全面实行河长制。颁布实施《岱海黄旗海保护条例》《岱海水生态保护规划》，岱海生态应急补水工程和中心城区应急供水工程开工建设，察汗淖尔、黄旗海综合治理全面启动。地表水2个国控断面和7个地下水考核点水质全部达到国家考核要求，建成区基本消除黑臭水体。

【水利工程建设】

续建中型水库。年内完成兴和县七家营、卓资县隆胜水库尾留工程建设和蓄水验收安全鉴定工作；四子王旗红格尔水库推进建设中。

灾后薄弱环节2020年中小河流治理项目。凉城县弓坝河、五号河、天成河、步量河防洪治理工程，商都县不冻河、田士沟河河道治理工程（共2期）批复概算总投资1.7亿元，到位资金1.25亿元，截至年底，不冻河与步量河完成验收，其余项目开展竣工验收准备工作。

岱海生态应急补水工程。岱海生态应急补水工程初拟施工总工期19个月，工程估算投资为26.69亿元。

乌兰察布市中心城区应急供水工程。工程从隆胜水源地、旗下营水源地往集宁区调水，总投资约6.2亿元。项目完成投资3.2亿元，完成一二级加压泵站、高位水池、调节水池以及主厂房地下部分建设，8月具备通水条件。

察哈尔右翼后旗霞江河中小河流治理续建二期工程。投资规模2400万元，建设堤防10.59千米。工程于2020年9月23日开工建设，截至年底，完成浆砌石挡墙基础砌筑和总工程量的60%。计划2021年6月15日前全部竣工。

卓资县拐角铺河入大黑河旗下营段治理工程。新建护岸9.1千米，以浆砌石护岸和宾格网护岸形式建设。投资规模2900.25万元。2020年下达中央水利发展资金2320万元，9月中旬开工建设。工程计划于2021年10月完工。

【水土保持】

国家水土保持重点小流域工程项目涉及

凉城县、丰镇市、察哈尔右翼前旗3个旗县（市），建设规模82平方千米，下达投资4100万元。凉城县、察哈尔右翼前旗建设任务全部完成，丰镇市完成建设任务的80%。其中，察哈尔右翼后旗石门口水库生态清洁小流域水土保持综合治理工程投资规模1000万元，新增水土流失综合治理面积2000平方千米、综合治理区治理面积277平方千米、营造生态林277平方千米，安装信息化建设设备1套，工程于2020年5月底竣工。京津风沙源治理工程建设任务为36平方千米，节水灌溉230处，水源工程20处，项目计划于2021年底前完成。完成对凉城县58座骨干坝、卓资县9座淤地坝安全防汛逐坝排查。根据排查结果，建立问题台账，形成排查报告上报自治区水利厅，并督促、指导相关责任主体开展整改。

■图53　乌兰察布市水土保持项目建设

## 鄂尔多斯市

【市水利局负责人名录】

党组书记、局　长：王　健

党组成员、副局长：齐采力（女）

党组成员、副局长：张海滨

党组成员：邱　伟

党组成员、副局长：斯琴格日勒（女　蒙古族）

党组成员、副局长：斯仁闹日布（蒙古族）

党组成员：宋日升

党组成员、副局长：王　华

党组成员、纪检组组长：布　和（蒙古族）

【概况】

鄂尔多斯市水利局内设办公室、水土保持科、河湖管理科、水政科、运行管理监督科、水旱灾害防御科、水利工程建设科、农牧水利科、计划财务科、水资源管理、机关党委11个职能科室，所属水利勘测设计院、水利工程质量监督站、水资源管理中心、水库移民安置工作办公室、河湖保护中心、水政水资源执法局、水旱灾害防御中心、水土保持淤地坝工程项目办公室、水土保持工作站、水土保持世行贷款项目服务中心、水土保持科学研究所、水土保持监测总站、沙棘开发管理办公室、水土保持监督执法局14个事业单位。

全市水资源总量29.22亿立方米，其中地表水资源11.20亿立方米、地下水资源20.55亿立方米、地表水与地下水资源重复量2.53亿立方米。年降水总量250.6毫米。水利工程主要有水库、淤地坝、堤防、水闸、泵站等。在册水库72座，其中大型1座、中型3座、小型68座，总库容约4.6亿立方米，兴利库容约0.8亿立方米，其中乌审旗巴图湾水库集发电、灌溉、防洪、水产养殖、工业供水和旅游观光于一体的全市最大水库，总库容1亿余立方米；黄河堤防458千米；险工53座，水闸27座；淤地坝1682座，其中骨干工程617座、中型淤地坝523座、小型淤地坝542座，累计淤积泥沙量1.35亿立方米，占设计拦泥库容量的28%。全市年供水总量16.63亿立方米，其中地表水资源供水量5.99亿立方米、地下水资源供水量9.75亿立方米；其中居民生活用水量0.81亿立方米、工业用水量3.47亿立方米、农牧业用水量11.38亿立方米、生态环境用水量0.78亿立方米、城镇公共用水量0.18亿立方米。

年内，先试杭锦旗“山水林田湖草”等7个综合治理示范项目，完成各类生态建设41万公顷。建立水资源“三条红线”控制体系，水土流失综合治理60.92万公顷，全市监测地表水7个国控断面水质全部达标，水质达到或优于Ⅲ类水体比例85.7%，城镇以上集中饮用水水源地水质达标率100%。全市年水利基建投资94780.17万元。其中，中央36629万元，自治区18563万元，市、旗37094.89万元，其他投资2493.28万元。基建项目151个，其中往年项目55个、新建项目96个。完工项目89个，结转至2021年项目62个。

【水政】

制定印发《2020年度法治政府建设工作计划》《普法依法治理工作要点》《法治政府建设工作推进方案》，组织开展普法教育宣传，加强法治政府和“双随机、一公开”平台建设，做好“七五”普法的自查和验收工作。印发《鄂尔多斯市水利局文件合法性审查制度》，按照规范性文件清理标准，对涉及民法典、妨碍统一市场和公平竞争的政策、地方性一般性规范性文件进行全面清理。制定印发《关于建立水利领域扫黑除恶专项斗争长效机制的通知》《鄂尔多斯市水利行业清源专项整治决战决胜扫黑除恶专项斗争工作方案》等一系列制度，推动扫黑除恶专项斗争成果长效巩固。

【水资源】

完成自治区对盟市最严格水资源管理制度年度考核工作，被评为优秀。市水利局会同市发展和改革委员会、工信局等八部门完成市对旗（区）最严格水资源管理制度年度考核工作，考核结果下发至各旗（区）人民政府。全市年度用水总量16.63亿立方米，万元国内生产总值用水量32.70立方米，万元工业增加值用水量13.85立方米，农田灌溉水利用系数达到0.569，国家重要水功能区达标率100%，均达到最严格水资源管理“三条红线”的目标要求。严格取水许可审批管理，印发全市节水行动工作任务清单，起草全市水资源节约集约利用行动方案和节约用水条例。配合工信部门，开展重点用水企业水效领跑者遴选工作；加强灌溉机电井规范管理工作，全市“十二五”期间新增灌溉机电井4.18万眼，已通过补做水资源论证、补办凿井审批手续、封井等措施全部完成整改。

【水利规划】

编制《鄂尔多斯市"十四五"水安全保障规划》,规划项目190项,总投资320.53亿元,其中"十四五"期间项目总投资240.79万元。编制《中小河流和小型水库除险加固项目备案》,筛选2020—2025年中小河流和小型水库除险加固项目22个,投资估算5.931亿元。组织旗(区)申报2020年自治区水利建设基金项目,获得自治区补助资金1590万元;申报2020年水系连通和农村水系整治项目,准格尔旗和杭锦旗农村水系综合整治项目进入自治区待审核序列。编制《黄河流域生态保护和高质量发展重点项目实施计划》,梳理重点水利项目231项,规划总投资952.52亿元。编制《市本级黄河流域生态保护和高质量发展水利项目资金分配方案》,计划安排8类151项工程,分配资金3.92亿元。

【水旱灾害防御】

加强防凌防汛应急值守和监测预报,备足备齐抢险物料,累计投入抢险资金6303万元,投入石料16.4万立方米、土方37.3万立方米、编织袋47.3万条、投入人工6643人次、机械5163台次,累计抢护险工险段13千米。开展山洪灾害预警和农村基层预警系统建设,完善市级水旱灾害防御专家库和水文、气象信息互通共享机制。加强水利工程安全运行监管,对465座淤地坝、64座水库水闸和部分堤防险工进行汛前检查,对水利工程安全和防汛"三个责任人"进行公示和培训,制定《淤地坝工程汛期应急抢护指导意见(试行)》,年内未发生水利安全生产事故。同时,为积极应对旱情,累计投入资金1亿余元、抗旱人数7.5万人,建设储水窖122处,开动机电井9.4万眼、泵站68处、机动抗旱设备303台(套)、运水车辆2.2万辆,抗旱浇灌面积14万公顷,临时解决7500余人、6.6万头(只)牲畜饮水困难。

【饮水安全】

全年争取各级资金1.2亿元,实施农村牧区饮水安全巩固提升工程93处,巩固提升2.6万户、7.1万人饮水安全保障水平,贫困户饮水安全实现全覆盖。投资380万元,实施农村牧区饮水安全维修养护项目388处,受益农牧民8.8万户、25.9万人。建立健全农村牧区饮水安全长效机制,严格落实"三个责任人"和"三项制度"。全市农村牧区集中供水率87.9%,自来水普及率82.8%,达到"十三五"规划目标任务。健全应急供水保障机制,确保在紧急停水或发生水质事件时保障应急供水。建立饮水安全监督机制,公布农村供水服务电话及监督方式,充分发挥群众监督作用,推动各类供水问题及时有效解决。

【节约用水】

实施农业节水灌溉工程建设,全年节水灌溉面积30.11万公顷,占总灌溉面积的85%,农田灌溉水有效利用系数0.569。加强已建工业项目的计划用水和水平衡测试管理,全年万元工业增加值用水量13.85立方米。严格执行城镇生活节水强制性标准,全面推广节水器具,配合市发展和改革委员会,印发实施《居民阶梯水价制度》。编制印发《鄂尔多斯市矿井疏干水和再生水综合利用方案及分年度方案》《鄂尔多斯市水资源平衡利用配置工程(疏干水及再生水)可行性研究报告》,提出非常规水综合利用思路和指导意见。全市煤矿疏干水年产量1.57亿立方米,回用量达1.45亿立方米;全市建成投产运行的污水处理厂25座,再生产量8716万立方米,回用量7279万立方米。全面推进节水型社会建设,截至年底,市级机关和事业单位建成节水型单位比例分别为100%、59.3%,旗级机关和事业单位建成节水型单位比例为88.9%、48.7%,全市41家单位被评为市级节水型单位,12家单位被评为自治区级节水型单位。持续开展创建县域节水型社会建设工作,累计完成5个旗(区)创建工作。

全市农业水价综合改革面积需26.32万公顷,累计实施改革面积15万公顷,占改革任务面积的57%。

【河湖长制】

全市推进“四乱”问题清理整治,处理解决有关问题811处,累计清理垃圾28.9万吨、拆除违建8.6万平方米、疏通河道230.4千米。严格河湖空间管控,完成规模以下河湖划界工作,明确河湖管控边界。完成市级河湖水域岸线保护利用规划,印发《鄂尔多斯市河道采砂管理工作指导意见(试行)》,明确河道采砂管理、审批程序。加强美丽河湖建设,编制首批《“两河两湖”水生态综合治理规划》。完成泊江海子、红碱淖生态补水工作,系统治理河湖水生态、水环境。推进科技研究应用,启动黄河南岸节水改造后大首部滴灌关键技术及管理模式研究科技项目、库布齐沙漠北缘黄河洪水资源利用综合效应监测研究项目。

【水利工程建设】

全年争取上级资金50542万元,实施水利工程224项,累计完成投资29370万元。重点实施巴图湾水库除险加固工程,下达中央投资6000万元,于10月30日开工建设,完成投资4700万元。实施中小河流治理工程6项,其中达拉特旗布日嘎斯太沟河道整治工程、壕庆河河道整治工程、东胜区东乌兰木伦河三台基川河道治理工程、乌审旗纳林河防洪渠堤防加固工程、杭锦旗朝凯沟朝凯村防洪堤护坡护脚工程竣工,哈什拉川碾盘梁沟河道治理工程批复投资2887.3万元,完成投资2550万元。完成伊金霍洛旗尔力湖沟水库除险加固工程建设。完成小型水库维修养护任务38座,完成水库安全鉴定29座、报废论证6座。实施南岸灌区水权转换工程维修养护工程,保障工程正常运行,巩固水权转让成果。实施大型水库移民后期扶持项目6个,提升水库移民生活水平。落实安全和防汛责任人、监测预报预警通信措施、调度(运用)方案、安全管理(防汛)应急预案等重点环节,推进日常管理、安全鉴定、维修养护、报废降等、除险加固等工作,提升水利工程运行强监管水平,确保工程安全运行、安全度汛。

■图54　2020年10月30日，巴图湾水库除险加固工程正式开工

■图55　2020年12月，杭锦旗朝凯沟堤防工程完工，图为模袋混凝土护坡

【水土保持】

全年完成水土流失综合治理面积890平方千米，完成投资3.80亿元；国家水土保持重点工程下达7个小流域综合治理面积135平方千米，工程总投资6750万元，完成综合治理面积130.72平方千米，占计划任务的97%；淤地坝除险加固项目下达39座，总投资4467万元，完成投资2657万元；京津风沙源治理二期工程下达小流域综合治理面积123平方千米，总投资8945万元，完成治理面积58.38平方千米，完成率47.4%。拦沙换水试点工程正式批复，建成后可形成拦沙库容8171万立方米，拦沙1.1亿吨，年置换水量2800万立方米，暂定使用年限25年，在一定程度上缓解全市水资源短缺的现状，有效减少入黄泥沙。对黄土高原础砂岩区水土流失治理具有重要示范作用的水土保持科技示范区总体建设方案得到批复。出台小型淤地坝报废销号管理办法。推进入黄一级支流综合治理，开展十大孔兑综合治理规划修编及可行性研究报告编制工作。完成全市沙棘资源普查工作。

【安全生产】

落实水利安全生产责任制，调整市水利局安全生产工作领导小组，印发《鄂尔多斯市水利安全生产责任制实施细则》及2020年安全生产工作要点、宣传培训计划等。印发《鄂尔多斯市水利局反恐怖工作方案》，健全完善水利反恐怖工作机构、制度、机制等。印发《安全生产集中整治实施方案》《水利安全生产大检查方案》《水利安全生产专项整治三年行动方案》等，开展相关整治工作，并组织安全生产培训。开展“安全生产月”“安全生产万里行”活动，组织安全生产进企业、进村社、进家庭活动10次，发放宣传品3800余份。落实重要节假日期间水利安全防范工作，全年未发生水利安全生产事故。

## 巴彦淖尔市

【市水利局负责人名录】

党组书记、局　长：张国卿

党组成员、副局长：杨　非

党组成员、副局长：步丰湖

党组成员、副局长：王力平（4月离任）

党组成员、副局长：张瑞钧（4月任职）

党组成员、纪检组组长：魏宝成

【概况】

巴彦淖尔市水利局内设办公室、规划财务科、河湖管理科、农牧水利水保科、水政水资源科、水利工程建设管理科6个职能科室，所属水文勘测局、水利科学研究所、水土保持站、防汛抗旱指挥部办公室、黄河水利文化博物馆、水利水电勘测设计院、水政综合执法局、水利工程质量监督站8个事业单位。

全市年供水总量49.79亿立方米，其中引黄水量42.44亿立方米、本地地表水0.24亿立方米、地下水供水6.79亿立方米、其他水源0.31亿立方米。总用水量49.79亿立方米，其中农业用水量47.90亿立方米、工业用水量0.61亿立方米、建筑业和服务业0.13亿立方米、生活用水量0.55亿立方米、生态用水量0.60亿立方米。万元国内生产总值用水量429.3立方米，万元工业增加值用水量19.13立方米，农田灌溉水有效利用系数为0.467。全市重要江河湖泊水功能区水质达标率100%。

【水政】

全面推行水行政执法“三项制度”，归纳整理23项水行政执法制度，逐步形成用制度管人、靠制度管事的长效机制；开展水资源管理、河湖管护、水土保持等各类专项行动，下达现场检查意见书81份，责令限期改正通知书38份。与市发展和改革委员会联合印发《关于印发巴彦淖尔市“十三五”水资源消耗总量和强度双控工作方案》，将水资源消耗总量和强度双控工作纳入市人民政府对各旗县（区）最严格水资源管理考核中。

在全市开展水利工程在建项目的质量安全生产情况、履约情况、农民工工资发放情况检查18次，下达整改通知2次。对市水利在建工程安全生产情况和工程疫情防控期间复工复产情况、水库“四个责任人”、掌中册、公示牌落实情况、水库度汛预案编制报批情况、农民工工资宣传落实情况、项目法人2020年度工程度汛方案和安全度汛责任措施落实及自查情况进行监管检查。

开展水法律法规宣传培训，结合“世界水日”“中国水周”，到30余个生产建设单位散发水土保持法宣传传单、宣传手册、宣传书籍等3000余份。

【水资源】

在市水权总量40亿立方米基础上，以河套灌区管理部门确定各灌域农业灌溉计划用水分配比例为基数，对已实施并完成验收的水权转换工程建设项目，水权指标给予调整。预留生态用水1亿立方米，作为全市保障生态安全的储备水量。制定印发《巴彦淖尔市最严格水资源管理考核实施方案》《最严格水资源管理实施意见》，建立政府统筹、水利部门牵头、各相关职能部门参加的联动机制。截至年底，全市保有取水许可证1299套，其中2020年新增办理和换发取水许可证224套，系统录入率100%。全市“十二五”新增的3835眼机电井全部发放取水许可证。全年开展水资源专项执法检查30余次，处理非法打井案件50余起。中央环保督察反馈“违规使用水资源”问题全部按要求整改完成，并销号。编制印发《巴彦淖尔市水资源综合规划》《“十三五”水资源开发利用保护规划》，再生水回用量由2015年的1769万立方米，提高到2020年2742万立方米。制定《乌梁素海生态流量保障实施方案》，2015—2020年累计向乌梁素海补水25.03亿立方米。全市5个地下水超采区按环保督察整改方案，4个旗县完成整改销号，乌拉特前旗完成阶段性销号；推进水权转让工作，分别向乌海市、阿拉善盟转让水权1300万立方米，转让期限为20年，转让费用3.4亿元。

## 【水旱灾害防御】

全市有堤防21段长505千米，涉及磴口县、杭锦后旗、临河区、五原县、乌拉特前旗、乌拉特后旗、乌拉特中旗。其中，黄河堤防5段长275千米，乌梁素海海堤1段长127千米，按国家二级堤防标准设计加固修建；沿山堤防15段长103千米，属5级以上堤防。全年完成中小河流治理工程、水利救灾、分洪通道清淤、农村基层预警预报系统投资4813.7万元。全市7个旗县（区）及时对南套子等10处险工段的45座坝垛、46处挡间进行抢护加固。进入汛期前，在各水库、供水公司和在建工程现场，开展全面隐患排查专项治理活动及安全生产演练，对各水库运行设备等进行全面检修，及时泄水，确保水库安全度汛。对病险水库加强大坝安全监测，水情雨情测报和通信预警设施安全运行等，并制定和完善管理制度，加强值班值守。进入汛期后，组成5个蹲守组分别到黄河磴口燕家圪旦险工、磴口县哈日格纳沟防洪工程、临河马场地二八险工、五原县中管湾险工、乌拉特中旗狼山水库常驻值守，会同旗县防汛人员寻堤查险，及时向上级机关上报信息。截至年底，水库、淤地坝没有溃坝，河道堤防没有决口，山洪灾害没有死亡人员。

## 【饮水安全】

市人民政府组织召开4次饮水安全工作会议，专题听取各旗县（区）工程建设进展情况、集中供水水处理工程运行管理情况、水费收缴情况、工程验收情况、资金到位及支付情况等。不定期到供水工程水厂检查运行管理情况，对检查中发现的问题及时要求整改。全市新建和改造集中供水工程28处，受益农牧民27万人，解决4711名贫困人口的饮水安全问题，完成饮水安全资金8959万元。通过采取强化技术指导、人员培训、监督检查、派出专人等工作措施，投资8663万元，全面完成砷氟改水、巩固提升、苦咸水项目的建设任务，改善项目区27万人的饮水水质问题。

## 【节约用水】

市水务局会同市发展和改革委员会印发《巴彦淖尔市节水行动实施方案》制定6项重点措施，包括总量强度双控、农业节水增效、工业节水减排、城镇节水降损、重点地区节水开源、科技创新引领，并细化重点任务共27项。建立节水评价台账登记制度，9个项目通过节水评价审查。完成统计调查对象名录库建设，按季进行用水统计调查数据填报。9月，全市组织7个旗县（区）同步开展“节水中国，你我同行”暨“节水内蒙古 我们在行动”主题宣传活动。12月，五原县通过自治区水利厅县域节水型社会达标验收。截至年底，乌拉特后旗、五原县建成县域节水型社会达标县。杭锦后旗、乌拉特后旗等具备独立物业管理条件的水利局均完成节水机关建设任务。全市再生水回用率达43%。

全年投资394万元，完成农业水价综合改革建设任务21.33公顷。

【河湖长制】

河套灌区斗农毛渠沟及规模以下湖泊海子参照河湖长制管理，打通河湖渠沟管护“最后一公里”。市人民政府印发《巴彦淖尔市重点湖泊生态环境保护工作的实施意见》，建立健全以党政领导负责制为核心的四级河湖长制责任体系，全市河流名录内的177条山洪沟口、770条支以上渠沟道、82个湖泊全部纳入河湖长体系，共设立市、旗、镇、村四级河湖长1193人，四级河湖长巡河巡湖2.73万人次，处理解决各类河湖问题655个，85个“四乱”问题全部完成整改并销号。从严推行各级河湖长使用“河长通”App履职尽责，解决基层河湖长只挂帅、不出征的问题，发挥河长办职能，主动协调各责任部门及检察机关共同抓好河湖管理保护工作，市、旗县（区）两级召开总河湖长会议7次，举办全市13次河湖长制培训；对7个旗县（区）的河湖长制进行3轮明察暗访督导，找问题、压责任、促整改，制定印发《巴彦淖尔市河湖长制工作宣传方案》，在新闻媒体创新工作方法，设立“曝光台”进行“揭丑亮短”，加大社会监督力度，全市3人获自治区最美“河湖卫士”称号，2人通过水利部全面推行河湖长先进工作者和优秀河湖长评选；提升河湖管护能力按期超量完成水普内226条、水普外36条（个）河湖划界工作，完成首批河湖水生态治理规划编制，落实“河湖长+检察长”联动机制，形成“移送反馈+信息共享+整治评估”的全流程联动模式；开展河湖“清四乱”春季行动、“固定日集中巡河”“河湖渠沟清洁周”、河湖治理“秋季”行动等各类专项行动，黄河“清河行动”发现全市17个问题和水利部暗访发现6个“四乱”问题全部在规定时限内完成整改并销号。

【水利工程建设】

组织编制《巴彦淖尔市“十四五”水安全保障规划》《巴彦淖尔市水利基础设施空间布局规划》，从“供水安全保障（包括重点水源工程、重点引提水工程、大型灌区续建配套与现代化改造工程、农村饮水安全巩固提升工程、抗旱水源工程）、防洪水旱灾害安全保障（大江大河堤防工程、中小河流治理工程、山洪灾害防治工程、蓄滞洪区与空间整治工程、病险水库除险加固工程、病险水闸除险加固工程）、水生态环境安全保障（地下水超采区治理与修复工程、河湖湿地治理与修复工程、水源涵养与水土保持工程、农村水系综合整治工程、河湖空间管控工程）、涉水事务监管提升（水文化、水价综合改革、信息化项目）”4大板块，谋划布局、策划《巴彦淖尔市“十四五”水安全保障规划》项目77项，总投资394.33亿元。其中，纳入《自治区“十四五”水安全保障规划》单个项目52项，计划总投资245.4亿元，占自治区“十四五”规划水利建设投资总额1156亿元的21.23%。

全年完成大中型灌区续建与节水改造投资2.33亿元。项目批复主要建设内容包括骨干渠道衬砌36.66千米、渠道整治52.75千米、沟道疏浚整治39.63千米、配套改造建筑物648座以及总干第二、第三分水枢纽等14座建筑物更新改造。项目于2020年8月全部完成建设。灌溉水利用系数由0.405提高到0.436，按照实际面积测算，河套灌区灌溉水利用系数0.467。

乌拉特后旗流沙沟防洪治理工程。流沙沟位于乌拉特后旗南部，是狼山山地的一条山洪沟，沟口以上控制流域面积107平方千米，全长27千米，河道平均比降2.72‰。工程于2020年批复，批复总投资1175.64万元。2020年6月15日开工建设，12月25日完工。完成综合治理长度6.92千米，其中新建堤防6.92千米，完成工程总投资1050万元。

乌拉特中旗煤窑沟重点山洪沟防洪治理工程。煤窑沟横穿甘其毛都口岸加工园区，全长13.4千米，沟道比降11.9‰，整治沟段控制断面以上流域面积34.8平方千米。工程于2020年批复，批复总投资1171.02万元。2020年10月15日开工建设，新建堤防总长度2.66千米，新建蓄滞洪池1个，蓄滞洪池容积为21.42万立方米。截至年底，完成工程总投资1100万元。

乌拉特前旗明安镇苏计沟防洪治理工程。苏计沟发源于乌拉特前旗明安镇单家村西北山顶，全长38.5千米，河道平均比降10.5‰，总流域面积310.73平方千米。工程于2018年批复，批复总投资1866.9万元。二期工程于2020年5月15日开工建设，2020年7月20日完工，新建两岸堤防4.47千米，疏浚沟道2.24千米，过水路面3处，跌水2处。截至年底，完成工程总投资1670万元。

■图56 大中型灌区续建与节水改造——巴彦淖尔市河套灌区续建与节水改造工程

【水土保持】

全市承担京津风沙源治理二期工程水利水保项目的任务7项，涉及临河区、五原县、杭锦后旗、磴口县、乌拉特前旗、乌拉特中旗、乌拉特后旗7个旗县（区）。总投资6775万元，其中中央投资4809万元、地方配套1966万元。治理小流域93平方千米，其中水源工程260处、节水工程351处。乌拉特前旗大十份子、树林子和圐圙补隆3个生态清洁小流域，实施水土保持综合治理工程，每个项目治理水土流失面积20平方千米，投资为1000万元，其中中央投资605万元、自治区配套99万元、市区级配套296

万元，3个项目全部开工建设。全年审批水土保持方案101项，其中自治区级审批1项、市级审批41项、县级审批59项；督促35个生产建设项目编制水土保持方案报告书，13个项目完成水土保持自主验收的备案工作。水土保持工作完成新增水土保持面积720平方千米；选择26个样点灌区、186个典型田块，精准完成全市灌溉水利用系数测定工作。8月下旬至9月底，对全市7个旗县（区）开展2020年生产建设项目第一批扰动图斑现场复核工作，复核图斑160余个，并将采集扰动图斑信息及现场拍摄照片及时上传水利部，由水利部统一解译图斑，在复核过程中，对违法违规项目同步下达整改意见。

【水利科研建设】

编制完成《巴彦淖尔市"十四五"水利科技规划》，规划储备科研项目5大类21项，提交重点科研攻关项目17项。向自治区水利厅、自治区科技厅、巴彦淖尔市科技局提交8个新项目的可研报告与实施方案，等待审批立项。实施9项科研项目，其中新上项目2项（独立承担清华大学开放课题）、延续项目7项（合作6项、技术支撑1项）。完成巴彦淖尔市水利学会七次会员代表大会及七届理事会改选工作。启动乌拉特中旗乌不浪水蚀监测点建设。

【大中型水库移民后期扶持工作】

大中型水库移民涉及全市中型水库7座，其中乌拉特前旗2座、乌拉特中旗5座，中型水库移民核定登记人口1.31万人。全市实施后期扶持项目10个，全部通过竣工验收。

## 乌海市

【市水务局负责人名录】

党组书记、局　长：范　权

党组成员、副局长：郑永军

党组成员、副局长：孙福亮

党组成员、副局长：闫世伟（9月任职）

【概况】

乌海市水务局内设办公室、计划财务科、河湖和运行管理监督科、水利和水保科、水政和水资源管理科、水旱灾害防御科6个职能科室。所属水政综合执法局、节约用水办公室、水土保持工作站、河道管理所、水利工程质量监督站、甘德尔河管理所6个事业单位。

2020年，乌海市完成水资源管理目标任务。"三条红线"指标达到自治区目标要求，全市总用水量（不含中水、分洪水量）2.15亿立方米，万元地区生产总值用水量较2015年下降26.94%，万元工业增加值用水量较2015年下降39.80%，农田灌溉水有效利用系数0.6。完成最严格水资源管理制度考核，对各区开展年度考核，完成自治区对乌海市年度考核。争取上级用水支持，跨盟市水权交易地表水指标900万立方米，解决30余个工业项目用水问题。

【水政】

开展"双随机"抽查工作，修改完善水行政执法流程图和服务指南，动态调整公示市水务局权责清单。积极开展涉水法规执法检查，严格落实行政执法公示、执法全过程记录和重大执法决定法制审核等制度。实行执法活动统计监督，对重大行政执法决定执行局党组集体审核制度，推动实施法律顾问制度，确保行政决策有法可依。结合“世界水日”、“中国水周”、《中华人民共和国宪法》宣传日等活动，宣传涉水法律法规，增强水法制观念。12月，海勃湾区、海南区被水利部评为国家第三批节水型社会建设达标县（区）；乌海市水务局被自治区水利厅评为全区水利行业节水机关；乌海市水务局闫世伟获得第六届自治区“人民最满意的公务员”称号。

【水资源】

推动实施《乌海市节水行动实施方案》，市三区全部获评水利部县域节水型社会建设达标县，市水务局成为首家通过自治区验收的自治区水利行业节水型机关。加强计划用水管理，下达计划用水指标128家，发放取水许可证34个。完成全市65家工业违规取用地下水企业整改任务，封闭水源井34眼，地下水超采经自治区批准销号。自治区生态环境督察反馈的10个问题整改任务全面完成。

【水旱灾害防御】

组织开展安全生产“百日攻坚”行动和“安全生产月”宣传活动。按照市防汛抗旱指挥部要求，对海勃湾水利枢纽、千里山水库、甘德尔河、黄河二期防洪工程开展隐患排查，对各区河道影响行洪风险隐患排查工作进行督察，对发现的问题要求管理部门进行整改，监督指导全市重点水利设施将“四个责任人”“三个重点环节”落在实处，严格监管水库汛限水位，确保汛期安全。凌汛期加强值班值守和巡堤查险，全年未发生水事安全事故。

【饮水安全】

开展挂牌督战，对照历次中央巡视、暗访反馈问题，对农村（涉农社区）安装的净水机运行情况进行全面排查，督促各区针对发现的问题及时整改。争取上级资金2130万元组织实施海南区农村饮水安全巩固提升工程，1.53万名农村人口饮水条件达到城市供水标准；争取上级资金2228万元实施全市苦咸水改造治理工程，提质改造集中供水工程10处，解决8647人的苦咸水问题。争取维修养护及饮水安全专项扶贫资金90万元，对全市供水设备进行维修。

【河湖长制】

修订完善全市河流管理保护“一河一策”实施方案，各级河长累计巡河1713人次，开展河湖管理保护“春季”“秋季”行动，整治河湖“四乱”问题14个，疏浚河道12.9千米，清理各类垃圾18万吨，全面完成水利部暗访和自治区生态环保督察反馈的河湖“四乱”问题。

【水利工程建设】

全年完成黄河海勃湾段沿黄公路岸线防护工程建设任务。工程总投资5095万元，治理河道6.6千米，通过自治区水利厅组织的竣工验收，正式投入使用。争取资金2784万元，推动实施重点水利工程——乌达区黄河岸线治理工程、乌尔特沟治理工程建设，规划治理河道约5.2千米。

【水土保持】

完成水土保持规划和目标责任考核自评工作并上报自治区，被自治区评为优秀等次。全年新增水土流失治理面积104公顷，完成自治区目标任务的104%；征缴水土保持补偿费8846.7万元，累计排查采空区综合治理等水土保持项目194个，下达监督检查意见书57份。

图57　乌海市十七公里水土保持示范园

## 阿拉善盟

【盟水务局负责人名录】

党组书记、局　长：李发全

党组成员、副局长：谢　芳（女）

副局长：张永明

党组成员、副局长：刘宏民

党组成员、纪检组组长：刘东望（10月离任）

三级调研员：李祎斌

【概况】

2020年8月，中共阿拉善盟委员会机构编制委员会办公室印发《关于盟水务局调整机构职数事宜的批复》，为盟水务局增设水旱灾害防御科。改革后，阿拉善盟水务局内设办公室、规划计划科、建设与管理科、水土保持科、水政水资源科、农牧水利科、河湖科、水旱灾害防御科8个职能科室，所属全额事业单位水土保持与水利工程质量中心、水政监察支队2个，差额事业单位水利规划设计研究院。自治区水利厅派出机构阿拉善乌海水文水资源勘测局，负责乌海、阿拉善盟两地水文水资源工作。

2020年，阿拉善盟深入实施“蓝天 碧水 净土”行动计划，加强水污染治理和固体废弃物管理，保护好河湖资源；推进黑河流域及居延海生态环境保护与修复；坚持“以水定田”，保持地下水采补平衡。全盟年用水总量约3.92亿立方米，低于自治区下达用水指标4.9亿立方米；农田灌溉水有效利用系数0.696，高于自治区下达指标0.64。

【水政】

印发《阿盟水利行业行政审批前期工作技术审查专家库管理办法（试行）》《阿拉善盟水利监督工作办法（试行）》《水利安全生产监管责任清单》。结合河湖管理范围划界工作，完成50.64千米堤防、7座水闸、1座水库管理范围划定工作，按规定对14座水库进行降等、2座水库予以报废。严格落实防汛抗旱工作责任制，落实23座水库的运行管理责任人，加强值班值守、监测预报、隐患排查、预警发布。修订完善水库调度运用方案和大坝安全管理应急预案，实行重点风险点派驻盯防制度，保障汛期安全。开展阿拉善“关爱山川河流　保护母亲河”志愿服务暨公益宣传活动。

【引黄供水】

完成2020年度引黄供水工作，黄河高扬程灌溉管理局全年一泵站累计提水4709.2万立方米，其中农业灌溉用水3914.8万立方米、工业供水794.3万立方米。泵站能源单耗3.375千瓦时/千吨·米，渠系水利用率95.4%，保障5813.33公顷农田灌溉用水。

【饮水安全】

制定印发《阿拉善盟水务局脱贫攻坚饮水安全挂牌督战工作实施方案》，组织开展全盟建档立卡贫困户饮水安全拉网式大排查，采取工程措施和完善管理机制等措施全面解决建档立卡贫困人口饮水安全问题。完成投资3510万元，更新改造农村牧区饮水安全工程12项，巩固提升饮水安全问题人口2.68万人。加快推进农牧区供水水费收缴工作，全盟106处农牧区集中供水工程实现全面定价，水费收缴率达到93.8%。

■图58　阿拉善盟排查整改贫困人口饮水安全

【河湖长制】

召开全盟总河湖长会议暨河湖长制工作推进会议，发布盟级总河湖长令2个、河湖长令1个。盟级总河湖长开展巡河湖调研15次，盟级河湖长开展巡河湖23次，旗（区）级河湖长巡河湖457次。推进河湖“清四乱”工作，开展河湖治理“春季”“秋季”行动，部门联合执法22次，排查整治“四乱”问题5个。加强河湖保护基础性工作，完成流域面积1000平方千米以下50平方千米以上的98条河流划界工作。编制完成新一轮盟、旗（区）、苏木乡镇“一河一策”实施方案。开展河湖水生态综合治理工作，编制完成《额济纳旗东居延海生态环境保护实施方案》《额济纳旗东居延海生态治理与保护规划（2021—2025年）》；印发《河道采砂规划》，公告“四个责任人”。开展2019年度旗（区）河湖长制考核，并将河湖长制工作纳入党政领导班子考核指标。

■图59　8月，自治区河湖联合执法检查组一行到阿拉善左旗开展河道联合执法检查

【水利工程建设】

全年落实中央和自治区水利建设资金8474.71万元。重大前期项目——黄河内蒙古阿拉善盟应急分凌（洪）工程可行性研究报告

上报水利部黄河水利委员会待审查；额济纳东河下游入居延海段河道治理工程完工，新建护岸12.33千米。编制完成《阿拉善盟“十四五”水安全保障规划》，规划实施水利项目97项。

【水土保持】

阿拉善右旗塔木素阿贵特小流域水土保持工程建成投入使用，新增治理面积4.24平方千米。盟本级审批生产建设项目水土保持方案19个，接受水土保持设施自主验收报备项目28个，全盟征收水土保持补偿费5102.62万元。按照水利部、水利部黄河水利委员会和自治区水利厅统一部署，全面启动黄河流域生产建设项目水土保持专项整治行动，梳理盟境内黄河流域范围内生产建设项目67个，对10家建设单位进行集中约谈，下发限期改正通知书。开展煤炭领域专项整治工作，督促旗（区）追缴涉煤企业水土保持补偿费2244.83万元，完成自治区交办的煤田（煤矿）灭火工程未编报水土保持方案71个问题的行业整改任务。

【水生态保护治理】

全年完成全盟4个井灌区地下水超采问题整改销号，完成“十二五”期间新增455眼灌溉机电井规范整治，“地下水超采问题”经中央环境保护督察整改工作领导小组办公室同意销号。启动编制《阿拉善盟地下水生态保护治理规划和实施方案》，建立以地下水总量、水位、用途、水质和机电井数量控制为核心的长效机制。完成黑河干流水量调度，黑河额济纳旗狼心山水文站监测断面累计入境水量8.99亿立方米，东居延海水面面积43平方千米，蓄积水量9600万立方米，灌溉天然林草地6.27万公顷。争取巴彦淖尔市盟市间黄河水权转让指标400万立方米/年，分配自治区重点项目阿拉善右旗博源天然碱项目350万立方米/年。协调水利部黄河水利委员会、自治区水利厅在黄河汛期前首次进行生态水量调度，调入生态水量1523.3万立方米。

■图60　巴彦淖尔市人民政府、阿拉善盟行政公署间水权转让

## 满洲里市

【市农牧水利局负责人名录】

党组书记、局　长：王云霞（女）

党组成员、副局长：聂晓霞（女）

党组成员、副局长：哈　达（蒙古族）

【概况】

满洲里市农牧水利局内设综合科、农业科、畜牧兽医科、水利科、河湖科、机关党组织6个职能科室。其中，水利科负责水利中长期发展规划、年度计划和水利统计工作；组织开展全市重要水利工程建设、改造和质量管理工

作；督促检查重点水利工作的贯彻落实；指导堤防、水闸等水利工程的运行、管理和安全生产工作；指导节水灌溉有关工作；负责全市水土流失综合防治工作；承担防御洪水应急抢险的技术支撑工作。河湖科承担市河长办的日常工作；负责水利科技和指导水资源节约保护、饮用水水源保护、水量分配工作；实施最严格水资源管理制度相关工作，指导实施取水许可等制度并监督检查；组织开展水资源调查评价工作；发布水资源公报，参与编制水功能区划和指导入河排污口设置管理；组织指导水行政执法，协调水事纠纷；负责城镇供水管理。所属农牧水利综合行政执法大队、水利事业发展中心2个涉水事业单位。

全市新建给排水管网65.9千米，市第二水厂净水工艺改造工程竣工投用，市区污水处理厂改扩建和扎赉诺尔区污水处理厂升级改造通过环保验收，呼伦湖综合整治成效明显，生态环境持续优化。

【水政】

全年开展各类河湖执法检查20次，联合执法4次，封井4眼，驱赶牛羊马800余只。在新开河、海拉尔河、霍尔津河、二子湖及周边水域悬挂宣传条幅1块、设置公告牌2块、醒目处张贴《新开河河道管理公告》6处、印发《河湖保护宣传单》1000份。

【渔业执法】

在新开河重要位置设置《严禁在“禁渔区”非法捕捞渔业资源》宣传板1块，并在重要水域醒目处张贴《内蒙古自治区关于2020年禁渔期禁渔区渔政管理的通告》15处，发放《内蒙古自治区关于2020年禁渔期禁渔区渔政管理的通告》、呼伦贝尔市禁渔期渔业法宣传单、扫黑除恶等各类宣传单2000余份。受理呼伦贝尔市农牧局转办《中国渔政执法举报受理单》2件，对反映满洲里市新开河有人下网违法捕捞作业情况进行核实并将处理结果及时上报。全年出动执法人员80余人次，清理地笼10个、小网具3个、拉网47个、旋网2个，暂扣违规钓鱼鱼竿18个，没收并销毁各类网具62个，对22名违法情节轻微人员进行登记警告并现场责令改正，立案查处1起非法捕捞及破坏监控设备行为。

图61　2020年6月，满洲里市农牧水利局与公安联合在新开河满洲里市段清理非法捕捞网具

【水资源】

上报呼伦贝尔市违规工业企业取用水户违规情况、农业灌溉取地下水取水许可办理情况，开展违规取用地下水排查并完成整改；开展取用水管理专项整治行动，县域节水型社会补助资金项目完成85%左右。推进高效节水，实现控水降耗，因地制宜发展膜下滴灌面积933.33公顷。

【河湖长制】

开展河湖管理保护“春季”行动，在河湖“清四乱”专项行动的基础上，对市域内所有河流进行再巡查，对河湖管理范围内的乱占、乱采、乱堆、乱建等涉河湖违法违规问题进行全面再排查、再清理，确保问题底数清、台账明、无死角、无反弹。开展生态修复工程，完成新开河防洪工程，清理小河口至乌日根河区间河道5.2千米，完成河道清淤3.5万立方米。完成《2018—2020年“一河一策”“一湖一策”方案》的实施，并按计划编制《2021—2023年“一河一策”“一湖一策”方案》，细化实化河湖长职责，制定完善履职规范，明确不同层级河湖长和河湖长办的履职内容、标准、监督方式等，促进各级河长湖长、河湖管理及相关部门履职尽责。针对有开发利用任务的河湖岸线保护与利用规划编制提早开展工作，制定《满洲里市河湖管理范围岸线功能区划分初步方案》，加强与设计编制单位的沟通协调，完成对规划的审查。

【水利工程建设】

霍尔津河干流入境至小北湖疏浚工程（续建）建设。霍尔津河干流入境至小北湖疏浚工程（续建）项目行洪标准达到50年一遇，堤防工程级别为2级。疏浚工程起于西环路桥（桩号0+000），终至铁路单孔桥（桩号1+443），整治段全长1.44千米。主要建设内容包括新建左右岸堤防2.88千米和河道疏浚1.44千米。自治区水利发展资金总投资700万元。项目完成可行性研究报告和初步设计报告的编制、审查工作，委托具备资质的单位编制勘测定界技术报告书和征占用林地现状调查表。8月31日，经规委会同意修改土地规划，完成项目立项和土地、林草征占等审批事项的办理。

满洲里市新开河防洪工程。工程于2018年4月15日开工建设，属于呼伦湖生态与环境综合治理二期工程。2020年1月6日完成竣工验收。截至年底，完成工程尾留部分施工、工程审计、竣工验收等工作。

水利工程确权划界。按照自治区水利厅要求，完成对满洲里市、扎赉诺尔区19个堤防工程、8座水闸工程的确权划界工作。

【水土保持】

加强水土保持日常管理工作，加快生产建设项目水土保持方案审批。对采石、采煤、风电和公路项目生产建设类项目进行监督检查，完成陈年积案销号工作。全年共收取水土保持补偿费10105.45万元，其中追缴8771.29万元。在遥感监管第一批图斑核查中，核查图斑109个，发现违法违规项目93个，查处项目93个，下达《生产建设项目水土保持现场核查意见书》69份，移交市人民政府处理24个。

## 二连浩特市

【市水务局负责人名录】

党组书记、局　长：陈彦军

党组成员、副局长：额尔很巴雅尔（蒙古族）

党组成员、副局长：王　威（蒙古族）

副局长：李占河

【概况】

二连浩特市农牧和水务局内设办公室、水务科2个职能科室，所属农牧水务事业发展中心、农牧业综合执法支队（包括水行政执法）2个事业单位。

全市年平均降水量为147毫米，年平均蒸发量2622.09毫米，是降水量的17.8倍。水资源禀赋条件极差，境内既无地表水，也无客水，地下水是全市经济社会发展和生态环境保护的唯一水源，属贫水区。全市地下水资源总量1755万立方米，可开采量1069万立方米。人均水资源量213立方米，仅为全国人均拥有水资源量2100立方米的1/10。全市年度用水总量控制目标为1100万立方米，实际用水总量1310万立方米，其中含再生水量470万立方米，取用常规地下水资源量840万立方米。其中，工业用水量92万立方米，综合生活用水量680万立方米，农业用水量68万立方米。生态环境用水量470万立方米，全部为再生水。全市实行最严格水资源管理制度，严格执行取水许可和水资源论证制度，强化用水定额、用水计划管理和水资源有偿使用制度，规范水资源管理。加强水资源保护，未发生水污染事件，水环境得到改善。

【水政】

组织编写《二连浩特市赛乌素嘎查蔬菜种植基地水资源论证报告书》。根据《自治区水利厅关于加强用水计量和运行维护的通知》，对工业自备水源用水户开展全面检查，安装水量远程计量设施，实现取水量远程在线计量。利用“世界水日”“中国水周”，利用二连浩特电视台、出租车车载显示屏、各酒店LED灯箱以及发放宣传单等方式，向全市广大人民群众宣传保护水资源、珍惜水、节约用水，增强依法用水观念和水忧患意识。开展水资源专项执法监督检查，重点对用水户的取水计量设施进行检查。年内，查处非法取水3起，封闭违法取水井1眼。配合国家税务总局二连浩特市税务局水资源税征收工作，完成每季度取用水户单独申报纳税工作。

■图62　二连浩特市赛乌素嘎查蔬菜种植基地农业用水灌溉情况

【水资源】

按照《二连浩特市计划用水管理办法》，将全市公共供水管网内年取水5000立方米以上的用水户全部纳入计划用水管理。规范取水许可审批管理，严格按照审批权限受理取水许可申请并进行技术审查。对未办取水许可审批手续取水现象严查整改，对取用水重点对象建立台账。按照《二连浩特市用水计量和统计管理办法》，对全市取用地下水的单位、企业开展取水口日常监督检查并建立台账。年内，全市有取水许可证用水单位17家，开展水平衡测试1个，为生活自备水源；审批年取水量7370万立方米，核验取水工程1处，核发取水许可证1套，换发取水许可证1个，并按要求录入全国取水许可证登记系统。

按照自治区人民政府《关于加强地下水生态保护和治理的指导意见》，编制完成《二连浩特市地下水水位与水量双控制管理方案》。编制完成《二连浩特市齐哈日格图饮用水水源地保护区划分方案》《锡林郭勒盟苏尼特古河道地下水开采总量和地下水位双指标控制方案》，并按照方案落实相关工作。全年全市中水回用346万立方米，全部用于园林绿化。

【水旱灾害防御】

3月初，组织人员对防汛抗旱应急通信、机械设备进行维护保养，确保设备在防汛抗旱减灾工作中发挥作用。加强对防汛抗旱物资储备库管理，做到物资、管理、人员三到位，物资调运通信电话24小时开通，确保防汛物资调得动、运得出、用得上，保障全市安全度汛。3月中旬开始，工作人员每周将实地观测的雨情、旱情在国家防汛抗旱二期工程数据汇集平台上汇总，并上报锡林郭勒盟防汛办，为做好防汛抗旱救灾工作提供依据。自治区防汛办与水文总局共同建立微信公众平台，工作人员通过微信公众平台实时发布卫星云图，结合本地区气象部门预报，对市域内的天气和雨情、水情变化过程进行密切监视，做到早预测、早报告。建立完善值班制度，安排值班人员实行24小时值班制。配合国家防总做好全国雨情、旱情监测预警综合平台建设工作，密切联系气象部门将防汛抗旱数据及时准确上报。

【饮水安全】

推进全市农村牧区饮水安全工程项目建设。2019—2020年，安装单户净水设备352个，解决包括已脱贫的31户在内的共321户饮水氟超标饮水安全问题。投资178.11万元，实施第二水源地保护项目信息化工程，安装14眼机电井的监控设备及信息化工程建设。工程全部完工并已通过验收。

【节约用水】

按照《锡林郭勒盟节水行动实施方案》要求，完善取水总量控制与用水定额管理相结合的监督管理体制建设，初步形成政府调控、市场调节和公众参与的节水运行机制和较为完备的节水型社会参与机制，形成较为完备的水资源及开发利用监测与管理体系。截至年底，通过财政无息贷款、政策补贴、单位自筹等形式，鼓励有条件的企业建设污水处理回用设施，先后完成废水处理、再生水利用、冷却水循环、尾矿干排等10余项节水技术改造项目。全市主要工业用水企业有11家，其中6家选矿企业有3家完成尾矿干排技术改造；5家木材加工企业全部实现冷凝水回收利用。全市万元工业增加值用水量控制在14.44立方米，农田灌溉水有效系数为0.95。按照《二连浩特市节约用水管理办法》，城镇居民用水实施阶梯水价。市自来水公司选取5家大型宾馆和10余家家庭式旅馆，确立分格水量和加价标准。按照《二连浩特市县域节水型社会达标建设实施方案》要求，建立节约用水工作协调机制，协调解决节水工作中的重大问题。2020年，经水利部复核验收，评为全国县域节水型社会建设达标市。

【河湖长制】

成立由市委书记任总河长、市长任副总河长的河长制工作领导小组，下设市级河长制办公室，由领导小组统一组织推进全市河长制工作。印发《二连浩特市全面推进河长制工作方案》，制定印发《二连浩特市河长会议制度》《河长制信息共享制度》《河长制信息报送制度》《河长制工作督察制度》《河长制验收制度》《河长制考核问责和激励制度》6项制度。在水源地设立《二连浩特市河湖长制公示牌》。全年开展常规巡河湖23次。

【水土保持】

全年市水务局下发水土保持责令整改通知书67份，与企业签订承诺书67份，要求企业限期整改，提交《水土保持方案》。执法检查208国道、331线水土保持工作。实施京津风沙源治理二期工程，完成2017—2018年工程任务并全部通过验收，新打水源井22眼，建设防护林节水灌溉面积266.67公顷。

# 人物 荣誉

RENWU RONGYU

# 人 物

（以出生年月为序）

**阿拉腾苏娃迪** 1955年9月出生，男，蒙古族，内蒙古自治区鄂尔多斯市人。群众。新时代文明实践马背巡湖志愿服务队队员。2020年10月，被水利部、全国总工会、全国妇联评为“民间河湖卫士”。

鄂尔多斯市乌审旗图克镇达汉庙嘎查巴音淖湖边，65岁的当地牧民阿拉腾苏娃迪每天都要和他的同伴在湖边骑着马走一圈，查看湖泊有没有遭到破坏，清理湖边的垃圾，查看候鸟的迁徙情况。近年来，这些工作成为他日常生活中的主要内容。他认为，巴音淖湖是他和当地牧民的“母亲湖”，保护这个湖，就是保住了这片美丽祥和的家园。阿拉腾苏娃迪自愿加入了图克镇达汉庙嘎查成立的新时代文明实践马背巡湖志愿服务队，成为一位名副其实的“民间湖长”。阿拉腾苏娃迪所在的新时代文明实践马背巡湖志愿服务队，是当地贯彻落实河长制湖长制工作的具体体现，也营造了全民关爱河湖、保护河湖的浓厚氛围。“马背湖长”的事迹多次被《人民日报》、新华社等中央主流媒体宣传报道。

**王慧清** 1965年1月出生，男，汉族，内蒙古自治区巴彦淖尔市人。群众。本科学历。正高级工程师。

1988年8月参加工作，历任内蒙古水利勘测设计院助理工程师、工程师，内蒙古水利水电勘测设计院主任工程师、水文专业总工程师、总工助理、副总工程师。多次承担项目专业技术负责人，完成内蒙古自治区察尔森水库下游灌区工程、多伦县西山湾水利枢纽工程、绰勒水利枢纽工程及下游灌区工程、红山水库除险加固二期工程、红花尔基水利枢纽工程、大唐国际卓资风电场等大中型重点水利水电工程及新能源（风电）工程规划设计；承担主要技术负责人，完成内蒙古自治区水力资源复查成果、第三次全国水资源调查评价、水资源综合规划、内蒙古自治区水文手册、内蒙古自治区防汛抗旱应急预案、黄河流域生态保护与高质量发展水利专项规划等。科技成果获内蒙古自治区优秀工程设计一、二、三等奖各1项，获“全国水利水电工程优秀勘察设计奖”银质奖、铜质奖各1项，获内蒙古自治区科技进步二等奖1项。2005年获第五届内蒙古自治区青年科技奖，2009年获内蒙古自治区第二批工程设计大师称号，2016年享受国务院政府特殊津贴，2017年被内蒙古自治区水利厅评为全区水利建设质量管理工作先进个人，2020年被评为内蒙古自治区先进工作者。被聘为内蒙古自治区水利前期工作技术审查专家库专家、水利部水资源论证评审专家、国家防总防汛抗旱专家、自治区防汛抗旱专家、自治区水利标准化技术委员会委员。

**李建国** 1965年9月出生，男，汉族，山西省人。中共党员。本科学历。高级记者。从事新闻报道、各类文学写作等。水利部水情教育专家库专家。内蒙古作家协会会员，中国水利作家协会理事，中国水利摄影家协会会员。

在《中国水利报》《人民日报》《内蒙古日报》《香港文汇报》《黄河报》《中国经济导报》、中央电视台、新华网、人民网、中国政府网、中新网、“学习强国”等媒体发表新闻作品，多篇新闻作品获各类奖项。受水利部、黄河水利委员会、内蒙古自治区党委宣传部和有关媒体表彰近百次。30余次被评为水利部《中国水利年鉴》、自治区党委办公厅、政府办公厅信息调研、全区科普工作等先进个人；10余次被评为自治区水利厅优秀共产党员、水利宣传工作优秀个人、全区最美水利人等。在各级各类新闻期刊上发表专业论文10余篇。水利新闻报告集《长水当歌》由经济日报出版社出版。

在《芒种》《草原》《中国国家地理》《中国水利报》《内蒙古日报》《中国水利》《水与中国》《党的教育》《中国水能及电气化》、中国作家网、中国诗歌网、中国散文网等媒体平台发表诗歌、散文、小说、报告文学等作品，获全国性各类征文、大奖赛奖项数十次，作品选入海内外多种文集出版。

2020年，中国水利报内蒙古记者站被中国水利报评为优秀记者站，李建国被评为“十佳站长”和业务标兵；黄河报内蒙古记者站被黄河水利委员会新闻宣传出版中心评为2020年度优秀记者站，李建国被评为优秀记者。通讯《浅埋滴灌“甜”到心坎》获中国水利报社“讲述新时代治水故事”征文二等奖；通讯《“1+1>2”—内蒙古探索“河湖长+检察长”联动长效机制》获《中国水利报》2020年第二季度好新闻奖；通讯《快到草原红城来打卡——内蒙古乌兰浩特市水生态环境治理侧记》获《中国水利报》2020年第四季度好新闻奖；李建国5篇新闻作品被自治区党委宣传部评为2020年度“宣传内蒙古奖”；被评为自治区党委办公厅2020年度信息调研工作优秀组织者；被评为2020年度中国水利年鉴工作先进个人。

**耿　爽** 1986年2月出生，女，汉族，辽宁省铁岭市人。无党派人士。大学学历。三级主任科员。呼伦贝尔市海拉尔区城市管理综合执法局副局长。研究领域为环境保护、乡村振兴、项目建设等。

组织申请并实施产业扶贫项目5项，为辖区建档立卡贫困户提取扶贫收益12.84万元/年，辖区内49户87人建档立卡贫困户全部脱贫。2019年，河湖“清四乱”拆除现场她始终亲临一线，不惧压力，拆除河道内25户59间约8000平方米的违法建筑。协调施工单位出动钩机、铲车等机械设备10余台、连续作业40余天，清理拆除后的建筑垃圾777车3万余立方米，平整土地面积5万余平方米，对河道原貌进行了恢复和厚土覆盖。协助并组织河道垃圾集中清理整治行动，捡拾外运河道垃圾2900余袋；加强源头治理，推动合作村、互助村开展厕所革命，2019年改厕完成率100%。督促建设辖区村级河湖长定期巡河，发现海拉尔河北岸红星村辖区1处违建，教育动员使村民对违建进行了自拆；对红星村河道边多年沉积的建筑垃圾进行清理外运，清理面积8400平方米，外运垃圾300余车。2020年，继续开展厕所革命，完成户厕改造404户，改厕完成率超过85%。完成23处乱占耕地建房图斑排查，124处林草图斑排查，259间农村房屋安全隐患排查。推进辖区光明村6400平方米气调式仓储库建立，已达产达效。2020年集体经济增收40余万元。完善农村基础设施，新建硬化道路6千米，排水沟2500延长米，栽种各种果树3700余棵，完善村庄保洁制度和积分制管理制度，规范村庄土地流转制度，建立台账，完成土地信息、设施用地上图入库工作。

耿爽任呼伦贝尔市海拉尔区建设街道办事处副主任。后担任海拉尔河、伊敏河建设街道办事处段副河长、海托哈努湖建设街道办事处副湖长。分管建设街道河长制工作以来，兢兢业业、任劳任怨，较好地完成了上级部门交办的各项任务。2020年10月，被水利部、全国总工会、全国妇联评为“巾帼河湖卫士”称号。

**马　鑫**　1986年7月出生，男，汉族，甘肃省武威市人。中共党员。博士研究生。正高级工程师。研究领域为农田节水及水资源高效利用。

2014年起，他一直从事有关农田水利与水资源高效利用领域的研究，在推进内蒙古节水型社会建设、农业水资源高效利用上作出重要贡献，在滴灌水源过滤与工程技术的应用方面取得创新性突破。先后获国家农业节水科技奖二等奖1项、自治区农牧业丰收奖一等奖1项，获自治区“草原英才”工程青年创新创业人才奖，“自治区新世纪321人才工程第一层次”人选，被内蒙古自治区水利厅机关党委、内蒙古自治区水利科学研究院授予“优秀共产党员”等称号。主持和参与完成国家自然科学基金、水利部推广项目、自治区重点攻关项目、自治区成果转化等项目20余项，发表论文16篇，其中以第一作者或通讯作者发表SCI等核心期刊论文10余篇；获国家实用新型及发明专利12项，出版教材、著作5部，参与编写地方标准4部。

参与和主持完成内蒙古自治区重大科技项目“引黄灌区多水源滴灌高效节水关键技术的研究与示范”“内蒙古黄灌区安全增效滴灌技术集成与示范推广”“河套灌区盐渍化土壤化学物理节水降盐技术集成与示范”等。通过研究，提出沿黄灌区大面积发展滴灌的关键技术及策略，集成多水源滴灌的技术模式；提出典型区河套灌区可发展滴灌面积约为10万公顷，节水潜力约为5亿立方米的研究成果，为自治区人民政府制定决策提供重要依据。将保水剂、土壤侵蚀剂、砂砾等材料进行物理配合，有效地解决了旱作农业区保水材料应用的技术难题。参与自治区部分旗县农业水价改革的技术咨询，审查灌区农业退水“十四五”规划及地表水超采治理规划等各项评估工作。完成中共十九大代表主持国家软科学项目、水利部推广项目的专项课题，全面参与地方标准等重要文件和规范的起草。

作为项目主要参与人参与自治区科技厅、

水利厅重大科技计划项目“引黄灌区多水源滴灌高效节水关键技术的研究与示范”研究，担任第四课题“直接引黄滴灌关键技术研究与示范”主要负责人。创建引黄灌区规模化滴灌多水源时空保障调控理论，揭示一元水源与三元源在空间与时间上的转换关系，提出多水源协调调控布局与途径；创建高含沙水滴灌过滤抗堵塞新技术体系及“浅过滤－重滴头排出－辅助冲洗”的黄河水滴灌新技术模式，提出定量选择与评价滴头抗堵塞性能的新方法，突破了高含沙水滴灌防堵塞技术“瓶颈”。在滴灌多水源调控理论与策略、调控关键技术、综合技术集成模式构建与发展保障机制等四方面取得创新性突破，被鉴定为“国际领先水平”。

作为专题负责人参与完成自治区农村牧区饮水安全工程水质检测中心部分旗县实施方案的编制，组织实施自治区农业水价综合改革试点旗县实施方案及审查工作。参与自治区科技厅、呼和浩特市科技局重大科研项目的审查及验收等项目咨询工作。

**陈　根**　1987年8月出生，男，汉族，湖北省潜江市人。中共党员。大学本科，工学学位。高级工程师。

2009年6月，进入内蒙古自治区水利水电勘测设计院规划处工作。2009—2020年，从事河湖长制、规划、防洪和施工组织设计专业工作。

作为自治区河湖长制技术支撑工作带头人，组建河湖长制技术攻关团队，多次参与制定自治区河湖长制技术标准、GIS数据库标准，为自治区、盟市、旗县讲授河湖长制政策、技术要求，协助盟市、旗县开展河湖长制技术工作。主持编制自治区河湖长制三年行动方案、自治区河湖管理保护台账、自治区级“五河四湖”一河（湖）一策、河湖管理范围划定、岸线保护与利用规划，完成自治区河湖管理范围划定成果审核汇总；参与建立黄河流域生态保护和高质量发展监管平台。担任多个河湖长制项目审定人，牵头完成河道治理、大型灌区续建配套改造、重要支流治理等多项国家、自治区重大水利工程。是自治区水利厅、自治区水利事业发展中心专家库专家，担任多项河湖长制、规划、防洪、施工组织设计审查工作的主任委员或委员。

2016—2020年，多次被评为自治区水利水电勘测设计院优秀共产党员、先进生产工作者，年度考核、党员民主评议“优秀”。2019年自治区水利厅“党员先锋”、2020年度水利厅优秀党务工作者、第二届全区“最美水利人”提名奖、内蒙古科协全区“创新先锋岗”。2020年优秀党务工作者。主持完成的《内蒙古自治区级河湖“一河一策、一湖一策”实施方案》技术成果获内蒙古自治区2020年度优秀工程咨询成果特等奖，《西辽河管理范围划定方案》获2020年度自治区优秀工程咨询成果二等奖。

**王　凡**　1991年6月出生，男，汉族，山西省沁县人。中共党员。硕士研究生。工程师。研究领域为水利工程运行管理与维护、农田灌溉水利用测算分析。

2020年，获内蒙古自治区水利青年“深研总基调，建功新时代”知识竞赛一等奖；代表自治区水利厅获水利部水利青年“深研总基调，建功新时代”知识竞赛二等奖，并获“学习标兵”称号。

主要负责农田灌溉水利用系数测算工程、参与黄河内蒙古镫口扬水灌区续建配套与现代化改造项目、灌区灌溉运行与维护工程。通过对灌区农田灌溉水利用系数及其影响因素的测算分析，为科学合理供水、调水及测水，保证水资源高效利用，推进水价调整，发挥水价调整杠杆作用，建立促进节约用水、高效用水的水价机制提供了理论依据；建设过程中充分发挥水利专业技术优势，为项目初步设计、组织施工等提供了合理化建议与意见。施工期间，深入施工现场参与工程进度、质量、安全的监督管理工作，按要求完成了建设任务。工程实施完成后可减少骨干渠系输水损失，提高输水利用率和灌水保证率，保障灌区运行安全及用水安全。

# 荣　誉

## 内蒙古自治区水利厅优秀共产党员、优秀党务工作者、先进基层党组织名单

在庆祝中国共产党成立99周年之际，为表彰先进、弘扬正气、激发斗志、推进工作，中共内蒙古自治区水利厅机关委员会决定，对刘春林等20名“优秀共产党员”、侯静等10名“优秀党务工作者”、内蒙古自治区水利厅人事处党支部等10个“先进基层党组织”予以表彰。

### 一、优秀共产党员（20名）

1. 刘春林（内蒙古自治区水利厅办公室调训）
2. 冀　慧（内蒙古自治区水利厅计划财务处调训）
3. 胡　波（内蒙古自治区水利厅水利工程建设处）
4. 白　音（内蒙古自治区水利厅水土保持处调训）
5. 赵泽峰（内蒙古自治区水利厅农牧水利处调训）
6. 吕　薇（内蒙古自治区水利厅水资源管理处调训）
7. 刘哲旭（内蒙古自治区水利厅水政处调训）
8. 宋　薇（内蒙古自治区水利厅河湖管理处）
9. 周　航（内蒙古自治区水利厅机关党委调训）
10. 赵　慧（内蒙古自治区水利规划设计研究院）
11. 张浩杰（内蒙古自治区水利规划设计研究院）
12. 张志明（内蒙古自治区水文总局）
13. 马叁鑫（内蒙古自治区水利科学研究院）
14. 李俊丁（内蒙古自治区水资源与水权收储中心）
15. 乌云格日勒（内蒙古自治区灌溉排水发展中心）
16. 李　慧（内蒙古自治区水利信息中心）
17. 贾　斌（内蒙古自治区水利工程建设质量与安全监督中心站）

18. 朱京炜（内蒙古自治区水土保持工作站）
19. 吴尚智（内蒙古黄河工程局股份有限公司）
20. 杨志勇（水利部牧区水利科学研究所）

## 二、优秀党务工作者（10名）

1. 侯　静（内蒙古自治区水利厅人事处）
2. 姜姝婷（内蒙古自治区水利厅计财处调训）
3. 程光远（内蒙古自治区水利厅运行管理监督处调训）
4. 王冰冰（内蒙古自治区水利规划设计研究院）
5. 黄　达（呼和浩特市水文勘测局）
6. 赵　莹（内蒙古自治区水利科学研究院）
7. 苑淑娟（内蒙古自治区灌溉排水发展中心）
8. 李建国（内蒙古自治区水利政务服务中心）
9. 杨　麟（内蒙古自治区水政监察总队）
10. 岳征文（水利部牧区水利科学研究所）

## 三、先进基层党组织（10个）

1. 内蒙古自治区水利厅人事处党支部
2. 内蒙古自治区水利厅水资源管理处党支部
3. 内蒙古自治区水利规划设计研究院设计处党总支
4. 内蒙古自治区水利规划设计研究院环境移民处党支部
5. 内蒙古自治区水文总局水环境处党支部
6. 内蒙古自治区水利科学研究院第一党支部
7. 内蒙古自治区灌溉排水发展中心第二党支部
8. 内蒙古自治区水利政务服务中心党总支
9. 内蒙古黄河工程局股份有限公司第三工程处党委
10. 水利部牧区水利科学研究所党委

# 关于“最美河湖卫士”评选结果的通报

各盟市河长制办公室、水利（水务）局：

为激励广大干部群众积极投身河湖治理管护工作，不断增强公众河湖保护意识和参与意识，自治区河长制办公室组织开展了“寻找最美河湖卫士”活动。现将“最美河湖卫士”评选结果（名单附后）进行通报，请各盟市河长制办公室、水利（水务）局通过网络、报纸、媒体等方式，加大宣传力度，持续营造全社会关爱河湖、珍稀河湖、保护河湖的良好风尚。

内蒙古自治区河长制办公室

2020年12月24日

# “最美河湖卫士”名单

（按姓氏笔画排序）

## 最美基层河湖长(10人)

| | | |
|---|---|---|
| 于忠磊 | 呼伦贝尔市 | 苏木乡镇级河湖长 |
| 王　龙 | 锡林郭勒盟 | 苏木乡镇级河湖长 |
| 王　勇 | 鄂尔多斯市 | 苏木乡镇级河湖长 |
| 王广平 | 鄂尔多斯市 | 苏木乡镇级河湖长 |
| 王红兵 | 巴彦淖尔市 | 苏木乡镇级河湖长 |
| 李延来 | 通辽市 | 苏木乡镇级河湖长 |
| 那仁图雅(女) | 阿拉善盟 | 嘎查村级河长 |
| 苏果梅(女) | 鄂尔多斯市 | 嘎查村级河长 |
| 阿拉德尔图 | 阿拉善盟 | 苏木乡镇级河湖长 |
| 赵　鹏 | 乌兰察布市 | 苏木乡镇级河湖长 |

## 最美巡(护)河员(6人)

| | |
|---|---|
| 刘屹峰 | 锡林郭勒盟乌拉盖管理区哈拉盖图农牧场巡河员 |
| 李增文 | 呼伦贝尔市牙克石市西尼气河巡河员 |
| 李艳萍(女) | 阿拉善盟阿拉善左旗黄河巴彦木仁苏木段巡河员 |
| 徐英海 | 巴彦淖尔市五原县天吉泰镇巡河员 |
| 曹卫星 | 锡林郭勒盟乌拉盖管理区哈拉盖图农牧场乌力吉敖包分场巡河员 |
| 靳红波 | 通辽市科尔沁左翼中旗努日木镇五间房村巡河员 |

## 最美河湖志愿者(4人)

| | |
|---|---|
| 张增海 | 通辽市科尔沁左翼中旗志愿者 |
| 庞亚林 | 呼伦贝尔市海拉尔区志愿者 |

柯小平　　　　巴彦淖尔市五原县志愿者

鲍明珠（女）　锡林郭勒盟正蓝旗志愿者

■图63　巡航乌梁素海

# 水利统计

SHUILI TONGJI

# 2020年自治区水利基建投资项目统计表

表1　　　　单位：个

| 指标名称 | | 个数 |
|---|---|---|
| 按项目类型分类 | 合计 | 1191 |
| | 水库枢纽项目 | 6 |
| | 防洪项目 | 265 |
| | 灌溉除涝项目 | 64 |
| | 供水项目 | 235 |
| | 水务项目 | 6 |
| | 水保及生态保护项目 | 206 |
| | 机构能力建设项目 | 20 |
| | 前期能力建设专项 | 119 |
| | 移民项目 | 10 |
| | 其他水利项目 | 260 |
| 按流域分类 | 合计 | 1191 |
| | 松花江流域 | 185 |
| | 海河流域 | 48 |
| | 黄河流域 | 555 |
| | 辽河流域 | 233 |
| | 西北诸河流域 | 170 |

# 2020年自治区水利基建投资计划情况统计表

表2　　　　单位:万元

| 地区 | 合计 | 中央政府投资 | 其中：国家预算内拨款 | 财政资金水利专项 | 地方政府投资 | 企业和私人投资 | 其他投资 |
|---|---|---|---|---|---|---|---|
| 合计 | 1009283.59 | 358227.59 | 219176.00 | 139051.59 | 589815.00 | 55743.00 | 5498.00 |
| 呼和浩特市 | 46525.90 | 28408.30 | 18774.00 | 9634.30 | 17683.60 | — | 434.00 |
| 包头市 | 11199.60 | 4991.60 | 1238.00 | 3753.60 | 6208.00 | — | — |
| 乌海市 | 8584.50 | 3737.50 | 1038.00 | 2699.50 | 4847.00 | — | — |
| 赤峰市 | 197136.00 | 84916.50 | 65873.00 | 19043.50 | 84483.50 | 26900.00 | 836.00 |
| 通辽市 | 29756.30 | 7414.30 | 983.00 | 6431.30 | 9030.00 | 13312.00 | — |
| 鄂尔多斯市 | 79953.69 | 32223.89 | 13004.00 | 19219.89 | 47729.80 | — | — |
| 呼伦贝尔市 | 59649.09 | 33472.20 | 13173.00 | 20299.20 | 26176.89 | — | — |
| 巴彦淖尔市 | 63947.70 | 18848.70 | 6267.00 | 12581.70 | 44023.00 | — | 1076.00 |
| 乌兰察布市 | 179811.00 | 14757.00 | 1981.00 | 12776.00 | 149711.00 | 15343.00 | — |
| 兴安盟 | 46552.21 | 13703.00 | 547.00 | 13156.00 | 32849.21 | — | — |
| 锡林郭勒盟 | 33241.60 | 19628.60 | 8711.00 | 10917.60 | 10273.00 | 188.00 | 3152.00 |
| 阿拉善盟 | 42215.00 | 4706.00 | 534.00 | 4172.00 | 37509.00 | — | — |
| 自治区直属 | 210711.00 | 91420.00 | 87053.00 | 4367.00 | 119291.00 | — | — |

# 2020年自治区水利基建投资计划及到位情况统计表

表3 单位：万元

| 按投资来源分类 | 计划投资 | 到位投资 |
|---|---|---|
| 合计 | 1009283.59 | 904317.40 |
| 中央安排投资额 | 358227.59 | 357711.59 |
| 其中：预算内投资 | 219176.00 | 218702.00 |
| 财政水利专项资金 | 139051.59 | 139009.59 |
| 地方安排投资额 | 589815.00 | 488523.81 |
| 其中：省级政府投资 | 400069.00 | — |
| 地市级政府投资 | 100787.60 | — |
| 县级政府投资 | 88958.40 | — |
| 企业和私人及其他投资额 | 55743.00 | 58066.00 |
| 其他投资 | 5498.00 | 16.00 |

# 2020年自治区水利基建投资到位情况统计表

表4　　　　　　　　　　　　　　　　　　　　　　　　　　　　单位：万元

| 盟市 | 合计 | 其中：<br>中央资金 | 地方资金 | 企业和私人投资 | 其他投资 |
| --- | --- | --- | --- | --- | --- |
| 合计 | 904317.40 | 357711.59 | 488523.81 | 58066.00 | 16.00 |
| 呼和浩特市 | 40033.90 | 27892.30 | 12141.60 | — | — |
| 包头市 | 10033.60 | 4991.60 | 5042.00 | — | — |
| 乌海市 | 8584.50 | 3737.50 | 4847.00 | — | — |
| 赤峰市 | 163475.00 | 84916.50 | 49335.50 | 29223.00 | — |
| 通辽市 | 28767.30 | 7414.30 | 8041.00 | 13312.00 | — |
| 鄂尔多斯市 | 73620.39 | 32223.89 | 41396.50 | — | — |
| 呼伦贝尔市 | 58712.20 | 33472.20 | 25240.00 | — | — |
| 巴彦淖尔市 | 60721.70 | 18848.70 | 41857.00 | — | 16.00 |
| 乌兰察布市 | 179358.00 | 14757.00 | 149258.00 | 15343.00 | — |
| 兴安盟 | 46474.21 | 13703.00 | 32771.21 | — | — |
| 锡林郭勒盟 | 28845.60 | 19628.60 | 9029.00 | 188.00 | — |
| 阿拉善盟 | 41229.00 | 4706.00 | 36523.00 | — | — |
| 自治区直属 | 164462.00 | 91420.00 | 73042.00 | — | — |

# 2020年自治区水利基建投资完成情况统计表（一）

表5　　单位：万元

| 指标名称 | | 金额 |
| --- | --- | --- |
| 本年完成全区水利基本建设投资额 | | 915574.65 |
| 按资金来源分类 | 中央投资完成额 | 353337.70 |
| | 其中：国家预算内拨款 | 202281.27 |
| | 中央财政专项资金 | 151056.43 |
| | 重大水利工程建设基金 | — |
| | 地方政府投资完成额 | 482711.67 |
| | 其中：省级政府投资 | 358288.68 |
| | 地市级政府投资 | 66369.14 |
| | 县级政府投资 | 58053.85 |
| | 企业和私人投资 | 68038.00 |
| | 国内贷款 | 2737.00 |
| | 其他投资 | 8750.28 |
| 按用途分类 | 水库枢纽工程 | 56132.90 |
| | 防洪工程 | 195498.99 |
| | 灌溉除涝工程 | 59480.22 |
| | 供水工程 | 401871.64 |
| | 水务工程 | 3116.00 |
| | 移民项目 | 4176.70 |
| | 水保及生态工程 | 115220.48 |
| | 机构能力建设工程 | 8974.90 |
| | 前期工作项目 | 11584.00 |
| | 其他 | 59518.82 |

续表5

| 指标名称 | | 金额 |
|---|---|---|
| 按构成分类 | 建筑工程 | 602933.51 |
| | 安装工程 | 58590.38 |
| | 设备工器具购置 | 127415.59 |
| | 其他费用 | 126635.17 |
| | 其中：移民征地补偿费 | 25094.00 |
| 按流域分类 | 松辽流域 | 270847.00 |
| | 海河流域 | 6960.00 |
| | 黄河流域 | 351559.00 |
| | 辽河流域 | 213785.00 |
| | 西北诸河区 | 72424.00 |
| 按工程量 | 土方 | 8463.96 |
| | 石方 | 782.16 |
| | 混凝土 | 111.47 |
| 本年新增固定资产 | | 40611.90 |

# 2020年自治区水利基建投资完成情况统计表（二）

表6　　单位：万元

| 盟市 | 合计 | 中央政府投资 | 其中：国家预算内拨款 | 财政资金水利专项 | 地方政府投资 | 企业、国内贷款及其他投资 |
|---|---|---|---|---|---|---|
| 合计 | 915574.65 | 353337.70 | 202281.27 | 151056.43 | 482711.67 | 79525.28 |
| 呼和浩特市 | 49252.60 | 25631.00 | 15958.00 | 9673.00 | 22544.60 | 1077.00 |
| 包头市 | 23081.00 | 12548.00 | 1685.00 | 10863.00 | 9831.00 | 702.00 |
| 乌海市 | 11214.50 | 6411.50 | 1038.00 | 5373.50 | 4803.00 | — |
| 赤峰市 | 181115.28 | 78810.02 | 60692.00 | 18118.02 | 72934.26 | 29371.00 |
| 通辽市 | 28668.30 | 7170.10 | 983.00 | 6187.10 | 8186.20 | 13312.00 |
| 鄂尔多斯市 | 94780.17 | 36629.00 | 12306.40 | 24322.60 | 55657.89 | 2493.28 |
| 呼伦贝尔市 | 41553.48 | 26785.08 | 9570.87 | 17214.21 | 13016.40 | 1752.00 |
| 巴彦淖尔市 | 51133.00 | 19051.00 | 5827.00 | 13224.00 | 30193.00 | 1889.00 |
| 乌兰察布市 | 123384.00 | 13046.00 | 2836.00 | 10210.00 | 93693.00 | 16645.00 |
| 兴安盟 | 39897.87 | 18879.25 | 547.00 | 18332.25 | 21018.62 | — |
| 锡林郭勒盟 | 25569.40 | 12614.20 | 2389.00 | 10225.20 | 11628.20 | 1327.00 |
| 阿拉善盟 | 42076.00 | 4809.00 | 534.00 | 4275.00 | 37267.00 | — |
| 自治区直属 | 203849.05 | 90953.55 | 87915.00 | 3038.55 | 101938.50 | 10957.00 |

# 2020年自治区水利工程数量统计表

表7

| 分类 | | 水库数量（座） | 水库库容（万立方米） | 塘坝和窖池数量（座） | 水电站数量（座） | 泵站数量（座） | 水闸数量（座） | 农村集中式供水工程数量（处） | 机电井数量（眼） |
|---|---|---|---|---|---|---|---|---|---|
| | 合计 | 544 | 1090667 | 60031 | 41 | 993 | 8919 | 18114 | 1940447 |
| 盟市 | 呼和浩特市 | 39 | 49124 | 15326 | 0 | 129 | 810 | 1515 | 42335 |
| | 包头市 | 13 | 23466 | 0 | 0 | 29 | 565 | 451 | 16966 |
| | 乌海市 | 2 | 49316 | 0 | 0 | 122 | 46 | 36 | 612 |
| | 赤峰市 | 70 | 396024 | 229 | 24 | 59 | 2166 | 5273 | 447799 |
| | 通辽市 | 108 | 130009 | 107 | 0 | 73 | 400 | 2384 | 497311 |
| | 鄂尔多斯市 | 73 | 48827 | 32569 | 3 | 283 | 202 | 1307 | 163819 |
| | 呼伦贝尔市 | 43 | 68404 | 164 | 2 | 107 | 185 | 598 | 285827 |
| | 巴彦淖尔市 | 46 | 38865 | 611 | 3 | 158 | 3617 | 461 | 23646 |
| | 乌兰察布市 | 66 | 32057 | 3136 | 0 | 4 | 60 | 4108 | 84396 |
| | 兴安盟 | 22 | 193680 | 0 | 5 | 5 | 431 | 1143 | 295135 |
| | 锡林郭勒盟 | 37 | 58380 | 4644 | 4 | 11 | 4 | 714 | 77607 |
| | 阿拉善盟 | 25 | 2516 | 3245 | 0 | 13 | 433 | 124 | 4994 |
| 流域 | 松花江流域 | 65 | 262084 | 164 | 7 | 112 | 616 | 1741 | 580962 |
| | 海河流域 | 24 | 17916 | 14 | 3 | 10 | 5 | 988 | 55909 |
| | 黄河流域 | 199 | 214577 | 50729 | 6 | 734 | 5290 | 5064 | 268957 |
| | 辽河流域 | 178 | 526033 | 336 | 24 | 132 | 2566 | 7657 | 945110 |
| | 西北诸河流域 | 78 | 70058 | 8788 | 1 | 5 | 442 | 2664 | 89509 |

# 2020年自治区各盟市供水能力统计表

表8　　　　　　　　　　　　　　　　　　　　　　　　　　单位：万立方米

| 盟市 | 总供水能力 | 水库供水能力 | 塘坝窖池供水能力 | 河湖引水工程供水能力 | 河湖取水泵站工程供水能力 | 机电井工程供水能力 | 非常规水源 | 规模以上水利工程供水能力 | 水库供水能力 | 河湖引水工程供水能力 | 河湖取水泵站工程供水能力 | 机电井工程供水能力 | 规模以下水利工程供水能力 |
|---|---|---|---|---|---|---|---|---|---|---|---|---|---|
| 合计 | 2348259 | 167429 | 6456 | 827122 | 216416 | 1022120 | 108715 | 2023480 | 167429 | 787321 | 194165 | 874564 | 324779 |
| 呼和浩特市 | 158422 | 8263 | 404 | 19439 | 35469 | 73604 | 21243 | 116337 | 8263 | 15673 | 29167 | 63234 | 42085 |
| 包头市 | 144810 | 4082 | 18 | 1261 | 74621 | 48106 | 16722 | 120806 | 4082 | 1256 | 74621 | 40847 | 24004 |
| 乌海市 | 31310 | 616 | — | — | 15023 | 12631 | 3040 | 26224 | 616 | — | 13079 | 12529 | 5086 |
| 赤峰市 | 237807 | 31149 | 585 | 57015 | 7663 | 136409 | 4986 | 181234 | 31149 | 36536 | 2489 | 111060 | 56573 |
| 通辽市 | 330723 | 17461 | 1188 | 6727 | 6161 | 290586 | 8600 | 300784 | 17461 | 5269 | 4961 | 273093 | 29939 |
| 鄂尔多斯市 | 192921 | 11965 | 2496 | — | 51400 | 98001 | 29059 | 145324 | 11965 | — | 50689 | 82670 | 47597 |
| 呼伦贝尔市 | 211325 | 20159 | 963 | 88900 | 13264 | 79792 | 8247 | 160102 | 20159 | 77700 | 9702 | 52541 | 51223 |
| 巴彦淖尔市 | 628008 | 3998 | 150 | 550000 | — | 69238 | 4622 | 615316 | 3998 | 550000 | — | 61318 | 12692 |
| 乌兰察布市 | 70962 | 2988 | 188 | 4686 | 93 | 56836 | 6170 | 60228 | 2988 | 3467 | 57 | 53716 | 10734 |
| 兴安盟 | 166110 | 49414 | — | 45520 | 2200 | 68546 | 430 | 143605 | 49414 | 44020 | — | 50171 | 22505 |
| 锡林郭勒盟 | 69344 | 13635 | 262 | 174 | 1122 | 51913 | 2239 | 51962 | 13635 | — | — | 38327 | 17382 |
| 阿拉善盟 | 106517 | 3700 | 202 | 53400 | 9400 | 36458 | 3357 | 101558 | 3700 | 53400 | 9400 | 35058 | 4959 |

# 2020年自治区各流域供水能力统计表

表9

单位：万立方米

| 流域 | 总供水能力 | | | | | | | 规模以上水利工程供水能力 | | | | | 规模以下水利工程供水能力 |
|---|---|---|---|---|---|---|---|---|---|---|---|---|---|
| | | 水库供水能力 | 塘坝窖池供水能力 | 河湖引水工程供水能力 | 河湖取水泵站工程供水能力 | 机电井工程供水能力 | 非常规水源 | | 水库供水能力 | 河湖引水工程供水能力 | 河湖取水泵站工程供水能力 | 机电井工程供水能力 | |
| 合计 | 2348259 | 167429 | 6456 | 827122 | 216416 | 1022120 | 108715 | 2023480 | 167429 | 787321 | 194165 | 874564 | 324779 |
| 松花江流域 | 342662 | 69573 | 748 | 102420 | 15464 | 145784 | 8673 | 271707 | 69573 | 89720 | 9702 | 102712 | 70955 |
| 海河流域 | 31918 | 7954 | — | 1085 | 1122 | 20928 | 830 | 25343 | 7954 | 1085 | — | 16304 | 6576 |
| 黄河流域 | 1193606 | 30747 | 3248 | 573227 | 185631 | 328567 | 72186 | 1063736 | 30747 | 568329 | 176674 | 287986 | 129870 |
| 辽河流域 | 568530 | 48610 | 1773 | 63742 | 13824 | 426995 | 13586 | 482018 | 48610 | 41805 | 7450 | 384153 | 86512 |
| 西北诸河流域 | 167479 | 10546 | 472 | 54648 | 63 | 92589 | 9162 | 144864 | 10546 | 54382 | 27 | 79909 | 22616 |

# 2020年自治区水利工程供水量统计表

表10

单位:万立方米

| 分类 | | 合计 | 农业灌溉 | 工业生产 | 城镇生活 | 乡村生活 | 生态环境及其他 |
|---|---|---|---|---|---|---|---|
| 盟市 | 合计 | 1944144 | 1368320 | 134288 | 86682 | 59389 | 295466 |
| | 呼和浩特市 | 100853 | 55531 | 11877 | 17377 | 4946 | 11122 |
| | 包头市 | 105429 | 58413 | 28169 | 11770 | 1054 | 6023 |
| | 乌海市 | 26931 | 5959 | 8931 | 3665 | 32 | 8344 |
| | 赤峰市 | 221254 | 176678 | 9826 | 9551 | 9353 | 15846 |
| | 通辽市 | 272607 | 238974 | 6870 | 7400 | 14679 | 4684 |
| | 鄂尔多斯市 | 172676 | 110893 | 34716 | 8511 | 4368 | 14188 |
| | 呼伦贝尔市 | 175430 | 55385 | 10618 | 9496 | 9789 | 90142 |
| | 巴彦淖尔市 | 528854 | 479008 | 6117 | 4352 | 2412 | 36965 |
| | 乌兰察布市 | 46486 | 33235 | 4389 | 4546 | 3145 | 1171 |
| | 兴安盟 | 125925 | 113271 | 2260 | 3943 | 1895 | 4556 |
| | 锡林郭勒盟 | 38593 | 19545 | 5335 | 4183 | 6975 | 2555 |
| | 阿拉善盟 | 129107 | 21428 | 5180 | 1888 | 741 | 99870 |
| 流域 | 合计 | 1944144 | 1368320 | 134288 | 86682 | 59389 | 295466 |
| | 松花江流域 | 301354 | 168656 | 12878 | 13439 | 11684 | 94698 |
| | 海河流域 | 17770 | 11537 | 2512 | 1156 | 2137 | 428 |
| | 黄河流域 | 973228 | 731258 | 95335 | 47312 | 14053 | 85270 |
| | 辽河流域 | 493861 | 415652 | 16696 | 16951 | 24032 | 20530 |
| | 西北诸河流域 | 157931 | 41217 | 6867 | 7824 | 7483 | 94540 |

# 2020年自治区城乡供水情况统计表

表11　　单位:处

| 分类 | | 城乡供水工程 | 城乡集中式供水工程 | 城镇自来水厂 | 农村集中式供水工程 | 农村分散式供水工程 | 农村已建成巩固提升工程 |
|---|---|---|---|---|---|---|---|
| 盟市 | 合计 | 773675 | 18450 | 336 | 18114 | 755225 | 18700 |
| | 呼和浩特市 | 11184 | 1546 | 31 | 1515 | 9638 | 79 |
| | 包头市 | 4051 | 483 | 32 | 451 | 3568 | 148 |
| | 乌海市 | 41 | 41 | 5 | 36 | 0 | 43 |
| | 赤峰市 | 141333 | 5320 | 47 | 5273 | 136013 | 2089 |
| | 通辽市 | 55052 | 2411 | 27 | 2384 | 52641 | 582 |
| | 鄂尔多斯市 | 54940 | 1350 | 43 | 1307 | 53590 | 562 |
| | 呼伦贝尔市 | 326563 | 625 | 27 | 598 | 325938 | 1300 |
| | 巴彦淖尔市 | 4869 | 501 | 40 | 461 | 4368 | 363 |
| | 乌兰察布市 | 59162 | 4142 | 34 | 4108 | 55020 | 980 |
| | 兴安盟 | 58666 | 1159 | 16 | 1143 | 57507 | 380 |
| | 锡林郭勒盟 | 52718 | 739 | 25 | 714 | 51979 | 4359 |
| | 阿拉善盟 | 5096 | 133 | 9 | 124 | 4963 | 7815 |
| 流域 | 合计 | 773675 | 18450 | 336 | 18114 | 755225 | 18700 |
| | 松花江流域 | 385229 | 1784 | 43 | 1741 | 383445 | 1680 |
| | 海河流域 | 25495 | 1002 | 14 | 988 | 24493 | 330 |
| | 黄河流域 | 94505 | 5222 | 158 | 5064 | 89283 | 7158 |
| | 辽河流域 | 196385 | 7731 | 74 | 7657 | 188654 | 2671 |
| | 西北诸河流域 | 72061 | 2711 | 47 | 2664 | 69350 | 6861 |

# 2020年自治区城乡供水工程实际供水量统计表

表12　　　　单位:万立方米

| 分类 | | 全区城乡供水工程实际供水量 | 城乡集中式供水工程实际供水量 | 城镇自来水厂实际供水量 | 农村集中式供水工程供水量 | | | | | 农村分散式供水工程供水量 |
|---|---|---|---|---|---|---|---|---|---|---|
| | | | | | 小计 | 城镇管网延伸工程 | 万人工程 | 千人工程 | 千人以下工程 | |
| 盟市 | 呼和浩特市 | 21170 | 21033 | 15300 | 5733 | 230 | 2101 | 1840 | 1562 | 137 |
| | 包头市 | 21430 | 21362 | 20376 | 986 | 164 | 289 | 352 | 181 | 68 |
| | 乌海市 | 3846 | 3846 | 3665 | 181 | 17 | 119 | 26 | 19 | — |
| | 赤峰市 | 18904 | 18094 | 9551 | 8543 | 329 | 812 | 2429 | 4973 | 810 |
| | 通辽市 | 22079 | 20432 | 7400 | 13032 | 170 | 1661 | 3640 | 7561 | 1647 |
| | 鄂尔多斯市 | 13039 | 12355 | 8687 | 3668 | 324 | 644 | 920 | 1780 | 684 |
| | 呼伦贝尔市 | 19807 | 13906 | 9774 | 4131 | 1043 | 327 | 966 | 1796 | 5902 |
| | 巴彦淖尔市 | 6764 | 6726 | 4352 | 2374 | 541 | 1349 | 324 | 160 | 38 |
| | 乌兰察布市 | 7691 | 7448 | 4545 | 2903 | 82 | 70 | 405 | 2346 | 243 |
| | 兴安盟 | 5838 | 5362 | 3940 | 1422 | 39 | 161 | 515 | 707 | 476 |
| | 锡林郭勒盟 | 11108 | 4925 | 4109 | 816 | 4 | — | 45 | 767 | 6183 |
| | 阿拉善盟 | 2629 | 2501 | 1888 | 613 | 11 | 66 | 167 | 369 | 128 |
| | 合计 | 154305 | 137990 | 93587 | 44402 | 2954 | 7599 | 11629 | 22221 | 16316 |
| 流域 | 松花江流域 | 25645 | 19268 | 13714 | 5553 | 1082 | 488 | 1481 | 2503 | 6378 |
| | 海河流域 | 3243 | 2000 | 1082 | 918 | 2 | — | 52 | 864 | 1243 |
| | 黄河流域 | 69127 | 68040 | 54016 | 14024 | 1291 | 4568 | 3557 | 4608 | 1087 |
| | 辽河流域 | 40983 | 38526 | 16951 | 21575 | 499 | 2473 | 6069 | 12534 | 2457 |
| | 西北诸河流域 | 15307 | 10156 | 7824 | 2332 | 80 | 70 | 470 | 1712 | 5151 |
| | 合计 | 154305 | 137990 | 93587 | 44402 | 2954 | 7599 | 11629 | 22221 | 16316 |

# 2020年自治区城乡供水保障工程设计受益人口统计表

表13　　单位：万人

| 分类 | | 全区城乡供水保障工程设计受益人口 | 城乡集中式供水工程设计受益人口 | 城镇自来水厂设计受益人口 | 农村集中式供水工程设计受益人口 | 农村分散式供水工程设计受益人口 | 已建成巩固提升工程受益人口 | 年末农村自来水供水人口 |
|---|---|---|---|---|---|---|---|---|
| 盟市 | 合计 | 2499.38 | 2296.83 | 1220.22 | 1076.61 | 202.55 | 365.13 | 999.21 |
| | 呼和浩特市 | 339.65 | 335.35 | 218.68 | 116.67 | 4.3 | 10.78 | 99.82 |
| | 包头市 | 266.61 | 261.69 | 211.58 | 50.11 | 4.92 | 21.1 | 54.16 |
| | 乌海市 | 52.93 | 52.93 | 33.09 | 19.84 | 0 | 1.03 | 18.05 |
| | 赤峰市 | 409.21 | 357.9 | 121.07 | 236.83 | 51.31 | 83.85 | 229.98 |
| | 通辽市 | 320.54 | 284.6 | 91.59 | 193.01 | 35.94 | 58.32 | 193.01 |
| | 鄂尔多斯市 | 220.17 | 205.72 | 135.16 | 70.56 | 14.45 | 20.69 | 55.04 |
| | 呼伦贝尔市 | 250.6 | 216.58 | 95.38 | 121.2 | 34.02 | 26.14 | 95.91 |
| | 巴彦淖尔市 | 208.65 | 207.25 | 119.11 | 88.14 | 1.4 | 81.78 | 88.14 |
| | 乌兰察布市 | 161.67 | 151.26 | 84.99 | 66.27 | 10.41 | 19.1 | 64.31 |
| | 兴安盟 | 144.71 | 126.53 | 39.67 | 86.86 | 18.18 | 17.94 | 73.69 |
| | 锡林郭勒盟 | 95.84 | 69.4 | 53.12 | 16.28 | 26.44 | 18.07 | 16.26 |
| | 阿拉善盟 | 28.8 | 27.62 | 16.78 | 10.84 | 1.18 | 6.33 | 10.84 |
| 流域 | 合计 | 2499.38 | 2296.83 | 1220.22 | 1076.61 | 202.55 | 365.13 | 999.21 |
| | 松花江流域 | 395.31 | 343.11 | 135.05 | 208.06 | 52.2 | 44.08 | 169.6 |
| | 海河流域 | 49.62 | 39.04 | 21.5 | 17.54 | 10.58 | 6.22 | 17.54 |
| | 黄河流域 | 1134.03 | 1107.13 | 735.72 | 371.41 | 26.9 | 138.63 | 340.38 |
| | 辽河流域 | 729.75 | 642.5 | 212.66 | 429.84 | 87.25 | 142.17 | 422.99 |
| | 西北诸河流域 | 190.67 | 165.05 | 115.29 | 49.76 | 25.62 | 34.03 | 48.7 |

# 2020年自治区各盟市灌溉面积统计表

表14

单位：千公顷

| 盟市 | 总灌溉面积 | 耕地灌溉面积（有效灌溉面积） | 牧草地灌溉面积 | 减少耕地灌溉面积 | 实际耕地灌溉面积 | 水田 | 水浇地 | 旱涝保收面积 | 节水灌溉面积 | 喷灌面积 | 微灌面积 | 低压管灌面积 | 渠道防渗 | 其他 | 新增节水灌溉面积 | 新增节水改造面积 |
|---|---|---|---|---|---|---|---|---|---|---|---|---|---|---|---|---|
| 合计 | 3820.17 | 3199.12 | 525.57 | 0.07 | 2636.17 | 98.85 | 2537.32 | 1644.27 | 2931.61 | 641.56 | 1116.67 | 405.71 | 760.25 | 7.42 | 0.42 | 3.31 |
| 呼和浩特市 | 217.04 | 212.67 | — | — | 186.50 | — | 186.50 | 52.00 | 199.17 | 29.22 | 34.96 | 15.93 | 118.22 | 0.84 | — | — |
| 包头市 | 152.12 | 129.77 | 17.44 | — | 126.18 | — | 126.18 | 62.89 | 121.91 | 6.23 | 40.51 | 17.47 | 57.70 | — | — | — |
| 乌海市 | 16.50 | 7.06 | — | — | 7.06 | — | 7.06 | 7.06 | 9.77 | 0.13 | 4.11 | 0.88 | — | 4.65 | — | — |
| 赤峰市 | 513.50 | 415.83 | 91.01 | — | 391.28 | 16.01 | 375.27 | 288.24 | 361.30 | 18.28 | 290.98 | 40.80 | 11.24 | — | — | — |
| 通辽市 | 731.83 | 644.43 | 69.89 | — | 613.21 | 25.39 | 587.82 | 237.00 | 530.36 | 48.16 | 360.28 | 98.39 | 23.40 | 0.13 | — | — |
| 鄂尔多斯市 | 352.85 | 245.92 | 95.64 | — | 174.93 | 1.63 | 173.30 | 47.09 | 301.06 | 101.07 | 84.60 | 26.89 | 86.70 | 1.80 | 0.42 | 0.81 |
| 呼伦贝尔市 | 368.26 | 330.99 | 35.51 | — | 128.13 | 18.90 | 109.23 | 73.88 | 341.51 | 278.00 | 49.67 | 4.03 | 9.81 | — | — | — |
| 巴彦淖尔市 | 704.84 | 652.72 | 27.90 | — | 641.56 | — | 641.56 | 641.56 | 570.76 | 0.51 | 79.03 | 63.48 | 427.74 | — | — | 2.50 |
| 乌兰察布市 | 182.78 | 164.77 | 16.25 | — | 146.24 | — | 146.24 | 64.33 | 160.33 | 30.19 | 109.55 | 15.63 | 4.96 | — | — | — |
| 兴安盟 | 399.50 | 357.79 | 40.51 | — | 185.15 | 36.92 | 148.23 | 134.29 | 224.36 | 63.53 | 33.11 | 113.28 | 14.44 | — | — | — |
| 锡林郭勒盟 | 82.46 | 37.17 | 43.62 | 0.07 | 35.93 | — | 35.93 | 35.93 | 79.07 | 65.37 | 9.92 | 3.78 | — | — | — | — |
| 阿拉善盟 | 98.49 | — | 87.80 | — | — | — | — | — | 32.01 | 0.87 | 19.95 | 5.15 | 6.04 | — | — | — |

# 2020年自治区各流域灌溉面积统计表

表15

单位：千公顷

| 流域 | 总灌溉面积 | 耕地灌溉面积（有效灌溉面积） | 牧草地灌溉面积 | 减少耕地灌溉面积 | 实际耕地灌溉面积 | 水田 | 水浇地 | 旱涝保收面积 | 节水灌溉面积 | 喷灌面积 | 微灌面积 | 低压管灌面积 | 渠道防渗 | 其他 | 新增节水灌溉面积 | 新增节水改造面积 |
|---|---|---|---|---|---|---|---|---|---|---|---|---|---|---|---|---|
| 合计 | 3820.17 | 3199.12 | 525.57 | 0.07 | 2636.17 | 98.85 | 2537.32 | 1644.27 | 2931.61 | 641.56 | 1116.67 | 405.71 | 760.25 | 7.42 | 0.42 | 3.31 |
| 松花江流域 | 767.76 | 688.78 | 76.02 | — | 313.2x8 | 55.82 | 257.46 | 208.17 | 565.87 | 341.53 | 82.78 | 117.31 | 24.25 | — | — | — |
| 海河流域 | 57.10 | 46.22 | 10.62 | 0.07 | 42.90 | — | 42.90 | 42.90 | 52.81 | 38.61 | 11.77 | 1.38 | 1.05 | — | — | — |
| 黄河流域 | 1500.38 | 1285.36 | 157.28 | — | 1170.23 | 1.63 | 1168.60 | 821.92 | 1244.20 | 140.46 | 271.70 | 126.62 | 698.13 | 7.29 | 0.42 | 3.31 |
| 辽河流域 | 1245.33 | 1060.26 | 160.90 | — | 1004.49 | 41.40 | 963.09 | 525.24 | 891.66 | 66.44 | 651.26 | 139.19 | 34.64 | 0.13 | — | — |
| 西北诸河流域 | 249.60 | 118.50 | 120.75 | — | 105.27 | — | 105.27 | 46.04 | 177.07 | 54.52 | 99.16 | 21.21 | 2.18 | — | — | — |

# 2020年自治区规模以上灌区统计表

表16

单位：个

| 分类 | | 灌区个数 | 50万亩以上 | 30万～50万亩 | 10万～30万亩 | 5万～10万亩 | 1万～5万亩 | 0.2万～1万亩 |
|---|---|---|---|---|---|---|---|---|
| 盟市 | 合计 | 500 | 10 | 5 | 24 | 29 | 168 | 264 |
| | 呼和浩特市 | 32 | 1 | 0 | 4 | 1 | 12 | 14 |
| | 包头市 | 25 | 1 | 1 | 1 | 2 | 13 | 7 |
| | 乌海市 | 10 | 0 | 0 | 0 | 0 | 6 | 4 |
| | 赤峰市 | 205 | 2 | 2 | 4 | 14 | 51 | 132 |
| | 通辽市 | 45 | 1 | 2 | 12 | 8 | 7 | 15 |
| | 鄂尔多斯市 | 33 | 2 | 0 | 0 | 1 | 13 | 17 |
| | 呼伦贝尔市 | 63 | 0 | 0 | 1 | 0 | 24 | 38 |
| | 巴彦淖尔市 | 15 | 1 | 0 | 0 | 0 | 2 | 12 |
| | 乌兰察布市 | 37 | 0 | 0 | 0 | 1 | 13 | 23 |
| | 兴安盟 | 20 | 1 | 0 | 1 | 0 | 18 | 0 |
| | 锡林郭勒盟 | 2 | 0 | 0 | 0 | 0 | 1 | 1 |
| | 阿拉善盟 | 13 | 1 | 0 | 1 | 2 | 8 | 1 |
| 流域 | 合计 | 500 | 10 | 5 | 24 | 29 | 168 | 264 |
| | 松花江流域 | 83 | 1 | — | 2 | — | 42 | 38 |
| | 海河流域 | 8 | — | — | — | — | 1 | 7 |
| | 黄河流域 | 126 | 5 | 1 | 6 | 6 | 52 | 56 |
| | 辽河流域 | 250 | 3 | 4 | 16 | 22 | 58 | 147 |
| | 西北诸河流域 | 33 | 1 | — | — | 1 | 15 | 16 |

# 2020年自治区防洪除涝情况统计表

表17

| 分类 | | 堤防总长度（千米） | 1、2级堤防长度（千米） | 达标堤防长度（千米） | 新增达标堤防长度（千米） | 堤防保护人口数量（万人） | 堤防保护耕地面积（千公顷） | 已治理河段长度（千米） | 除涝面积（千公顷） |
|---|---|---|---|---|---|---|---|---|---|
| 盟市 | 合计 | 8141.55 | 1711.70 | 5604.11 | 149.34 | 1279.03 | 1718.53 | 4773.26 | 277.00 |
| | 呼和浩特市 | 590.32 | 77.48 | 315.41 | 7.91 | 100.50 | 102.54 | 374.92 | 26.96 |
| | 包头市 | 520.18 | 233.99 | 373.55 | 16.97 | 48.87 | 99.38 | 92.74 | — |
| | 乌海市 | 36.84 | 8.00 | 36.84 | — | 12.90 | 5.80 | 34.70 | — |
| | 赤峰市 | 1065.93 | 66.64 | 562.78 | 30.76 | 225.22 | 112.77 | 617.84 | 1.72 |
| | 通辽市 | 1855.88 | 582.26 | 1188.60 | 5.00 | 178.77 | 354.53 | 1183.66 | 125.12 |
| | 鄂尔多斯市 | 690.56 | 74.25 | 547.15 | 40.00 | 75.45 | 119.39 | 484.47 | 15.43 |
| | 呼伦贝尔市 | 1047.39 | 129.89 | 856.87 | 2.69 | 221.63 | 173.27 | 965.22 | 77.19 |
| | 巴彦淖尔市 | 530.34 | 388.72 | 404.34 | 15.54 | 140.52 | 484.94 | 14.16 | — |
| | 乌兰察布市 | 419.65 | 2.74 | 352.22 | 16.36 | 67.64 | 36.24 | 249.01 | — |
| | 兴安盟 | 910.09 | 126.51 | 601.57 | 1.81 | 151.37 | 209.50 | 559.81 | 29.67 |
| | 锡林郭勒盟 | 207.06 | — | 185.48 | 5.20 | 51.36 | 5.08 | 109.54 | 0.91 |
| | 阿拉善盟 | 267.31 | 21.22 | 179.30 | 7.10 | 4.80 | 15.09 | 87.19 | — |
| 流域 | 合计 | 8141.55 | 1711.70 | 5604.11 | 149.34 | 1279.03 | 1718.53 | 4773.26 | 277.00 |
| | 松花江流域 | 1957.48 | 256.40 | 1458.44 | 4.50 | 373.00 | 382.77 | 1525.03 | 106.86 |
| | 海河流域 | 109.71 | — | 75.40 | 5.20 | 29.22 | 2.68 | 59.57 | 0.91 |
| | 黄河流域 | 2697.22 | 806.40 | 1941.32 | 87.52 | 402.83 | 847.19 | 1107.55 | 42.39 |
| | 辽河流域 | 2921.81 | 648.90 | 1751.38 | 35.76 | 403.99 | 467.30 | 1801.50 | 126.84 |
| | 西北诸河流域 | 455.33 | — | 377.57 | 16.36 | 69.99 | 18.59 | 279.61 | — |

# 2020年自治区各盟市水土流失治理面积统计表

表18　　　　单位：千公顷

| 盟市 | 水土流失面积 | 水土流失治理面积 | 小流域治理面积 | 新增水土流失综合治理面积 | 新增小流域综合治理面积 | 减少水土流失综合治理面积 | 年末封禁治理保有面积 | 已建成黄土高原淤地坝数量 | 已实施小流域综合治理条数 |
|---|---|---|---|---|---|---|---|---|---|
| 合计 | 64349.18 | 15221.50 | 3400.01 | 658.11 | 29.56 | 61.65 | 4648.22 | 2324 | 1111 |
| 呼和浩特市 | 820.76 | 537.00 | 262.11 | 30.20 | 1.10 | 8.45 | 161.63 | 341 | 15 |
| 包头市 | 1687.55 | 530.12 | 23.94 | 41.20 | — | — | 285.54 | 111 | — |
| 乌海市 | 89.18 | 22.97 | 1.25 | 0.10 | — | — | 9.34 | 6 | — |
| 赤峰市 | 3742.63 | 2530.61 | 675.41 | 83.35 | 1.30 | — | 335.72 | — | 15 |
| 通辽市 | 3824.86 | 1468.45 | 322.95 | 40.10 | — | — | 463.89 | — | 102 |
| 鄂尔多斯市 | 3775.07 | 3477.14 | 650.73 | 89.00 | — | 7.37 | 1060.89 | 1682 | 316 |
| 呼伦贝尔市 | 5884.65 | 1626.48 | 99.73 | 92.36 | — | — | 618.44 | — | 27 |
| 巴彦淖尔市 | 4671.81 | 474.58 | — | 73.43 | — | — | 139.22 | 15 | — |
| 乌兰察布市 | 3698.31 | 1882.49 | 614.75 | 59.60 | 11.80 | 36.67 | 513.16 | 169 | 153 |
| 兴安盟 | 1885.27 | 1168.23 | 297.79 | 46.17 | 15.36 | — | 359.16 | — | 218 |
| 锡林郭勒盟 | 14515.96 | 1286.96 | 451.35 | 78.40 | — | 9.16 | 625.10 | — | 265 |
| 阿拉善盟 | 19753.13 | 216.47 | — | 24.20 | — | — | 76.13 | — | — |

# 2020年自治区各流域水土流失治理面积统计表

表19　　　　　　　　　　　　　　　　　　　　　　　　单位：千公顷

| 流域 | 水土流失面积 | 水土流失治理面积 | 小流域治理面积 | 新增水土流失综合治理面积 | 新增小流域综合治理面积 | 减少水土流失综合治理面积 | 年末封禁治理保有面积 | 已建成黄土高原淤地坝数量 | 已实施小流域综合治理条数 |
|---|---|---|---|---|---|---|---|---|---|
| 合计 | 64349.18 | 15221.50 | 3400.01 | 658.11 | 29.56 | 61.65 | 4648.22 | 2324 | 1111 |
| 松花江流域 | — | 2794.71 | 397.52 | 138.53 | 15.36 | — | 977.60 | — | 245 |
| 海河流域 | — | 543.37 | 274.98 | 10.00 | — | 7.55 | 135.10 | — | 128 |
| 黄河流域 | — | 5437.97 | 1109.84 | 238.22 | 1.70 | 30.73 | 1608.37 | 2311 | 376 |
| 辽河流域 | — | 3999.06 | 998.36 | 123.45 | 1.30 | — | 799.61 | — | 117 |
| 西北诸河流域 | — | 2446.39 | 619.31 | 147.91 | 11.20 | 23.37 | 1127.54 | 13 | 245 |

注：根据2013年3月26日水利部和国家统计局发布的《第一次全国水利普查公报》，内蒙古自治区水土流失面积64349.18千公顷，各分项数据为2020年水土流失治理情况。

# 附 录

# FULU

# 内蒙古自治区水资源公报2020年(摘录)

## 一、概述

2020年内蒙古自治区平均降水量311.2毫米,折合降水总量3599.39亿立方米,较多年平均值增加10.3%,属平水年份。全区地表水资源量354.19亿立方米,折合年径流深30.6毫米,较多年平均值减少12.9%。全区地下水资源量243.94亿立方米,较多年平均值增加3.3%。全区水资源总量503.93亿立方米,较多年平均值减少7.7%。

2020年黄河干流入境水量450.10亿立方米,出境水量360.94亿立方米。黄河内蒙古段干流耗用水量49.23亿立方米。

2020年末全区105座大中型水库蓄水总量27.03亿立方米,较年初增加4.32亿立方米。2020年末平原区浅层地下水储存量较年初减少1.75亿立方米。

2020年全区各水源工程总供水量194.41亿立方米,其中,地表水源供水量105.71亿立方米,占总供水量54.4%;地下水源供水量81.59亿立方米,占总供水量41.9%;其他水源供水量7.12亿立方米,占总供水量3.7%。全区总用水量194.41亿立方米,较上年增加3.53亿立方米,其中,农田灌溉用水量124.29亿立方米,占总用水量63.9%;林牧渔畜用水量15.69亿立方米,占总用水量8.1%;工业用水量13.41亿立方米,占总用水量6.9%;城镇公共用水量2.35亿立方米,占总用水量1.2%;居民生活用水量9.27亿立方米,占总用水量4.8%;生态环境用水量29.41亿立方米,占总用水量15.1%。

2020年全区万元地区生产总值用水量(按2015年不变价计)为78.28立方米,万元工业增加值用水量(按2015年不变价计)为13.68立方米,农田灌溉水有效利用系数0.564。

## 二、水资源量

(一)降水量

2020年内蒙古自治区平均降水量311.2毫米,折合降水总量3599.39亿立方米,较上年增加11.3%,较多年平均值增加10.3%,属平水年份。

从行政分区看,包头市、乌海市、呼伦贝尔市、兴安盟、锡林郭勒盟、乌兰察布市、鄂尔多斯市和阿拉善盟降水量较多年平均值偏多5.4%~70.0%,其中乌海市增幅最大;呼和浩特市和巴彦淖尔市降水量较多年平均值分别偏少9.2%和7.6%;其余盟市降水量与多年平均值接近。

从水资源分区看,辽河流域、海河流域和黄河流域降水量与多年平均值接近,松花江和西北诸河区降水量较多年平均值增加，增幅分别为16.8%和11.8%。

全区降水量时空分布极不均匀，年内降水量主要集中在汛期6—9月份。年降水量空间分布趋势是由东向西逐渐递减，最高值出现在松花江流域的兴安盟保隆站，为853.1毫米，最低值出现在西北诸河流域的阿拉善盟哨马营站，为13.1毫米。

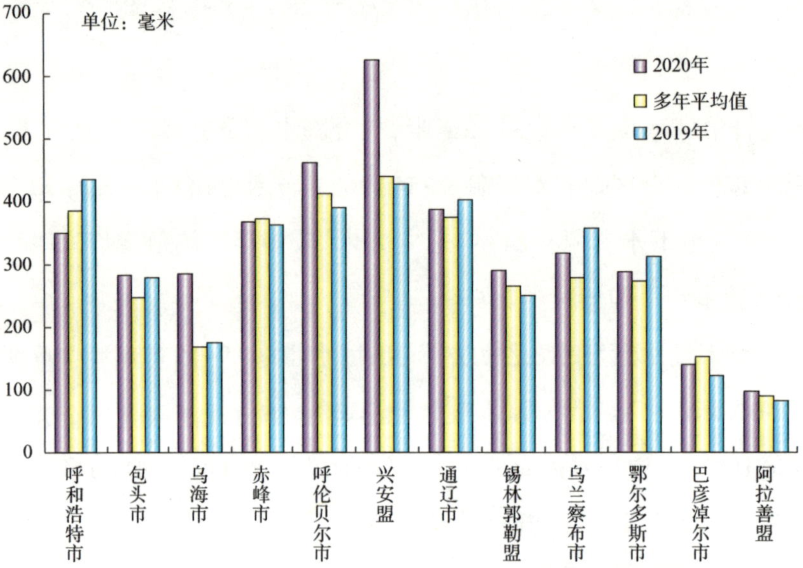


2020年内蒙古行政分区降水量与多年平均值及上年比较

（二）地表水资源量

2020年全区地表水资源量354.19亿立方米，折合年径流深30.6毫米，较上年增加15.8%，较多年平均值减少12.9%。

从行政分区看，乌海市和阿拉善盟地表水资源量与多年平均值接近，其余盟市地表水资源量较多年平均值减少5.5%～75.7%，其中乌兰察布市减幅最大。

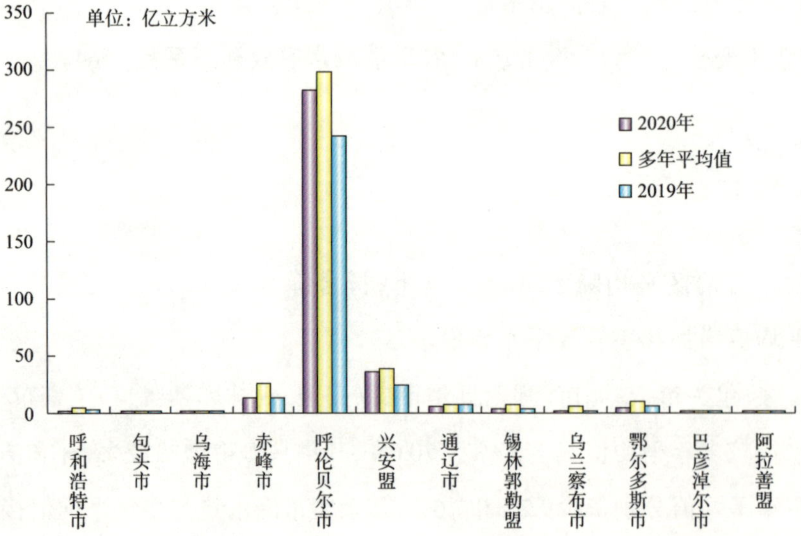


2020年内蒙古行政分区地表水资源量与多年平均值及上年比较

从水资源分区看，松花江、辽河、海河、黄河和西北诸河区地表水资源量较多年平均值均减少，减幅分别为6.4%、38.3%、49.3%、49.1%和60.9%。

（三）地下水资源量

2020年全区地下水资源量243.94亿立方米，较上年偏多4.4%，较多年平均值偏多3.3%。其中，平原区地下水资源量155.90亿立方米，山丘区地下水资源量112.18亿立方米，平原区与山丘区间地下水资源重复计算量24.14亿立方米。

从行政分区看，包头市、呼伦贝尔市、兴安盟、通辽市和阿拉善盟地下水资源量较多年平均值偏多5.5%～15.7%，其中兴安盟增幅最大；呼和浩特市、乌兰察布市和巴彦淖尔市地下水资源量较多年平均值偏少，减幅分别为11.6%、11.8%和8.4%；其余盟市地下水资源量与多年平均值接近。

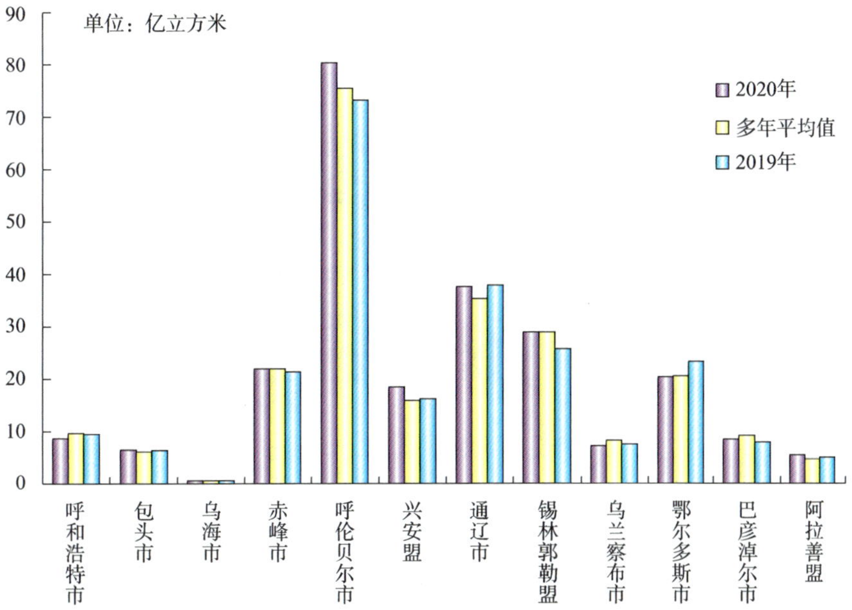


2020年内蒙古行政分区地下水资源量与多年平均值及上年比较

从水资源分区看，松花江流域地下水资源量较多年平均值偏多8.1%，黄河和海河流域地下水资源量较多年平均值偏少5.3%和29.6%，辽河和西北诸河区地下水资源量与多年平均值接近。

（四）水资源总量

2020年全区水资源总量503.93亿立方米，其中地下水与地表水资源量间重复计算量94.20亿立方米。全区水资源总量较上年偏多12.5%，较多年平均值偏少7.7%。全区平均产水系数0.14，平均产水模数4.36万立方米/平方千米。

从行政分区看，乌海市和阿拉善盟水资源总量较多年平均值偏多21.7%和12.6%；呼和浩特市、包头市、赤峰市、锡林郭勒盟、乌兰察布市、鄂尔多斯市和巴彦淖尔市水资源总量较多年平均值偏少7.7%～33.1%，其中乌兰察布市减幅最大；其余盟市水资源总量与多年平均值接近。

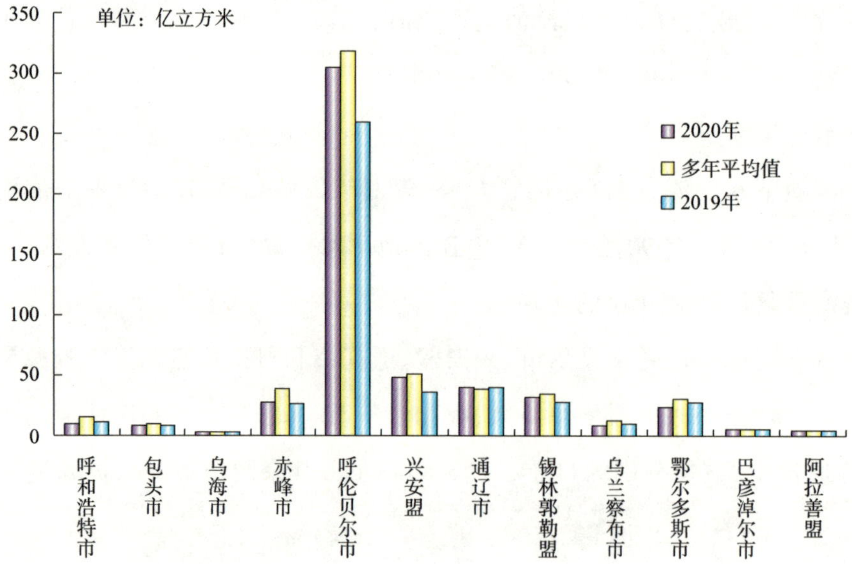


2020年内蒙古行政分区水资源总量与多年平均值及上年比较

从水资源分区看，松花江、辽河、海河、黄河和西北诸河区水资源总量较多年平均值均减少，减幅分别为4.3%、11.3%、39.7%、22.7%和7.6%。

## 2020年内蒙古行政分区水资源量

表1　　　　单位：亿立方米

| 行政分区 | 降水量 | 地表水资源量 | 地下水资源量 | 地表水与地下水资源重复量 | 水资源总量 | 产水系数 |
|---|---|---|---|---|---|---|
| 呼和浩特市 | 60.10 | 2.72 | 8.60 | 1.92 | 9.40 | 0.16 |
| 包头市 | 78.93 | 1.72 | 6.47 | 1.01 | 7.18 | 0.09 |
| 乌海市 | 5.01 | 0.12 | 0.55 | 0.33 | 0.34 | 0.07 |
| 赤峰市 | 320.39 | 13.54 | 21.91 | 8.77 | 26.68 | 0.08 |
| 呼伦贝尔市 | 1225.21 | 281.72 | 80.31 | 57.76 | 304.28 | 0.25 |
| 兴安盟 | 345.50 | 35.66 | 18.42 | 6.55 | 47.53 | 0.14 |
| 通辽市 | 233.08 | 7.00 | 37.58 | 5.60 | 38.99 | 0.17 |
| 锡林郭勒盟 | 582.29 | 3.78 | 28.85 | 2.27 | 30.36 | 0.05 |
| 乌兰察布市 | 174.94 | 1.68 | 7.22 | 0.71 | 8.19 | 0.05 |
| 鄂尔多斯市 | 250.60 | 5.05 | 20.28 | 2.96 | 22.37 | 0.09 |
| 巴彦淖尔市 | 90.86 | 0.81 | 8.39 | 4.43 | 4.77 | 0.05 |
| 阿拉善盟 | 232.48 | 0.37 | 5.35 | 1.89 | 3.83 | 0.02 |
| 全区 | 3599.39 | 354.19 | 243.94 | 94.20 | 503.93 | 0.14 |

## 2020年内蒙古水资源分区水资源量表

表2 单位:亿立方米

| 一级区 | 二级区 | 降水量 | 地表水资源量 | 地下水资源量 | 地表水与地下水资源重复量 | 水资源总量 | 产水系数 |
|---|---|---|---|---|---|---|---|
| 松花江 | 额尔古纳河 | 670.29 | 82.81 | 47.50 | 26.66 | 103.65 | 0.15 |
| | 嫩江 | 912.56 | 235.51 | 50.57 | 37.82 | 248.26 | 0.27 |
| 辽河 | 东辽河 | 0.30 | 0.00 | 0.05 | 0.01 | 0.05 | 0.17 |
| | 西辽河 | 464.72 | 13.75 | 52.35 | 12.85 | 53.26 | 0.11 |
| | 辽河干流 | 35.78 | 4.50 | 4.83 | 0.38 | 8.95 | 0.25 |
| | 东北沿黄渤海诸河 | 10.80 | 0.47 | 0.58 | 0.34 | 0.71 | 0.07 |
| 海河 | 滦河及冀东沿海 | 24.64 | 1.47 | 1.01 | 0.81 | 1.66 | 0.07 |
| | 海河北系 | 20.94 | 0.56 | 0.85 | 0.21 | 1.20 | 0.06 |
| 黄河 | 兰州—河口镇 | 223.59 | 5.95 | 29.43 | 9.14 | 26.24 | 0.12 |
| | 河口镇—龙门 | 72.70 | 3.56 | 6.95 | 1.67 | 8.83 | 0.12 |
| | 内流区 | 104.79 | 1.24 | 7.37 | 0.04 | 8.57 | 0.08 |
| 西北诸河 | 内蒙古内陆河 | 833.99 | 4.05 | 37.94 | 2.38 | 39.61 | 0.05 |
| | 河西走廊内陆河 | 224.31 | 0.32 | 4.51 | 1.89 | 2.95 | 0.01 |
| 全区 | | 3599.39 | 354.19 | 243.94 | 94.20 | 503.93 | 0.14 |

## 三、蓄水动态

### (一)大中型水库蓄水动态

2020年末全区15座大型水库和90座中型水库蓄水总量27.03亿立方米,较年初蓄水量增加4.32亿立方米,其中大型水库年末蓄水量17.99亿立方米,较年初增加3.23亿立方米;中型水库年末蓄水量9.04亿立方米,较年初增加1.09亿立方米。

按行政分区统计,赤峰市、呼伦贝尔市、兴安盟、通辽市和锡林郭勒盟年末蓄水总量较年初分别增加1.07亿立方米、0.60亿立方米、2.03亿立方米、0.07亿立方米和0.76亿立方米,呼和浩特市、包头市、乌兰察布市、鄂尔多斯市、巴彦淖尔市和阿拉善盟年末蓄水总量较年初分别减少0.05亿立方米、0.04亿立方米、0.02亿立方米、0.05亿立方米、0.02亿立方米和0.03亿立方米。

按水资源分区统计，松花江、辽河和西北诸河区年末蓄水总量较年初分别增加2.62亿立方米、1.16亿立方米和0.78亿立方米，海河和黄河流域年末蓄水总量较年初分别减少0.09亿立方米和0.16亿立方米。

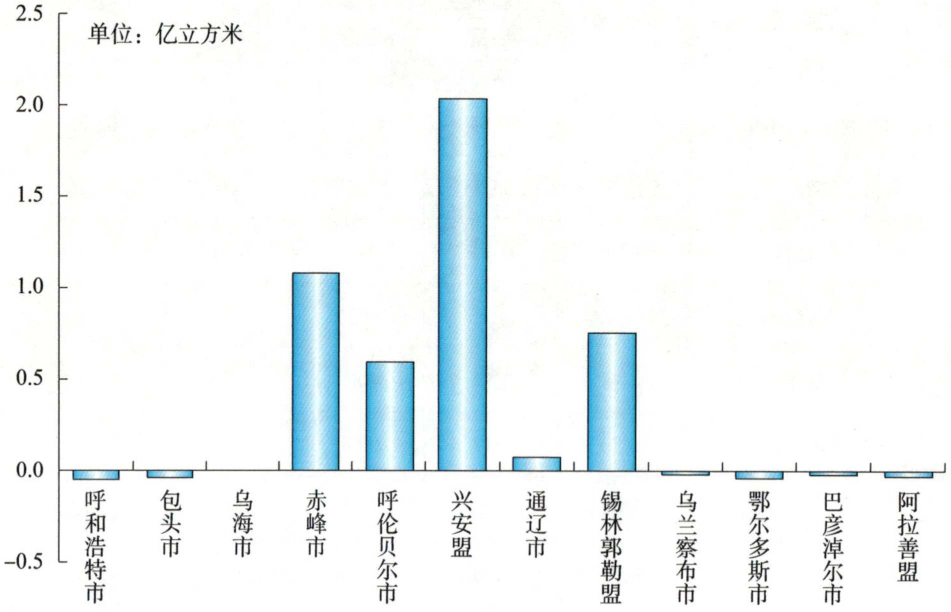


2020年内蒙古行政分区大中型水库蓄水变量

(二)平原区浅层地下水动态

2020年末西辽河平原、土默川平原、河套平原和鄂尔多斯黄河南岸平原地下水位埋深分别为6.05米、7.22米、1.90米和7.84米，与年初比较，地下水位基本保持稳定，局部略有上升。

## 四、水资源开发利用

(一)供水量

2020年全区供水量194.41亿立方米，较上年增加3.53亿立方米。其中，地表水源供水量105.71亿立方米，较上年增加5.71亿立方米；地下水源供水量81.59亿立方米，较上年减少5.04亿立方米；其他水源供水量7.12亿立方米，较上年增加2.86亿立方米。

按地表水源供水统计，蓄水工程供水4.81亿立方米，较上年增加0.02亿立方米；引水工程供水82.27亿立方米，较上年增加2.46亿立方米；提水工程供水17.80亿立方米，较上年增加2.60亿立方米；非工程供水0.83亿立方米，较上年增加0.64亿立方米。按地下水源供水统计，浅层地下水供水81.40亿立方米，较上年减少2.90亿立方米；微咸水供水量0.19亿立方米，较上年增加0.18亿立方米。按其他水源供水统计，污水处理回用量4.62亿立方米，较上年增加0.39亿立方米；矿井水利用量2.47亿立方米，较上年增加0.14亿立方米；雨水集蓄利用量0.03亿立方米，与上年持平。

按行政分区统计，地表水源供水量最大的盟市为巴彦淖尔市，供水量45.78亿立方米，占全区地表水源供水量43.3%；地下水源供水量最大的盟市为通辽市，供水量26.20亿立方米，占全区地下水源供水量31.2%；其他水源供水量最大的盟市为呼和浩特市，供水量0.79亿立方米，占全区其他水源供水量的17.0%。

（二）用水量

2020年全区总用水量194.41亿立方米，其中，农田灌溉用水量124.29亿立方米，占总用水量63.9%；林牧渔畜用水量15.69亿立方米，占总用水量8.1%；工业用水量13.41亿立方米，占总用水量6.9%；城镇公共用水量2.35亿立方米，占总用水量1.2%；居民生活用水量9.27亿立方米，占总用水量4.8%；生态环境用水量29.41亿立方米，占总用水量15.1%。

2020年全区总用水量较上年增加3.53亿立方米，其中，农田灌溉用水增加2.36亿立方米，林牧渔畜用水减少2.00亿立方米，工业用水减少1.17亿立方米，城镇公共用水减少0.80亿立方米，居民生活用水增加0.75亿立方米，生态环境用水增加4.39亿立方米。

按行政分区统计，巴彦淖尔市用水量最大，为52.89亿立方米，占全区总用水量27.2%；乌海市用水量最小，为2.69亿立方米，占全区总用水量1.4%。

（三）耗水量

2020年全区总耗水量132.60亿立方米，较上年增加3.53亿立方米，综合耗水率68.2%。其中农田、林牧渔畜、工业、城镇公共、居民生活及生态耗水量分别为76.69亿立方米、12.30亿立方米、8.45亿立方米、1.36亿立方米、6.10亿立方米和27.68亿立方米。

（四）用水指标

2020年全区人均水资源量2097立方米，人均综合用水量809立方米。万元地区生产总值按当年价计用水量为99.50立方米，按2015年不变价计用水量为78.28立方米；万元工业增加值按当年价计用水量为24.18立方米，按2015年不变价计用水量为13.68立方米；按2015年不变价计算，万元地区生产总值和万元工业增加值用水量较上年分别下降4.8%和8.7%。全区农田灌溉亩均毛用水量256立方米，农田灌溉水有效利用系数为0.564。全区居民人均生活用水量106升/天，其中，城镇居民108升/人·天，农村居民100升/人·天。

## 五、重要水事（详见正文）

## 2020年内蒙古行政分区供用耗水量表

表3

单位：亿立方米

| 行政分区 | 供水量 | | | | | 用水量 | | | | | | | | | 耗水量 |
|---|---|---|---|---|---|---|---|---|---|---|---|---|---|---|---|
| | 地表水 | 地下水 | 其他水源 | | 合计 | 农田 | 林果地 | 草场 | 牲畜鱼塘 | 工业 | 城镇公共 | 居民生活 | 生态 | 合计 | |
| | | | 小计 | 其中污水处理回用量 | | | | | | | | | | | |
| 呼和浩特市 | 4.19 | 5.11 | 0.79 | 0.79 | 10.09 | 5.36 | 0.05 | 0.01 | 0.25 | 1.17 | 0.34 | 1.81 | 1.10 | 10.09 | 6.99 |
| 包头市 | 6.56 | 3.32 | 0.67 | 0.65 | 10.54 | 5.40 | 0.00 | 0.34 | 0.10 | 2.82 | 0.32 | 0.96 | 0.60 | 10.54 | 7.27 |
| 乌海市 | 1.63 | 0.77 | 0.30 | 0.22 | 2.69 | 0.56 | 0.04 | 0.00 | 0.00 | 0.89 | 0.14 | 0.23 | 0.83 | 2.69 | 1.82 |
| 赤峰市 | 7.62 | 13.54 | 0.97 | 0.55 | 22.13 | 15.02 | 0.86 | 0.96 | 1.19 | 0.98 | 0.42 | 1.23 | 1.46 | 22.13 | 16.98 |
| 呼伦贝尔市 | 13.74 | 3.11 | 0.69 | 0.29 | 17.54 | 4.58 | 0.30 | 0.56 | 0.88 | 1.06 | 0.18 | 0.97 | 9.01 | 17.54 | 13.72 |
| 兴安盟 | 8.25 | 4.29 | 0.05 | 0.04 | 12.59 | 10.85 | 0.03 | 0.01 | 0.44 | 0.23 | 0.09 | 0.49 | 0.46 | 12.59 | 8.01 |
| 通辽市 | 0.56 | 26.18 | 0.52 | 0.50 | 27.26 | 21.30 | 1.66 | 0.77 | 1.14 | 0.69 | 0.21 | 1.03 | 0.47 | 27.26 | 19.48 |
| 锡林郭勒盟 | 0.24 | 3.37 | 0.25 | 0.18 | 3.86 | 0.65 | 0.04 | 1.26 | 0.59 | 0.53 | 0.13 | 0.40 | 0.26 | 3.86 | 3.00 |
| 乌兰察布市 | 0.21 | 4.16 | 0.27 | 0.27 | 4.65 | 2.96 | 0.09 | 0.01 | 0.26 | 0.44 | 0.12 | 0.65 | 0.12 | 4.65 | 3.14 |
| 鄂尔多斯市 | 6.62 | 8.47 | 2.18 | 0.73 | 17.27 | 9.37 | 0.29 | 1.27 | 0.45 | 3.47 | 0.18 | 0.81 | 1.42 | 17.27 | 12.60 |
| 巴彦淖尔市 | 45.78 | 6.79 | 0.31 | 0.27 | 52.89 | 46.37 | 0.53 | 0.42 | 0.58 | 0.61 | 0.13 | 0.55 | 3.70 | 52.89 | 28.45 |
| 阿拉善盟 | 10.30 | 2.48 | 0.13 | 0.12 | 12.91 | 1.87 | 0.06 | 0.21 | 0.05 | 0.52 | 0.09 | 0.12 | 9.99 | 12.91 | 11.14 |
| 全区 | 105.71 | 81.59 | 7.12 | 4.62 | 194.41 | 124.29 | 3.94 | 5.82 | 5.93 | 13.41 | 2.35 | 9.27 | 29.41 | 194.41 | 132.60 |

注：1.用水量中包括黑河补水（8.99亿立方米）、乌梁素海补水（2.44亿立方米）等人工河湖补水24.31亿立方米。

2.巴彦淖尔市的供水量（地表水）和用水量（农田）中未扣除河套灌区排入黄河水量8.06亿立方米。

## 2020年内蒙古水资源分区供用耗水量表

表4 单位：亿立方米

| 流域分区 | 供水量 | | | | | 用水量 | | | | | | | | | 耗水量 |
|---|---|---|---|---|---|---|---|---|---|---|---|---|---|---|---|
| | 地表水 | 地下水 | 其他水源 | | 合计 | 农田 | 林果地 | 草场 | 牲畜鱼塘 | 工业 | 城镇公共 | 居民生活 | 生态 | 合计 | |
| | | | 小计 | 其中污水处理回用量 | | | | | | | | | | | |
| 额尔古纳河 | 9.94 | 1.72 | 0.64 | 0.25 | 12.30 | 0.83 | 0.16 | 0.24 | 0.47 | 0.95 | 0.10 | 0.63 | 8.91 | 12.30 | 10.63 |
| 嫩江 | 12.14 | 5.99 | 0.25 | 0.22 | 18.38 | 14.66 | 0.18 | 0.44 | 0.87 | 0.63 | 0.18 | 0.87 | 0.54 | 18.38 | 11.46 |
| 东辽河 | 0.02 | 0.31 | 0.00 | 0.00 | 0.33 | 0.28 | 0.03 | 0.00 | 0.01 | 0.00 | 0.00 | 0.02 | 0.00 | 0.33 | 0.24 |
| 西辽河 | 7.12 | 37.09 | 1.28 | 0.88 | 45.49 | 34.26 | 2.33 | 1.60 | 1.98 | 1.33 | 0.58 | 2.06 | 1.34 | 45.49 | 33.47 |
| 辽河干流 | 0.33 | 1.48 | 0.03 | 0.03 | 1.84 | 1.33 | 0.11 | 0.00 | 0.14 | 0.01 | 0.03 | 0.11 | 0.10 | 1.84 | 1.36 |
| 东北沿黄渤海诸河 | 0.07 | 0.31 | 0.01 | 0.00 | 0.38 | 0.26 | 0.03 | 0.00 | 0.05 | 0.01 | 0.00 | 0.03 | 0.00 | 0.38 | 0.30 |
| 滦河及冀东沿海 | 0.15 | 0.52 | 0.02 | 0.01 | 0.68 | 0.35 | 0.00 | 0.00 | 0.05 | 0.17 | 0.01 | 0.07 | 0.03 | 0.68 | 0.52 |
| 海河北系 | 0.07 | 0.60 | 0.06 | 0.06 | 0.73 | 0.41 | 0.04 | 0.01 | 0.03 | 0.11 | 0.00 | 0.13 | 0.01 | 0.73 | 0.47 |
| 兰州—河口镇 | 63.94 | 17.95 | 2.42 | 2.18 | 84.31 | 63.31 | 0.68 | 0.49 | 0.99 | 6.88 | 0.96 | 3.72 | 7.28 | 84.31 | 50.50 |
| 河口镇—龙门 | 1.74 | 2.64 | 1.48 | 0.48 | 5.87 | 1.75 | 0.03 | 0.65 | 0.08 | 2.13 | 0.14 | 0.53 | 0.54 | 5.87 | 4.21 |
| 内流区 | 0.08 | 3.04 | 0.40 | 0.06 | 3.53 | 1.94 | 0.21 | 0.50 | 0.29 | 0.30 | 0.02 | 0.11 | 0.17 | 3.53 | 2.61 |
| 内蒙古内陆区 | 0.71 | 7.71 | 0.46 | 0.38 | 8.88 | 3.52 | 0.07 | 1.66 | 0.93 | 0.71 | 0.24 | 0.88 | 0.86 | 8.88 | 6.50 |
| 河西走廊内陆区 | 9.41 | 2.22 | 0.07 | 0.07 | 11.70 | 1.39 | 0.06 | 0.21 | 0.05 | 0.18 | 0.07 | 0.11 | 9.63 | 11.70 | 10.32 |
| 全区 | 105.71 | 81.59 | 7.12 | 4.62 | 194.41 | 124.29 | 3.94 | 5.82 | 5.93 | 13.41 | 2.35 | 9.27 | 29.41 | 194.41 | 132.60 |

注：1.用水量中包括黑河补水（8.99亿立方米）、乌梁素海补水（2.44亿立方米）等人工河湖补水24.31亿立方米。

2.兰州至河口镇的供水量（地表水）和用水量（农田）中未扣除巴彦淖尔市河套灌区排入黄河水量8.06亿立方米。

# 内蒙古自治区水土保持公报2020年（摘录）

## 综述

2020年内蒙古自治区水土保持工作以习近平生态文明思想为引领，贯彻新发展理念，坚持不懈推进水土流失综合治理，不断强化水土保持监督管理，全面开展水土流失动态监测，为筑牢我国北方重要生态安全屏障、构建祖国北疆万里绿色长城奠定坚实基础。

2020年，我区按照全覆盖原则，持续开展水土流失动态监测工作。监测结果显示，2020年，全区水土流失面积为581380.60平方千米，其中水力侵蚀面积81911.56平方千米，风力侵蚀面积499469.04平方千米。与2019年相比，全区水土流失面积减少了2702.55平方千米，减幅为0.46%。

2020年，我区继续大力推进水土保持监督管理体系建设，全面履行水土保持监督管理法定职责，切实强化事中事后监管，加大执法力度。全区共审批生产建设项目水土保持方案1708个；对722个生产建设项目进行了水土保持设施自主验收备案；开展了2期覆盖全区的生产建设项目水土保持遥感监管工作，全区共解译15091个疑似扰动图斑，经核查认定并查处违法违规项目4103个；对4259个生产建设项目开展水土保持监督检查，立案查处水土保持违法案件187起；征缴水土保持补偿费224972万元。

2020年，全区新增水土流失综合治理面积6581.1平方千米，其中新修基本农田45.4平方千米、营造水土保持林1709.2平方千米、经济林2142平方千米、种草908.7平方千米、封禁治理2952.4平方千米、其他751.2平方千米。截至2020年底，全区累计完成水土流失综合治理面积152215.0平方千米。

## 第一部分 水土流失状况

### 1.1 全区水土流失状况

按照《水利部办公厅关于做好2020年度水土流失动态监测工作的通知》要求，完成了2020年度全区水土流失动态监测工作。水利部组织开展了我区国家级水土流失重点防治区水土流失动态监测，涉及57个旗县，总土地面积80.44万平方千米；自治区水利厅组织开展了自治区级水土流失重点防治区水土流失动态监测，涉及46个旗县，总土地面积37.86万平方千米。

监测结果显示，全区水土流失状况继续呈现面积和强度双下降、水蚀和风蚀双减少的态势，生态环境状况持续向好。2020年，全区水土流失面积581380.60平方千米，占全区土地总面积的48.61%。按侵蚀类型划分，水力侵蚀面积81911.56平方千米，占水土流失总面积的14.09%；风力侵蚀面积499469.04平方千米，占水土流失总面积的85.91%。按侵蚀强度划分，轻度侵蚀面积370996.99平方千米，占水土流失总面积的63.82%；中度侵蚀面积72522.49平方千米，占水土流失总面积的12.47%；强烈及以上侵蚀面积137861.12平方千米，占水土流失总面积的23.71%。与2019年相比，全区水土流失面积减少了2702.55平方千米，减幅为0.46%；共6395.64平方千米强烈及以上侵蚀面积转为中度、轻度侵蚀。

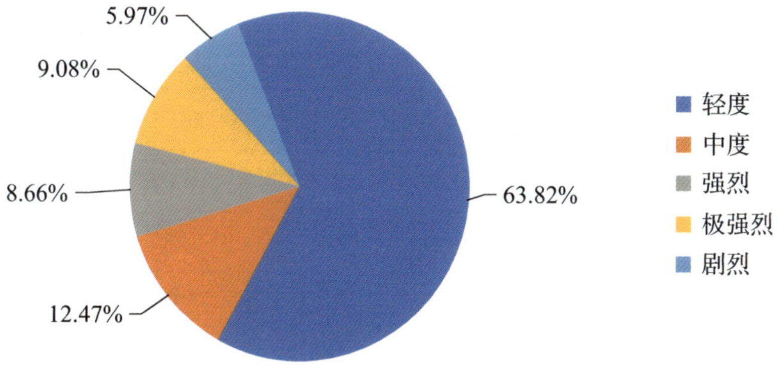


2020年度全区各强度等级水土流失面积比例图

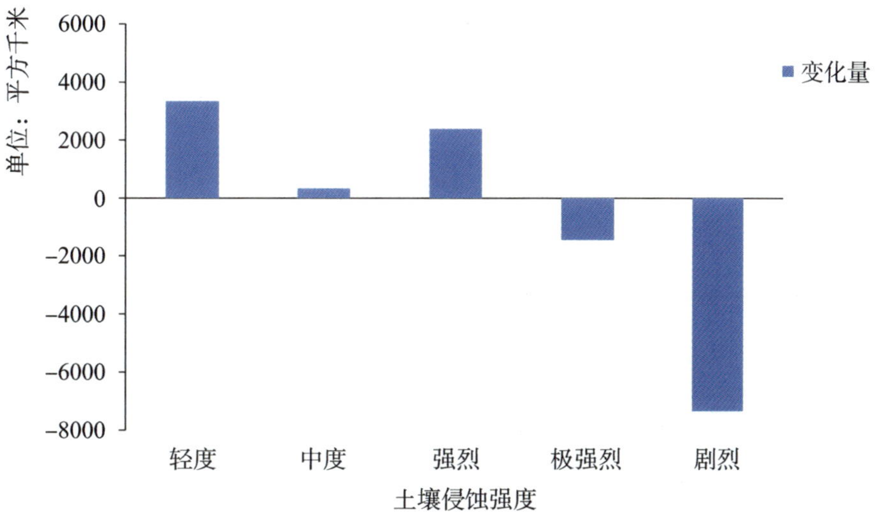


全区各强度等级水土流失面积动态变化情况

## 2020年度全区水土流失面积

表1-1 单位：平方千米；%

| 盟（市） | 水土流失面积 | 各强度等级水土流失面积及比例 | | | | | |
|---|---|---|---|---|---|---|---|
| | | 轻度 | | 中度 | | 强烈及以上 | |
| | | 面积 | 比例 | 面积 | 比例 | 面积 | 比例 |
| 全区合计 | 581380.60 | 370996.99 | 63.82 | 72522.49 | 12.47 | 137861.12 | 23.71 |
| 呼和浩特市 | 7299.90 | 5838.98 | 79.98 | 750.92 | 10.29 | 710.00 | 9.73 |
| 包头市 | 16440.17 | 13920.80 | 84.67 | 2325.88 | 14.15 | 193.49 | 1.18 |
| 乌海市 | 1125.60 | 917.15 | 81.48 | 201.01 | 17.86 | 7.44 | 0.66 |
| 赤峰市 | 31804.79 | 23794.26 | 74.82 | 6569.11 | 20.65 | 1441.42 | 4.53 |
| 通辽市 | 32206.14 | 15474.88 | 48.05 | 11931.70 | 37.05 | 4799.56 | 14.90 |
| 鄂尔多斯市 | 34116.20 | 23868.14 | 69.96 | 7948.78 | 23.30 | 2299.28 | 6.74 |
| 呼伦贝尔市 | 33117.26 | 29360.18 | 88.66 | 1702.31 | 5.14 | 2054.77 | 6.20 |
| 巴彦淖尔市 | 47177.03 | 29443.28 | 62.41 | 6582.89 | 13.95 | 11150.86 | 23.64 |
| 乌兰察布市 | 29773.84 | 26359.08 | 88.54 | 2514.31 | 8.44 | 900.45 | 3.02 |
| 兴安盟 | 20945.24 | 16309.61 | 77.87 | 3356.34 | 16.02 | 1279.29 | 6.11 |
| 锡林郭勒盟 | 136920.91 | 124735.06 | 91.10 | 8758.71 | 6.40 | 3427.14 | 2.50 |
| 阿拉善盟 | 190453.52 | 60975.57 | 32.01 | 19880.53 | 10.44 | 109597.42 | 57.55 |

## 2020年度全区水力侵蚀面积

表1-2 单位：平方千米；%

| 盟（市） | 水力侵蚀面积 | 各强度等级水力侵蚀面积及比例 | | | | | |
|---|---|---|---|---|---|---|---|
| | | 轻度 | | 中度 | | 强烈及以上 | |
| | | 面积 | 比例 | 面积 | 比例 | 面积 | 比例 |
| 全区合计 | 81911.56 | 71099.88 | 86.80 | 6863.45 | 8.38 | 3948.23 | 4.82 |
| 呼和浩特市 | 3298.37 | 1878.25 | 56.95 | 719.73 | 21.82 | 700.39 | 21.23 |
| 包头市 | 3846.28 | 3639.49 | 94.62 | 167.54 | 4.36 | 39.25 | 1.02 |
| 乌海市 | 30.42 | 7.71 | 25.35 | 22.14 | 72.78 | 0.57 | 1.87 |
| 赤峰市 | 15810.21 | 15029.13 | 95.06 | 565.36 | 3.58 | 215.72 | 1.36 |

续表1-2

| 盟（市） | 水力侵蚀面积 | 各强度等级水力侵蚀面积及比例 | | | | | |
|---|---|---|---|---|---|---|---|
| | | 轻度 | | 中度 | | 强烈及以上 | |
| | | 面积 | 比例 | 面积 | 比例 | 面积 | 比例 |
| 通辽市 | 4159.59 | 4005.00 | 96.29 | 112.82 | 2.71 | 41.77 | 1.00 |
| 鄂尔多斯市 | 7947.47 | 4506.49 | 56.70 | 1960.76 | 24.67 | 1480.22 | 18.63 |
| 呼伦贝尔市 | 16736.29 | 14499.79 | 86.63 | 1390.10 | 8.31 | 846.40 | 5.06 |
| 巴彦淖尔市 | 5680.62 | 5010.08 | 88.20 | 635.66 | 11.19 | 34.88 | 0.61 |
| 乌兰察布市 | 7454.45 | 6405.70 | 85.93 | 667.66 | 8.96 | 381.09 | 5.11 |
| 兴安盟 | 9333.10 | 8701.18 | 93.23 | 440.70 | 4.72 | 191.22 | 2.05 |
| 锡林郭勒盟 | 7474.62 | 7299.97 | 97.66 | 168.98 | 2.26 | 5.67 | 0.08 |
| 阿拉善盟 | 140.14 | 117.09 | 83.56 | 12.00 | 8.56 | 11.05 | 7.88 |

## 2020年度全区风力侵蚀面积

表1-3　　单位：平方千米；%

| 盟（市） | 风力侵蚀面积 | 各强度等级风力侵蚀面积及比例 | | | | | |
|---|---|---|---|---|---|---|---|
| | | 轻度 | | 中度 | | 强烈及以上 | |
| | | 面积 | 比例 | 面积 | 比例 | 面积 | 比例 |
| 全区合计 | 499469.04 | 299897.11 | 60.04 | 65659.04 | 13.15 | 133912.89 | 26.81 |
| 呼和浩特市 | 4001.53 | 3960.73 | 98.98 | 31.19 | 0.78 | 9.61 | 0.24 |
| 包头市 | 12593.89 | 10281.31 | 81.64 | 2158.34 | 17.14 | 154.24 | 1.22 |
| 乌海市 | 1095.18 | 909.44 | 83.04 | 178.87 | 16.33 | 6.87 | 0.63 |
| 赤峰市 | 15994.58 | 8765.13 | 54.80 | 6003.75 | 37.54 | 1225.70 | 7.66 |
| 通辽市 | 28046.55 | 11469.88 | 40.90 | 11818.88 | 42.14 | 4757.79 | 16.96 |
| 鄂尔多斯市 | 26168.73 | 19361.65 | 73.99 | 5988.02 | 22.88 | 819.06 | 3.13 |
| 呼伦贝尔市 | 16380.97 | 14860.39 | 90.71 | 312.21 | 1.91 | 1208.37 | 7.38 |
| 巴彦淖尔市 | 41496.41 | 24433.20 | 58.88 | 5947.23 | 14.33 | 11115.98 | 26.79 |
| 乌兰察布市 | 22319.39 | 19953.38 | 89.40 | 1846.65 | 8.27 | 519.36 | 2.33 |
| 兴安盟 | 11612.14 | 7608.43 | 65.52 | 2915.64 | 25.11 | 1088.07 | 9.37 |
| 锡林郭勒盟 | 129446.29 | 117435.09 | 90.72 | 8589.73 | 6.64 | 3421.47 | 2.64 |
| 阿拉善盟 | 190313.38 | 60858.48 | 31.98 | 19868.53 | 10.44 | 109586.37 | 57.58 |

## 全区水土流失变化情况

表1-4　　单位：平方千米

| 盟（市） | 年度 | 水土流失面积 | | | |
|---|---|---|---|---|---|
| | | 合计 | 轻度 | 中度 | 强烈及以上 |
| 全区合计 | 本年度 | 581380.60 | 370996.99 | 72522.49 | 137861.12 |
| | 2019年 | 584083.15 | 367641.77 | 72184.62 | 144256.76 |
| | 变化情况 | −2702.55 | 3355.22 | 337.87 | −6395.64 |
| 呼和浩特市 | 本年度 | 7299.90 | 5838.98 | 750.92 | 710.00 |
| | 2019年 | 7374.27 | 5686.22 | 884.37 | 803.68 |
| | 变化情况 | −74.37 | 152.76 | −133.45 | −93.68 |
| 包头市 | 本年度 | 16440.17 | 13920.80 | 2325.88 | 193.49 |
| | 2019年 | 16637.30 | 13878.16 | 2533.96 | 225.18 |
| | 变化情况 | −197.13 | 42.64 | −208.08 | −31.69 |
| 乌海市 | 本年度 | 1125.60 | 917.15 | 201.01 | 7.44 |
| | 2019年 | 1046.72 | 940.89 | 67.50 | 38.33 |
| | 变化情况 | 78.88 | −23.74 | 133.51 | −30.89 |
| 赤峰市 | 本年度 | 31804.79 | 23794.26 | 6569.11 | 1441.42 |
| | 2019年 | 32120.05 | 23706.19 | 6807.24 | 1606.62 |
| | 变化情况 | −315.26 | 88.07 | −238.13 | −165.20 |
| 通辽市 | 本年度 | 32206.14 | 15474.88 | 11931.70 | 4799.56 |
| | 2019年 | 32826.99 | 16560.64 | 9204.25 | 7062.10 |
| | 变化情况 | −620.85 | −1085.76 | 2727.45 | −2262.54 |
| 鄂尔多斯市 | 本年度 | 34116.20 | 23868.14 | 7948.78 | 2299.28 |
| | 2019年 | 34417.86 | 23802.44 | 7994.75 | 2620.67 |
| | 变化情况 | −301.66 | 65.70 | −45.97 | −321.39 |
| 呼伦贝尔市 | 本年度 | 33117.26 | 29360.18 | 1702.31 | 2054.77 |
| | 2019年 | 33260.39 | 29414.16 | 1769.12 | 2077.11 |
| | 变化情况 | −143.13 | −53.98 | −66.81 | −22.34 |
| 巴彦淖尔市 | 本年度 | 47177.03 | 29443.28 | 6582.89 | 11150.86 |
| | 2019年 | 47280.97 | 29182.78 | 6512.62 | 11585.57 |
| | 变化情况 | −103.94 | 260.50 | 70.27 | −434.71 |
| 乌兰察布市 | 本年度 | 29773.84 | 26359.08 | 2514.31 | 900.45 |
| | 2019年 | 30027.36 | 26982.77 | 2155.06 | 889.53 |
| | 变化情况 | −253.52 | −623.69 | 359.25 | 10.92 |
| 兴安盟 | 本年度 | 20945.24 | 16309.61 | 3356.34 | 1279.29 |
| | 2019年 | 21114.51 | 16340.69 | 3454.36 | 1319.46 |
| | 变化情况 | −169.27 | −31.08 | −98.02 | −40.17 |
| 锡林郭勒盟 | 本年度 | 136920.91 | 124735.06 | 8758.71 | 3427.14 |
| | 2019年 | 137269.89 | 124185.54 | 9187.22 | 3897.13 |
| | 变化情况 | −348.98 | 549.52 | −428.51 | −469.99 |
| 阿拉善盟 | 本年度 | 190453.52 | 60975.57 | 19880.53 | 109597.42 |
| | 2019年 | 190706.84 | 56961.29 | 21614.17 | 112131.38 |
| | 变化情况 | −253.32 | 4014.28 | −1733.64 | −2533.96 |

## 2020年度全区水土流失面积（分流域统计）

表1-5　　单位：平方千米；%

| 流域 | 水土流失面积 | 各强度等级水土流失面积及比例 | | | | | |
|---|---|---|---|---|---|---|---|
| | | 轻度 | | 中度 | | 强烈及以上 | |
| | | 面积 | 比例 | 面积 | 比例 | 面积 | 比例 |
| 全区合计 | 581380.60 | 370996.99 | 63.82 | 72522.49 | 12.47 | 137861.12 | 23.71 |
| 松辽流域 | 115580.80 | 82977.70 | 71.79 | 23390.09 | 20.24 | 9213.01 | 7.97 |
| 海河流域 | 5965.92 | 5570.58 | 93.37 | 202.60 | 3.40 | 192.74 | 3.23 |
| 黄河流域 | 67105.46 | 51383.92 | 76.57 | 10774.32 | 16.06 | 4947.22 | 7.37 |
| 西北诸河流域 | 392728.42 | 231064.79 | 58.83 | 38155.48 | 9.72 | 123508.15 | 31.45 |

## 2020年度全区水力侵蚀面积（分流域统计）

表1-6　　单位：平方千米；%

| 流域 | 水力侵蚀面积 | 各强度等级水力侵蚀面积及比例 | | | | | |
|---|---|---|---|---|---|---|---|
| | | 轻度 | | 中度 | | 强烈及以上 | |
| | | 面积 | 比例 | 面积 | 比例 | 面积 | 比例 |
| 全区合计 | 81911.56 | 71099.88 | 86.80 | 6863.45 | 8.38 | 3948.23 | 4.82 |
| 松辽流域 | 45403.30 | 41606.47 | 91.64 | 2502.13 | 5.51 | 1294.70 | 2.85 |
| 海河流域 | 1828.94 | 1685.24 | 92.14 | 71.50 | 3.91 | 72.20 | 3.95 |
| 黄河流域 | 20160.14 | 14153.74 | 70.20 | 3597.88 | 17.85 | 2408.52 | 11.95 |
| 西北诸河流域 | 14519.18 | 13654.43 | 94.04 | 691.94 | 4.77 | 172.81 | 1.19 |

## 2020年度全区风力侵蚀面积（分流域统计）

表1-7　　单位：平方千米；%

| 流域 | 风力侵蚀面积 | 各强度等级风力侵蚀面积及比例 | | | | | |
|---|---|---|---|---|---|---|---|
| | | 轻度 | | 中度 | | 强烈及以上 | |
| | | 面积 | 比例 | 面积 | 比例 | 面积 | 比例 |
| 全区合计 | 499469.04 | 299897.11 | 60.04 | 65659.04 | 13.15 | 133912.89 | 26.81 |
| 松辽流域 | 70177.50 | 41371.23 | 58.96 | 20887.96 | 29.76 | 7918.31 | 11.28 |
| 海河流域 | 4136.98 | 3885.34 | 93.92 | 131.10 | 3.17 | 120.54 | 2.91 |
| 黄河流域 | 46945.32 | 37230.18 | 79.30 | 7176.44 | 15.29 | 2538.70 | 5.41 |
| 西北诸河流域 | 378209.24 | 217410.36 | 57.48 | 37463.54 | 9.91 | 123335.34 | 32.61 |

## 全区水土流失变化情况（分流域统计）

表1-8　　单位：平方千米

| 流域 | 年度 | 水土流失面积 | | | |
|---|---|---|---|---|---|
| | | 合计 | 轻度 | 中度 | 强烈及以上 |
| 全区合计 | 本年度 | 581380.60 | 370996.99 | 72522.49 | 137861.12 |
| | 2019年 | 584083.15 | 367641.77 | 72184.62 | 144256.76 |
| | 变化情况 | -2702.55 | 3355.22 | 337.87 | -6395.64 |
| 松辽流域 | 本年度 | 115580.80 | 82977.70 | 23390.09 | 9213.01 |
| | 2019年 | 117057.71 | 84315.67 | 20973.70 | 11768.34 |
| | 变化情况 | -1476.91 | -1337.97 | 2416.39 | -2555.33 |
| 海河流域 | 本年度 | 5965.92 | 5570.58 | 202.60 | 192.74 |
| | 2019年 | 6031.77 | 5690.65 | 161.36 | 179.76 |
| | 变化情况 | -65.85 | -120.07 | 41.24 | 12.98 |
| 黄河流域 | 本年度 | 67105.46 | 51383.92 | 10774.32 | 4947.22 |
| | 2019年 | 67601.67 | 50016.93 | 11112.39 | 6472.35 |
| | 变化情况 | -496.21 | 1366.99 | -338.07 | -1525.13 |
| 西北诸河流域 | 本年度 | 392728.42 | 231064.79 | 38155.48 | 123508.15 |
| | 2019年 | 393392.00 | 227618.52 | 39937.17 | 125836.31 |
| | 变化情况 | -663.58 | 3446.27 | -1781.69 | -2328.16 |

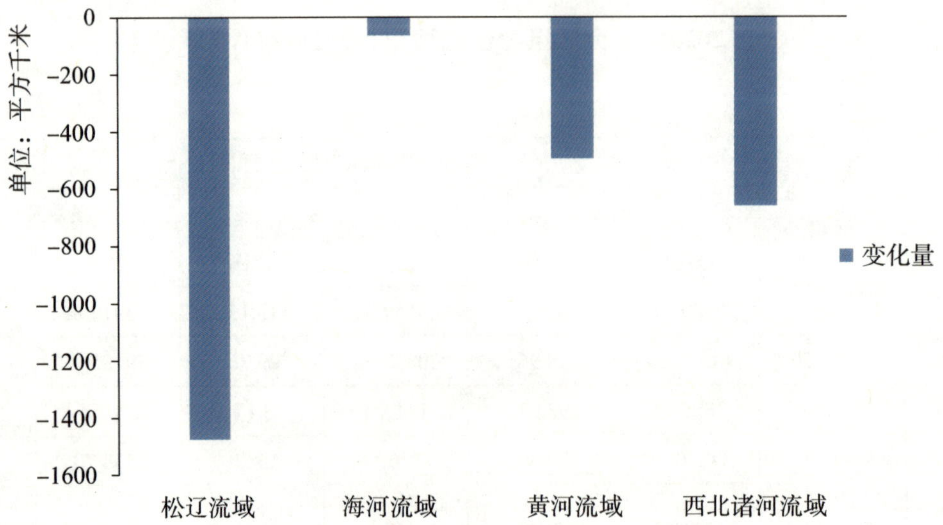


全区水土流失面积动态变化情况（分流域）

# 第二部分 水土保持监督管理

2.1 生产建设项目水土保持方案审批

2020年，全区共审批生产建设项目水土保持方案1708个。其中，自治区级审批84个，盟市级审批371个，旗县级审批1253个。

2020年全区生产建设项目水土保持方案审批情况

表2-1　　单位：个

| 盟（市） | 审批数量 | | | |
|---|---|---|---|---|
| | 合计 | 自治区级 | 盟（市）级 | 旗（县）级 |
| 全区合计 | 1708 | 84 | 371 | 1253 |
| 呼和浩特市 | 128 | 7 | 82 | 39 |
| 包头市 | 79 | 5 | 28 | 46 |
| 乌海市 | 29 | 8 | 10 | 11 |
| 赤峰市 | 47 | 7 | 14 | 26 |
| 通辽市 | 87 | 2 | 27 | 58 |
| 鄂尔多斯市 | 402 | 30 | 32 | 340 |
| 呼伦贝尔市 | 225 | 5 | 33 | 187 |
| 巴彦淖尔市 | 156 | 2 | 42 | 112 |
| 乌兰察布市 | 299 | 3 | 46 | 250 |
| 兴安盟 | 35 | 2 | 12 | 21 |
| 锡林郭勒盟 | 143 | 7 | 22 | 114 |
| 阿拉善盟 | 78 | 6 | 23 | 49 |

2.2 生产建设项目水土保持设施验收

2020年，全区共有722个生产建设项目完成了水土保持设施自主验收备案。其中，自治区水利厅备案113个，各盟市、旗县水行政主管部门备案609个。

2.3 水土保持遥感监管

2020年，按照《水利部办公厅关于开展2020年度生产建设项目水土保持遥感监管工作的通知》（办水保函〔2020〕487号）要求，我区制定并印发了《内蒙古自治区2020年生产建设项目水土保持遥感监管工作方案》（内水保〔2020〕36号），并组织开展了2期覆盖全区的生产建设项目水土保持遥感监管工作。全区共解译15091个疑似扰动图斑，认定并查处“未批先建”“未批先弃”等违法违规项目4103个。

2020年全区生产建设项目水土保持遥感监管情况

表2-2　　单位：个

| 盟（市） | 疑似扰动图斑 | 认定违法违规项目 | 查处违法违规项目 |
|---|---|---|---|
| 全区合计 | 15091 | 4103 | 4103 |
| 呼和浩特市 | 367 | 84 | 84 |
| 包头市 | 702 | 152 | 152 |
| 乌海市 | 278 | 72 | 72 |
| 赤峰市 | 676 | 235 | 235 |
| 通辽市 | 2703 | 1136 | 1136 |
| 鄂尔多斯市 | 2674 | 379 | 379 |
| 呼伦贝尔市 | 914 | 435 | 435 |
| 巴彦淖尔市 | 1529 | 487 | 487 |
| 乌兰察布市 | 592 | 153 | 153 |
| 兴安盟 | 786 | 387 | 387 |
| 锡林郭勒盟 | 731 | 436 | 436 |
| 阿拉善盟 | 544 | 95 | 95 |

2.4 水土保持监督执法

2020年，全区共开展生产建设项目水土保持监管检查3225次，检查各类生产建设项目4259个，查处水土保持违法案件187个，有效督促了生产建设单位依法履行水土流失防治责任。其中，自治区水利厅组织监督生产建设项目209个；盟市、旗县级水行政主管部门组织监督检查生产建设项目4050个。

2.5 水土保持补偿费征缴

2020年，全区共征缴水土保持补偿费224972万元，其中自治区级审批生产建设项目征缴12951万元，盟市、旗县级审批生产建设项目征缴212021万元。

## 第三部分 水土流失综合治理

3.1 全区水土流失综合治理总体情况

2020年度，全区共完成水土流失综合治理面积6581.1平方千米，其中，新修基本农田45.4平方千米、营造水土保持林1709.2平方千米、经济林214.2平方千米、种草908.7平方千米、封禁治理

2952.4平方千米、其他措施751.2平方千米。截至2020年底，全区水土流失综合治理面积累计达到152215.0平方千米。

### 全区水土流失综合治理情况

表3-1 单位：平方千米

| 盟（市） | 水土流失综合治理累计面积 | 2020年度新增水土流失综合治理面积 | | | | | | |
|---|---|---|---|---|---|---|---|---|
| | | 合计 | 基本农田 | 水土保持林 | 经济林 | 种草 | 封禁治理 | 其他 |
| 全区合计 | 152215.0 | 6581.1 | 45.4 | 1709.2 | 214.2 | 908.7 | 2952.4 | 751.2 |
| 呼和浩特市 | 5370.0 | 302.0 | 6.7 | 116.3 | 40.0 | 50.6 | 88.4 | 0 |
| 包头市 | 5301.2 | 412.0 | 0 | 108.2 | 0 | 20.0 | 283.8 | 0 |
| 乌海市 | 229.7 | 1.0 | 0 | 1.0 | 0 | 0 | 0 | 0 |
| 赤峰市 | 25306.1 | 833.5 | 36.6 | 206.1 | 41.3 | 199.6 | 205.9 | 144.0 |
| 通辽市 | 14684.5 | 401.0 | 2.0 | 102.7 | 53.9 | 60.2 | 155.2 | 27.0 |
| 鄂尔多斯市 | 34771.4 | 890.0 | 0 | 356.4 | 0.5 | 28.4 | 504.7 | 0 |
| 呼伦贝尔市 | 16264.8 | 923.6 | 0 | 138.9 | 9.6 | 403.3 | 184.6 | 187.2 |
| 巴彦淖尔市 | 4745.8 | 734.3 | 0 | 159.8 | 0.1 | 105.2 | 419.2 | 50.0 |
| 乌兰察布市 | 18824.9 | 596.0 | 0 | 119.4 | 26.4 | 13.4 | 139.0 | 297.8 |
| 兴安盟 | 11682.3 | 461.7 | 0.1 | 158.9 | 42.4 | 28.0 | 187.1 | 45.2 |
| 锡林郭勒盟 | 12869.6 | 784.0 | 0 | 0 | 0 | 0 | 784.0 | 0 |
| 阿拉善盟 | 2164.7 | 242.0 | 0 | 241.5 | 0 | 0 | 0.5 | 0 |

### 全区水土流失综合治理情况（分流域统计）

表3-2 单位：平方千米

| 流域 | 水土流失综合治理累计面积 | 2020年度新增水土流失综合治理面积 | | | | | | |
|---|---|---|---|---|---|---|---|---|
| | | 合计 | 基本农田 | 水土保持林 | 经济林 | 种草 | 封禁治理 | 其他 |
| 全区合计 | 152215.0 | 6581.1 | 45.4 | 1709.2 | 214.2 | 908.7 | 2952.4 | 751.2 |
| 松花江流域 | 27947.1 | 1385.3 | 0.1 | 297.8 | 52.0 | 431.3 | 371.7 | 232.4 |
| 海河流域 | 5433.7 | 100.0 | 0 | 9.8 | 0 | 0 | 68.7 | 21.5 |
| 黄河流域 | 54379.7 | 2382.2 | 6.7 | 866.2 | 40.6 | 206.9 | 1106.0 | 155.8 |
| 辽河流域 | 39990.6 | 1234.5 | 38.6 | 308.8 | 95.2 | 259.8 | 361.1 | 171.0 |
| 西北诸河流域 | 24463.9 | 1479.1 | 0 | 226.6 | 26.4 | 10.7 | 1044.9 | 170.5 |

3.2 国家水土保持重点工程实施情况

2020年，全区实施的国家水土保持重点工程包括坡耕地水土流失综合治理工程、国家水土保持重点建设工程、东北黑土区侵蚀沟综合治理工程、淤地坝除险加固工程等，共完成水土流失综合治理664.90平方千米。其中，新修基本农田44.62平方千米、营造水土保持林101.59平方千米、经济林2.30平方千米、种草7.26平方千米、封禁治理440.82平方千米、其他措施68.31平方千米。

2020年自治区实施国家水土保持重点工程情况

表3-3　　　　单位：平方千米

| 盟（市） | 2020年度新增水土流失综合治理面积 | | | | | | |
|---|---|---|---|---|---|---|---|
| | 合计 | 基本农田 | 水土保持林 | 经济林 | 种草 | 封禁治理 | 其他 |
| 全区合计 | 664.90 | 44.62 | 101.59 | 2.30 | 7.26 | 440.82 | 68.31 |
| 呼和浩特市 | 44.44 | 4.44 | 10.11 | 0 | 0 | 29.89 | 0 |
| 包头市 | 40.00 | 0 | 0.10 | 0.11 | 0 | 39.79 | 0 |
| 赤峰市 | 39.96 | 26.68 | 3.35 | 0 | 0 | 9.93 | 0 |
| 通辽市 | 22.21 | 2.22 | 0.07 | 0.60 | 1.53 | 17.79 | 0 |
| 鄂尔多斯市 | 135.00 | 0 | 44.92 | 0 | 0.06 | 90.02 | 0 |
| 呼伦贝尔市 | 67.50 | 0 | 0.58 | 0 | 0 | 0.33 | 66.59 |
| 巴彦淖尔市 | 60.01 | 0 | 0.09 | 0 | 0.01 | 59.65 | 0.26 |
| 乌兰察布市 | 81.60 | 0 | 16.89 | 1.08 | 0 | 62.17 | 1.46 |
| 兴安盟 | 154.18 | 11.28 | 23.14 | 0.51 | 0 | 119.25 | 0 |
| 锡林郭勒盟 | 20.00 | 0 | 2.34 | 0 | 5.66 | 12.00 | 0 |

（1）坡耕地水土流失综合治理工程

工程建设范围涉及呼和浩特市、赤峰市、通辽市等3个市的6个旗（县、区），共完成水土流失综合治理面积33.62平方千米。

（2）国家水土保持重点建设工程

工程建设范围涉及呼和浩特市、包头市、赤峰市、通辽市、鄂尔多斯市、巴彦淖尔市、乌兰察布市、兴安盟、锡林郭勒盟9个盟（市）的20个旗（县、区），共对31条小流域实施了水土流失综合治理，治理面积562.60平方千米。

2020年全区完成国家水土保持重点建设工程情况

表3-4 单位：公顷

| 盟（市） | 水土流失综合治理面积 | | | | | | |
|---|---|---|---|---|---|---|---|
| | 合计 | 基本农田 | 水保林 | 经果林 | 种草 | 封禁治理 | 其他 |
| 全区合计 | 56260.00 | 1261.33 | 9828.81 | 224.86 | 725.14 | 44048.50 | 171.36 |
| 呼和浩特市 | 4000.00 | 0 | 1011.20 | 0 | 0 | 2988.80 | 0 |
| 包头市 | 4000.00 | 0 | 10.00 | 11.00 | 0 | 3979.00 | 0 |
| 赤峰市 | 1300.00 | 133.33 | 173.67 | 0 | 0 | 993.00 | 0 |
| 通辽市 | 2000.00 | 0 | 7.38 | 60.34 | 153.03 | 1779.23 | 0.02 |
| 鄂尔多斯市 | 13500.00 | 0 | 4492.15 | 0 | 5.76 | 9002.09 | 0 |
| 巴彦淖尔市 | 6000.00 | 0 | 9.17 | 0 | 0.63 | 5964.69 | 25.51 |
| 乌兰察布市 | 8160.00 | 0 | 1688.52 | 108.46 | 0 | 6217.19 | 145.83 |
| 兴安盟 | 15300.00 | 1128 | 2202.03 | 45.17 | 0 | 11924.8. | 0 |
| 锡林郭勒盟 | 2000.00 | 0 | 234.28 | 0 | 565.72 | 1200.00 | 0 |

（3）东北黑土区侵蚀沟综合治理工程

工程建设范围涉及呼伦贝尔市及兴安盟的5个旗（县、市），治理水土流失面积68.67平方千米，共治理侵蚀沟315条（其中中型沟161条、小型沟154条）。

（4）淤地坝除险加固工程

工程建设范围涉及鄂尔多斯市的2个旗，共完成39座淤地坝除险加固建设任务，其中骨干坝20座、中型坝19座。

## 第四部分 重要水土保持事件（详见正文）

# 法律法规

## 内蒙古自治区水利厅关于印发《水利工程使用地方政府债券的指导意见（试行）》的通知

各盟市水利(水务)局,满洲里市农牧水利局、二连浩特市农牧和水务局:

为贯彻落实国务院常务会议和自治区党委、政府相关会议精神,积极践行“水利工程补短板、水利行业强监管”水利改革发展总基调,抓住当前国家加快完善水利基础设施网络、补齐补强水利工程短板的有利时机,提高地方政府债券资金使用效益,加快补齐水利工程短板,自治区水利厅制定了《水利工程使用地方政府债券的指导意见(试行)》。现予以印发,请遵照执行。

附件:1. 内蒙古自治区水利厅关于水利工程使用地方政府债券的指导意见

2. 内蒙古自治区2020年建议利用政府专项债券的重点水利工程项目表

2020年2月25日

附件1：

# 内蒙古自治区水利厅关于 水利工程使用地方政府债券的指导意见

2019年1月9日和9月4日，国务院分别召开常务会议，部署加快发行和用好地方政府专项债券工作，强调更好发挥专项债券对当前稳投资、促消费的重要作用，确定加快地方政府专项债券发行使用的措施，带动有效投资支持补短板扩内需。2月1日，水利部印发了《关于用好地方政府专项债券加快推进水利建设的通知》，要求各地做好债券使用工作。自治区党委、政府也高度重视地方债券使用工作，10月18日、10月21日，两次召开专题会议进行部署和推进。

为贯彻落实国务院常务会议和自治区党委、政府相关会议精神，积极践行"水利工程补短板、水利行业强监管"水利改革发展总基调，进一步用好地方政府债券，加快补齐水利工程短板，制定印发本指导意见。

## 一、使用目的

为提高地方政府债券资金使用效益，发挥政府债券对稳投资、扩内需、补短板的积极作用，加快补齐水利工程短板，强化政府债券管理，切实发挥政府债券促进自治区水利基础设施和经济社会发展的重要作用。

## 二、适用范围

地方政府债券资金分为一般债券资金和专项债券资金，适用于自治区、盟市、旗县各级所实施的水利项目。

(一)一般债券资金适用于没有经济收益的纯公益性水利工程，如大江大河及重要支流治理工程、中小河流治理工程、山洪灾害防治项目、水土保持治理工程和农村基层防汛预报预警体系建设等项目。

(二)专项债券资金要求项目收益要覆盖融资成本，项目自求平衡，适用于有一定经济收益的公益性或经营性水利工程，如引绰济辽等引调水工程，有供水任务的东台子水库、琥珀沟水库、红格尔水库、隆盛水库、七家营水库等水源工程，有水费收入的尼尔基、绰勒灌区和河套等大型灌区续建配套与节水改造工程及农村饮水安全工程，有经济效益的水土保持工程等。

## 三、重要意义

水利建设是国家基础设施建设的重要领域,加快推进水利基础设施建设,切实增强水利支撑保障能力,实现水资源可持续利用,对促进经济高质量发展,决胜全面建成小康社会具有重要意义。当前和今后一个时期是加快完善水利基础设施网络、补齐补强水利工程短板的关键时期。我区各地受经济下行和化解地方债务影响,部分项目地方建设资金到位难、投资缺口大的问题较为突出,影响了水利工程建设的顺利推进。各地要高效利用地方政府债券,把水利工程及配套设施建设作为当前扩大有效投资的突出重点,充分发挥水利有效投资对补齐水利工程短板和稳投资、稳增长的重要作用。

## 四、申报要求

加快地方政府债券发行使用,是党中央、国务院为有效应对外部环境深刻变化、持续改善民生,按照高质量发展要求,坚持稳中求进工作总基调,作出的重大决策部署,为加快水利建设提供了难得的政策机遇。2020年,地方政府债券发行将进一步加量提速,财政部已提前下达部分新增专项债券额度1万亿元。各地要在争取地方财政性资金的同时,抓住专项债券向水利倾斜支持的机遇,进一步吃透专项债券政策要求,努力拓宽思路,积极拓展利用地方政府专项债券推进水利工程建设的方式和途径,如采取单独发行重点水利工程专项债券,解决重点水利工程的资金缺口或将公益性的水利项目与经营性的其他领域项目打包融资等方法,积极与同级财政部门的沟通协调,抓紧申报,力争在专项债券使用规模和范围上有大的突破。

## 五、做实水利需求

地方政府专项债券在稳投资、促消费、扩内需、补短板方面具有重要作用,各地要准确把握政策精神,全面梳理本地区在建和拟开工水利建设项目,尤其是防风险、补短板的重点水利项目,合理测算地方政府专项债券需求规模,主动研究落实有效措施,充分利用地方政府专项债券,使之成为水利建设重要资金渠道。盟市、旗县水行政主管部门要加强与财政、发改等部门沟通协调,及时反映水利投资需求;同时,要积极开展业务培训,主动向政府汇报,加大申报地方政府专项债券力度,努力增加地方政府专项债券用于水利建设的规模。

## 六、用好建设资金

地方政府专项债券落实后,对于在建项目,要加快建设进度,促进工程尽早建成并发挥效益;暂不具备施工条件的,也要抓紧开展备料、设备采购等工作。对于拟开工项目,要提前做好

“三通一平”、征地拆迁等准备工作，抓紧开工建设，尽快形成实物工作量。要强化资金使用各环节的监管，防止被挤占、挪用、滞留，确保发挥投资效益。

## 七、做好前期工作

各地要立足当前、着眼长远，在抓好当前地方政府专项债券申报工作的同时，加快推进一批项目前期工作，优选一批效益比较明显、群众期盼、迟早要干的水利项目，特别是水利改革发展“十三五”规划确定的、“十四五”水安全保障规划的与黄河流域生态保护和高质量发展需要的重点项目，如LXB供水内蒙古支线工程、引绰济辽二期工程、乌梁素海生态补水专用通道工程、岱海生态应急补水工程、引嫩济锡工程等，争取尽早完成审查审批，做好项目储备，为申请后续地方政府专项债券奠定基础，形成“申报一批、落实一批、建设一批、储备一批”的良性滚动机制。

## 八、加强组织领导

各地水行政主管部门要高度重视地方政府债券的申请和使用工作，切实担负起主体责任，认真抓好政策落实，定期研究分析解决相关问题，坚持问题导向，采取有效措施，加大地方政府债券的使用力度，多上项目、快上项目，加快完善水利基础设施网络，为自治区全面建成小康社会，建设祖国北疆亮丽风景线提供坚实可靠的水安全保障。

附件2：

# 内蒙古自治区2020年建议利用政府专项债券的重点水利工程项目

单位：亿元

| 序号 | 项目名称 | 项目进展情况 | 估算总投资 | 责任单位 | 备注 |
|---|---|---|---|---|---|
| 合计 | | | 515.4 | | |
| 一、续建工程 | | | | | |
| 小计 | | | 316.5 | | |
| （一） | 引绰济辽工程 | 已完成投资109亿元 | 252.2 | 内蒙古引绰济辽供水有限责任公司 | |
| （二） | 东台子水库工程 | 已完成投资11亿元 | 21.5 | 赤峰市林西东台子水库工程建设管理处 | |
| （三） | 尼尔基水利枢纽下游内蒙古灌区田间工程 | 已开工 | 4.27 | 尼尔基水利枢纽内蒙古灌区建设管理局 | |
| （四） | 绰勒水利枢纽下游内蒙古灌区田间工程 | 已开工 | 4.7 | 绰勒水利枢纽内蒙古灌区建设管理局 | |
| （五） | 中型水库工程 | | 33.89 | | |
| 1 | 红格尔水库 | 已开工 | 9.02 | 四子王旗水利局 | |
| 2 | 毛都水库 | 已开工 | 4.40 | 扎鲁特旗水务局 | |
| 3 | 琥珀沟水库 | 已开工 | 7.96 | 巴林左旗水务局 | |
| 4 | 隆盛水库 | 已开工 | 8.82 | 卓资县水利局 | |
| 5 | 七家营水库 | 已开工 | 3.69 | 兴和县水利局 | |
| 二、拟开工项目 | | | | | |
| 小计 | | | 198.9 | | |
| （一） | LXB供水内蒙古支线工程 | 可研已通过水利部审查，审查意见已报送国家发展改革委 | 104 | 赤峰市水利局、通辽市水务局 | |

续表

| 序号 | 项目名称 | 项目<br>进展情况 | 估算<br>总投资 | 责任单位 | 备注 |
| --- | --- | --- | --- | --- | --- |
| （二） | 岱海生态应急补水工程 | 可研已出具审查意见 | 28 | 乌兰察布市水利局 | |
| （三） | 引绰济辽二期工程 | 可研水利厅已审查 | 44 | 兴安盟水务局、通辽市水务局 | |
| （四） | 昆都仑水库除险加固工程 | 初步设计报告在编 | 3.18 | 包头市水务局 | |
| （五） | 巴图湾水库除险加固工程 | 初步设计已审查 | 1.53 | 乌审旗水务局 | |
| （六） | 翰嘎利水库除险加固工程 | 初步设计已完成待审 | 2.41 | 科右中旗水利局 | |
| （七） | 大型灌区续建配套与节水改造工程 | | 7.55 | | |
| 1 | 麻地壕灌区 | 初步设计已批复 | 3.09 | 托克托县水务局 | |
| 2 | 大黑河灌区 | 初步设计在批 | 1.61 | 赛罕区农牧水利局 | |
| 3 | 民族团结灌区 | 初步设计在批 | 0.45 | 土右旗水务局 | |
| 4 | 山湾子灌区 | 初步设计在批 | 0.75 | 敖汉旗水务局 | |
| 5 | 甸子灌区 | 初步设计在批 | 0.76 | 宁城水利局 | |
| 6 | 海日苏灌区 | 初步设计在批 | 0.85 | 赤峰市水利局 | |
| 7 | 英金河灌区 | 初步设计在批 | 0.04 | 松山区水利局 | |
| （八） | 水土保持类项目 | 实施方案在编 | 4.7 | 相关盟市水利（水务、水保）局 | 有经济收益的项目 |
| （九） | 科右中旗中南部水系连通及农村水系综合整治 | 实施方案已完成 | 3.52 | 科右中旗水务局 | |

# 关于印发《内蒙古自治区河长湖长巡河巡湖暂行办法》的通知

各级总河湖长、河湖长：

为进一步夯实我区河湖长制基础工作，加强河湖长制制度建设，更好的督促各级河湖长履职尽责，杜绝形式主义，实现河湖长巡河巡湖规范化、制度化。现将《内蒙古自治区河长湖长巡河巡湖暂行办法》印发给你们，请各级河长湖长进一步提高政治站位，按照《内蒙古自治区河长湖长巡河巡湖暂行办法》的要求，积极组织开展巡河巡湖工作。

2020年4月10日

# 内蒙古自治区河长湖长巡河巡湖暂行办法

## 第一章　总　则

**第一条**　为切实加强河湖治理保护，推动河长制湖长制见实效，根据《内蒙古自治区党委办公厅、自治区人民政府办公厅关于〈内蒙古自治区全面推行河长制工作方案〉的通知》（厅发〔2017〕12号）、《内蒙古自治区党委办公厅、自治区人民政府办公厅关于〈内蒙古自治区全面实施湖长制工作方案〉的通知》（厅发〔2018〕4号），制定本办法。

**第二条**　本办法适用于自治区级、盟（市）、旗（县）、苏木（乡镇）级河湖长。嘎查（村）级河湖长巡河巡湖可参照执行。

## 第二章　范围及内容

**第三条**　巡河巡湖范围。坚持问题导向、水岸同抓、标本兼治、分级负责的原则，巡查河湖水域、洲滩、堤身和护堤地、工程留用地、安全保护区及流域内重点污染源，尤其是群众反映强烈、举报较为集中、前期已有明确整改意见、管护治理难度较大的区域。

**第四条**　巡河巡湖主要内容。

（一）河湖流域内工业企业、畜禽养殖、污水处理设施、服务行业企业等偷排、漏排及超标排放污水废水。

(二)河湖流域内污水处理厂、垃圾填埋场是否建成并正常运行。

(三)流域内非法投肥、投饲料、投药,非法围垦、围网养殖。

(四)在河湖内洗涤装贮过油类或者有毒污染物的物体,向河湖排放超过国家规定标准的污染物。

(五)向河湖及洲滩内倾倒矿渣、石渣、煤灰、泥土、垃圾,以及非法填高滩地等。

(六)在河湖及洲滩内烧窑、埋坟、盖房、种植阻碍行洪的林木及高秆作物(护堤护岸林除外)以及堆放阻碍行洪的物料。

(七)在河湖内非法捕捞,设置拦河渔具、电毒打鱼、炸鱼等。

(八)非法新建入河湖排污口。

(九)在河湖流域内非法新建易形成集中污水排放的企业、餐饮、集中畜禽养殖场等。

(十)非法在河湖管理范围内修建房屋,搭建棚舍,或其他建(构)筑物。

(十一)非法在河湖及洲滩内围垦、围堤、挖筑鱼塘,修建拦河坝、漫水桥、渠道,修建桥梁、码头、渡口、道路及通航设施,修建取、排水口及临时性设施,埋设缆线、管道,爆破、勘查、开采矿产资源或考古发掘。

(十二)非法采矿采砂(包括石、土)。

(十三)破坏河湖水利工程设施、观测设施,非法修建穿堤过湖建筑物。

(十四)河湖长公示牌内容不全面、未及时更新,界桩倾斜、破损、变形等。

(十五)河湖水体发生异常变化,浑浊、黑臭、有异味,有集中藻类、有漂浮垃圾,有水葫芦、水花生等。

(十六)堤岸上违规通行超载车辆等。

(十七)其他影响河湖水资源、水环境、水生态的行为。

## 第三章　方式及频次

**第五条**　巡河巡湖方式。

(一)各级河湖长巡查河湖采取实地巡查或暗访、全线督查、随机询问周边群众、书面问卷调查、查阅佐证资料等方式开展,可配合卫星遥感、无人机、视频监控等技术手段,提高巡查效率和质量。

(二)各级河长办责任单位负责做好河湖长巡河巡湖的组织联络和服务保障,跟踪做好巡查发现问题的整改工作,主动向同级河湖长制办公室报送有关情况。

(三)各级河湖长制办公室负责本级河湖长巡河巡湖的宏观协调、统计汇总和下级河湖长巡河巡湖的督促指导、考核通报等工作，并及时向上级河湖长制办公室和第一总河湖长、总河湖长、副总河湖长报告有关情况。

**第六条** 巡河巡湖频次。

（一）自治区级河湖长巡河巡湖不少于1次/年。对水生态恶化严重的河湖、水体污染严重的河段、主要排污口、险工险段等重要区域和流域内大型污水处理厂、垃圾填埋场等，应适度加密巡查频次。

（二）盟（市）级河湖长巡河巡湖不少于1次/半年。对城镇建成区段和近郊段、工业园区段、水体污染严重段、涉河建设项目集中段、主要排污口、险工险段等重要区域和流域内污水处理厂、垃圾填埋场等，应适度加密巡查频次。

（三）旗（县）级河湖长巡河巡湖不少于1次/季度。对城镇建成区段和近郊段、工业园区段、水体污染严重段、涉河建设项目集中段、主要排污口、险工险段等重要区域和流域内污水处理厂、垃圾填埋场等，应适度加密巡查频次。

（四）苏木（乡、镇）级河湖长巡河巡湖不少于1次/月。对城镇建成区段和近郊段、工业园区段、水体污染严重段、涉河建设项目集中段、主要排污口、险工险段等重要区域和流域内污水处理厂、垃圾填埋场等，应适度加密巡查频次。

## 第四章 问题整改

**第七条** 巡河巡湖发现问题和处置。

（一）苏木（乡、镇）级河湖长对巡查发现的问题，应第一时间处理。对本辖区范围内的问题，自己无法处理的，应向本级第一总河湖长、总河湖长或副总河湖长报告，立足于本级解决问题。对辖区内本级无法解决的问题，或涉及跨乡级区划的问题，应向旗（县）级河湖长报告。

（二）盟（市）、旗（县）级河湖长对巡查发现的问题，应根据报告所涉内容，按照责任单位的职责分工，组织相关职能部门调查处理，必要时向本级第一总河湖长、总河湖长或副总河湖长报告，立足于本级解决问题。若涉及跨行政区划的问题，应向上一级河湖长报告。

（三）河湖长巡河巡湖的频次和问题处置情况纳入河湖长制考核，对巡河巡湖频次未达标的，在考核中视情况予以赋分，情节严重的此项不得分。

## 第五章 记录和通报

**第八条** 巡河巡湖记录及通报。

(一)各级河湖长巡河巡湖应采用河长通手机APP统计相关信息。

(二)各级河长办落实专人,在河湖长每次巡查结束后5个工作日内,将河湖长巡查及问题处置情况应如实填写在内蒙古自治区河湖长制综合信息管理平台的《河湖长巡河巡湖记录表》(样表见附件)上,并用拍照、录音、摄像等方式记录保存巡河巡湖情况,作为《河湖长巡河巡湖记录表》的附件资料。

(三)上级河湖长巡河巡湖时,应全面收集和检查下一级河湖长的《河湖长巡河巡湖记录表》,了解掌握下一级河湖长巡河巡湖动态,督办前期交办问题的解决情况,并签署是否销号的意见。必要时可延伸调阅更基层的河湖长《河湖长巡河巡湖记录表》,全面了解下级河湖长巡查、督办等履职情况。

**第九条** 巡河巡湖通报。

各级河湖长制办公室在每季度结束后的10个工作日内,对河湖长制综合信息管理平台的下一级河湖长《河湖长巡河巡湖记录表》进行集中检查,对巡查的频次和督导解决重大问题的情况进行通报。

## 第六章 附 则

**第十条** 各级河湖长制办公室负责组织协调本级河湖长工作,同时对下级河湖长的工作进行督导和检查。

**第十一条** 河湖长与检察长加强协作,河长办与检察机关共享智慧水利大数据信息和河流水质监测信息,推进行政执法与刑事司法、行政执法与行政检察信息共享平台建设,及时移送破坏水资源、污染水域岸线、损害水生态及水污染案件线索,依托检察机关法律监督职能,助力河湖环境治理和水资源保护。

**第十二条** 本办法自印发之日起施行。

附件:河湖长巡河巡湖记录表

附件

## 河湖长巡河巡湖记录表

<table>
<tr><td colspan="2">河湖名称及地点</td><td></td><td>巡河巡湖时间</td><td></td></tr>
<tr><td colspan="2">河湖长姓名及职务</td><td></td><td>参加责任单位人员姓名及职务</td><td></td></tr>
<tr><td rowspan="2">检查部位</td><td colspan="3">检查发现问题</td><td rowspan="2">采取措施</td></tr>
<tr><td colspan="2">存在问题选项</td><td>问题描述</td></tr>
<tr><td>河湖水体</td><td colspan="2">1.河湖水浑浊、黑臭、有异味，有集中藻类，有漂浮垃圾、水草等</td><td></td><td></td></tr>
<tr><td>流域内</td><td colspan="2">2.污水处理厂、垃圾填埋场未正常运行<br>3.非法新建企业、餐饮、集中畜禽养殖场<br>4.非法新建入河湖排污口<br>5.工业企业、畜禽养殖场、污水处理设施、服务行业等偷排、漏排及超标直排污水废水<br>6.非法投肥、投饲料、投药，非法围垦、围网养殖</td><td></td><td></td></tr>
<tr><td>水域洲滩</td><td colspan="2">7.洗涤装贮过油类或者有毒污染物的物体<br>8.排放超过国家规定标准的污染物<br>9.倾倒矿渣、石渣、煤灰、泥土、垃圾，以及非法填高滩地等<br>10.烧窑、埋坟、盖房、种植阻碍行洪的高秆作物(护堤护岸林除外)以及堆放阻碍行洪的物料<br>11.非法捕捞，设置拦河渔具、电毒打鱼、炸鱼等<br>12.非法采砂(包括矿、石、土)<br>13.违规修建桥梁、拦河坝、漫水桥等河湖建筑物</td><td></td><td></td></tr>
<tr><td>河湖岸线</td><td colspan="2">14.非法修建房屋，搭建棚舍或其他建(构)筑物<br>15.围垦、围堤、挖筑鱼塘<br>16.非法修建码头、渡口、道路及通航设施<br>17.非法修建取、排水口及临时性设施<br>18.非法埋设缆线、管道<br>19.非法爆破、钻探、开采或考古发掘<br>20.堤岸上违规运行超载车辆</td><td></td><td></td></tr>
<tr><td>河湖设施</td><td colspan="2">21.非法破坏河湖水利工程设施、观测设施，非法修建穿堤过湖建筑物<br>22.河湖长公示牌、界桩倾斜、破损、变形等</td><td></td><td></td></tr>
<tr><td colspan="2"></td><td colspan="2">问题描述</td><td>处理意见或结果</td></tr>
<tr><td colspan="2">其他重大问题报告情况</td><td colspan="2"></td><td></td></tr>
<tr><td colspan="2">上级河湖长前期巡河交办，未销号问题整改情况</td><td colspan="2"></td><td></td></tr>
<tr><td colspan="2">上级河湖长（或授权责任单位）审核意见</td><td colspan="3">审核人：　　　　审核时间：　　年　　月　　日</td></tr>
</table>

记录人(签字)：　　　　　　　　　　　　　　　　记录时间：　　年　　月

# 内蒙古自治区水利厅<br>关于设立村级管水员的指导意见

各盟市水利(水务)局:

设立村(嘎查)级管水员是打通农村牧区供水工程运行管理“最后一公里”的关键环节,是饮水安全管理责任向基层延伸的重要内容。为进一步明确村级管水员工作职责,规范管水员管理行为,调动管水员工作积极性,切实做好农村牧区供水村级范围内的管护工作,现提出如下指导意见。

**一、加强组织领导**

旗县水利部门要对设立村级管水员工作作出统一安排部署,加强与苏木乡镇进行工作对接,发挥苏木乡镇水管站的职能职责,规范设立程序、办法,指导各嘎查村做好管水员选配、培训、考核等工作。同时,加强与发改、财政、人社等部门沟通协调,积极从资金和政策层面争取对管水员队伍建设的支持。

**二、合理配置管水员**

由嘎查村直接管理的供水工程应逐嘎查村设立管水员,由供水公司管理的规模化供水工程可结合企业管理的实际因需设立。管水员一般应从本村内选用身体健康、责任心强、具有一定供水服务能力的人担任。

**三、明确工作职责**

村级管水员主要负责供水工程嘎查村内设施的运行和维修养护工作。主要职责为:

1. 水源地管理。做好水源井安全防护,防止人为破坏。按水源地保护要求维护好水源地周边环境,防止水源污染,搞好井房室内、院内卫生,及时清除垃圾。

2. 收缴水费。按本嘎查村水费收缴制度,每月按时足额征收水费,并做好记录,定期将收费及水费使用情况进行公示。

3. 供水设施维护。负责嘎查村内供水设施的管护和维修保养,发现问题及时自行处理,处理不了的及时报修。加强嘎查村内的供水管网巡查,减少跑冒滴漏现象,冬天做好管道防冻工作。帮助农牧民解决户内供水故障。

4. 节水宣传和管理。做好群众的节水宣传工作,培养农牧民的节水意识,落实嘎查村的用水计划。对农牧民用水进行监督,制止用水浇园子等违规用水行为,制止无效的要及时向执法部门反映。

5. 落实应急供水措施。发生紧急停断水事件时，第一时间向村委报告，具备处置条件和能力的，要先期进行初步处理。

**四、做好业务培训**

旗县水利部门要加强对管水员培训工作，建立嘎查村管水员轮训制度，以苏木乡镇或旗县为单位，每年举办不少于两次管水员业务培训班。重点讲授安全生产知识、净化消毒流程、维修维护操作技能等，安装除氟、除铁锰等净水设备的要邀请厂家进行实际操作培训，逐步达到管水员能日常操作，会更换滤料等。有条件的地区可组织村级管水员进行系统专业培训，培训合格后持证上岗。

**五、落实工资待遇**

各地要落实管水员的工资待遇，可由苏木乡镇统一制定工资标准，也可由嘎查村“两委”按“一事一议”程序确定。管水员的工资应以水费收缴为主要来源，不足部分可由嘎查村集体经济收入补充或申请旗县财政支持。各旗县水利部门要与相关部门积极沟通，争取设立村级管水员公益岗位，通过公益补助落实管水员的工资待遇。

**六、强化监督考核**

旗县水利部门要指导基层做好管水员队伍建设，加强监督检查和行业技术指导，指导基层制定完善管水员管理制度，实行“平时+年终”绩效考核奖惩机制，不能胜任的要及时更换人员。要定期组织对管水员进行体检，严禁身患传染类疾病人员带病上岗，保障供水安全。

2020年6月30日

# 内蒙古自治区水利厅关于印发《内蒙古自治区大中型灌区标准化规范化管理实施细则（试行）》的通知

各盟市水利（水务）局，厅直有关单位：

为全面提升我区大中型灌区标准化规范化管理水平，创建设施完善、管理科学、节水高效、生态良好的现代化灌区，根据水利部《大中型灌区标准化规范化管理指导意见（试行）》《水利工程管理考核办法》等文件，结合我区大中型灌区工程建设和管理实际，制定《内蒙古自治区大中型灌区标准化规范化管理实施细则（试行）》（大中型灌区中的灌排泵站纳入灌区统一管理）。各相关盟市要组织灌区认真做好大中型灌区标准化规范化管理工作，根据灌区的实际，制定灌区标准化规范化管理工作方案，扎实有效推进该项工作，确保取得管理实效。

各地在执行过程中，如有问题或建议可向自治区水利厅农牧水利处反馈。

2020年12月30日

# 内蒙古自治区大中型灌区标准化规范化管理实施细则（试行）

## 第一章 总 则

**第一条** 坚持以习近平新时代中国特色社会主义思想为指导，贯彻落实“节水优先、空间均衡、系统治理、两手发力”治水方针，按照“水利工程补短板、水利行业强监管”的水利改革发展总基调，构建科学合理的灌区标准化规范化管理体系，加快推进灌区建设管理现代化进程，不断提升灌区管理能力和服务水平，努力建成“设施完善、管理科学、节水高效、生态良好”的现代化灌区。

**第二条** 为全面提升我区大中型灌区标准化规范化管理水平，保障大中型灌区工程安全运行和持续发挥效益，服务乡村振兴战略和经济社会发展，根据水利部《大中型灌区标准化规范化管理指导意见（试行）》《水利工程管理考核办法》等文件，结合我区灌区工程建设与管理实际，制定本细则。

**第三条** 本实施细则适用于由全区各级水行政主管部门监管,设计灌溉面积1万亩以上,且由国有水利工程管理单位(以下简称"管理单位")管理的大中型灌区。

## 第二章 内容及程序

**第四条** 灌区标准化规范化管理实施主体为灌区管理单位,从组织管理、安全管理、工程管理、供用水管理、经济管理五个方面开展相关工作。

**第五条** 大型灌区和列入"十四五"期间实施的中型灌区,应率先达到标准化规范化管理的要求,自治区水利厅负责统一考核及验收。其他未列入"十四五"期间的中型灌区由盟市水利局负责考核及验收,并将考核验收情况报水利厅备案。

**第六条** 各灌区管理单位依照验收打分表(见附件1)进行灌区自评,盟市、旗县级水行政主管部门负责复核本级所辖内灌区标准化管理的自评结果,复核情况反馈灌区管理单位,督促灌区管理单位采取相应措施,加强整改。在整改完成后,盟市级水行政主管部门负责自治区验收灌区的初验及其他中型灌区验收工作。

**第七条** 各级水行政主管部门按照管理权限负责所辖灌区标准化规范化创建工作,并指导和监督所属灌区标准化规范化管理工作。

## 第三章 验收标准和条件

**第八条** 满足强制性标准且初验结果在80分以上的灌区,依照验收权限逐级向自治区水利厅或盟市水行政主管部门申报自治区级标准化规范化管理灌区(申报书格式见附件2)。自治区水利厅或盟市水行政主管部门负责组织相关单位对申报的灌区进行验收,采取现场抽查及查阅相关材料等方式,对照验收标准逐项进行打分,对合格的灌区印发验收报告书并进行公开公布。

**第九条** 申报验收的灌区,应达到以下强制性标准:

1.灌区管理单位的管理体制符合水利工程管理体制改革的要求,按照要求配备水利工程专业技术人员。

2.近两年均按要求完成续建配套和节水改造年度建设任务。

3.灌区管理单位管理的骨干供、排水渠道及水源工程管理范围和保护范围已划定。

4.近三年内未发生较大及以上工程安全责任事故。

5.完成灌区农业供水成本核算,农业水价达到运行维护成本水平或已制定调价方案。

6.落实农业用水总量控制和定额管理,农业用水总量指标分解到用水主体,农业供水计量设施配套完善。

7.灌区内组建农民用水合作组织管理的灌溉面积占灌区有效灌溉面积比例30%以上。

8.近三年在上级部门稽察、检查中未发生约谈、通报事件。

**第十条** 验收合格条件为:①满足强制性标准;②验收采用百分制(附件1),总评分为80分以上(含80分);③各类得分均不低于该类总分70%。有一项不满足则为不合格。

## 第四章 保障措施

**第十一条** 验收合格的灌区,每年应开展自检,由盟市级水行政主管部门组织年度考核,并于次年1月底前将考核结果报自治区水利厅。

**第十二条** 自治区水利厅对通过自治区或盟市验收合格的灌区进行不定期抽查,抽查内容主要包括现场检查、问题整改和资料管理等(见附件3)。对复核或抽查结果,自治区水利厅予以通报,结果不合格的,收回验收合格报告书,且灌区两年内不得再次申报。

**第十三条** 通过验收合格的灌区管理单位,凡出现以下情况之一的,取消自治区级标准化规范化管理达标灌区资格,且两年内不得再次申报。

1.未开展年度自检和考核工作;

2.复核或抽查发现突出问题未按期整改;

3.工程安全鉴定为三类及以下(不可抗力造成的险情除外);

4.发生较大及以上安全生产事故;

5.发生其他造成社会不良影响的重大事件。

**第十四条** 对通过验收的灌区管理单位,各级水行政主管部门应在项目和资金安排时给予倾斜支持,优先纳入灌区续建配套与现代化改造等相关规划。

**第十五条** 对通过验收的灌区单位的主要参与人及相关人员,灌区管理单位在灌区内部考核实施细则中应明确在年度考核评议、职务职称晋升、工资绩效等方面,把推进标准化规范化管理作为重要加分项。

**第十六条** 灌区管理单位要探索开展最美管理站所、最美管理渠段等评选活动,充分调动灌区职工参与创建工作的积极性,增强灌区职工和群众的获得感,确保取得实效。

**第十七条** 各地水行政主管部门应结合本地大中型灌区工程类别、运行管理及维修养护模式等实际情况,明晰管理责任,制定工程管理标准,强化标准化管理制度建设,加强检查评估,依法、依规、依标推进灌区标准化规范化管理工作。

**第十八条** 各级水行政主管部门应明确灌区标准化规范化管理总体目标、主要任务、分阶段实施计划和主要措施,有计划、分步骤地组织实施。按照典型示范、重点突破、以点带面的原则,对管理水平较高、基础条件较好的灌区先行先试,在总结经验的基础上稳步推进。

## 第五章　附则

**第十九条**　本细则由内蒙古自治区水利厅负责解释。

**第二十条**　本细则自公布之日起实行。

# 地方法规

## 内蒙古自治区地方标准——行业用水定额（DB15/T 385—2020）

### 前言

本文件按照GB/T 1.1—2020《标准化工作导则 第1部分：标准化文件的结构和起草规则》的规定起草。

本文件代替DB15/T 385—2015《行业用水定额》，与DB15/T 385—2015相比，除结构调整和编辑性修改外，主要技术变化如下：

a）农牧业用水定额：增加了"2种产品、32个定额值"（见表6），更改了"29产品、313个定额值"（见表2、表4、表5、表6、表7、表9、表10，2015版的表2、表4、表5、表6、表7、表9、表10）；

b）工业用水定额：增加了"39种产品、103个定额值"（见表13），更改了"150种产品、193个定额值"（见表13，2015版的表13），删除了2种产品、2个定额值（见2015版的表13）；

c）社会用水定额：增加了"10种产品、15个定额值"（见表14），更改了"33种产品、60个定额值"（见表14，2015版的表14），删除了4种产品、5个定额值（见2015版的表14）；

d）生态用水定额：增加了"1种产品、8个定额值"（见表15），删除了2种产品、9个定额值（见2015版的表15）；

e）术语和定义部分：删除了"重复利用率"的定义（见2015版的术语和定义部分3.5条）；

f）其他：增加了"分级指标"和"用水边界"的说明（见4章、5章）。

本文件由内蒙古自治区水利厅提出并归口。

本文件由内蒙古自治区水利科学研究院负责起草，内蒙古自治区灌溉试验中心站及各盟市水行政主管部门参加起草。

本文件主要起草人：李宁、乔志刚、赵海春、梅锐锋、彭雅丽、王诗俊、白明照、刘斌、毛广元、杜其霖、于漪、张文丽、赵莹、王宇、巴图、赵鑫、马惠绒、史宽治、柳剑峰、武称意、赵晓勇、陈德亮、万峥、贺文华、马继铭、王文彬、信心博、王文光、周圆、哈达、王海燕、王海玲、赵泽峰。

本文件所代替文件的历次版本发布情况:

2003年首次发布,2009年第一次修订,2015年第二次修订。

# 行业用水定额

## 1 范围

本文件规定了内蒙古自治区农牧业、工业、社会和生态等四部分的用水定额。

本文件适用于内蒙古自治区水资源规划、取水许可审批、用水计划管理、节约用水管理、建设项目水资源论证、节水评价以及用水总量控制等工作。

注:本文件未涵盖的行业用水,部门或行业有规定的参照部门或行业标准执行,暂时没有规定的可参照相近行业标准执行。

## 2 规范性引用文件

下列文件中的内容通过文中的规范性引用而构成本文件必不可少的条款。其中,注日期的引用文件,仅该日期对应的版本适用于本文件;不注日期的引用文件,其最新版本(包括所有的修改单)适用于本文件。

GB/T 4754国民经济行业分类

## 3 术语和定义

下列术语和定义适用于本文件。

3.1 用水定额 water use quota

每计量单位需要的新水量上限值。

3.2 新水量 quantity of first used water

取自任何水源被第一次利用的水量。

3.3 单位产品取水量 water intake per unit product

企业生产单位产品需要从各种水源提取的新水量。

3.4 灌溉保证率 irrigation assurance level

设计灌溉用水量的保证程度,用设计灌溉用水量全部获得满足的年数占总年数的百分率表示。

## 4 分级指标

农业灌溉用水定额分级指标:先进值指参考《节水灌溉工程技术标准》(GB/T 50363-2018)田间工程实施渠道防渗输水灌溉、管道输水灌溉、喷灌、微灌等不同节水灌溉方式下,某种作物某灌溉分区某灌溉保证率下的灌溉用水定额;通用值指传统灌溉基础设施水平条件下,满足用水供需平衡,某种作物某灌溉分区某灌溉保证率下的灌溉用水定额。

工业用水定额分级指标：领跑值为节水标杆，用于引领企业节水技术进步和用水效率的提升，可供严重缺水地区新建（改建、扩建）企业的水资源论证、取水许可审批和节水评价参考使用；先进值用于新建（改建、扩建）企业的水资源论证、取水许可审批和节水评价；通用值用于现有企业的日常用水管理和节水考核。

社会用水定额分级指标：先进值为节水型城市、节水单位创建时需满足的定额指标；通用值为最高允许值，在实际应用中用水量应不大于定额指标值。

**5 用水边界**

农业灌溉用水定额用水边界：大中型灌区斗口、小型灌区渠首、井灌区井口位置的用水量。

工业用水定额用水边界：与工业生产有直接关系的主要生产用水、辅助生产用水（包括机修、运输、空压站等）以及附属生产用水（包括绿化、浴室、食堂、厕所、保健站等），不包括非工业生产单位的用水量（如基建用水、厂内居民家庭用水和企业附属幼儿园、学校、对外营业的浴室、游泳池等的用水量）和居民生活用水量。

建筑业用水定额用水边界：进入建筑场地的总用水量。

服务业用水定额用水边界：与服务有直接关系的经营或生产用水量。

**6 行业用水定额**

6.1 农牧业用水定额

6.1.1 农牧业用水定额共制定了1个门类、4个大类、11个中类、23个小类、41种产品、751个定额值。

6.1.2 农牧业用水主要为农业灌溉用水、牧草地灌溉用水、林业灌溉用水、牲畜饮用水和渔业用水。

6.1.3 农业灌溉用水受地域影响很大，按照内蒙古自治区农业区划将全区划分为四个区，分区情况见表1。阿拉善盟、乌海市属极干旱地区，以Ⅲ区为基准值，用水定额调整系数为1.2；察尔森水库下游灌区土层极薄，以Ⅱ区为基准值，用水定额调整系数为2.0。

6.1.4 牧草地灌溉定额按地势性草地植被划分为五个区，分区情况见表8。

6.1.5 农牧业用水定额值见表1至表12。

6.2 工业用水定额

6.2.1 工业用水定额共制定了3个门类、36个大类、115个中类、212个小类、490个产品、986个定额值。

6.2.2 生产单位产品需要的综合用水量，不考虑从水源到用水户之间的输水损失。

6.2.3 采用再生水时，用水定额调整系数为1.2。

6.2.4 工业用水定额值见表13。

6.3 社会用水定额

6.3.1 社会用水定额共制定了10个门类、19个大类、37个中类、45个小类、67种产品、111个定额值。

6.3.2 社会用水定额主要为城市、农村社会用水定额。

6.3.3 社会用水定额值见表14。

6.4 生态用水定额

6.4.1 生态用水定额共制定了1个门类、1个大类、1个中类、1个小类、2种产品、10个定额值。

6.4.2 生态用水定额主要为其他自然保护用水定额。

6.4.3 生态用水定额值见表15。

## 农业灌溉分区表

表1

| 分区号 | | 分区名 | 位置 | 分区包括旗县市 |
|---|---|---|---|---|
| Ⅰ | $Ⅰ_1$ | 温凉半湿润农业区 | 大兴安岭东南麓 | 海拉尔区、扎赉诺尔区、阿荣旗、莫力达瓦达斡尔族自治旗、鄂伦春自治旗、鄂温克族自治旗、陈巴尔虎旗、新巴尔虎右旗、新巴尔虎左旗、满洲里市、牙克石市、扎兰屯市、额尔古纳市、根河市、阿尔山市、突泉县 |
| | $Ⅰ_2$ | 温凉半干旱农业区 | 阴山北麓 | 二连浩特市、苏尼特左旗、苏尼特右旗、太仆寺旗、镶黄旗、正镶白旗、集宁区、丰镇市、卓资县、化德县、商都县、兴和县、凉城县、察哈尔右翼前旗、察哈尔右翼中旗、察哈尔右翼后旗、四子王旗、武川县、固阳县 |
| Ⅱ | | 温暖半干旱农业区 | 大兴安岭南麓、西辽河平原、阴山南麓 | 新城区、回民区、玉泉区、赛罕区、土默特左旗、托克托县、和林格尔县、清水河县、东河区、昆都仑区、青山区、石拐区、白云矿区、九原区、土默特右旗、达尔罕茂名安联合旗、乌兰浩特市、科尔沁右翼中旗、科尔沁右翼前旗、扎赉特旗、霍林郭勒市、扎鲁特旗、红山区、元宝山区、松山区、阿鲁科尔沁旗、巴林左旗、巴林右旗、林西县、克什克腾旗、锡林浩特市、阿巴嘎旗、东乌珠穆沁旗、西乌珠穆沁旗、正蓝旗、多伦县、东胜区、康巴什区、准格尔旗 |
| Ⅲ | | 温暖干旱农业区 | 内蒙古西部、阴山以南 | 达拉特旗、鄂托克前旗、鄂托克旗、杭锦旗、乌审旗、伊金霍洛旗、临河区、五原县、磴口县、乌拉特前旗、乌拉特中旗、乌拉特后旗、杭锦后旗、海勃湾区、海南区、乌达区、阿拉善左旗、阿拉善右旗、额济纳旗 |
| Ⅳ | | 温热半干旱农业区 | 西辽河平原、科尔沁坨甸、燕北丘陵 | 科尔沁区、科尔沁左翼中旗、科尔沁左翼后旗、开鲁县、库伦旗、奈曼旗、翁牛特旗、喀喇沁旗、宁城县、敖汉旗 |

## 主要粮食作物灌溉定额

表2　　　　单位:立方米/公顷

| 行业代码 | 作物类别 | 作物名称 | 灌溉保证率 | 灌溉方式 | | Ⅰ | | Ⅱ | Ⅲ | Ⅳ |
|---|---|---|---|---|---|---|---|---|---|---|
| | | | | | | $I_1$ | $I_2$ | | | |
| A0111 | 稻谷种植 | 水稻 | 50% | 先进值 | 地表水灌溉 | 5910 | 6210 | 5910 | 5990 | 6380 |
| | | | | | 地下水灌溉 | 5530 | 5810 | 5530 | 5600 | 5960 |
| | | | | 通用值 | | 7270 | 7640 | 7270 | 7350 | 7830 |
| | | | 75% | 先进值 | 地表水灌溉 | 7680 | 8070 | 7680 | 7780 | 8280 |
| | | | | | 地下水灌溉 | 7180 | 7550 | 7180 | 7270 | 7740 |
| | | | | 通用值 | | 9440 | 9920 | 9440 | 9550 | 10170 |
| A0112 | 小麦种植 | 春小麦 | 50% | 先进值 | 防渗渠灌 | 1710 | 2600 | 3010 | 3580 | 2690 |
| | | | | | 管灌 | 1490 | 2330 | 2790 | 3260 | 2700 |
| | | | | | 喷灌 | 1530 | 2370 | 2770 | 3260 | 2670 |
| | | | | 通用值 | | 2440 | 3720 | 4300 | 5120 | 3840 |
| | | | 75% | 先进值 | 防渗渠灌 | 2280 | 3500 | 3830 | 4310 | 3660 |
| | | | | | 管灌 | 2140 | 3260 | 3530 | 4000 | 3350 |
| | | | | | 喷灌 | 2080 | 3160 | 3460 | 3950 | 3360 |
| | | | | 通用值 | | 3260 | 5000 | 5470 | 6160 | 5230 |
| A0113 | 玉米种植 | 玉米 | 50% | 先进值 | 防渗渠灌 | 1300 | 2360 | 2040 | 2930 | 1950 |
| | | | | | 管灌 | 1210 | 2230 | 1790 | 2230 | 2230 |
| | | | | | 喷灌 | 1240 | 2170 | 1790 | 2170 | 2170 |
| | | | | 通用值 | | 1860 | 3370 | 2520 | 4190 | 2790 |
| | | | 75% | 先进值 | 防渗渠灌 | 1870 | 3010 | 2850 | 3580 | 2600 |
| | | | | | 管灌 | 1770 | 2880 | 2700 | 3440 | 2510 |
| | | | | | 喷灌 | 1780 | 2770 | 2570 | 3260 | 2370 |
| | | | | 通用值 | | 2670 | 4300 | 4070 | 5120 | 3720 |
| | | | 85% | 先进值 | 喷灌 | 2560 | 3520 | 3340 | 3980 | 3160 |
| | | | | | 膜下滴灌 | 1390 | 2570 | 2570 | 3080 | 2290 |
| | | | | | 浅埋滴灌 | 1610 | 2790 | 2790 | 3300 | 2510 |
| | | | | 通用值 | | 3010 | 4140 | 3930 | 4690 | 3720 |
| A0121 | 豆类种植 | 大豆 | 50% | 先进值 | 防渗渠灌 | 900 | 1300 | 1790 | 2200 | 1300 |
| | | | | | 管灌 | 840 | 1210 | 1670 | 2050 | 1210 |
| | | | | | 喷灌 | 790 | 1190 | 1680 | 1980 | 1190 |
| | | | | 通用值 | | 1280 | 1860 | 2560 | 3140 | 1860 |
| | | | 75% | 先进值 | 防渗渠灌 | 1550 | 1710 | 2280 | 2600 | 1790 |
| | | | | | 管灌 | 1490 | 1580 | 2140 | 2420 | 1670 |
| | | | | | 喷灌 | 1530 | 1580 | 2080 | 2370 | 1580 |
| | | | | 通用值 | | 2210 | 2440 | 3260 | 3720 | 2560 |
| | | | 85% | 先进值 | 喷灌 | 2100 | 2110 | 2560 | 2850 | 2110 |
| | | | | | 膜下滴灌 | 1000 | 1230 | 1630 | 2090 | 1230 |
| | | | | 通用值 | | 2440 | 2480 | 3010 | 3350 | 2480 |

## 作物坐(滤)水种灌溉定额

表3　　单位:立方米/公顷

| 行业代码 | 作物类别 | 作物名称 | 坐水种 | 滤水种 |
|---|---|---|---|---|
| A0112 | 小麦种植 | 小麦 | — | 80 |
| A0113 | 玉米种植 | 玉米 | 60 | 85 |
| A0121 | 豆类种植 | 大豆 | — | 80 |

## 薯类灌溉定额

表4　　单位:立方米/公顷

| 行业代码 | 作物类别 | 作物名称 | 灌溉保证率 | 灌溉方式 | | Ⅰ | | Ⅱ | Ⅲ | Ⅳ |
|---|---|---|---|---|---|---|---|---|---|---|
| | | | | | | $Ⅰ_1$ | $Ⅰ_2$ | | | |
| A0123 | 薯类种植 | 马铃薯 | 50% | 先进值 | 管灌 | 1220 | 3080 | 3020 | 3200 | 3140 |
| | | | | | 喷灌 | 1050 | 2620 | 2910 | 3140 | 2910 |
| | | | | 通用值 | | 1400 | 3140 | 3260 | 3490 | 3310 |
| | | | 75% | 先进值 | 管灌 | 1400 | 3140 | 3260 | 3310 | 3140 |
| | | | | | 喷灌 | 1220 | 2970 | 3140 | 3260 | 2790 |
| | | | | 通用值 | | 1570 | 3310 | 3490 | 3660 | 3490 |
| | | | 85% | 先进值 | 喷灌 | 1430 | 3360 | 3400 | 3370 | 2670 |
| | | | | | 滴灌 | 1260 | 2630 | 2810 | 3190 | 2440 |

## 经济作物灌溉定额

表5　　　　单位：立方米/公顷

| 行业代码 | 作物类别 | 作物名称 | 灌溉保证率 | 灌溉方式 | | I | | Ⅱ | Ⅲ | Ⅳ |
|---|---|---|---|---|---|---|---|---|---|---|
| | | | | | | $I_1$ | $I_2$ | | | |
| A0122 | 油料种植 | 向日葵 | 50% | 先进值 | 管灌 | 1050 | 2090 | 2270 | 3310 | 3310 |
| | | | | | 喷灌 | 980 | 2020 | 2090 | 3140 | 2970 |
| | | | | 通用值 | | 1220 | 2160 | 2440 | 3490 | 3490 |
| | | | 75% | 先进值 | 管灌 | 1400 | 2440 | 2440 | 3490 | 3490 |
| | | | | | 喷灌 | 1330 | 2090 | 2270 | 3310 | 3140 |
| | | | | 通用值 | | 1570 | 2790 | 2790 | 3660 | 3660 |
| | | | 85% | 先进值 | 喷灌 | 1800 | 2160 | 2450 | 3500 | 3330 |
| | | | | | 滴灌 | 1260 | 1580 | 2200 | 3150 | 2980 |
| | | | | | 浅埋滴灌 | 1510 | 1840 | 2340 | 3410 | 3230 |
| | | 油用菜籽 | 50% | 先进值 | 管灌 | 1330 | 1600 | 1780 | 2040 | 1880 |
| | | | | | 喷灌 | 1210 | 1450 | 1610 | 1850 | 1710 |
| | | | | 通用值 | | 1480 | 1770 | 1970 | 2270 | 2090 |
| | | | 75% | 先进值 | 管灌 | 1730 | 2080 | 2310 | 2650 | 2440 |
| | | | | | 喷灌 | 1570 | 1880 | 2090 | 2400 | 2220 |
| | | | | 通用值 | | 1920 | 2300 | 2560 | 2940 | 2710 |
| | | | 85% | 先进值 | 喷灌 | 1660 | 1990 | 2220 | 2550 | 2350 |
| | | | | | 滴灌 | 1510 | 1810 | 2010 | 2320 | 2130 |
| | | 胡麻 | 50% | 先进值 | 管灌 | 1250 | 1500 | 1660 | 1910 | 1760 |
| | | | | | 喷灌 | 1140 | 1370 | 1520 | 1750 | 1620 |
| | | | | 通用值 | | 1410 | 1690 | 1880 | 2160 | 1990 |
| | | | 75% | 先进值 | 管灌 | 1620 | 1940 | 2160 | 2480 | 2290 |
| | | | | | 喷灌 | 1490 | 1780 | 1980 | 2280 | 2100 |
| | | | | 通用值 | | 1830 | 2200 | 2440 | 2810 | 2590 |
| | | | 85% | 先进值 | 喷灌 | 1570 | 1890 | 2100 | 2410 | 2220 |
| | | | | | 滴灌 | 1430 | 1720 | 1910 | 2190 | 2020 |
| A0133 | 糖料种植 | 甜菜 | 50% | 先进值 | 管灌 | 1920 | 2300 | 2560 | 2940 | 2710 |
| | | | | | 喷灌 | 1740 | 2090 | 2330 | 2670 | 2460 |
| | | | | 通用值 | | 2150 | 2580 | 2860 | 3290 | 3040 |
| | | | 75% | 先进值 | 管灌 | 2490 | 2990 | 3320 | 3820 | 3520 |
| | | | | | 喷灌 | 2270 | 2720 | 3020 | 3470 | 3200 |
| | | | | 通用值 | | 2790 | 3350 | 3720 | 4280 | 3940 |
| | | | 85% | 先进值 | 喷灌 | 2400 | 2880 | 3200 | 3680 | 3390 |
| | | | | | 滴灌 | 2180 | 2620 | 2910 | 3350 | 3080 |

## 蔬菜灌溉定额

表6 单位：立方米/公顷

| 行业代码 | 作物类别 | 作物名称 | 灌溉保证率 | 灌溉方式 | | 露地 | 保护地 |
|---|---|---|---|---|---|---|---|
| A0141 | 蔬菜种植 | 黄瓜 | 50% | 先进值 | 防渗渠灌 | 3810 | 3550 |
| | | | | | 管灌 | 3330 | 3110 |
| | | | | | 滴灌 | 3140 | 2920 |
| | | | | 通用值 | | 4710 | 4390 |
| | | | 75% | 先进值 | 防渗渠灌 | 3870 | 4610 |
| | | | | | 管灌 | 3390 | 4040 |
| | | | | | 滴灌 | 3200 | 3800 |
| | | | | 通用值 | | 4790 | 5700 |
| | | 西红柿 | 50% | 先进值 | 防渗渠灌 | 2430 | 2890 |
| | | | | | 管灌 | 2130 | 2520 |
| | | | | | 滴灌 | 2010 | 2380 |
| | | | | 通用值 | | 3020 | 3570 |
| | | | 75% | 先进值 | 防渗渠灌 | 2960 | 3750 |
| | | | | | 管灌 | 2580 | 3270 |
| | | | | | 滴灌 | 2430 | 3090 |
| | | | | 通用值 | | 3650 | 4640 |
| | | 大白菜 | 50% | 先进值 | 防渗渠灌 | 3620 | — |
| | | | | | 管灌 | 3170 | — |
| | | | | | 滴灌 | 2990 | — |
| | | | | 通用值 | | 4470 | — |
| | | | 75% | 先进值 | 防渗渠灌 | 3960 | — |
| | | | | | 管灌 | 3470 | — |
| | | | | | 滴灌 | 3260 | — |
| | | | | 通用值 | | 4890 | — |
| | | 加工番茄 | 50% | 先进值 | 防渗渠灌 | 1830 | 1670 |
| | | | | | 管灌 | 1650 | 1510 |
| | | | | | 滴灌 | 1600 | 1540 |
| | | | | 通用值 | | 2620 | 2390 |
| | | | 75% | 先进值 | 防渗渠灌 | 2380 | 2170 |
| | | | | | 管灌 | 2140 | 1950 |
| | | | | | 滴灌 | 2080 | 2000 |
| | | | | 通用值 | | 3400 | 3100 |
| | | 茄子 | 50% | 先进值 | 防渗渠灌 | 2690 | 2440 |
| | | | | | 管灌 | 2420 | 2200 |
| | | | | | 滴灌 | 2350 | 1670 |
| | | | | 通用值 | | 3840 | 3490 |

续表6

| 行业代码 | 作物类别 | 作物名称 | 灌溉保证率 | 灌溉方式 | | 露地 | 保护地 |
|---|---|---|---|---|---|---|---|
| A0141 | 蔬菜种植 | 茄子 | 75% | 先进值 | 防渗渠灌 | 3490 | 3170 |
| | | | | | 管灌 | 3140 | 2860 |
| | | | | | 滴灌 | 3050 | 2170 |
| | | | | 通用值 | | 4990 | 4530 |
| | | 青椒 | 50% | 先进值 | 防渗渠灌 | 2590 | 2360 |
| | | | | | 管灌 | 2340 | 2120 |
| | | | | | 滴灌 | 2270 | 2180 |
| | | | | 通用值 | | 3710 | 3370 |
| | | | 75% | 先进值 | 防渗渠灌 | 3370 | 3060 |
| | | | | | 管灌 | 3040 | 2760 |
| | | | | | 滴灌 | 2940 | 2830 |
| | | | | 通用值 | | 4810 | 4370 |
| | | 红干椒 | 50% | 先进值 | 防渗渠灌 | 2770 | 2480 |
| | | | | | 管灌 | 2500 | 2230 |
| | | | | | 滴灌 | 2420 | 2230 |
| | | | | 通用值 | | 3960 | 3540 |
| | | | 75% | 先进值 | 防渗渠灌 | 3600 | 3220 |
| | | | | | 管灌 | 3240 | 2900 |
| | | | | | 滴灌 | 3150 | 2890 |
| | | | | 通用值 | | 5140 | 4600 |
| | | 油菜 | 50% | 先进值 | 防渗渠灌 | 1660 | 1460 |
| | | | | | 管灌 | 1490 | 1310 |
| | | | | | 滴灌 | 1450 | 690 |
| | | | | 通用值 | | 2370 | 2080 |
| | | | 75% | 先进值 | 防渗渠灌 | 2150 | 1890 |
| | | | | | 管灌 | 1940 | 1700 |
| | | | | | 滴灌 | 1880 | 890 |
| | | | | 通用值 | | 3070 | 2700 |
| | | 菠菜 | 50% | 先进值 | 防渗渠灌 | 2590 | 2310 |
| | | | | | 管灌 | 2340 | 2080 |
| | | | | | 滴灌 | 2270 | 1540 |
| | | | | 通用值 | | 3710 | 3300 |
| | | | 75% | 先进值 | 防渗渠灌 | 3370 | 3000 |
| | | | | | 管灌 | 3040 | 2700 |
| | | | | | 滴灌 | 2940 | 2000 |
| | | | | 通用值 | | 4810 | 4290 |

续表6

| 行业代码 | 作物类别 | 作物名称 | 灌溉保证率 | 灌溉方式 | | 露地 | 保护地 |
|---|---|---|---|---|---|---|---|
| A0141 | 蔬菜种植 | 韭菜 | 50% | 先进值 | 防渗渠灌 | 1700 | 1490 |
| A0141 | 蔬菜种植 | 韭菜 | 50% | 先进值 | 管灌 | 1530 | 1350 |
| A0141 | 蔬菜种植 | 韭菜 | 50% | 先进值 | 滴灌 | 1490 | 900 |
| A0141 | 蔬菜种植 | 韭菜 | 50% | 通用值 | | 2430 | 2130 |
| A0141 | 蔬菜种植 | 韭菜 | 75% | 先进值 | 防渗渠灌 | 2210 | 1940 |
| A0141 | 蔬菜种植 | 韭菜 | 75% | 先进值 | 管灌 | 1990 | 1750 |
| A0141 | 蔬菜种植 | 韭菜 | 75% | 先进值 | 滴灌 | 1930 | 1170 |
| A0141 | 蔬菜种植 | 韭菜 | 75% | 通用值 | | 3160 | 2770 |
| A0141 | 蔬菜种植 | 大葱 | 50% | 先进值 | 防渗渠灌 | 1700 | 1490 |
| A0141 | 蔬菜种植 | 大葱 | 50% | 先进值 | 管灌 | 1530 | 1350 |
| A0141 | 蔬菜种植 | 大葱 | 50% | 先进值 | 滴灌 | 1490 | 850 |
| A0141 | 蔬菜种植 | 大葱 | 50% | 通用值 | | 2430 | 2130 |
| A0141 | 蔬菜种植 | 大葱 | 75% | 先进值 | 防渗渠灌 | 2210 | 1940 |
| A0141 | 蔬菜种植 | 大葱 | 75% | 先进值 | 管灌 | 1990 | 1750 |
| A0141 | 蔬菜种植 | 大葱 | 75% | 先进值 | 滴灌 | 1930 | 1110 |
| A0141 | 蔬菜种植 | 大葱 | 75% | 通用值 | | 3160 | 2770 |
| A0141 | 蔬菜种植 | 胡萝卜 | 50% | 先进值 | 防渗渠灌 | 1430 | 1290 |
| A0141 | 蔬菜种植 | 胡萝卜 | 50% | 先进值 | 管灌 | 1290 | 1160 |
| A0141 | 蔬菜种植 | 胡萝卜 | 50% | 先进值 | 滴灌 | 1250 | 820 |
| A0141 | 蔬菜种植 | 胡萝卜 | 50% | 通用值 | | 2050 | 1840 |
| A0141 | 蔬菜种植 | 胡萝卜 | 75% | 先进值 | 防渗渠灌 | 1860 | 1670 |
| A0141 | 蔬菜种植 | 胡萝卜 | 75% | 先进值 | 管灌 | 1680 | 1500 |
| A0141 | 蔬菜种植 | 胡萝卜 | 75% | 先进值 | 滴灌 | 1630 | 1060 |
| A0141 | 蔬菜种植 | 胡萝卜 | 75% | 通用值 | | 2660 | 2390 |
| A0141 | 蔬菜种植 | 青萝卜 | 50% | 先进值 | 防渗渠灌 | 1390 | 1240 |
| A0141 | 蔬菜种植 | 青萝卜 | 50% | 先进值 | 管灌 | 1250 | 1120 |
| A0141 | 蔬菜种植 | 青萝卜 | 50% | 先进值 | 滴灌 | 1210 | 770 |
| A0141 | 蔬菜种植 | 青萝卜 | 50% | 通用值 | | 1980 | 1770 |
| A0141 | 蔬菜种植 | 青萝卜 | 75% | 先进值 | 防渗渠灌 | 1800 | 1610 |
| A0141 | 蔬菜种植 | 青萝卜 | 75% | 先进值 | 管灌 | 1620 | 1450 |
| A0141 | 蔬菜种植 | 青萝卜 | 75% | 先进值 | 滴灌 | 1570 | 1000 |
| A0141 | 蔬菜种植 | 青萝卜 | 75% | 通用值 | | 2570 | 2300 |
| A0141 | 蔬菜种植 | 芹菜 | 50% | 先进值 | 防渗渠灌 | 2770 | 2440 |
| A0141 | 蔬菜种植 | 芹菜 | 50% | 先进值 | 管灌 | 2500 | 2200 |
| A0141 | 蔬菜种植 | 芹菜 | 50% | 先进值 | 滴灌 | 2420 | 1620 |
| A0141 | 蔬菜种植 | 芹菜 | 50% | 通用值 | | 3960 | 3490 |

续表6

| 行业代码 | 作物类别 | 作物名称 | 灌溉保证率 | 灌溉方式 | | 露地 | 保护地 |
|---|---|---|---|---|---|---|---|
| A0141 | 蔬菜种植 | 芹菜 | 75% | 先进值 | 渠灌 | 3600 | 3170 |
| | | | | | 管灌 | 3240 | 2860 |
| | | | | | 滴灌 | 3150 | 2110 |
| | | | | 通用值 | | 5140 | 4530 |

## 果树灌溉定额

表7　　单位：立方米/公顷

| 行业代码 | 作物类别 | 种类 | 灌溉保证率 | 先进值 | | 通用值 |
|---|---|---|---|---|---|---|
| | | | | 滴灌 | 管灌 | 畦灌 |
| A0151 | 仁果类和核果类水果种植 | 苹果、梨 | 50% | 3140 | 3660 | 4190 |
| | | | 75% | 3840 | 4190 | 4710 |
| A0152 | 葡萄种植 | 葡萄 | 50% | 1740 | 4190 | 2090 |
| | | | 75% | 2510 | 4880 | 2620 |

## 牧草地灌溉分区表

表8

| 分区名 | 分区包括旗县市 |
|---|---|
| 草甸草原 | 陈巴尔虎旗、阿荣旗、扎兰屯市、莫力达瓦达斡尔族自治旗、鄂伦春自治旗、扎赉特旗、克什克腾旗，以及科尔沁右翼前旗北部、东乌珠穆沁旗和西乌珠穆沁旗东部 |
| 典型草原 | 新巴尔虎左旗、陈巴尔虎旗、鄂温克族自治旗、科尔沁右翼中旗、科尔沁左翼中旗、科尔沁左翼后旗、开鲁县、奈曼旗、库伦旗、巴林左旗、巴林右旗、阿鲁科尔沁旗、翁牛特旗、敖汉旗、林西县、阿巴嘎旗、锡林浩特市、正蓝旗、正镶白旗、镶黄旗、太仆寺旗、察哈尔右翼前旗、准格尔旗、伊金霍洛旗、乌审旗，以及东乌珠穆沁旗和西乌珠穆沁旗西部、科尔沁右翼前旗南部草原区 |
| 荒漠草原 | 新巴尔虎右旗、苏尼特左旗、苏尼特右旗、察哈尔右翼中旗、达拉特旗、东胜区、鄂托克前旗 |
| 草原化荒漠 | 四子王旗、达尔罕茂明安联合旗、乌拉特中旗、乌拉特前旗、鄂托克旗、杭锦旗 |
| 荒漠 | 额济纳旗、阿拉善左旗、阿拉善右旗、乌拉特后旗、磴口县 |

## 饲草料作物灌溉定额

表9 单位：立方米/公顷

| 行业代码 | 饲草料作物种类 | 适应地区 | 灌溉保证率 | 先进值 | | 通用值 |
|---|---|---|---|---|---|---|
| | | | | 喷灌 | 滴灌 | |
| A0190 | 多年生禾本科牧草 | 草甸草原 | 50% | 1740 | 1310 | 3490 |
| | | | 75% | 2440 | 1830 | 3920 |
| | | | 85% | 2850 | 2280 | — |
| | | 典型草原 | 50% | 3050 | 2090 | 4360 |
| | | | 75% | 3920 | 2790 | 5230 |
| | | | 85% | 4400 | 3580 | — |
| | | 荒漠草原 | 50% | 3660 | 2790 | 4880 |
| | | | 75% | 4710 | 3490 | 5760 |
| | | | 85% | 4880 | 3580 | — |
| | 多年生豆科牧草 | 草甸草原 | 50% | 1740 | 1310 | 2620 |
| | | | 75% | 2090 | 1570 | 3490 |
| | | | 85% | 2440 | 1950 | — |
| | | 典型草原 | 50% | 2180 | 1570 | 2790 |
| | | | 75% | 2620 | 2090 | 3490 |
| | | | 85% | 3420 | 3660 | — |
| | | 荒漠草原 | 50% | 3140 | 2440 | 4360 |
| | | | 75% | 4190 | 3490 | 5230 |
| | | | 85% | 4560 | 3580 | — |
| | 一年生禾本科牧草 | 草甸草原 | 50% | 1740 | 1310 | 2350 |
| | | | 75% | 2090 | 1570 | 3140 |
| | | | 85% | 2440 | 1950 | — |
| | | 典型草原 | 50% | 2180 | 1740 | 3840 |
| | | | 75% | 3050 | 2440 | 4710 |
| | | | 85% | 3420 | 2600 | — |
| | | 荒漠草原 | 50% | 2620 | 2090 | 3490 |
| | | | 75% | 4190 | 3140 | 4360 |
| | | | 85% | 4400 | 3260 | — |
| | 青贮玉米 | 草甸草原 | 50% | 1570 | 1400 | 3140 |
| | | | 75% | 2620 | 2090 | 3920 |
| | | | 85% | 2930 | 2280 | — |
| | | 典型草原 | 50% | 3140 | 2620 | 3920 |
| | | | 75% | 4190 | 3490 | 4710 |
| | | | 85% | 4400 | 3260 | — |
| | | 荒漠草原 | 50% | 4190 | 3140 | 4800 |
| | | | 75% | 4710 | 4190 | 5230 |
| | | | 85% | 4880 | 4400 | — |

注：草原化荒漠和荒漠两大分区饲草料作物灌溉定额以荒漠草原为基础取调整系数1.1～1.2。

## 林业灌溉定额

表10　　单位：立方米/公顷

| 行业代码 | 行业类别 | 林业种类 | 灌溉保证率 | 先进值 | | 通用值 |
|---|---|---|---|---|---|---|
| | | | | 管灌 | 滴灌 | |
| A0212 | 林木育苗 | 苗圃 | 50% | 2620 | 2270 | 2970 |
| | | | 75% | 3140 | 2790 | 3660 |
| A0220 | 造林和更新 | 速生林 | 50% | 1400 | 1220 | 1570 |
| | | | 75% | 2090 | 1920 | 2440 |

## 牲畜饮用水定额

表11

| 行业代码 | 行业类别 | | 产品名称 | 定额单位 | 定额值 |
|---|---|---|---|---|---|
| A0311 | 牛的饲养 | 肉牛 | 工厂集约化养殖 | L/头·d | 60 |
| | | | 家庭饲养放牧 | L/头·d | 50 |
| | | 奶牛 | 工厂集约化养殖 | L/头·d | 120 |
| | | | 家庭饲养放牧 | L/头·d | 100 |
| A0312 | 马的饲养 | | 工厂集约化养殖 | L/匹·d | 50 |
| | | | 家庭饲养放牧 | L/匹·d | 40 |
| A0313 | 猪的饲养 | | 工厂集约化养殖 | L/头·d | 50 |
| | | | 家庭饲养放牧 | L/头·d | 40 |
| A0314 | 羊的饲养 | | 工厂集约化养殖 | L/只·d | 10 |
| | | | 家庭饲养放牧 | L/只·d | 8 |
| A0315 | 骆驼饲养 | | 工厂集约化养殖 | L/峰·d | 50 |
| | | | 家庭饲养放牧 | L/峰·d | 30 |
| A0319 | 其他牲畜饲养 | | 工厂集约化养殖（狗） | L/只·d | 6 |
| | | | 家庭饲养放牧（狗） | L/只·d | 5 |
| A0321 | 鸡的饲养 | | 工厂集约化养殖 | L/只·d | 1 |
| | | | 家庭饲养放牧 | L/只·d | 0.6 |
| A0322 | 鸭的饲养 | | 工厂集约化养殖 | L/只·d | 5 |
| | | | 家庭饲养放牧 | L/只·d | 4 |
| A0323 | 鹅的饲养 | | 工厂集约化养殖 | L/只·d | 8 |
| | | | 家庭饲养放牧 | L/只·d | 7 |

## 渔业用水定额

表12

| 行业代码 | 行业类别 | 名称 | 定额单位 | 定额值 | 说明 |
|---|---|---|---|---|---|
| A0412 | 内陆养殖 | 鱼 | $m^3$/公顷 | 9000 | 按鱼塘水面补水 |

## 工业用水定额

表13

| 行业代码 | 行业类别 | 产品名称 | 定额单位 | 定额值 | 等级 | 备注 |
|---|---|---|---|---|---|---|
| B0610 | 烟煤和无烟煤的开采洗选 | 原煤 | $m^3/t$ | 0.1 | 领跑 | 井工煤矿 |
| | | | | 0.15 | 先进 | |
| | | | | 0.18 | 通用 | |
| | | | $m^3/t$ | 0.1 | 领跑 | 露天煤矿 |
| | | | | 0.16 | 先进 | |
| | | | | 0.2 | 通用 | |
| | | 动力煤洗选 | $m^3/t$ | 0.03 | 领跑 | |
| | | | $m^3/t$ | 0.06 | 先进 | |
| | | | $m^3/t$ | 0.09 | 通用 | |
| | | 炼焦煤洗选 | $m^3/t$ | 0.06 | 领跑 | |
| | | | $m^3/t$ | 0.08 | 先进 | |
| | | | $m^3/t$ | 0.1 | 通用 | |
| B0620 | 褐煤的开采洗选 | 原煤 | $m^3/t$ | 0.08 | 领跑 | 井工煤矿 |
| | | | | 0.13 | 先进 | |
| | | | | 0.15 | 通用 | |
| | | | $m^3/t$ | 0.09 | 领跑 | 露天煤矿 |
| | | | | 0.14 | 先进 | |
| | | | | 0.18 | 通用 | |
| B0711 | 陆地石油开采 | 原油 | $m^3/t$ | 5 | | |
| B0721 | 陆地天然气开采 | 天然气 | $m^3/t$ | 0.2 | | |
| B0810 | 铁矿采选 | 铁矿开采 | $m^3/t$ | 0.7 | | |
| | | 磁铁矿 | $m^3/t$ | 0.55 | 领跑 | |
| | | | | 0.65 | 先进 | |
| | | | | 0.75 | 通用 | |
| | | 赤铁矿 | $m^3/t$ | 0.6 | 领跑 | |
| | | | | 0.7 | 先进 | |
| | | | | 0.8 | 通用 | |
| | | 混合矿 | $m^3/t$ | 0.6 | 领跑 | |
| | | | | 0.7 | 先进 | |
| | | | | 0.8 | 通用 | |
| B0820 | 锰矿、铬矿采选 | 锰矿 | $m^3/t$ | 2.8 | | |
| B0911 | 铜矿采选 | 铜矿石 | $m^3/t$ | 1 | | 坑采 |
| | | 铜精矿 | $m^3/t$ | 3.5 | | 浮选 |
| B0912 | 铅锌矿采选 | 铅锌矿选矿 | $m^3/t$原矿 | 1.5 | | |
| B0913 | 镍钴矿采选 | 镍矿采选 | $m^3/t$原矿 | 2.4 | | |
| B0916 | 铝矿采选 | 铝矿采选 | $m^3/t$原矿 | 0.1 | | |
| | | 堆积型铝土矿 | $m^3/t$ | 2 | 领跑 | |
| | | | | 2.5 | 先进 | |
| | | | | 3 | 通用 | |

续表13

| 行业代码 | 行业类别 | 产品名称 | 定额单位 | 定额值 | 等级 | 备注 |
|---|---|---|---|---|---|---|
| B0921 | 金矿采选 | 黄金采矿 | $m^3$/t金矿石 | 0.08 | 领跑 | 露天开采 |
| | | | | 0.2 | 先进 | |
| | | | | 0.3 | 通用 | |
| | | | $m^3$/t金矿石 | 0.4 | 领跑 | 地下开采 |
| | | | | 0.7 | 先进 | |
| | | | | 1 | 通用 | |
| | | 黄金选冶 | $m^3$/t原矿 | 0.3 | 领跑 | 浮选 |
| | | | | 0.7 | 先进 | |
| | | | | 1 | 通用 | |
| | | | $m^3$/t原矿 | 0.35 | 领跑 | 原矿全泥氰化 |
| | | | | 0.45 | 先进 | |
| | | | | 0.55 | 通用 | |
| | | | $m^3$/t原矿 | 0.08 | 领跑 | 氰化堆浸 |
| | | | | 0.1 | 先进 | |
| | | | | 0.12 | 通用 | |
| | | | $m^3$/t金精矿 | 0.35 | 领跑 | 金精矿氰化 |
| | | | | 0.45 | 先进 | |
| | | | | 0.55 | 通用 | |
| | | | $m^3$/t金精矿 | 0.1 | 领跑 | 金精矿焙烧 |
| | | | | 0.15 | 先进 | |
| | | | | 0.25 | 通用 | |
| B0931 | 钨钼矿采选 | 钼精砂 | $m^3$/t | 200 | | |
| | | 钨精矿 | $m^3$/t | 60 | | |
| B0932 | 稀土金属矿采选 | 稀土精矿 | $m^3$/t矿石 | 1.5 | | |
| B1019 | 黏土及其他土砂石开采 | 采砂 | $m^3$/t | 1 | | |
| | | 采石 | $m^3$/t | 0.3 | | |
| B1020 | 化学矿开采 | 天然碱 | $m^3$/t | 5.1 | | |
| | | 芒硝 | $m^3$/t | 5.6 | | |
| | | 明矾 | $m^3$/t | 5 | | |
| | | 砷 | $m^3$/t | 8 | | |
| | | 石灰矿 | $m^3$/t | 0.45 | | |
| | | 石英砂 | $m^3$/t | 6.75 | | |
| | | 萤石精矿 | $m^3$/t | 0.5 | | 尾矿干排 |
| C1311 | 稻谷加工 | 大米 | $m^3$/t | 0.12 | | |
| C1312 | 小麦加工 | 面粉 | $m^3$/t | 0.6 | | 干式加工 |
| | | | $m^3$/t | 0.9 | | 湿式加工 |
| C1313 | 玉米加工 | 玉米面 | $m^3$/t | 0.1 | | |
| C1329 | 其他饲料加工 | 饲料 | $m^3$/t | 0.4 | 先进 | |
| | | | | 0.5 | 通用 | |

续表13

| 行业代码 | 行业类别 | 产品名称 | 定额单位 | 定额值 | 等级 | 备注 |
|---|---|---|---|---|---|---|
| C1331 | 食用植物油加工 | 豆油 | $m^3/t$ | 2.5 | 领跑 | |
| | | | | 2.7 | 先进 | |
| | | | | 3 | 通用 | |
| | | 菜籽油 | $m^3/t$ | 2.5 | 领跑 | |
| | | | | 3 | 先进 | |
| | | | | 4 | 通用 | |
| C1340 | 制糖 | 甘蔗糖 | $m^3/t$ | 2 | 领跑 | |
| | | | | 8 | 先进 | |
| | | | | 16 | 通用 | |
| | | 甜菜糖 | $m^3/t$ | 5 | 领跑 | |
| | | | | 12 | 先进 | |
| | | | | 20 | 通用 | |
| | | 原糖炼糖 | $m^3/t$ | 0.5 | 领跑 | |
| | | | | 1.5 | 先进 | |
| | | | | 2.5 | 通用 | |
| C1351 | 牲畜屠宰 | 生猪 | $m^3$/头 | 0.25 | 先进 | |
| | | | | 0.35 | 通用 | |
| | | 牛 | $m^3$/头 | 0.85 | 先进 | |
| | | | | 1.15 | 通用 | |
| | | 羊 | $m^3$/只 | 0.18 | 先进 | |
| | | | | 0.25 | 通用 | |
| C1352 | 禽类屠宰 | 鸡 | $m^3$/只 | 0.01 | | |
| | | 鸭 | $m^3$/只 | 0.01 | | |
| C1353 | 肉制品及副产品加工 | 冷冻肉类 | $m^3/t$ | 20 | | |
| | | 风干肉制品 | $m^3/t$ | 4 | 先进 | |
| | | | | 6 | 通用 | |
| | | 酱卤肉制品 | $m^3/t$ | 8 | 先进 | |
| | | | | 11 | 通用 | |
| | | 油炸肉、熏烧焙烤肉制品 | $m^3/t$ | 6 | 先进 | |
| | | | | 8 | 通用 | |
| C1391 | 淀粉及淀粉制品制造 | 土豆淀粉 | $m^3/t$ | 4 | 领跑 | |
| | | | | 6 | 先进 | |
| | | | | 8 | 通用 | |
| | | 玉米淀粉 | $m^3/t$ | 2.25 | 领跑 | |
| | | | | 3 | 先进 | |
| | | | | 4 | 通用 | |
| | | 粉丝 | $m^3/t$ | 7 | | |
| | | 粉条 | $m^3/t$ | 7 | | |

续表13

| 行业代码 | 行业类别 | 产品名称 | 定额单位 | 定额值 | 等级 | 备注 |
|---|---|---|---|---|---|---|
| C1391 | 淀粉及淀粉制品制造 | 葡萄糖 | $m^3/t$ | 2.3 | 领跑 | 结晶葡萄糖 |
| | | | | 2.5 | 先进 | |
| | | | | 2.8 | 通用 | |
| | | | | 2.8 | 领跑 | 葡萄糖浆 |
| | | | | 4.5 | 先进 | |
| | | | | 5 | 通用 | |
| | | 麦芽糖 | $m^3/t$ | 7.5 | 领跑 | 结晶麦芽糖 |
| | | | | 8 | 先进 | |
| | | | | 10 | 通用 | |
| | | | | 2.5 | 领跑 | 麦芽糖浆 |
| | | | | 4.5 | 先进 | |
| | | | | 5 | 通用 | |
| | | 果糖 | $m^3/t$ | 3.5 | 领跑 | F55果葡糖浆 |
| | | | | 4.5 | 先进 | |
| | | | | 5 | 通用 | |
| | | | | 3 | 领跑 | F42果葡糖浆 |
| | | | | 3.8 | 先进 | |
| | | | | 4.2 | 通用 | |
| C1392 | 豆制品制造 | 豆腐 | $m^3/t$ | 6 | | |
| | | 豆腐皮 | $m^3/t$ | 5 | | |
| | | 腐乳 | $m^3/t$ | 18 | | |
| C1411 | 糕点、面包制造 | 糕点 | $m^3/t$ | 2.5 | 先进 | |
| | | | | 3 | 通用 | |
| | | 面包 | $m^3/t$ | 2.5 | 先进 | |
| | | | | 3 | 通用 | |
| C1419 | 饼干及其他焙烤食品制造 | 饼干 | $m^3/t$ | 2.5 | | |
| C1421 | 糖果、巧克力制造 | 水果糖 | $m^3/t$ | 2.8 | | |
| C1431 | 米、面制品制造 | 挂面 | $m^3/t$ | 1.8 | | |
| | | 快餐面 | $m^3/t$ | 0.6 | | |
| C1433 | 方便面制造 | 方便面 | $m^3/t$ | 1.2 | | |
| C1441 | 液体乳制造 | 灭菌乳 | $m^3/t$ | 2.4 | 领跑 | |
| | | | | 3 | 先进 | |
| | | | | 4.5 | 通用 | |
| | | 杀菌乳 | $m^3/t$ | 4 | 领跑 | |
| | | | | 5 | 先进 | |
| | | | | 6 | 通用 | |

续表13

| 行业代码 | 行业类别 | 产品名称 | 定额单位 | 定额值 | 等级 | 备注 |
|---|---|---|---|---|---|---|
| C1441 | 液体乳制造 | 发酵乳 | $m^3/t$ | 4.5 | 领跑 | |
| | | | | 6.5 | 先进 | |
| | | | | 9 | 通用 | |
| | | 调制乳 | $m^3/t$ | 4.5 | 领跑 | |
| | | | | 5.5 | 先进 | |
| | | | | 7 | 通用 | |
| C1442 | 乳粉制造 | 乳粉 | $m^3/t$ | 25 | 领跑 | 湿法生产 |
| | | | | 30 | 先进 | |
| | | | | 40 | 通用 | |
| C1449 | 其他乳制品制造 | 奶油 | $m^3/t$ | 35 | | |
| | | 奶酪 | $m^3/t$ | 12 | | |
| | | 炼乳 | $m^3/t$ | 4.5 | 领跑 | |
| | | | | 7 | 先进 | |
| | | | | 10 | 通用 | |
| | | 再制干酪 | $m^3/t$ | 11 | 领跑 | |
| | | | | 15 | 先进 | |
| | | | | 20 | 通用 | |
| C1451 | 肉、禽类罐头制造 | 肉类罐头 | $m^3/t$ | 16 | 领跑 | |
| | | | | 17 | 先进 | |
| | | | | 19 | 通用 | |
| C1452 | 水产品罐头制造 | 水产罐头 | $m^3/t$ | 15 | 领跑 | |
| | | | | 16 | 先进 | |
| | | | | 18 | 通用 | |
| C1453 | 蔬菜、水果罐头制造 | 水果罐头 | $m^3/t$ | 18 | 领跑 | |
| | | | | 20 | 先进 | |
| | | | | 22 | 通用 | |
| | | 番茄酱 | $m^3/t$ | 18 | | |
| C1461 | 味精制造 | 味精 | $m^3/t$ | 15 | 领跑 | |
| | | | | 20 | 先进 | |
| | | | | 25 | 通用 | |
| C1462 | 酱油、食醋及类似制品制造 | 酱油 | $m^3/t$ | 3.6 | | |
| | | 豆酱 | $m^3/t$ | 4.8 | | |
| | | 面酱 | $m^3/t$ | 4 | | |
| | | 食醋 | $m^3/t$ | 4.6 | | |
| C1469 | 其他调味品、发酵制品制造 | 柠檬酸 | $m^3/t$ | 18 | 领跑 | |
| | | | | 20 | 先进 | |
| | | | | 25 | 通用 | |
| | | 糖化酶 | $m^3/t$ | 34 | | |
| | | 淀粉酶 | $m^3/t$ | 32 | | |

续表13

| 行业代码 | 行业类别 | 产品名称 | 定额单位 | 定额值 | 等级 | 备注 |
| --- | --- | --- | --- | --- | --- | --- |
| C1469 | 其他调味品、发酵制品制造 | 酵母 | m³/t | 65 | 领跑 | |
| | | | | 70 | 先进 | |
| | | | | 85 | 通用 | |
| | | 酵母衍生制品 | m³/t | 90 | 领跑 | |
| | | | | 100 | 先进 | |
| | | | | 115 | 通用 | |
| | | 赖氨酸盐酸盐 | m³/t | 18 | 先进 | 原料为葡萄糖浆 |
| | | | | 19 | 通用 | |
| | | 赖氨酸硫酸盐 | m³/t | 13 | 先进 | 原料为葡萄糖浆 |
| | | | | 14 | 通用 | |
| C1493 | 冷冻饮品及食用冰制造 | 冰块 | m³/t | 1.6 | | |
| | | 雪糕 | m³/t | 7 | | |
| | | 冰淇淋 | m³/t | 9.5 | | |
| | | 冷饮 | m³/t | 6.5 | | |
| C1494 | 盐加工 | 食用盐 | m³/t | 4.5 | | |
| C1495 | 食品及饲料添加剂制造 | 黄原胶 | m³/t | 75 | | |
| | | 果胶 | m³/t | 180 | | |
| C1499 | 其他未列明食品制造 | 腌制小菜 | m³/t | 6.6 | | |
| C1511 | 酒精制造 | 无水乙醇 | m³/kL | 13 | 先进 | |
| | | | | 16 | 通用 | |
| | | 普通级食用酒精及工业酒精 | m³/kL | 13 | 先进 | |
| | | | | 16 | 通用 | |
| | | 优级食用酒精 | m³/kL | 13 | 先进 | |
| | | | | 18 | 通用 | |
| | | 特级食用酒精及中性酒精 | m³/kL | 13 | 先进 | |
| | | | | 20 | 通用 | |
| 注1：以薯类为原料时，定额调整系数为1.1；以糖蜜为原料时，定额调整系数为1.2。 | | | | | | |
| C1512 | 白酒制造 | 原酒 | m³/kL | 30 | 先进 | |
| | | | | 43 | 通用 | |
| | | 成品酒 | m³/kL | 5.5 | 先进 | |
| | | | m³/kL | 6 | 通用 | |
| C1513 | 啤酒制造 | 啤酒 | m³/kL | 3.5 | 先进 | |
| | | | | 5 | 通用 | |
| C1514 | 黄酒制造 | 黄酒 | m³/kL | 6 | 领跑 | 酿造 |
| | | | | 7 | 先进 | |
| | | | | 10 | 通用 | |

续表13

| 行业代码 | 行业类别 | 产品名称 | 定额单位 | 定额值 | 等级 | 备注 |
|---|---|---|---|---|---|---|
| C1514 | 黄酒制造 | 黄酒 | $m^3/kL$ | 4 | 领跑 | 灌装 |
| | | | | 5 | 先进 | |
| | | | | 6 | 通用 | |
| C1515 | 葡萄酒制造 | 葡萄酒 | $m^3/t$ | 6 | | |
| C1519 | 其他酒制造 | 果酒 | $m^3/t$ | 2.4 | | |
| C1521 | 碳酸饮料制造 | 碳酸饮料 | $m^3/t$ | 2 | 领跑 | |
| | | | | 2.8 | 先进 | |
| | | | | 3.6 | 通用 | |

注2：回收瓶装碳酸饮料制造定额调整系数为2.0。

| | | | | | | |
|---|---|---|---|---|---|---|
| C1522 | 瓶（罐）装饮用水制造 | 纯净水、矿物质水 | $m^3/t$ | 2 | 领跑 | |
| | | | | 2.5 | 先进 | |
| | | | | 3.4 | 通用 | |
| | | 矿泉水 | $m^3/t$ | 1.6 | 领跑 | |
| | | | | 1.8 | 先进 | |
| | | | | 2 | 通用 | |

注3：回收桶装水定额调整系数为1.1。

| | | | | | | |
|---|---|---|---|---|---|---|
| C1523 | 果菜汁及果菜汁饮料制造 | 果蔬汁 | $m^3/t$ | 2.5 | 领跑 | |
| | | | | 3 | 先进 | |
| | | | | 4.5 | 通用 | |
| | | 果蔬汁饮料 | $m^3/t$ | 2.5 | 领跑 | |
| | | | | 3 | 先进 | |
| | | | | 5 | 通用 | |
| | | 浓缩果蔬汁、果蔬原浆 | $m^3/t$ | 8 | 领跑 | |
| | | | | 10 | 先进 | |
| | | | | 15 | 通用 | |

注4：热灌装果蔬汁定额调整系数为1.2；PET瓶无菌灌装果蔬汁饮料定额调整系数为1.1；含果肉型果蔬汁产品定额调整系数为3；清汁型果蔬汁产品定额调整系数为2.5。

| | | | | | | |
|---|---|---|---|---|---|---|
| C1524 | 含乳饮料和植物蛋白饮料制造 | 乳饮料 | $m^3/t$ | 5 | 领跑 | |
| | | | | 6 | 先进 | |
| | | | | 7 | 通用 | |
| | | 植物蛋白饮料 | $m^3/t$ | 6 | 领跑 | |
| | | | | 8 | 先进 | |
| | | | | 9 | 通用 | |

注5：发酵型乳饮料定额调整系数为1.1；非加压杀菌酸性饮料定额调整系数为0.6。

| | | | | | | |
|---|---|---|---|---|---|---|
| C1529 | 茶饮料及其他饮料制造 | 茶饮料 | $m^3/t$ | 2.5 | 领跑 | |
| | | | | 3.5 | 先进 | |
| | | | | 5 | 通用 | |

续表13

| 行业代码 | 行业类别 | 产品名称 | 定额单位 | 定额值 | 等级 | 备注 |
| --- | --- | --- | --- | --- | --- | --- |
| C1529 | 茶饮料及其他饮料制造 | 咖啡饮料、植物饮料、奶茶饮料 | $m^3/t$ | 5 | 领跑 | |
| | | | | 6 | 先进 | |
| | | | | 8.5 | 通用 | |
| 注6：用萃取法制茶饮料定额调整系数为1.1；非加压杀菌酸性饮料定额调整系数为0.6。 | | | | | | |
| C1620 | 卷烟制造 | 卷烟 | $m^3$/万支 | 0.1 | 领跑 | 无集中供热 |
| | | | | 0.14 | 先进 | |
| | | | | 0.2 | 通用 | |
| | | | $m^3$/万支 | 0.06 | 领跑 | 有集中供热 |
| | | | | 0.08 | 先进 | |
| | | | | 0.12 | 通用 | |
| C1710 | 印染精加工 | 棉机织印染 | $m^3/100m$ | 1.6 | 先进 | 棉及棉混纺机织物 |
| | | | | 1.8 | 通用 | |
| | | | | 0.9 | 先进 | 化纤机织物 |
| | | | | 1.1 | 通用 | |
| | | 棉针织印染 | $m^3/t$ | 80 | 先进 | 棉及棉混纺纱线、针织物 |
| | | | | 90 | 通用 | |
| | | | | 65 | 先进 | 化纤纱、针织物 |
| | | | | 72 | 通用 | |
| C1711 | 棉纺纱加工 | 棉纱 | $m^3/t$ | 12 | | |
| | | 脱脂纱布 | $m^3/km$ | 4 | | |
| | | 脱脂棉 | $m^3/t$ | 74 | | |
| C1712 | 棉织造加工 | 棉线 | $m^3/t$ | 3 | | |
| | | 棉布 | $m^3/100m$ | 1.9 | | |
| C1721 | 毛条和毛纱线加工 | 洗净毛 | $m^3/t$（原毛） | 16 | 先进 | 原毛—洗净毛 |
| | | | | 18 | 通用 | |
| | | 炭化毛 | $m^3/t$ | 20 | 先进 | 洗净毛—炭化毛 |
| | | | | 22 | 通用 | |
| | | 色毛条 | $m^3/t$ | 100 | 先进 | 白毛条—色毛条 |
| | | | | 120 | 通用 | |
| | | 色毛及其他纤维 | $m^3/t$ | 80 | 先进 | 洗净毛—色毛 |
| | | | | 100 | 通用 | |
| | | 色纱 | $m^3/t$ | 100 | 先进 | 白纱—色纱 |
| | | | | 130 | 通用 | |
| C1722 | 毛织造加工 | 毛针织品 | $m^3/t$ | 60 | 先进 | 整理 |
| | | | | 70 | 通用 | |
| | | 精梳毛织物 | $m^3/100m$ | 16 | 先进 | 白毛条—精梳毛织物 |
| | | | | 18 | 通用 | |
| | | 粗梳毛织物 | $m^3/100m$ | 20 | 先进 | 洗净毛—粗梳毛织物 |
| | | | | 22 | 通用 | |

续表13

| 行业代码 | 行业类别 | 产品名称 | 定额单位 | 定额值 | 等级 | 备注 |
|---|---|---|---|---|---|---|
| C1722 | 毛织造加工 | 羊绒制品 | m³/t | 330 | 先进 | 原绒—羊绒制品 |
| | | | | 360 | 通用 | |

注7：精梳毛织物标准品重量为30.0kg/100m。精梳毛织物单位重量≤30kg/100m时，定额调整系数为1；30kg/100m＜精梳毛织物单位重量≤45kg/100m时，定额调整系数为1.05；精梳毛织物单位重量＞45kg/100m时，定额调整系数为1.1。

注8：粗梳毛织物标准品重量为60.0kg/100m。粗梳毛织物单位重量≤60kg/100m时，定额调整系数为1；60kg/100m＜粗梳毛织物单位重量≤75kg/100m时，定额调整系数为1.05；75kg/100m＜粗梳毛织物单位重量≤90kg/100m时，定额调整系数为1.1；粗梳毛织物单位重量＞90kg/100m时，定额调整系数为1.2。

| | | | | | | |
|---|---|---|---|---|---|---|
| C1731 | 麻纤维纺前加工和纺纱 | 麻纱 | m³/t | 200 | 领跑 | |
| | | | | 250 | 先进 | |
| | | | | 300 | 通用 | |
| C1732 | 麻织造加工 | 麻机织坯布 | m³/100m | 0.5 | 领跑 | |
| | | | | 0.6 | 先进 | |
| | | | | 0.8 | 通用 | |
| | | 麻机织物 | m³/100m | 1.5 | 领跑 | |
| | | | | 2 | 先进 | |
| | | | | 3 | 通用 | |
| C1742 | 绢纺和丝织加工 | 生丝 | m³/t | 240 | 领跑 | |
| | | | | 400 | 先进 | |
| | | | | 900 | 通用 | |
| | | 绢丝 | m³/t | 800 | 领跑 | |
| | | | | 1000 | 先进 | |
| | | | | 1400 | 通用 | |
| | | 坯绸 | m³/100m | 0.2 | 领跑 | |
| | | | | 0.25 | 先进 | |
| | | | | 0.3 | 通用 | |
| | | 色丝 | m³/t | 150 | 领跑 | |
| | | | | 220 | 先进 | |
| | | | | 300 | 通用 | |
| | | 真丝绸针织物 | m³/t | 100 | 领跑 | |
| | | | | 150 | 先进 | |
| | | | | 300 | 通用 | |
| | | 真丝绸机织物 | m³/100m | 2.5 | 领跑 | |
| | | | | 3 | 先进 | |
| | | | | 4.5 | 通用 | |
| C1751 | 化纤织造加工 | 涤纶布 | m³/km | 20 | | |
| C1761 | 针织或钩针编织物织造 | 针织内衣 | m³/千件 | 8.8 | | |

续表13

| 行业代码 | 行业类别 | 产品名称 | 定额单位 | 定额值 | 等级 | 备注 |
|---|---|---|---|---|---|---|
| C1763 | 针织或钩针编织品制造 | 针织布 | $m^3/t$ | 120 | | |
| C1772 | 毛巾类制品制造 | 毛巾 | $m^3$/千条 | 4.8 | | |
| C1779 | 其他家用纺织制成品制造 | 毛毯 | $m^3$/千条 | 10 | | |
| C1811 | 运动机织服装制造 | 运动衣 | $m^3$/百套 | 3 | | |
| C1819 | 其他机织服装制造 | 西装 | $m^3$/百套 | 3 | 先进 | |
| | | | | 4 | 通用 | |
| | | 夹克衫 | $m^3$/百件 | 2 | | |
| C1830 | 服饰制造 | 棉袜 | $m^3$/千双 | 0.6 | | |
| | | 尼龙袜 | $m^3$/千双 | 0.5 | | |
| | | 布、呢帽 | $m^3$/万顶 | 5 | | |
| C1910 | 皮革鞣制加工 | 合成革 | $m^3/t$ | 4 | | 干法 |
| | | | $m^3/t$ | 9 | | 湿法 |
| | | 牛皮革 | $m^3/t$生皮 | 48 | 先进 | 生皮至成品革 |
| | | | | 60 | 通用 | |
| | | | $m^3/t$生皮 | 32 | 先进 | 生皮至蓝湿革 |
| | | | | 42 | 通用 | |
| | | | $m^3/t$蓝湿革 | 27 | 先进 | 蓝湿革至成品革 |
| | | | | 30 | 通用 | |
| | | 羊皮革 | $m^3/t$生皮 | 52 | 先进 | 生皮至成品革 |
| | | | | 65 | 通用 | |
| | | | $m^3/t$生皮 | 36 | 先进 | 生皮至蓝湿革 |
| | | | | 47 | 通用 | |
| | | | $m^3/t$蓝湿革 | 58 | 先进 | 蓝湿革至成品革 |
| | | | | 65 | 通用 | |
| | | 猪皮革 | $m^3/t$生皮 | 52 | 先进 | 生皮至成品革 |
| | | | | 65 | 通用 | |
| | | | $m^3/t$生皮 | 36 | 先进 | 生皮至蓝湿革 |
| | | | | 47 | 通用 | |
| | | | $m^3/t$蓝湿革 | 32 | 先进 | 蓝湿革至成品革 |
| | | | | 35 | 通用 | |
| C1931 | 毛皮鞣制加工 | 成品毛皮 | L/标准张 | 305 | 领跑 | 原料为生皮 |
| | | | | 320 | 先进 | |
| | | | | 380 | 通用 | |
| | | | | 125 | 领跑 | 原料为已鞣毛皮 |
| | | | | 130 | 先进 | |
| | | | | 155 | 通用 | |

续表13

| 行业代码 | 行业类别 | 产品名称 | 定额单位 | 定额值 | 等级 | 备注 |
|---|---|---|---|---|---|---|
| C1931 | 毛皮鞣制加工 | 已鞣毛皮 | L/标准张 | 180 | 领跑 | 原料为生皮 |
| | | | | 190 | 先进 | |
| | | | | 225 | 通用 | |
| 注9：其他常见毛皮与标准张绵羊皮用水量调整系数按水利部《工业用水定额：毛皮》表2的折算系数进行折算。 | | | | | | |
| C1951 | 纺织面料鞋制造 | 布胶鞋 | $m^3$/万双 | 6.5 | | |
| C1952 | 皮鞋制造 | 牛皮 | $m^3$/百双 | 8 | | |
| | | 猪皮 | $m^3$/百双 | 5 | | |
| C1954 | 橡胶鞋制造 | 胶鞋 | $m^3$/万双 | 65 | | |
| | | 胶靴 | $m^3$/万双 | 70 | | |
| C2011 | 锯材加工 | 板材 | $m^3/m^3$ | 0.02 | | |
| C2021 | 胶合板制造 | 胶合板 | $m^3/m^3$ | 2.5 | 先进 | |
| | | | | 3 | 通用 | |
| C2022 | 纤维板制造 | 中密度纤维板 | $m^3/m^3$ | 1 | | |
| C2023 | 刨花板制造 | 刨花板 | $m^3/m^3$ | 1.1 | | |
| C2029 | 其他人造板材制造 | 细木工板 | $m^3/m^3$ | 1.6 | | |
| C2110 | 木质家具制造 | 木质家具 | $m^3$/件 | 0.2 | | |
| C2130 | 金属家具制造 | 全钢家具 | $m^3$/件 | 0.8 | | |
| C2211 | 木竹浆制造 | 漂白化学木浆 | $m^3$/Adt | 60 | 先进 | |
| | | | | 75 | 通用 | |
| | | 漂白化学竹浆 | $m^3$/Adt | 65 | 先进 | |
| | | | | 85 | 通用 | |
| 注10：生产溶解级木竹浆时，允许在本定额的基础上增加10$m^3$/t；生产本色化学浆时，需要在本定额的基础上减少10$m^3$/t。 | | | | | | |
| C2212 | 非木竹浆制造 | 漂白化学非木浆 | $m^3$/Adt | 90 | 先进 | |
| | | | | 110 | 通用 | |
| | | 脱墨废纸浆 | $m^3$/Adt | 20 | 先进 | |
| | | | | 25 | 通用 | |
| | | 未脱墨废纸浆 | $m^3$/Adt | 15 | 先进 | |
| | | | | 20 | 通用 | |
| | | 化学机械木浆 | $m^3$/Adt | 25 | 先进 | |
| | | | | 30 | 通用 | |
| 注11：经抄浆机生产浆板时，允许在本定额的基础上增加10$m^3$/t；生产漂白脱墨废纸浆时，允许在本定额的基础上增加10$m^3$/t。 | | | | | | |
| C2221 | 机制纸及纸板制造 | 新闻纸 | $m^3$/t | 15 | 先进 | |
| | | | | 16 | 通用 | |
| | | 印刷书写纸 | $m^3$/t | 24 | 先进 | |
| | | | | 32 | 通用 | |
| | | 生活用纸 | $m^3$/t | 25 | 先进 | |
| | | | | 30 | 通用 | |

续表13

| 行业代码 | 行业类别 | 产品名称 | 定额单位 | 定额值 | 等级 | 备注 |
|---|---|---|---|---|---|---|
| C2221 | 机制纸及纸板制造 | 包装用纸 | $m^3/t$ | 20 | 先进 | |
| | | | | 25 | 通用 | |
| | | 白纸板 | $m^3/t$ | 24 | 先进 | |
| | | | | 30 | 通用 | |
| | | 箱纸板 | $m^3/t$ | 18 | 先进 | |
| | | | | 24 | 通用 | |
| | | 瓦楞原纸 | $m^3/t$ | 15 | 先进 | |
| | | | | 22 | 通用 | |
| 注12：生产涂布类纸及纸板时，允许在本定额的基础上增加 $10m^3/t$。 | | | | | | |
| C2311 | 书、报刊印刷 | 书报 | $m^3$/万元 | 4.8 | | |
| C2437 | 地毯、挂毯制造 | 地毯 | $m^3$/万 $m^2$ | 160 | | 原料为毛纱 |
| C2511 | 原油加工及石油制品制造 | 煤制油 | $m^3/t$ | 6.2 | 领跑 | 直接液化 |
| | | | | 6.5 | 先进 | |
| | | | | 7.5 | 通用 | |
| | | | | 6 | 领跑 | 间接液化 |
| | | | | 7 | 先进 | |
| | | | | 10 | 通用 | |
| | | 原（料）油 | $m^3/t$ | 0.31 | 领跑 | |
| | | | | 0.41 | 先进 | |
| | | | | 0.56 | 通用 | |
| | | 石蜡 | $m^3/t$ | 0.5 | | |
| | | 液化气 | $m^3/t$ | 0.8 | | |
| | | 沥青 | $m^3/t$ | 0.1 | | 原油 |
| | | 氧化沥青 | $m^3/t$ | 0.08 | | |
| | | 溶剂脱沥青 | $m^3/t$ | 0.08 | | |
| C2521 | 炼焦 | 焦炭 | $m^3/t$ | 1.1 | 领跑 | 常规焦炉 |
| | | | | 1.3 | 先进 | |
| | | | | 1.6 | 通用 | |
| | | | | 0.4 | 领跑 | 热回收焦炉 |
| | | | | 0.6 | 先进 | |
| | | | | 1.1 | 通用 | |
| | | | | 0.6 | 领跑 | 半焦炉 |
| | | | | 0.7 | 先进 | |
| | | | | 0.9 | 通用 | |
| 注13：不包括化学产品深加工以及企业自备电厂、干熄焦发电、焦炉煤气发电的取水量（含电厂自用的化学水）。 | | | | | | |
| C2611 | 无机酸制造 | 硫酸 | $m^3/t$ | 2 | 领跑 | 硫磺 |
| | | | | 2.4 | 先进 | |
| | | | | 3 | 通用 | |

续表13

| 行业代码 | 行业类别 | 产品名称 | 定额单位 | 定额值 | 等级 | 备注 |
|---|---|---|---|---|---|---|
| C2611 | 无机酸制造 | 硫酸 | $m^3/t$ | 3.4 | 领跑 | 硫铁矿 |
| | | | | 3.8 | 先进 | |
| | | | | 4.3 | 通用 | |
| | | | | 10 | | 冶炼烟气 |
| | | 硝酸 | $m^3/t$ | 1.6 | | |
| | | 盐酸 | $m^3/t$ | 1.2 | | |
| | | 氢氟酸 | $m^3/t$ | 6 | | |
| | | 湿法磷酸 | $m^3/t$ | 5.3 | 领跑 | 二水物法 |
| | | | | 6 | 先进 | |
| | | | | 7 | 通用 | |
| | | | | 3.5 | 领跑 | 半水物法 |
| | | | | 3.8 | 先进 | |
| | | | | 4 | 通用 | |
| C2612 | 无机碱制造 | 烧碱 | $m^3/t$ | 8 | 领跑 | 隔膜法 |
| | | | | 8.5 | 先进 | |
| | | | | 9 | 通用 | |
| | | | | 5 | 领跑 | 离子膜法 |
| | | | | 6.2 | 先进 | |
| | | | | 8 | 通用 | |
| | | 轻质纯碱 | $m^3/t$ | 12 | 领跑 | 氨碱法 |
| | | | | 13 | 先进 | |
| | | | | 14 | 通用 | |
| | | | | 3.5 | 领跑 | 联碱法 |
| | | | | 4.5 | 先进 | |
| | | | | 5.5 | 通用 | |
| | | 重质纯碱 | $m^3/t$ | 12.8 | 领跑 | 氨碱法 |
| | | | | 13.8 | 先进 | |
| | | | | 14.8 | 通用 | |
| | | | | 4.3 | 领跑 | 联碱法 |
| | | | | 5.3 | 先进 | |
| | | | | 6.3 | 通用 | |
| C2613 | 无机盐制造 | 元明粉 | $m^3/t$ | 1.2 | | 无水硫酸钠 |
| | | 硫化碱 | $m^3/t$ | 0.6 | | |
| | | 超细硫酸钡 | $m^3/t$ | 8 | | |
| | | 低铁硫化钠 | $m^3/t$ | 4 | | |
| | | 硫酸铝 | $m^3/t$ | 17 | | |
| | | 铬盐 | $m^3/t$红矾钠 | 5 | | |

续表13

| 行业代码 | 行业类别 | 产品名称 | 定额单位 | 定额值 | 等级 | 备注 |
|---|---|---|---|---|---|---|
| C2614 | 有机化工原料制造 | 甲醇 | $m^3/t$ | 6 | | 原料为天然气 |
| | | | $m^3/t$ | 6 | 领跑 | 原料为煤 |
| | | | | 8.5 | 先进 | |
| | | | | 9 | 通用 | |
| | | 醋酸 | $m^3/t$ | 14 | | 原料为煤 |
| | | 杂醇油 | $m^3/t$ | 3.7 | | |
| | | 煤焦油 | $m^3/t$ | 6 | | |
| | | 粗苯 | $m^3/t$ | 8 | | |
| | | 二甲基甲酰胺 | $m^3/t$ | 23 | | |
| | | 煤制天然气 | $m^3$/千$m^3$ | 6 | 领跑 | 不包括自备电站 |
| | | | | 7 | 先进 | |
| | | | | 8 | 通用 | |
| | | 轻油 | $m^3/t$ | 1 | | 原料为煤焦油 |
| | | 脱酚酚油 | $m^3/t$ | 1.2 | | |
| | | 粗酚 | $m^3/t$ | 1.2 | | |
| | | 萘 | $m^3/t$ | 1.5 | | |
| | | 洗油 | $m^3/t$ | 1.5 | | |
| | | 蒽 | $m^3/t$ | 1.8 | | |
| | | 沥青 | $m^3/t$ | 1.2 | | |
| | | 二甲醚 | $m^3/t$ | 1.5 | | 原料为甲醇 |
| | | 草酸 | $m^3/t$ | 45 | | |
| | | 甲酸 | $m^3/t$ | 120 | | |
| | | 苯甲酸 | $m^3/t$ | 9 | | |
| | | 苯乙酸 | $m^3/t$ | 4 | | |
| | | 苯乙烯 | $m^3/t$ | 5 | | |
| | | 烷基苯 | $m^3/t$ | 3 | | |
| | | 乙烯 | $m^3/t$ | 6.8 | 先进 | |
| | | | | 8 | 通用 | |
| | | 乙二醇 | $m^3/t$ | 12 | 领跑 | 煤制乙二醇 |
| | | | | 17 | 先进 | |
| | | | | 20 | 通用 | |
| | | | | 10 | 领跑 | 合成气制乙二醇 |
| | | | | 12 | 先进 | |
| | | | | 16 | 通用 | |
| | | 氯乙酸 | $m^3/t$ | 50 | | |
| | | 甲醛 | $m^3/t$ | 4.2 | | |
| | | 糠醛 | $m^3/t$ | 16 | 先进 | |
| | | | | 27 | 通用 | |

续表13

| 行业代码 | 行业类别 | 产品名称 | 定额单位 | 定额值 | 等级 | 备注 |
|---|---|---|---|---|---|---|
| C2651 | 初级形态塑料及合成树脂制造 | 聚氯乙烯 | $m^3/t$ | 5 | 领跑 | 电石法 |
| | | | | 6 | 先进 | |
| | | | | 9 | 通用 | |
| | | | | 7 | 领跑 | 乙烯法 |
| | | | | 8 | 先进 | |
| | | | | 9 | 通用 | |
| | | 煤制烯烃 | $m^3/t$ | 14 | 先进 | |
| | | | | 24 | 通用 | |
| | | 苯乙烯 | $m^3/t$ | 2 | | |
| C2667 | 动物胶制造 | 明胶 | $m^3/t$ | 400 | | |
| C2681 | 肥皂及洗涤剂制造 | 肥皂 | $m^3/t$ | 8 | | |
| | | 香皂 | $m^3/t$ | 12 | | |
| | | 洗衣粉 | $m^3/t$ | 8 | | |
| C2682 | 化妆品制造 | 美容护肤品 | $m^3/t$ | 25 | | |
| C2683 | 口腔清洁用品制造 | 牙膏 | $m^3$/万支 | 9.5 | | |
| C2689 | 其他日用化学产品制造 | 蚊香 | $m^3$/万元 | 0.2 | | |
| | | 鞋油 | $m^3/t$ | 2.6 | | |
| | | 樟脑丸 | $m^3/t$ | 1.8 | | |
| | | 地板蜡 | $m^3/t$ | 0.6 | | |
| | | 甘油 | $m^3/t$ | 45 | | |
| C2710 | 化学药品原料药制造 | 生理盐水 | $m^3/t$ | 24 | | |
| | | 维生素C | $m^3/t$ | 73 | 领跑 | |
| | | | | 145 | 先进 | |
| | | | | 200 | 通用 | |
| | | 青霉素工业盐 | $m^3/t$ | 103 | 领跑 | |
| | | | | 207 | 先进 | |
| | | | | 408 | 通用 | |
| | | 土霉素 | $m^3/t$ | 400 | | |
| C2720 | 化学药品制剂制造 | 粉针 | $m^3$/万支 | 9 | | |
| | | 水针剂 | $m^3$/万支 | 7 | | |
| | | 片剂 | $m^3$/万片 | 1.2 | | |
| | | 软胶囊 | $m^3$/万粒 | 1.8 | | |
| | | 硬胶囊 | $m^3$/万粒 | 2.4 | | |
| | | 乙酰螺旋霉素 | $m^3/kg$ | 5.6 | | |
| | | 头孢 | $m^3$/万板 | 6.8 | | |
| | | 葡萄糖 | $m^3/t$ | 6 | | |
| | | 黄连素 | $m^3$/万片 | 0.42 | | |
| | | 维生素B2 | $m^3/t$ | 500 | | |

续表13

| 行业代码 | 行业类别 | 产品名称 | 定额单位 | 定额值 | 等级 | 备注 |
|---|---|---|---|---|---|---|
| C2730 | 中药饮片加工 | 中药 | $m^3/t$ | 7.8 | | |
| C2740 | 中成药生产 | 中成药 | $m^3/t$ | 9 | | |
| C2750 | 兽用药品制造 | 防疫药品 | $m^3$/万支 | 2 | | |
| | | 猪瘟组织苗 | $m^3$/万头份 | 3 | | |
| | | 山羊联苷粉苗 | $m^3$/万头份 | 3 | | |
| | | 山羊痘 | $m^3$/万头份 | 3 | | |
| C2762 | 基因工程药物和疫苗制造 | 狂犬疫苗 | $m^3$/万支 | 1.6 | | |
| C2812 | 人造纤维（纤维素纤维）制造 | 粘胶长丝 | $m^3/t$ | 200 | 领跑 | |
| | | | | 200 | 先进 | |
| | | | | 250 | 通用 | |
| | | 粘胶短纤维 | $m^3/t$ | 45 | 领跑 | |
| | | | | 55 | 先进 | |
| | | | | 65 | 通用 | |
| C2821 | 锦纶纤维制造 | 锦纶切片 | $m^3/t$ | 2.7 | 领跑 | 民用 |
| | | | | 3.1 | 先进 | |
| | | | | 3.5 | 通用 | |
| | | | | 2.9 | 领跑 | 工业用 |
| | | | | 3.3 | 先进 | |
| | | | | 3.7 | 通用 | |
| | | 锦纶长丝 | $m^3/t$ | 2.1 | 领跑 | 民用 |
| | | | | 2.4 | 先进 | |
| | | | | 2.7 | 通用 | |
| | | | | 2.2 | 领跑 | 工业用 |
| | | | | 2.5 | 先进 | |
| | | | | 2.8 | 通用 | |
| C2822 | 涤纶纤维制造 | 聚酯涤纶 | $m^3/t$ | 0.4 | 领跑 | 聚酯熔体或切片 |
| | | | | 0.8 | 先进 | |
| | | | | 1.2 | 通用 | |
| | | | | 1 | 领跑 | 熔体纺长丝 |
| | | | | 1.3 | 先进 | |
| | | | | 1.6 | 通用 | |
| | | | | 2.5 | 领跑 | 切片纺长丝 |
| | | | | 3.3 | 先进 | |
| | | | | 3.7 | 通用 | |
| | | | | 1.4 | 领跑 | 工业长丝 |
| | | | | 1.6 | 先进 | |
| | | | | 1.9 | 通用 | |

续表13

| 行业代码 | 行业类别 | 产品名称 | 定额单位 | 定额值 | 等级 | 备注 |
|---|---|---|---|---|---|---|
| C2822 | 涤纶纤维制造 | 聚酯涤纶 | $m^3/t$ | 1.2 | 领跑 | 短纤维 |
| | | | | 1.6 | 先进 | |
| | | | | 2.2 | 通用 | |
| | | 再生涤纶 | $m^3/t$ | 0.55 | 领跑 | 聚酯泡料 |
| | | | | 0.6 | 先进 | |
| | | | | 0.8 | 通用 | |
| | | | | 1.1 | 领跑 | 聚酯瓶片 |
| | | | | 1.5 | 先进 | |
| | | | | 2 | 通用 | |
| | | | | 1.6 | 领跑 | 长丝（POY） |
| | | | | 1.8 | 先进 | |
| | | | | 2.2 | 通用 | |
| | | | | 2.2 | 领跑 | 长丝（FDY） |
| | | | | 2.4 | 先进 | |
| | | | | 3 | 通用 | |
| | | | | 1.3 | 领跑 | 短纤维 |
| | | | | 1.8 | 先进 | |
| | | | | 2.2 | 通用 | |
| C2823 | 腈纶纤维制造 | 腈纶 | $m^3/t$ | 45 | | |
| C2824 | 维纶纤维制造 | 聚乙烯醇 | $m^3/t$ | 16 | 领跑 | |
| | | | | 21 | 先进 | |
| | | | | 25 | 通用 | |
| | | 高强高模聚乙烯醇纤维 | $m^3/t$ | 35 | 领跑 | |
| | | | | 70 | 先进 | |
| | | | | 96 | 通用 | |
| | | 水溶性聚乙烯醇纤维 | $m^3/t$ | 27 | 领跑 | |
| | | | | 50 | 先进 | |
| | | | | 80 | 通用 | |
| C2825 | 丙纶纤维制造 | 丙纶 | $m^3/t$ | 75 | | |
| C2826 | 氨纶纤维制造 | 氨纶 | $m^3/t$ | 14 | 领跑 | |
| | | | | 16 | 先进 | |
| | | | | 20 | 通用 | |
| C2911 | 轮胎制造 | 轮胎 | $m^3/t$三胶 | 26 | | |
| | | 内胎 | $m^3/t$ | 120 | | |
| | | 翻新轮胎 | $m^3/t$ | 1.5 | | |
| C2912 | 橡胶板、管、带制造 | 胶板 | $m^3/t$ | 90 | | |
| | | 胶管 | $m^3/t$ | 80 | | |
| | | 传送带 | $m^3/t$ | 15 | | |
| C2921 | 塑料薄膜制造 | 塑料薄膜 | $m^3/t$ | 8 | | |

续表13

| 行业代码 | 行业类别 | 产品名称 | 定额单位 | 定额值 | 等级 | 备注 |
|---|---|---|---|---|---|---|
| C2922 | 塑料板、管、型材制造 | PVC管 | $m^3/t$ | 1 | | |
| | | PE管 | $m^3/t$ | 1.6 | | |
| | | 塑钢窗 | $m^3$/千$m^2$ | 1.2 | | |
| | | 铝塑窗 | $m^3/t$ | 0.4 | | |
| C2924 | 泡沫塑料制造 | 聚乙烯 | $m^3/t$ | 1.6 | | |
| | | 聚氯乙烯 | $m^3/t$ | 6.5 | | |
| C2926 | 塑料包装箱及容器制造 | 塑料箱、盒 | $m^3/t$ | 7 | | |
| C2927 | 日用塑料制品制造 | 塑料日用品 | $m^3/t$ | 8 | | |
| | | 塑料袋 | $m^3/t$ | 3.5 | | |
| C3011 | 水泥制造 | 水泥粉磨 | $m^3/t$ | 0.05 | 先进 | |
| | | | | 0.1 | 通用 | |
| | | 熟料烧成 | $m^3/t$ | 0.225 | 先进 | 不含余热发电 |
| | | | | 0.51 | 通用 | |
| C3012 | 石灰和石膏制造 | 石灰 | $m^3/t$ | 0.5 | | |
| | | 石膏 | $m^3/t$ | 0.12 | | |
| C3021 | 水泥制品制造 | 预拌混凝土 | $m^3/m^3$ | 0.15 | 先进 | |
| | | | | 0.2 | 通用 | |
| | | 混凝土板 | $m^3/m^3$ | 0.98 | 先进 | |
| | | | | 1.11 | 通用 | |
| | | 混凝土桩 | $m^3/m^3$ | 0.34 | 先进 | |
| | | | | 0.36 | 通用 | |
| | | 混凝土电杆 | $m^3/m^3$ | 0.68 | 先进 | |
| | | | | 0.81 | 通用 | |
| | | 混凝土输水管 | $m^3/m^3$ | 0.51 | 先进 | |
| | | | | 0.65 | 通用 | |
| | | 预制构件 | $m^3/m^3$ | 0.82 | 先进 | |
| | | | | 1.17 | 通用 | |
| | | 水磨石 | $m^3/m^2$ | 0.25 | | |
| C3023 | 石棉水泥制品制造 | 石棉水泥管 | $m^3$/标m | 0.3 | | |
| | | 石棉水泥瓦 | $m^3$/张 | 0.2 | | |
| C3024 | 轻质建筑材料制造 | 石膏板 | $m^3/t$ | 0.7 | | |
| C3031 | 黏土砖瓦及建筑砌块制造 | 标砖 | $m^3$/万块 | 1.6 | | |
| | | 矿渣砖 | $m^3$/万块 | 0.47 | | |
| | | 保温砖 | $m^3$/万块 | 2 | | |
| C3032 | 建筑用石加工 | 花岗石板 | $m^3/m^2$ | 5 | | |
| | | 大理石板 | $m^3/m^2$ | 4 | | |
| C3033 | 防水建筑材料制造 | 改性沥青防水卷材 | $m^3/t$ | 0.04 | | |
| | | 油毡纸 | $m^3$/卷 | 0.3 | | |

续表13

| 行业代码 | 行业类别 | 产品名称 | 定额单位 | 定额值 | 等级 | 备注 |
|---|---|---|---|---|---|---|
| C3041 | 平板玻璃制造 | 平板玻璃 | $m^3$/重量箱 | 0.2 | 先进 | |
| | | | | 0.3 | 通用 | |
| C3053 | 玻璃仪器制造 | 玻璃仪器 | $m^3/t$ | 0.63 | | |
| C3054 | 日用玻璃制品制造 | 日用玻璃制品 | $m^3/t$ | 4.2 | | |
| C3055 | 玻璃包装容器制造 | 玻璃啤酒瓶 | $m^3/t$ | 0.62 | | |
| | | 玻璃瓶罐 | $m^3/t$ | 0.62 | | |
| | | 玻璃器皿 | $m^3/t$ | 0.62 | | |
| C3056 | 玻璃保温容器制造 | 玻璃保温瓶胆 | $m^3/t$ | 3.3 | | |
| C3057 | 制镜及类似品加工 | 镜子 | $m^3/m^2$ | 0.5 | | |
| C3072 | 卫生陶瓷制品制造 | 卫生陶瓷 | $m^3/t$ | 8 | 先进 | |
| | | | | 10 | 通用 | |
| C3074 | 日用陶瓷制品制造 | 日用陶瓷 | $m^3/t$瓷 | 22 | | 普通瓷 |
| | | | | 60 | | 骨质瓷 |
| | | 陶瓷砖（板） | $m^3/t$ | 0.05 | 先进 | |
| | | | | 0.08 | 通用 | |
| C3081 | 石棉制品制造 | 石棉制品 | $m^3/t$ | 31 | | |
| C3089 | 耐火陶瓷制品及其他耐火材料制造 | 耐火砖 | $m^3/t$ | 1.2 | | |
| C3091 | 石墨及碳素制品制造 | 石墨 | $m^3/t$ | 8 | | |
| C3099 | 其他非金属矿物制品制造 | 多晶硅 | $m^3/t$ | 60 | 领跑 | |
| | | | | 120 | 先进 | |
| | | | | 170 | 通用 | |
| | | 单晶硅 | $m^3$/百万片 | 1300 | 先进 | |
| | | | | 1400 | 通用 | |
| | | 有机硅 | $m^3/t$ | 20 | 先进 | 原料为甲醇、氯化氢、硅粉等 |
| | | | | 25 | 通用 | |
| | | 硅粉 | $m^3/t$ | 85 | | |
| | | 碳化硅 | $m^3/t$ | 0.5 | | |
| | | 滑石 | $m^3/t$ | 0.2 | | |
| | | 膨润土 | $m^3/t$ | 0.3 | | |
| C3110 | 炼铁 | 生铁 | $m^3/t$ | 0.24 | 领跑 | |
| | | | | 0.42 | 先进 | |
| | | | | 1.09 | 通用 | |
| | | 烧结矿 | $m^3/t$ | 0.18 | 领跑 | |
| | | | | 0.22 | 先进 | |
| | | | | 0.38 | 通用 | |

续表13

| 行业代码 | 行业类别 | 产品名称 | 定额单位 | 定额值 | 等级 | 备注 |
|---|---|---|---|---|---|---|
| C3110 | 炼铁 | 球团矿 | $m^3/t$ | 0.11 | 领跑 | |
| | | | | 0.14 | 先进 | |
| | | | | 0.34 | 通用 | |
| C3120 | 炼钢 | 转炉炼钢 | $m^3/t$粗钢 | 0.36 | 领跑 | |
| | | | | 0.52 | 先进 | |
| | | | | 0.99 | 通用 | |
| | | 电炉炼钢 | $m^3/t$粗钢 | 0.55 | 领跑 | |
| | | | | 1.05 | 先进 | |
| | | | | 1.74 | 通用 | |
| C31 | 钢铁联合企业 | 粗钢 | $m^3/t$ | 3.1 | 领跑 | 含焦化生产、含冷轧生产 |
| | | | | 3.9 | 先进 | |
| | | | | 4.8 | 通用 | |
| | | | | 2.4 | 领跑 | 含焦化生产、不含冷轧生产 |
| | | | | 3.2 | 先进 | |
| | | | | 4.5 | 通用 | |
| | | | | 2.2 | 领跑 | 不含焦化生产、含冷轧生产 |
| | | | | 2.8 | 先进 | |
| | | | | 4.2 | 通用 | |
| | | | | 2.1 | 领跑 | 不含焦化生产、不含冷轧生产 |
| | | | | 2.3 | 先进 | |
| | | | | 3.6 | 通用 | |
| C3130 | 钢压延加工 | 棒材 | $m^3/t$钢材 | 0.34 | 领跑 | |
| | | | | 0.38 | 先进 | |
| | | | | 0.7 | 通用 | |
| | | 线材 | $m^3/t$钢材 | 0.38 | 领跑 | |
| | | | | 0.41 | 先进 | |
| | | | | 1.26 | 通用 | |
| | | 型钢 | $m^3/t$钢材 | 0.29 | 领跑 | |
| | | | | 0.31 | 先进 | |
| | | | | 0.79 | 通用 | |
| | | 中厚板 | $m^3/t$钢材 | 0.36 | 领跑 | |
| | | | | 0.38 | 先进 | |
| | | | | 0.74 | 通用 | |
| | | 热轧板带 | $m^3/t$钢材 | 0.38 | 领跑 | |
| | | | | 0.45 | 先进 | |
| | | | | 0.91 | 通用 | |
| | | 冷轧板带 | $m^3/t$钢材 | 0.4 | 领跑 | |
| | | | | 0.61 | 先进 | |
| | | | | 1.4 | 通用 | |

续表13

| 行业代码 | 行业类别 | 产品名称 | 定额单位 | 定额值 | 等级 | 备注 |
|---|---|---|---|---|---|---|
| C3130 | 钢压延加工 | 无缝钢管 | $m^3/t$钢材 | 0.3 | 领跑 | |
| | | | | 0.86 | 先进 | |
| | | | | 1.56 | 通用 | |
| C3140 | 铁合金冶炼 | 高碳锰铁合金 | $m^3/t$ | 10 | | 电炉熔剂法 |
| | | 中低碳锰铁合金 | $m^3/t$ | 3 | | 电硅热法 |
| | | 中低微碳铬铁合金 | $m^3/t$ | 3 | | 电硅热法 |
| | | 硅铁合金 | $m^3/t$ | 3.5 | 领跑 | |
| | | | | 6 | 先进 | |
| | | | | 8 | 通用 | |
| | | 硅锰合金 | $m^3/t$ | 1 | 领跑 | |
| | | | | 3 | 先进 | |
| | | | | 5 | 通用 | |
| | | 高铬合金 | $m^3/t$ | 1.5 | 领跑 | |
| | | | | 3 | 先进 | |
| | | | | 4 | 通用 | |
| | | 硼铁合金 | $m^3/t$ | 1.5 | 先进 | |
| | | | | 2 | 通用 | |
| C3211 | 铜冶炼 | 电解铜 | $m^3/t$ | 14 | 领跑 | 铜精矿 |
| | | | | 16 | 先进 | |
| | | | | 18 | 通用 | |
| | | | | 0.8 | 领跑 | 含铜二次资源 |
| | | | | 1 | 先进 | |
| | | | | 1.2 | 通用 | |
| | | 粗铜 | $m^3/t$ | 18 | | |
| C3212 | 铅锌冶炼 | 电解铅 | $m^3/t$ | 3.6 | 领跑 | 铅精矿—电解铅 |
| | | | | 5 | 先进 | |
| | | | | 6 | 通用 | |
| | | 粗铅 | $m^3/t$ | 3 | 领跑 | 铅精矿—粗铅 |
| | | | | 4 | 先进 | |
| | | | | 4.5 | 通用 | |
| | | 精锌 | $m^3/t$ Zn | 8 | 领跑 | 火法炼锌，含制酸水 |
| | | | | 9 | 先进 | |
| | | | | 10 | 通用 | |
| | | | $m^3/t$ Zn | 10 | 领跑 | 湿法炼锌，含制酸水 |
| | | | | 11 | 先进 | |
| | | | | 12 | 通用 | |
| C3216 | 铝冶炼 | 氧化铝 | $m^3/t$ | 0.6 | 领跑 | 拜耳法 |
| | | | | 1.1 | 先进 | |
| | | | | 1.4 | 通用 | |

续表13

| 行业代码 | 行业类别 | 产品名称 | 定额单位 | 定额值 | 等级 | 备注 |
|---|---|---|---|---|---|---|
| C3216 | 铝冶炼 | 氧化铝 | m$^3$/t | 1 | 领跑 | 烧结法 |
| | | | | 1.9 | 先进 | |
| | | | | 2.4 | 通用 | |
| | | | | 0.7 | 领跑 | 联合法 |
| | | | | 1.3 | 先进 | |
| | | | | 1.7 | 通用 | |
| | | 电解铝 | m$^3$/t | 0.4 | 领跑 | 电解原铝液 |
| | | | | 0.8 | 先进 | |
| | | | | 1 | 通用 | |
| | | | | 0.7 | 领跑 | 重熔用铝锭 |
| | | | | 1.1 | 先进 | |
| | | | | 1.5 | 通用 | |
| C3217 | 镁冶炼 | 镁 | m$^3$/t | 4 | | |
| C3219 | 其他常用有色金属冶炼 | 电解锰 | m$^3$/t | 4 | | |
| C3221 | 金冶炼 | 黄金 | m$^3$/kg | 40 | | |
| C3232 | 稀土金属冶炼 | 稀土化合物 | m$^3$/t-REO | 20 | 先进 | 分解提取 |
| | | | | 25 | 通用 | |
| | | | | 20 | 先进 | 萃取分组、分离 |
| | | | | 25 | 通用 | |
| C3251 | 铜压延加工 | 铜型材 | m$^3$/t | 3 | | |
| C3252 | 铝压延加工 | 铝箔 | m$^3$/t | 5 | | |
| | | 铝型材 | m$^3$/t | 5 | | |
| C3312 | 金属门窗制造 | 防盗门 | m$^3$/樘 | 0.5 | | |
| C3322 | 手工工具制造 | 农机工具 | m$^3$/万件 | 260 | | |
| | | 刀具 | m$^3$/万件 | 270 | | |
| C3340 | 金属丝绳及其制品制造 | 铅丝 | m$^3$/t | 4.5 | | |
| | | 钢丝绳 | m$^3$/t | 20 | | |
| | | 网围栏 | m$^3$/t | 3.5 | | |
| | | 圆钉 | m$^3$/t | 1.9 | | |
| | | 冷拔丝 | m$^3$/t | 6.2 | | |
| | | 钢丝 | m$^3$/t | 15 | | |
| C3351 | 建筑、家具用金属配件制造 | 建筑用小五金 | m$^3$/t | 2 | | |
| C3352 | 建筑装饰及水暖管道零件制造 | 水龙头 | m$^3$/万套 | 120 | | |
| | | 暖气片 | m$^3$/片 | 0.01 | | |
| | | 水暖管件 | m$^3$/t | 6 | | |

续表13

| 行业代码 | 行业类别 | 产品名称 | 定额单位 | 定额值 | 等级 | 备注 |
|---|---|---|---|---|---|---|
| C3360 | 金属表面处理及热处理加工 | 电镀 | $m^3/m^2$ | 0.5 | | 综合电镀类 |
| | | | | 0.5 | | 单面印制电路板 |
| | | | | 1 | | 双面印制电路板 |
| C3391 | 黑色金属铸造 | 铸铁管 | $m^3/t$ | 3.5 | | |
| C3411 | 锅炉及辅助设备制造 | 工业锅炉 | $m^3$/蒸t | 75 | | |
| C3441 | 泵及真空设备制造 | 水泵 | $m^3$/台 | 10 | | 中小型 |
| | | 空压机 | $m^3$/台 | 3.5 | | |
| C3443 | 阀门和旋塞制造 | 阀门 | $m^3/t$ | 48 | | |
| C3450 | 轴承制造 | 轴承 | $m^3$/百套 | 1.6 | | |
| C3511 | 矿山机械制造 | 煤矿机械 | $m^3$/万元 | 73 | | |
| | | 探矿机械 | $m^3$/万元 | 249 | | |
| C3516 | 冶金专用设备制造 | 冶金设备 | $m^3$/万元 | 44 | | |
| C3525 | 模具制造 | 模具 | $m^3$/万元 | 43 | | |
| C3551 | 纺织专用设备制造 | 纺织机械 | $m^3$/万元 | 86 | | |
| C3562 | 半导体器件专用设备制造 | 太阳能电池组件 | $m^3/MWp$ | 1500 | | |
| C3571 | 拖拉机制造 | 拖拉机 | $m^3$/台 | 7 | | |
| | | 链轨车 | $m^3$/台 | 11 | | |
| C3572 | 机械化农业及园艺机具制造 | 联合收割机 | $m^3$/台 | 30 | | |
| C3574 | 畜牧机械制造 | 畜牧机械 | $m^3$/万元 | 56 | | |
| C3576 | 农林牧渔机械配件制造 | 拖拉机配件 | $m^3$/万元 | 35 | | |
| C3587 | 眼镜制造 | 眼镜 | $m^3$/万副 | 6 | | |
| C3594 | 商业、饮食、服务专用设备制造 | 专用设备 | $m^3$/万元 | 45 | | |
| C3611 | 汽柴油车整车制造 | 大客车 | $m^3$/辆 | 36 | 先进 | |
| | | | | 45 | 通用 | |
| | | 轻型车 | $m^3$/辆 | 30 | 先进 | |
| | | | | 37 | 通用 | |
| | | 轿车 | $m^3$/辆 | 14 | 先进 | |
| | | | | 18 | 通用 | |
| | | 载重汽车 | $m^3$/辆 | 12 | 先进 | |
| | | | | 16 | 通用 | |
| | | 汽车涂装 | $m^3/m^2$ | 0.2 | | |
| C3670 | 汽车零部件及配件制造 | 汽车配件 | $m^3/t$ | 4.6 | | |

续表13

| 行业代码 | 行业类别 | 产品名称 | 定额单位 | 定额值 | 等级 | 备注 |
|---|---|---|---|---|---|---|
| C3716 | 铁路专用设备及器材、配件制造 | 铁路货车 | $m^3$/辆 | 450 | 先进 | |
| | | | | 480 | 通用 | |
| C3811 | 发电机及发电机组制造 | 发电机 | $m^3$/万kw | 460 | | |
| C3812 | 电动机制造 | 电动机 | $m^3$/万kw | 390 | | |
| C3821 | 变压器、整流器和电感器制造 | 变压器 | $m^3$/万kVA | 160 | | |
| | | 整流器 | $m^3$/万元 | 65 | | |
| C3822 | 电容器及其配套设备制造 | 电容器 | $m^3$/千只 | 0.7 | | |
| C3823 | 配电开关控制设备制造 | 开关 | $m^3$/万元 | 11 | | |
| C3831 | 电线、电缆制造 | 电线、电缆 | $m^3$/t | 18 | | |
| C3834 | 绝缘制品制造 | 漆包线 | $m^3$/t | 5 | | |
| C3841 | 锂离子电池制造 | 锂离子电池 | $m^3$/万元 | 2 | | |
| C3842 | 镍氢电池制造 | 氢镍电池 | $m^3$/万元 | 40 | | |
| C3843 | 铅蓄电池制造 | 起动型铅蓄电池 | $m^3$/kVAh | 0.1 | | 电池外化成 |
| | | | | 0.06 | | 电池内化成 |
| | | 动力用铅蓄电池 | $m^3$/kVAh | 0.11 | | |
| | | 工业用铅蓄电池 | $m^3$/kVAh | 0.15 | | |
| | | 铅蓄电池组装 | $m^3$/kVAh | 0.03 | | |
| C3844 | 锌锰电池制造 | 锌锰电池 | $m^3$/万元 | 4.5 | | |
| C3849 | 其他电池制造 | 镉镍电池 | $m^3$/万元 | 40 | | |
| C3862 | 太阳能器具制造 | 太阳能家用器具 | $m^3$/万套 | 500 | | |
| C3871 | 电光源制造 | 灯泡 | $m^3$/千只 | 4.5 | | |
| | | 日光灯管 | $m^3$/千只 | 8 | | |
| C3951 | 电视机制造 | 智能电视 | $m^3$/台 | 0.04 | 先进 | |
| | | | | 0.07 | 通用 | |
| C3982 | 电子电路制造 | 印制电路板 | $m^3/m^2$ | 0.26 | | 单面 |
| | | | | 0.9 | | 双面 |
| | | | | 0.9+0.4n | | 多层板 |
| | | | | 1.0+0.6n | | HDI板 |
| C4310 | 金属制品、机械和设备修理业 | 机械维修 | $m^3$/件 | 100 | | |
| D4411 | 火力发电 | 燃煤发电 | $m^3$/（Mw·h） | 1.73 | <300MW，领跑 | 循环冷却 |
| | | | | 1.85 | <300MW，先进 | |
| | | | | 3.2 | <300MW，通用 | |
| | | | | 1.6 | 300MW级，领跑 | |
| | | | | 1.7 | 300MW级，先进 | |
| | | | | 2.7 | 300MW级，通用 | |

续表13

| 行业代码 | 行业类别 | 产品名称 | 定额单位 | 定额值 | 等级 | 备注 |
|---|---|---|---|---|---|---|
| D4411 | 火力发电 | 燃煤发电 | m³/（Mw·h） | 1.54 | 600MW级，领跑 | 循环冷却 |
| | | | | 1.65 | 600MW级，先进 | |
| | | | | 2.35 | 600MW级，通用 | |
| | | | | 0.3 | ＜300MW，领跑 | 空气冷却 |
| | | | | 0.32 | ＜300MW，先进 | |
| | | | | 0.8 | ＜300MW，通用 | |
| | | | | 0.23 | 300MW级，领跑 | |
| | | | | 0.3 | 300MW级，先进 | |
| | | | | 0.57 | 300MW级，通用 | |
| | | | | 0.22 | 600MW级，领跑 | |
| | | | | 0.27 | 600MW级，先进 | |
| | | | | 0.4 | 600MW级，通用 | |
| | | | | 0.21 | 1000MW级，领跑 | |
| | | | | 0.24 | 1000MW级，先进 | |
| | | | | 0.33 | 1000MW级，通用 | |
| | | 燃气—蒸汽联合循环 | m³/（Mw·h） | 0.9 | ＜300MW，领跑 | 循环冷却 |
| | | | | 1 | ＜300MW，先进 | |
| | | | | 2 | ＜300MW，通用 | |
| | | | | 0.75 | 300MW级，领跑 | |
| | | | | 0.9 | 300MW级，先进 | |
| | | | | 1.5 | 300MW级，通用 | |
| | | | | 0.17 | 领跑 | 空气冷却 |
| | | | | 0.2 | 先进 | |
| | | | | 0.4 | 通用 | |

注14：供热机组用水量可在本文件的基础上增加因对外供热、供汽不能回收而增加的用水量；

注15：当机组采用再生水等水质相对较差的非常规水时，可根据水质情况对定额指标进行调整：循环冷却机组定额调整系数为1.2，空气冷却机组定额调整系数为1.1。

续表13

| 行业代码 | 行业类别 | 产品名称 | 定额单位 | 定额值 | 等级 | 备注 |
|---|---|---|---|---|---|---|
| D4416 | 太阳能发电 | 太阳能发电 | $m^3$/（MW·h） | 4.32 | | <50MW，循环冷却 |
| | | | | 3.6 | | ≥50MW，循环冷却 |
| | | | | 0.72 | | <50MW，空气冷却 |
| | | | | 0.54 | | ≥50MW，空气冷却 |
| D4417 | 生物质能发电 | 生物质发电 | $m^3$/（MW·h） | 4.32 | | 循环冷却 |
| | | | | 1.44 | | 空气冷却 |
| D4430 | 热力生产和供应 | 供热 | $m^3$/GJ | 1.5 | | |
| | | 工业蒸汽 | $m^3/m^3$ | 1.3 | | |
| | | 蒸馏水 | $m^3$/t | 1.5 | | |
| D4513 | 煤气生产和供应业 | 煤气 | $m^3$/千$m^3$ | 0.8 | | 煤焦化 |
| D4610 | 水的生产和供应业 | 自来水生产和供应 | $m^3/m^3$ | 1.2 | | 水源为地下水 |

## 社会用水定额

表14

| 行业代码 | 行业类别 | 行业名称 | 定额单位 | 定额值 | 等级 | 备注 |
|---|---|---|---|---|---|---|
| E4710 | 住宅房屋建筑 | 砖混结构 | $m^3/m^2$ | 0.45 | | |
| | | 混凝土结构（商品混凝土） | $m^3/m^2$ | 0.4 | | |
| E4720 | 体育场馆建筑 | 体育场建筑 | $m^3/m^2$ | 0.3 | | |
| | | 体育馆建筑 | $m^3/m^2$ | 0.35 | | |
| E5010 | 建筑装饰、装修 | 建筑装饰、装修 | $m^3/m^2$ | 0.04 | | |
| F5211 | 百货零售 | 超大型 | $m^3/(m^2 \cdot a)$ | 3.65 | | $>10000m^2$ |
| | | 大型 | $m^3/(m^2 \cdot a)$ | 1.8 | | $1000 \sim 10000m^2$ |
| G5331 | 交通运输 | 客运火车站乘客用水 | L/（人·次） | 3 | | |
| G5441 | | 客运汽车站乘客用水 | L/（人·次） | 3 | | |
| G5631 | | 机场乘客用水 | L/（人·次） | 3 | | |
| H6110 | 宾馆 | 四、五星级宾馆 | $m^3$/（床·a） | 146 | 先进 | |
| | | | | 223 | 通用 | |
| | | 三星级宾馆 | $m^3$/（床·a） | 118 | 先进 | |
| | | | | 165 | 通用 | |
| | | 一、二星级宾馆 | $m^3$/（床·a） | 85 | 先进 | |
| | | | | 113 | 通用 | |
| H6129 | 其他一般旅馆 | 星级以下的旅馆、招待所 | $m^3$/（床·a） | 43 | 先进 | |
| | | | | 58 | 通用 | |
| H6190 | 其他住宿业 | 集体宿舍 | L/（床·d） | 40 | | 无淋浴 |
| | | | | 60 | | 有淋浴 |
| | | 培训中心 | L/（m2·d） | 50 | | 设公共盥洗室 |
| | | | | 80 | | 设公用盥洗室、淋浴室 |
| | | | | 100 | | 设公用盥洗、淋浴、洗衣 |
| | | | | 120 | | 设独立卫生间、公用洗衣 |
| | | 酒店式公寓 | L/（人·d） | 200 | | |
| H6210 | 餐饮服务 | 正餐服务 | L/（人·餐） | 40 | 先进 | 大型（营业面积$>500m^2$） |
| | | | | 45 | 通用 | |
| | | | | 35 | 先进 | 中小型（营业面积$\leq 500m^2$） |
| | | | | 40 | 通用 | |
| H6220 | | 快餐服务 | L/（人·餐） | 30 | 先进 | |
| | | | | 35 | 通用 | |
| H6239 | | 其他饮料及冷饮服务 | L/（人·餐） | 25 | 先进 | |
| | | | | 28 | 通用 | |

续表14

| 行业代码 | 行业类别 | 行业名称 | 定额单位 | 定额值 | 等级 | 备注 |
|---|---|---|---|---|---|---|
| H6299 | 餐饮服务 | 其他未列明餐饮业 | L/（人·餐） | 20 | 先进 | |
| | | | | 23 | 通用 | |
| H6231 | 茶馆服务 | 普通茶馆 | L/（人·次） | 6 | | |
| H6232 | 咖啡馆服务 | 咖啡馆 | L/（人·次） | 5 | | |
| N7820 | 城市环境卫生管理 | 场地、道路喷洒 | L/（$m^2$·d） | 1.5 | 先进 | |
| | | | | 2 | 通用 | |
| | | 公共厕所 | L/（人·次） | 4.5 | 先进 | |
| | | | | 6 | 通用 | |
| | | 垃圾中转站 | L/（$m^2$·d） | 0.7 | 先进 | |
| | | | | 1.1 | 通用 | |
| N7840 | 城市绿化管理 | 公园绿地 | L/（$m^2$·d） | 1.9 | 先进 | |
| | | | | 5.4 | 通用 | |
| | | 防护绿地 | L/（$m^2$·d） | 2.3 | 先进 | |
| | | | | 6.5 | 通用 | |
| | | 广场用地 | L/（$m^2$·d） | 1.1 | 先进 | |
| | | | | 3.3 | 通用 | |
| | | 附属绿地 | L/（$m^2$·d） | 1.1 | 先进 | |
| | | | | 3.3 | 通用 | |
| | | 区域绿地 | L/（$m^2$·d） | 1.1 | 先进 | |
| | | | | 3.3 | 通用 | |
| O8020 | 托儿所服务 | 托儿所、幼儿园 | L/（人·d） | 50 | | 有住宿 |
| | | | | 30 | | 无住宿 |
| O8030 | 洗染服务 | 洗衣 | L/kg | 35 | | 干衣物 |
| O8040 | 理发及美容服务 | 理发 | L/（人·次） | 15 | 先进 | |
| | | | | 20 | 通用 | |
| | | 美容院 | L/（人·次） | 30 | 先进 | |
| | | | | 50 | 通用 | |
| O8051 | 洗浴服务 | 大众洗浴场所 | L/（人·次） | 100 | | |
| | | 综合洗浴场所 | L/（人·次） | 170 | | |
| O8090 | 其他居民服务业 | 洗车 | $m^3$/（车次） | 0.03 | | 大型车 |
| | | | | 0.02 | | 中型车 |
| | | | | 0.01 | | 小型车 |
| | | 商场 | L/（$m^2$·d） | 6 | | 按营业面积计算 |
| | | 停车场、车库地面冲洗 | L/（$m^2$·次） | 2 | | |
| P8310 | 学校 | 学前教育 | $m^3$/（人·a） | 10 | | |
| P8320 | | 初等教育 | $m^3$/（人·a） | 7 | 先进 | |
| | | | | 9 | 通用 | |

续表14

| 行业代码 | 行业类别 | 行业名称 | 定额单位 | 定额值 | 等级 | 备注 |
|---|---|---|---|---|---|---|
| P8330 | 学校 | 中等教育 | $m^3$/（人·a） | 10 | 先进 | |
| | | | | 14 | 通用 | |
| P8340 | | 高等教育 | $m^3$/（人·a） | 30 | 先进 | |
| | | | | 45 | 通用 | |
| Q8411 | 医院 | 综合医院 | L/（床·d） | 560 | | |
| Q8415 | | 专科医院 | L/（床·d） | 380 | | |
| Q8416 | | 疗养院 | L/（床·d） | 200 | | |
| Q8421 | | 社区卫生服务中心 | L/（床·d） | 150 | | |
| Q8425 | | 门诊 | L/（人·次） | 20 | | |
| Q8514 | 社会工作 | 老年人、残疾人养护服务 | L/（人·d） | 100 | | 全托形式 |
| | | | | 80 | | 日托形式 |
| R8760 | 电影放映 | 影剧院 | $m^3$/（$m^2$·a） | 1.8 | 先进 | |
| | | | | 2.9 | 通用 | |
| R8831 | 图书馆 | 图书馆 | $m^3$/（$m^2$·a） | 1.3 | 先进 | |
| | | | | 1.8 | 通用 | |
| R8832 | 档案馆 | 档案馆 | $m^3$/（$m^2$·a） | 0.7 | 先进 | |
| | | | | 1.1 | 通用 | |
| R8850 | 博物馆 | 博物馆 | $m^3$/（$m^2$·a） | 1.5 | 先进 | |
| | | | | 1.8 | 通用 | |
| R8921 | 体育场馆管理 | 室内游泳馆 | $m^3$/（$m^2$·d） | 0.06 | 先进 | 按游泳池面积补水 |
| | | | | 0.1 | 通用 | |
| | | 室外游泳馆 | $m^3$/（$m^2$·d） | 0.1 | 先进 | 按游泳池面积补水 |
| | | | | 0.15 | 通用 | |
| | | 淋浴 | L/（人·次） | 30 | | |
| | | 观众用水 | L/（人·场） | 3 | | |
| | | 综合性体育场馆 | $m^3$/（$m^2$·a） | 0.5 | 先进 | 不包括游泳池用水量 |
| | | | | 1.2 | 通用 | |
| R8929 | 其他体育场地设施管理 | 高尔夫球场 | $m^3$/（$m^2$·a） | 0.45 | | 球场灌溉面积 |
| | | 人工滑雪场 | $m^3/m^2$ | 0.4 | | 滑雪场造雪面积 |
| R8930 | 休闲健身活动 | 健身中心 | L/（人·次） | 30 | | |
| R9010 | 室内娱乐活动 | 酒吧、夜总会、歌舞厅 | L/（座·d） | 5 | | |
| S9221 | 机关 | 行政事业办公楼 | $m^3$/（人·a） | 10 | 先进 | |
| | | | | 25 | 通用 | |
| S9221 | 写字楼 | 写字楼 | $m^3$/（$m^2$·a） | 0.95 | 先进 | 无水冷中央空调 |
| | | | | 1.55 | 通用 | |
| | | | | 1.25 | 先进 | 有水冷中央空调 |
| | | | | 2.5 | 通用 | |

续表14

| 行业代码 | 行业类别 | 行业名称 | 定额单位 | 定额值 | 等级 | 备注 |
|---|---|---|---|---|---|---|
| S9610 | 社区居民自治组织 | 城市居民 | L/（人·d） | 135 | | 100万以上特大城市 |
| | | | | 120 | | 50万～100万大城市 |
| | | | | 90 | | 50万以下中小城市 |
| S9620 | 村民自治组织 | 农村居民 | L/（人·d） | 60 | | |

注1：宾馆用水量，包括客房、餐饮、洗衣房、娱乐健身房、景观绿化、附属设备等与宾馆服务相关的用水量，不包括外租办公区、公寓、商场等用水量，对外营业达到一定规模餐位的餐饮用水量另计，具体规模由各级水行政主管部门确定；

注2：学校用水定额按学校标准人数核算，用水量包括教学楼、办公楼、食堂、宿舍、浴室、实验室、体育场馆、图书馆、景观绿化、附属设备等与办学相关的用水量，不包括学校附属的子弟学校、家属区、宾馆等用水量；对外培训用水量另计；用水量达到一定规模的实验室用水量可另计，具体规模由各级水行政主管部门确定；

注3：机关用水量，包括办公楼、食堂、浴室、锅炉、空调、集体宿舍和绿化等与机关服务相关的用水量，不包括对外服务的政务大厅等用水量；

注4：科技文化场馆用水量，包括办公、观众/读者、场地清洁卫生、空调、洗手间、景观绿化等与科技文化场馆服务相关的用水量，不包括长期开设室外项目，科技文化场馆内其他餐饮、娱乐等用水量；

注5：理发及美容用水量，理发店用水量包括为顾客洗、理、染、烫等的用水量，以及场地清洁卫生等用水量；美容院用水量包括美容护理、皮肤保健、水疗等用水量，以及场地清洁卫生等用水量；

注6：建筑用水量，包括施工、机械冲洗、降尘、道路喷洒、绿化、施工现场生活等与建筑施工相关的用水量；

注7：餐饮用水量，包括用餐区域、厨房区域、辅助区域和公共区域的卫生清洁、食品洗涤、食品加工、空调等用水；

注8：医院用水量，包括住院部、洗衣房、办公、清洁、空调、食堂、自建锅炉、绿化及其他用水，不包括家属区、宿舍、幼儿园、招待所等外供水量；

注9：洗浴用水量，包括淋浴、池浴、温泉、桑拿、SPA等与洗浴服务相关的用水量。

## 生态用水定额

表15 单位：立方米；公顷

| 行业代码 | 行业类别 | 名称 | 灌溉保证率 | 定额值 | 备注 |
| --- | --- | --- | --- | --- | --- |
| N7711 | 其他自然保护 | 防护林 | 50% | 1200 | 护路林、荒山造林 |
| | | | 75% | 2400 | |
| | | 煤矿复垦 | 50% | 550 | 呼伦贝尔市、兴安盟 |
| | | | 75% | 1100 | |
| | | | 50% | 1650 | 通辽市、赤峰市、锡林郭勒盟 |
| | | | 75% | 2200 | |
| | | | 50% | 2750 | 乌兰察布市、呼和浩特市、包头市、鄂尔多斯市、巴彦淖尔市 |
| | | | 75% | 3300 | |
| | | | 50% | 3850 | 乌海市、阿拉善盟 |
| | | | 75% | 4400 | |

# 大棚集雨光伏提水技术规程
# DB15/T 1811—2020

## 前言

本标准按照GB/T 1.1—2009给出的规则起草。

本标准由内蒙古自治区水利厅提出并归口。

本标准起草单位：水利部牧区水利科学研究所、内蒙古自治区水利科学研究院。

本标准主要起草人：李和平、郑和祥、付卫平、鹿海员、王军、曹雪松、李亮、侯诗文、朱俊峰、佟长福、郛佳宾、白巴特尔、杨燕山、畅利毛、高文慧、陈雅楠。

## 大棚集雨光伏提水技术规程

### 1. 范围

本标准规定了大棚集雨光伏提水的技术要求，包括大棚集雨工程技术参数、光伏供电系统、光伏提水系统。

本标准适用于内蒙古自治区多年平均降水量大于250mm的地区。

### 2. 规范性引用文件

下列文件对于本文件的应用是必不可少的。凡是注日期的引用文件，仅所注日期的版本适用于本文件。凡是不注日期的引用文件，其最新版本（包括所有的修改单）适用于本文件。

GB/T 22473 储能用铅酸蓄电池

GB 50011 建筑抗震设计规范

GB 50017 钢结构设计规范

GB 50205 钢结构工程施工质量验收规范

GB/T 50596 雨水集蓄利用工程技术规范

### 3. 术语和定义

下列术语和定义适用于本文件。

3.1 光伏提水 solar pumping water

将太阳辐射能转变成电能，再由电能驱动光伏水泵提水。

3.2 大棚集雨 rainwater collection in greenhouse

利用温室棚面的不透水性及倾斜坡度条件蓄集和贮存雨水。

3.3 光伏阵列 photovoltaic array

将太阳能电池组件以一定的排列方式组合起来形成的阵列。

3.4 最大功率跟踪 maximum power point tracking

控制器通过实时侦测太阳能板的发电电压追踪最大功率值的过程。

3.5 光伏方阵额定功率 rated power of photovoltaic array

在额定的工作条件下,太阳电池组件方阵在额定电压下所规定的输出功率。

3.6 光伏阵列的额定电压 rated voltage of photovoltaic array

在规定的工作条件下,依据同一类型太阳电池组件的特性选定其输出电压,使这一类太阳电池组件的输出功率都接近于最大功率,这个电压叫额定电压。

3.7 光伏阵列的峰值功率 peak power of photovoltaic array

太阳电池组件方阵,在标准测试条件下的额定最大输出功率。

3.8 网式过滤器 mesh filter

利用滤网直接拦截水中、油中等液体的杂质,去除水体、油体中悬浮物、颗粒物,降低浊度,净化水质和油质,减少系统污垢、菌藻、锈蚀等产生,保护设备正常工作的设备。

3.9 砂石过滤器 sandy filter

通过均质等粒径石英砂形成砂床作为过滤载体进行立体深层过滤的设备。

**4. 大棚集雨系统**

4.1 集雨系统

4.1.1 集流面

大棚集雨工程集流面包括温室大棚塑料棚膜、温室后墙和棚间道路。

温室大棚塑料棚膜铺设结构、材料优先满足大棚结构荷载、光照、保温等性能要求。温室后墙作为集流面应铺设棚膜进行防渗及利于雨水汇流,棚膜材料可采用温室大棚棚膜材料。棚间道路宜采用混凝土地面、固化土、石板等人工材料对地面进行防渗,根据当地实际情况进行技术、经济比较后确定,根据地形条件设定一定横向坡度,利于雨水汇集。

混凝土地面用不小于4cm的C20F50W6现浇混凝土铺设,设置伸缩缝,固化土采用预制砌块或干硬性固化土砌筑,厚度不小于5cm,固化剂含量为7% ~ 12%,干硬性固化土施工夯实密度不小于1.8t/m$^3$;石板道路铺砌在水泥砂浆垫层上,进行填缝和勾缝处理。

4.1.2 汇流沟

在大棚棚膜地面、后墙地面及棚间道路两侧设置汇流沟,汇集温室大棚塑料薄膜、温室后墙和棚间道路集留的雨水，汇流沟断面形式采用凹槽型或U型，使用3cm～5cm厚混凝土抹平，塑料薄膜铺底形成防渗层。断面尺寸根据当地平均降雨量及集流面投影面积计算集雨量确定，要求汇流沟槽口宽度一般大于15cm，深度10cm，坡度3°～5°。

4.1.3 输水渠

将汇集的雨水引流至蓄水系统，输水渠可采用现浇混凝土、预制混凝土等结构，断面可采用矩型或U型，纵向坡度应根据地形确定，衬砌渠（沟）不宜小于1/100，断面尺寸应按照汇流量计算确定。

4.2 蓄水系统

4.2.1 净水设施

在进水前池进水口处设置拦污栅，拦截汇集雨水中的漂浮物。棚间道路采用土质道路时，在进水口前设置沉砂池。在提水系统首部设置砂石过滤器和网式过滤器，以保证水质满足节水灌溉系统水质要求。

4.2.2 进水前池

在储水系统前应设置进水前池，利于集蓄雨水水流均匀进入储水系统中。

进水前池结构包括：池身及渐变段，前池需设渐变段将引水渠道加宽加深，保证压力水管进口水流平顺，水头损失小，不产生旋涡；压力水管进口，采用岸塔式进水口；泄水道，常采用侧堰，也可采用虹吸式泄水道，将暴雨等产生的多余水量泄放。

4.2.3 蓄水工程

根据当地土质、建筑材料和施工条件并考虑温室滴灌灌水要求采用水窖或水池，为保护水质和人身安全设置有盖水池。

综合考虑便于取水与管理、降低施工成本、减少占地等因素确定水窖或水池的建设地点，可建设在大棚内部或外部，修建在寒冷地区的蓄水工程，可考虑修建在棚内保温或采取其他防冻措施。

根据集蓄雨水量及大棚种植作物需水量，综合考虑其他用水、补充水源情况及水量损耗情况确定水窖或水池的容积。

水窖和水池设计要求参见GB/T 50596。

4.2.4 堵泄水设施

在水窖或水池的进水口设置堵水设施。在蓄水工程的正常蓄水位处应设置溢流管（口）。

4.3 过滤系统

4.3.1 砂石过滤系统

4.3.1.1 滤层介质：滤层常选用坚硬、耐磨的石英砂作为过滤介质，尺寸大小根据过滤精度要求填充，一般为1mm ~ 4mm。

4.3.1.2 滤层厚度：滤层的厚度依水的混浊度而定，滤层总厚度一般30cm ~ 50cm„

4.3.1.3 设计滤速：设计滤速根据过滤器接管口径和外形尺寸，一般在5m³/h ~ 400m³/h。

4.3.1.4 反清洗：当进出口压力降高于0.05MPa ~ 0.07MPa时就应进行反冲洗，应进行反冲洗。反清洗强度10L/s·m² ~ 15L/s·m²，冲洗历时可根据杂质状况，一般反洗15 ~ 25分钟，正洗15 ~ 25分钟。

4.3.1.5 进口压力：过滤器进水水压一般≥25MPa，反冲洗进水水压一般≥20MPa。

4.3.2 网式过滤系统技术参数

4.3.2.1 公称压力：过滤器运行所需的进口处的最大静水压力，一般≤1.0MPa；

4.3.2.2 损坏前临界压降：过滤器每个过滤元件损坏前允许加在它两端的最大压差，受过滤器材质而定；

4.3.2.3 推荐流量范围：过滤器能正常运行的流量范围，一般在5m³/h ~ 300m³/h之间；

4.3.2.4 过滤器安装尺寸：过滤器两个螺纹接口端之间的长度，或两个连接法兰端面之间的距离，以及两个平行的进口和出口（螺纹或法兰）中心线之间的距离，根据过滤器大小一般在30cm ~ 1500cm之间；

4.3.2.5 过滤器目数：过滤器在1英寸×1英寸的面积内有多少个网孔数，目数越大，说明物料粒度越细，目数越小，说明物料粒度越大，一般在5目 ~ 2000目之间；

4.3.2.6 最大安全压降：过滤元件堵塞到需要清洗或更换时，过滤器进口和出口之间的最大允许压差，一般超过0.07MPa需要对过滤元件堵塞到需要清洗或更换。

**5. 光伏供电系统**

5.1 一般要求

5.1.1 太阳能资源条件

光伏阵列直接驱动的提水机组全年日照时数应不小于2200h；全年太阳总辐射量应不小于1000kW·h/(m²·a)。

蓄电池（组）储能的提水机组全年日照时数应不小于2000h；全年太阳总辐射量应不小于800kW·h/(m²·a)。

5.1.2 环境条件

考虑的环境条件包括：

温度，0℃ ~ +50℃；

湿度，最湿月份月平均最高相对湿度为90%；

海拔高度，低于2000m的地区。

5.1.3 技术性能要求

光伏供电系统参数应满足如下要求：

峰值功率：标称峰值功率±3%；

寿命：光伏组件正常条件下的使用寿命应不低于25年。

5.2 光伏支架

5.2.1 光伏组件安装应采用螺栓背板下固定方式，固定在支架框架上，螺栓、螺母材质为镀锌材料。

5.2.2 光伏组件固定式支架的设计风载抵抗应不小于当地最大阵风风速，光伏阵列风荷载和基本风压应按以下公式计算。

阵列风荷载应按公式（1）计算：

$$W=C_W\times q\times A_W \quad (1)$$

式中：

$W$——风荷载，N；

$A_W$——受风面积，$m^2$。

风荷载风力系数$C_W$顺风时按公式（2）选取，逆风时按公式（3）选取。

$$C_W=0.65+0.009a \quad (2)$$

$$C_W=0.71+0.016a \quad (3)$$

基本风压$q$应按公式（4）计算：

$$q=\frac{1}{2}\times\rho\times V_0^2 \quad (4)$$

式中：

$\rho$——空气密度，$kg/m^3$；

$V_0$——设计用基准风速，m/s，地面上10m处，50年一遇最大瞬时风速。

5.2.3 碳钢支撑结构系统的变形量应满足GB 50017和GB 50205的要求。

5.2.4 光伏支架系统抗震等级参考GB 50011丙类建筑规定要求。

5.2.5 光伏支架与支架基础预埋件的联结采用焊接（或螺栓连接）形式，安装完成后应做防腐处理。

5.3 光伏阵列容量

按公式（5）计算：

$$N=\frac{N_{pf}}{k_1k_2} \quad (5)$$

式中：

$N$——光伏阵列的容量，W；

$k_1$——太阳能资源修正系数，$k_1$的值按附录A选取；

$k_2$——光伏阵列跟踪太阳方式修正系数，$k_2$的值按附录B选取。

**6. 光伏提水系统**

6.1 光伏提水系统分类

6.1.1 按电能传递路线应分为以下两类；

a）光伏阵列直接驱动的提水机组；

b）蓄电池（组）储能的提水机组。

6.1.2 按水泵驱动电机的电流形式应分为以下两类：

a）由直流电动机驱动光伏水泵的提水机组；

b）由交流电动机驱动光伏水泵的提水机组。

6.1.3 按水泵工作原理应分为以下两类：

a）离心泵提水；

b）容积泵提水。

6.2 光伏提水机组技术要求

6.2.1 光伏阵列最大峰值水功率

按公式（6）计算：

$$N_{sf}=\frac{1}{3.6}\rho g Q_{\max}\cdot H \quad (6)$$

式中：

$N_{sf}$——峰值水功率，W；

$\rho$——水密度，kg/m$^3$；

$g$——重力加速度，m/s$^2$；

$Q_{\max}$——水泵峰值流量，m$^3$/h；

$H$——系统总扬程，m。

6.2.2 光伏提水系统水泵峰值功率

按公式（7）计算：

$$N_{pf}=\frac{N_{sf}}{k_3k_4k_5} \quad (7)$$

式中：

$N_{pf}$——提水系统峰值水功率，W；

$k_3$——流量修正系数，$k_3$的值按附录C选取；

$k_4$——提水机具形式修正系数；

对于容积泵：流量大于等于5m³/h时，$k_4$取0.75～0.85；流量小于5m³/h时，$k_4$取0.65～0.75。

对于离心泵：流量大于等于5m³/h时，$k_4$取0.85～0.95；流量小于5m³/h时，$k_4$取0.70～0.85。

$k_5$——电力传动形式修正系数。

对于直流传动系统，$k_5$取0.80～0.90；对于交流传动系统，$k_5$取0.70～0.80。

6.3 光伏水泵

6.3.1 水泵效率应不小于45%。

6.3.2 在正常使用条件下，水泵的平均无故障工作时间应不少于2500h。

6.3.3 防水电缆应满足下列要求：

——电缆对水的绝缘电阻应不低于100MΩ；

——常温下（20℃～25℃），电流为额定值，电缆的电压降应不大于额定电压的5%。

6.4 蓄电池

6.4.1 光伏提水机组配套的蓄电池应符GB/T 22473的规定。

6.4.2 配备蓄电池的容量应至少满足用户两天的用水量。

6.4.3 蓄电池应设置保温、防水、防盗、防液体渗漏等功能的保护设施

6.5 控制系统

6.5.1 光伏提水机组控制系统应具备以下功能：

——最大功率跟踪；

——机组启动与停止；

——调节光伏阵列输出电流、电压、功率；

——显示主要运行参数；

——防雷；

——安全保护。

6.5.2 控制系统应设置合适的开关装置，以便满足维护、实验、故障检测、修理等需要。

6.5.3 控制系统在发生故障时应能保护光伏组件、水泵及其他电气元件不受损坏，应提供由于超载和短路时的过电保护。

6.5.4 应考虑安装和运行期间导线所能承受的机械应力。

6.5.5 应保护人和牲畜避免因直接或间接接触机组带电部件而可能引起的危险。

# 附 录 A

## （资料性附录）

## 太阳能资源修正系数

### 太阳能资源修正系数

表A.1

| 项目 | 太阳能资源[kW·h/（m²·a）] | | | |
|---|---|---|---|---|
| | ≥1740 | 1400～1740 | 1160～1400 | <1160 |
| 太阳能资源修正系数 | 0.9 | 0.8 | 0.7 | 0.6 |

# 附 录 B

## （资料性附录）

## 光伏阵列跟踪太阳方式修正系数

### 光伏阵列跟踪太阳方式修正系数

表B.1

| 项目 | 跟踪方式 | | |
|---|---|---|---|
| | 固定式 | 单轴跟踪式 | 双轴跟踪式 |
| 光伏阵列跟踪太阳方式修正系数 | 1 | 1.1~1.15 | 1.17~1.22 |

# 附 录 C

## （资料性附录）

## 流量修正系数

### 流量修正系数

表C.1

| 修正系数 | 流量（m³/h） | | | |
|---|---|---|---|---|
| | ≤2 | 2～5 | 5～10 | >10 |
| 流量修正系数 | 0.70 | 0.75 | 0.80 | 0.85 |

# 内蒙古河套灌区小麦复种西兰花膜下滴灌技术规程
# (B15/T 1812—2020)

## 前言

本标准按照GB/T 1.1—2009给出的规则起草。

本标准由内蒙古自治区水利厅提出并归口。

本标准起草单位:水利部牧区水利科学研究所、内蒙古自治区水利科学研究院。

本标准主要起草人:田德龙、徐冰、于健、任杰、李泽坤、汤鹏程、侯晨丽、刘伟。

## 内蒙古河套灌区小麦复种西兰花膜下滴灌技术规程

### 1 范围

本标准规定了内蒙古自治区河套灌区小麦复种西兰花膜下滴灌的灌溉系统布局和安装方法、灌溉用水及栽培管理技术等。

本标准适用于内蒙古自治区河套灌区小麦复种西兰花膜下滴灌的灌溉用水管理和栽培管理。

### 2 规范性引用文件

下列文件对于本文件的应用是必不可少的。凡是注日期的引用文件,仅所注日期的版本适用于本文件。凡是不注日期的引用文件,其最新版本(包括所有的修改单)适用于本文件。

GB 4404.1 粮食作物种子 第1部分:禾谷类

GB 5084 农田灌溉水质标准

GB 16715 瓜菜作物种子(所有部分)

GB/T 50485 微灌工程技术规程

NY/T 496 肥料合理使用准则

NY/T 1276 农药使用安全规范准则

### 3 术语和定义

GB/T 50485界定的术语和定义适用于本文件。

3.1 复种 multiple cropping

在同一块耕地上在一年内连续种植超过一熟(茬)作物的种植制度。

3.2 滴灌系统 drip irrigation system

由水源、首部枢纽、输配水管网和滴灌带等组成的灌溉系统。

3.3 膜下滴灌 drip irrigation under ground membrane

水流通过铺在地膜下的管道经灌水器进入作物根区土壤的灌溉方式。

3.4 首部枢纽 control head

滴灌系统中集中布置的加压设备、过滤器、施肥(药)装置、量测和控制设备的总称。

3.5 需水量 crop water requirement

作物正常生长时蒸发蒸腾量与构成植株体的水量之和。

3.6 灌溉制度 irrigation regime

按作物需水要求和不同灌水方法制定的灌水次数、灌水时间和灌水定额及灌溉定额的总称。

3.7 小麦膜下滴灌播种一体机 wheat sowing machine with film and drip irrigation

集平地、覆膜、铺带、小麦播种、施肥于一体的机械。

**4 滴灌系统布局与安装**

4.1 系统布局

4.1.1 水源工程

可采用河道、渠道取水的水库、泵站、引水闸坝和抽取地下水的水源井的水利工程。取水时应设置拦污栅、沉砂池等辅助设施。水源工程的供水量要满足小麦复种西兰花生育期所需水量,灌溉水水质应符合GB 5084和GB/T 50485的要求。

4.1.2 首部

包括引水设备、过滤设备、施肥设备和控制测量设备等。应按下列情况选择:

a)根据水源的供水能力和灌溉面积确定首部引水设备的大小及组成;

b)根据水质情况选择过滤器和过滤级次,过滤器可选用离心式、网式、砂介质、叠片式等;泥沙含量高的要建立蓄水池和沉砂池,沉淀泥沙后方可灌溉;

c)施肥设备有压差式施肥罐、敞开式施肥池、文丘里注入器、注入泵等,目前压差式施肥罐应用较多,可将固体肥料溶解后倒入进行追肥。

4.1.3 输配水管网

应包括干管、支管、辅管、毛管。当控制面积较大时增设分干、分支管。各级管道布设与选材应符合下列条件:

a）干管沿地势较高位布置，支管垂直于作物种植行向布置，毛管顺作物种植行向布置；

b）干管、支管一般选用DN90mm～DN125mm的UPVC或PE管（0.63Mpa），辅管一般宜选用加抗老化剂的DN63mm～DN90mm（0.63Mpa）PE管；

c）管径须通过水力学计算加以确定；

d）管道布设要充分考虑种植方向、种植密度、轮作倒茬、农机作业等，在保证灌溉均匀度的前提下，尽可能减少布设管道，方便耕作管理。

4.1.4 滴灌带

4.1.4.1 滴灌带可选用内镶舌片式、压力补偿式、单翼迷宫式、兰色轨道式等。

4.1.4.2 滴灌带的选取和铺设应保证工作压力范围内流量恒定、灌水均匀。一般应满足下列条件：

a）选取滴灌带应根据土壤质地、种植密度、种植行距、轮作倒茬等要求；

b）根据水压、滴灌带性能以及耕地的地形、地貌、坡度等确定铺设长度。

4.2 系统安装

4.2.1 干、支等固定管路施工应遵照节水灌溉工程施工有关规定进行。滴灌带铺设完毕后应及时按设计分组铺设辅管并用卡箍固定在末级固定管道上。

4.2.2 滴灌管（带）连接应先用专用打孔器在辅管开孔，开孔大小宜为滴灌管（带）底座口径的2/3，然后将滴灌带底座拧在附管上，再将滴灌管（带）用固定卡箍固定在底座上。

4.2.3 系统安装完毕后应调试，调试正常后及时交付用户管理使用。调试内容包括：

a）各连接件是否严实，有无漏水现象；

b）有无尾部扎口不严或中间断管现象；

c）出水是否均匀，地势较高处，出水较少的，用绳子适当扎紧毛管，增大局部压力。

4.2.4 滴灌带布设应结合平地、覆膜、播种、施肥一次性完成。采用170cm宽幅地膜（膜厚0.01mm以上），膜间距20cm；滴灌带间距60cm，滴头间距25cm～30cm，滴头流量1.6L/h～2.4L/h。滴灌管（带）铺设宜宽松，每隔100m预留1m～2m的余量；滴灌管（带）铺设过程中遇到接头，应及时用直通接好；下水口地头的滴灌管（带）要直接扎死。

**5 灌溉用水管理**

5.1 小麦灌溉用水管理

5.1.1 适宜土壤水分

膜下滴灌小麦适宜土壤水分上限取田间最大持水量的90%，适宜土壤水分下限可参见附录A取值。

5.1.2 需水量

膜下滴灌小麦的灌水量应满足需水要求，干旱地区膜下滴灌小麦需水量300mm～350mm；半干旱地区膜下滴灌小麦需水量280mm～320mm。

5.1.3 灌溉制度

地块在每年需进行秋浇，秋浇定额120$m^3$/667$m^2$，生育期滴灌应在播种后的第50d～55d开始灌第1次水，每隔7d～10d灌1次，每次灌水量15$m^3$/667$m^2$～32$m^3$/667$m^2$，整个生育期滴灌以7次为宜，总灌水量135$m^3$/667$m^2$～195$m^3$/667$m^2$膜下滴灌灌溉制度根据不同土壤计划湿润层深度、湿润比等指标计算得到，不同水文年可参见附录B进行灌溉制度确定。

5.2 复种西兰花灌溉用水管理

5.2.1 适宜土壤水分

复种西兰花膜下滴灌适宜土壤水分上限取田间最大持水量的90%，适宜土壤水分下限可参见附录C取值。

5.2.2 需水量

膜下滴灌西兰花的灌水量应满足需水要求，干旱地区西兰花需水量320mm～370mm；半干旱地区西兰花需水量300mm～340mm。

5.2.3 灌溉制度

西兰花移栽定植前灌第1次水，西兰花定植3d～5d后应滴第2次水，进入花蕾形成期和花球膨大期每5d～6d滴水1次，每次灌水量15$m^3$/667$m^2$～23$m^3$/667$m^2$，整个生育期滴灌以10次为宜，总灌水量150$m^3$/667$m^2$～230$m^3$/667$m^2$。膜下滴灌灌溉制度根据不同土壤计划湿润层深度、湿润比等指标计算得到，不同水文年可参见附录D进行灌溉制度确定。

**6 栽培管理技术**

6.1 小麦栽培管理技术

6.1.1 播前准备

6.1.1.1 选地整地

种植小麦应选择土层深厚，有机质含量高，保水保肥力性强，通气透水性好的壤土或沙壤土。前作物收获后，伏耕或秋深耕20cm～25cm，结合深耕压腐熟优质农家肥2$m^3$/667$m^2$～3$m^3$/667$m^2$，并进行旋耕、耙耱平整土地。

6.1.1.2 种子处理

种子质量符合GB 4404.1的规定，籽粒大小均匀。播前时应进行药剂拌种，药剂拌种按照NY/T 1276的规定执行。

6.1.1.3 机械播种

当日平均气温稳定在0℃~2℃土壤表层化冻深度3cm~5cm时顶凌播种。采用小麦膜下滴灌播种一体机播种，种植方式为8行两带穴播，行距20cm、穴距18cm~20cm，保苗数45万株/667m²~50万株/667m²，实际播种量应按下式估算，一般在22.5kg/667m²~25kg/667m²。

$$B=\frac{0.01JQ}{CFM} \qquad (1)$$

式中：

B——播种量，单位为千克每公顷（$kg/hm^2$）；

J-——基本苗数，单位为$\times 10^4$，每公顷（$10^4/hm^2$）；

C——纯净度，单位为%；

F-——发芽率，单位为%；

M——田间出苗率，单位为%。

6.1.2 施肥

6.1.2.1 种肥

施用磷酸二铵15kg/667m²~20kg/667m²，尿素3kg/667m²~5kg/667m²。

6.1.2.2 追肥

膜下滴灌小麦追肥，要求水肥一起施入，追肥量应按目标产量≥450kg/667m²准确计算。施肥时间及施肥量参见附录E。肥料使用按照NY/T 496的规定执行。

6.1.3 田间除草

小麦在第一次灌水后麦苗4~6叶时进行化学除草，在苗带及膜间喷洒除草剂。一般选用72%的2,4-D丁酯乳油、6.9%的骠马配合10%的苯磺隆可湿性粉剂进行杂草防除，农药使用按照NY/T 1276的规定执行。

6.2 西兰花栽培管理技术

6.2.1 移栽前准备

小麦收获后及时灭草。6月中旬选用早熟品种开始育苗，种子符合GB 16715规定。采用72穴的穴盘，基质育苗。育苗时间30d~40d，秧苗达到3~4片真叶时进行移栽。

6.2.2 移栽方式

小麦收获后不进行翻耕，利用原有滴灌带及地膜。采用人工栽植，株行距50cm，留苗密度为2500株/667m²~3000株/667m²。

6.2.3 施肥

移栽定植后到莲座期共滴施尿素2次（10kg/667m²）；结球后到花球膨大期，每亩喷施磷酸二氢钾2次～3次，促进花球膨大，喷施磷酸二氢钾应掌握少量多次的原则。肥料使用按照NY/T 496的规定执行。

6.2.4 打杈处理

结球前期，将腋间分杈全部打掉，只保留主球茎。

6.3 病虫害防治

6.3.1 小麦病虫害防治

6.3.1.1 病害

小麦常见病害：黑穗病，可用50%苯并咪唑44号可湿性粉剂200g拌种100kg，堆闷5h～6h摊晾后播种。农药施用按照NY/T 1276的规定执行。

6.3.1.2 虫害

小麦常见虫害：地下害虫、麦蜘蛛、麦蚜等。防治地下害虫可用50%的辛硫磷按种子重量的0.2%进行拌种，堆闷5h～6h摊晾后即可播种；防治麦蜘蛛可用73%克螨特乳油1500ml～2000ml喷雾防治；防治蚜虫可选用啶虫脒、吡虫啉、抗蚜威、高效氯氰菊酯、苦参碱、耳霉菌等药剂喷雾防治。农药施用方式及施用量按照NY/T 1276的规定执行。

6.3.2 西兰花病虫害防治

6.3.2.1 病害

西兰花常见病害：霜霉病、软腐病等。防治霜霉病可用70%代森锰锌可湿性粉剂600～800倍液与超级植物酶活化剂800～1000倍液混合进行叶面喷施；防治软腐病可用4%春雷霉素800～1000倍液叶面喷施。农药施用方式及施用量按照NY/T 1276的规定执行。

6.3.2.2 虫害

西兰花常见虫害：小菜蛾、菜青虫、菜蚜等，防治小菜蛾、菜青虫可用苏云杆菌制剂稀释浓度为500～1000倍喷洒；防治菜蚜可挂银灰色膜条避蚜或设置黄皿和黄板诱蚜。苏云杆菌制剂施用方式及施用量按照NY/T 1276的规定执行。

6.4 适期收获

6.4.1 小麦收获

小麦在蜡熟末期至完熟初期及时进行机械收割，留茬高度不高于20cm。籽粒晒干扬净，颗粒归仓。

6.4.2 西兰花收获

西兰花植株顶端的花球充分膨大、花蕾尚未开放时采收为好，采收时要求保留4～5片叶，高度16cm～18cm，小花球一般在直径12cm～15cm、单球重300g左右采收，大花球一般球重约400g左右采收，一般可连续采收2～3次。采收时避开高温时段。

## 附 录 A

### （资料性附录）

### 小麦膜下滴灌适宜土壤水分下限参照表

#### 小麦膜下滴灌适宜土壤水分下限指标

表A.1

| 指标 | 生育时期 | | | | |
|---|---|---|---|---|---|
| 土壤含水率下限 | 苗期 | 拔节期 | 抽穗期 | 灌浆期 | 成熟期 |
| （占田间最大持水量%） | 65 | 65 | 70 | 70 | 65 |

## 附 录 B

### （资料性附录）

### 复种西兰花膜下滴灌适宜土壤水分下限参照表

#### 复种西兰花膜下滴灌适宜土壤水分下限指标

表B.1

| 指标 | 生育期 | | | | |
|---|---|---|---|---|---|
| 土壤含水率下限 | 定植 | 苗期 | 莲座期 | 花蕾形成期 | 花球膨大期 |
| （占田间最大持水量%） | 75 | 70 | 70 | 70 | 65 |

## 附 录 C

### （资料性附录）

### 膜下滴灌小麦灌溉制度参照表

#### 膜下滴灌小麦灌溉制度

表C.1

| 中等年（P=50%） | | | | 干旱年（P=75%） | | | |
|---|---|---|---|---|---|---|---|
| 生育期 | 灌水次数 | 灌水定额 $m^3/667m^2$ | 灌溉定额 $m^3/667m^2$ | 生育期 | 灌水次数 | 灌水定额 $m^3/667m^2$ | 灌溉定额 $m^3/667m^2$ |
| 分蘖期 | 1 | 15～20 | 135～170 | 分蘖期 | 1 | 20～25 | 165～195 |
| 拔节期 | 2 | 20～25 | | 拔节期 | 2 | 25～30 | |
| 抽穗期 | 1 | 15～20 | | 抽穗期 | 1 | 20～25 | |
| 扬花期 | 1 | 25～30 | | 扬花期 | 1 | 27～32 | |
| 灌浆期 | 1 | 20～25 | | 灌浆期 | 1 | 23～28 | |
| 成熟期 | 1 | 20～25 | | 成熟期 | 1 | 25～30 | |

# 附 录 D

## （资料性附录）

## 复种西兰花膜下滴灌灌溉制度参照表

### 复种西兰花膜下滴灌灌溉制度

表D.1

| 中等年（p=50%） | | | | 干旱年（p=75%） | | | |
|---|---|---|---|---|---|---|---|
| 生育期 | 灌水次数 | 灌水定额 $m^3$/667$m^2$ | 灌溉定额 $m^3$/667$m^2$ | 生育期 | 灌水次数 | 灌水定额 $m^3$/667$m^2$ | 灌溉定额 $m^3$/667$m^2$ |
| 定植 | 1 | 15 ~ 20 | | 定植 | 1 | 18 ~ 23 | |
| 苗期 | 2 | 15 ~ 20 | | 苗期 | 2 | 18 ~ 23 | |
| 莲座期 | 2 | 15 ~ 20 | 150 ~ 200 | 莲座期 | 2 | 18 ~ 23 | 180 ~ 230 |
| 花蕾形成期 | 3 | 15 ~ 20 | | 花蕾形成期 | 3 | 18 ~ 23 | |
| 花球膨大期 | 2 | 15 ~ 20 | | 花球膨大期 | 2 | 18 ~ 23 | |

# 附 录 E

## （资料性附录）

## 膜下滴灌小麦施肥制度参照表

### 膜下滴灌小麦施肥制度

表E.1

| 目标产量 kg/667$m^2$ | 施肥时间 | 施肥次数 | 肥料种类 | 施肥量 kg/667$m^2$ |
|---|---|---|---|---|
| 450 | 分蘖期 | 1 | 尿素 | 8 |
| | 拔节期 | 1 | 尿素 | 6 |
| | 抽穗期 | 2 | 尿素 | 4 |
| | 开花期 | 1 | 尿素 | 6 |

# 专业术语和定义

1. 地表水资源量：河流、湖泊、冰川等地表水体逐年更新的动态水量，即天然河川径流量。

2. 地下水资源量：地下饱和含水层逐年更新的动态水量，即降水和地表水入渗对地下水的补给量。

3. 水资源总量：当地降水形成的地表和地下产水总量，即地表径流量与降水入渗补给地下水量之和。

4. 产水系数：一定区域内水资源总量与当地降水量的比值。

5. 产水模数：一定区域内水资源总量与当地地区总面积的比值。

6. 供水量：各种水源为用水户提供的包括输水损失在内的水量。

7. 用水量：各类用水户取用的包括输水损失在内的水量。

8. 耗水量：即用水消耗量，指在输水、用水过程中，通蒸腾蒸发、土壤吸收、产品吸附、居民和牲畜饮用等多种途径消耗掉、而不能回归至地表水体和地下饱和含水层的水量。

9. 相机补水：视情况决定补水时间、方式、补水量等。

# 索 引

SUOYIN

# 索 引

## 使用说明

1. 本索引采用内容分析索引法编制。除大事记外，年鉴中有实质检索意义的内容均予以标引，以便检索使用。

2. 本索引基本上按汉语拼音音序排列。具体排列方法如下：以数字开头的，排在最前面；以英文字母打头的，列于其次；汉字标目则按首字的音序、音调依次排列，首字相同时，则以第二个字排序，并依此类推。

3. 索引标目后的数字，表示检索内容所在的年鉴正文页码；数字后面的英文字母a、b，表示年鉴正文中的栏别，合在一起即指该页码及左、右两个版面区域。年鉴中用表格、图片反映的内容，则在索引标目后面用括号注明（表）（图）字，以区别于文字标目。

4. 为反映索引款目间的隶属关系，对于二级标目，采取在上一级标目下缩二格的形式编排，之下再按汉语拼音音序、音调排列。

## 0～9（数字）



## A



## B

## C



## D

## E

## F



## G

## H

## J



## K～M

## N~P



## Q~R

## S

## T



## W

## X